동주집

이 책은 2014년도 정부(교육부)의 재원으로 한국고전번역원의 지원을 받아 수행된 '권역별거점연구소협동번역사업'의 결과물임.

This work was supported by Institute for the Translation of Korean Classics - Grant funded by the Korean Government.

한국고전번역원 한국문집번역총서 / 충남대학교 한자문화연구소

동주집 5

東州集

이민구 지음
李敏求

강원모 김문갑
오승준 정만호 옮김

일러두기

1. 이 책의 번역 대본은 한국고전번역원에서 간행한 한국문집총간 94집 소재《동주집(東州集)》으로 하였다. 번역 대본의 원문 텍스트와 원문 이미지는 한국고전종합DB(http : //db.itkc.or.kr)에서 확인할 수 있다.
2. 내용이 간단한 역주는 간주(間註)로, 긴 역주는 각주(脚註)로 처리하였다.
3. 한자는 필요한 경우 이해를 돕기 위하여 넣었으며, 운문(韻文)은 원문을 병기하였다.
4. 맞춤법과 띄어쓰기는 한글 맞춤법과 표준어 규정을 따랐다.
5. 이 책에서 사용한 부호는 다음과 같다.

( ) : 번역문과 음이 같은 한자를 묶는다.
〔 〕 : 번역문과 뜻은 같으나 음이 다른 한자를 묶는다.
“ ” : 대화 등의 인용문을 묶는다.
‘ ’ : “ ” 안의 재인용 또는 강조 문구를 묶는다.
「 」 : ‘ ’ 안의 재인용을 묶는다.
『 』 : 「 」 안의 재인용을 묶는다.
《 》 : 책명 및 각주의 전거(典據)를 묶는다.
〈 〉 : 책의 편명 및 운문·산문의 제목을 묶는다.

차례

동주집 시집 제16권

시詩

서호록5 西湖錄五

동주집 시집 제17권

시詩

서호록6 西湖錄六

동주집 시집 제18권

시詩

서호록7 西湖錄七

동주집 시집 제19권

시詩

서호록8 西湖錄八

동주집 시집 제20권

시詩

서호록9 西湖錄九

동주집 시집 제21권

시詩

서호록10 西湖錄十

동주집 시집 제22권

시詩

서호록11 西湖錄十一

동주집 시집 제23권

시詩

착륜록1 斲輪錄一

동주집

시집 제16권

詩 시

신묘년(1651, 효종2) 설날
辛卯元日

눈앞에 흘러간 육십삼 년의 세월	接眼流年六十三
아침 해의 맑은 기운 버들이 먼저 머금었네	初陽淑氣柳先含
서리 속 늙은 잣나무는 추위 속에도 푸르고	霜餘古柏寒猶翠
얼음 밑 새로 솟는 샘물 부드럽고 달구나	冰底新泉滑更甘
하늘의 별들은 왕궁의 북으로 향하고	霄漢星辰雙闕北
여염의 마차는 오성의 남쪽에 달리네[1]	閭閻車馬五城南
홑적삼으로 아름다운 봄빛 기다리며	輕衫直待韶華嫩
호숫가에 부는 춘풍에 반쯤 취하노라	湖上春風倚半酣

1 하늘의……달리네 : 하늘의 별들을 말해서 왕궁의 위상을 비유하고, 백성들이 분주히 오가는 모습을 말한 것이다. 오성(五城)은 이백(李白)의 시 〈경난리후천은유야랑억구유서회운운(經亂離後天恩流夜郎憶舊遊書懷云云)〉에 "천상에는 백옥경이 있어, 오성에 십이루가 있다.〔天上白玉京, 十二樓五城.〕"라고 한 데서 온 말인데, 제왕의 거소(居所)의 미칭(美稱)으로 쓰인다.

엄 진사 만사

嚴進士挽詞

풍전등화와 물거품 같은 삶 모두 의심스러우니	風燈泡影摠堪疑
부모의 슬픈 마음 헤아릴 수 없어라	父母之心不可思
백벽이 황천에 너무 일찍 묻히는구나	白璧黃泉埋太早
현주를 적수에서 아주 늦게 얻었는데[2]	玄珠赤水得偏遲
전란에 겪은 서러움 대단히 애통한데	干戈藎矣多深痛
병에 시달리는 몸이라 맘껏 슬퍼하지도 못하네	疾病冥然莫浪悲
한스러운 건 세 번 곡소리에 남은 눈물 다하니[3]	獨恨三聲餘淚盡
어떤 말로 자친을 위로할까	强將何語慰親慈

2 백벽(白璧)이……얻었는데 : 엄 진사의 부모님이 늦게 엄 진사를 낳았는데, 그가 너무 일찍 세상을 떠났다는 말이다. 백벽은 티 하나 없이 하얀 구슬로 여기서는 엄 진사를 가리킨다. 현주(玄珠)는《장자(莊子)》〈천지(天地)〉에 보이는 말이다. 황제(黃帝)가 적수(赤水) 북쪽에서 노닐다가 돌아오는 길에 현주를 잃어버렸는데, 아무도 찾지 못하는 중에 상망(象罔)만이 찾아냈다는 우화가 있다. 여기서는 역시 엄 진사를 가리키는 말로 사용되었다.

3 한스러운……다하니 : 자식을 먼저 보낸 어머니의 슬픔을 표현한 것이다.《세설신어(世說新語)》〈출면(黜免)〉에 진(晉)나라 환온(桓溫)이 삼협(三峽)을 지나던 중 부하들이 원숭이 새끼를 잡았는데, 어미 원숭이가 쫓아오다가 죽었다. 그 어미의 배를 갈라보니 창자가 토막토막 끊어져 있더라는 이야기가 전한다. 이 이야기를 바탕으로 한《악부시집(樂府詩集)》〈파동삼협가(巴東三峽歌)〉에 "파동 삼협의 무협은 길고, 원숭이 세 번 우니 눈물이 치마를 적신다.〔巴東三峽巫峽長, 猿鳴三聲淚沾裳.〕"라고 하였다. 이민구 자신도 병자호란 당시 두 아들을 잃었기 때문에 공감한 것이다.

연경으로 사신 가는 전창군[4]을 전송하다
送全昌君使燕

우뚝 여러 공들의 모범이고	卓犖群公表
화려한 옛 재상의 집안이네[5]	芬華故相門
시와 글씨 일찍이 뛰어났고	詩書敦夙好
풍도와 의리 대단히 빼어났지	風義鬱孤騫
나라에서 기름진 고을 내려 주니	國賜脂膏邑
집이 대궐의 담과 이어졌네	家連禁掖垣
막 늙어가는 나이에	年齡初得老
속호가 예전처럼 높아졌네	屬號舊稱尊
잔치에 금날 남았고[6]	宴衎留金埒

4 전창군(全昌君) : 유정량(柳廷亮, 1591~1663)으로, 본관은 전주(全州), 자는 자룡(子龍), 호는 소한당(素閒堂)이다. 1604년(선조37) 선조(宣祖)의 딸 정휘옹주(貞徽翁主)와 혼인하여 전창위(全昌尉)에 봉해졌다. 1612년(광해군4) 할아버지 유영경(柳永慶)의 사건으로 일가가 멸족될 때 전라도 고부에 유배되었다가 1623년 인조반정 이후에 풀려나와 군(君)에 봉해졌다. 1646년(인조24)과 1651년(효종2), 1655년에 각각 사은사(謝恩使)·진향사(進香使)·사은사로 청나라에 다녀왔다. 시호는 효정(孝貞)이다. 《東州集 卷10 全昌君柳公墓碣銘 幷序》

5 화려한……집안이네 : 유정량의 고조(高祖) 유세린(柳世麟)은 이조 참판(吏曹參判), 조부(祖父) 유영경은 영의정(領議政)을 역임하였다. 《東州集 卷10 全昌君柳公墓碣銘 幷序》

6 잔치에 금날(金埒) 남았고 : 유정량이 정휘옹주와 결혼하여 부유함을 말한 것이다. 금날은 금구(金溝)와 같은 말로 금전(金錢)을 깔아 만든 도랑이다. 진 무제(晉武帝)

한가한 시간을 심원에 부쳤네[7]	優閒寄沁園
진정 궤장이 편안하지	正須便几杖
유헌 경계에는 합당하지 않은데[8]	未合戒輶軒
대궐에서 중요한 조서 받아	鳳闕銜綸重
연경에 많은 폐백 올리러 가네	燕臺奉幣繁
중요한 일이라 신중히 선발하였으니	事嚴當妙簡
간절한 마음을 감히 경솔히 말하랴	情迫敢輕論
날을 아끼는 마음 진실로 애틋하지만[9]	愛日誠爲戀
시대 바룸이 사실상 은혜 갚는 길이지	匡時實報恩
요 임금 뜰의 명협은 달을 따라 변하는데[10]	堯蓂隨月變

때 왕제(王濟)가 무제의 딸 상산공주(尙山公主)에게 장가들어 극도의 호사를 누렸는데, 땅을 사들여 도랑을 만들고 그 안에 금전을 깔아 말을 타고 달리며 활쏘기를 즐겼다고 한다.《晉書 卷42 王渾列傳 王濟》

7 한가한……부쳤네 : 유정량이 정원을 가꾸며 한가하게 생활한다는 말이다. 심원(沁園)은 후한 명제(明帝)의 딸 심수공주(沁水公主)의 원림(園林)으로, 대체로 공주의 원림을 가리킨다. 유정량이 선조의 딸 정휘옹주와 혼인하였으므로 이렇게 읊은 것이다.

8 진정……않은데 : 유정량이 연로(年老)하므로 궤장(几杖)에 의지할 때이지 사신으로 가기에는 어울리지 않는다는 말이다. 유헌(輶軒)은 사신이 타는 수레이다.

9 날을……애틋하지만 : 유정량의 부모가 살아 있었기 때문에 이렇게 읊은 것으로 보이는데 고증할 수는 없다. 이 시의 마지막 구를 감안할 때 아마도 그의 어머니가 생존했던 것으로 추측된다. 애일(愛日)은 날을 아낀다는 말로, 효자가 어버이를 섬길 날이 얼마 남지 않았음을 안타까워한다는 뜻이다. 한(漢)나라 양웅(揚雄)의《양자법언(揚子法言)》권10〈효지편(孝至篇)〉에 "마음대로 오래할 수 없는 것은 어버이 섬기는 일을 말하는 것이니, 효자는 하루하루를 아낀다.〔不可得而久者, 事親之謂也, 孝子愛日.〕"라는 말이 있다.

한나라 부절은 별을 따라 달려가네[11] 漢節逐星奔
비와 눈이 요동의 산을 새카맣게 덮고 雨雪遼山暗
풀린 얼음이 역수에 가득하리 氷澌易水渾
기운 쇠하고 근력도 다하였으니 氣衰筋力盡
멀리 갈수록 꿈에 자주 보이리 身遠夢魂煩
지세는 큰 바다로 막혔고 地紀鵬溟隔
천문은 상위의 빛 어둡구나[12] 乾文象緯昏
모래 먼지 역참 길에 몰아치고 塵沙侵驛道
고각 소리 군영에서 울리겠지 鼓角警軍屯
세상사에 얽매여 역마 타느라 지치니[13] 物役疲乘傳
벗으로서 이별시 지어 주기 겁나네 交期怯贈言
혼인으로 두 성씨 이어져[14] 昏姻聯二姓

10 요(堯) 임금……변하는데 : 세월이 흐른다는 말이다. 명(蓂)은 명협(蓂莢)으로, 요 임금 때 조정의 뜰에 났다는 서초(瑞草)의 이름이다. 초하루부터 매일 한 잎씩 나서 자라다가 보름이 지난 16일부터는 매일 한 잎씩 져서 그믐에는 다 떨어지기 때문에 이것으로 날을 계산하여 달력을 삼았다고 한다. 《竹書紀年 卷上 帝堯陶唐氏》

11 한(漢)나라……달려가네 : 유정량이 사신이 되어 연경으로 간다는 말이다.

12 지세는……어둡구나 : 유정량이 사신 가는 청나라를 읊은 것이다. 붕명(鵬溟)은 붕새가 나는 바다라는 말로, 큰 바다를 의미한다. 북해(北海)의 대붕(大鵬)이라는 큰 새가 남해(南海)로 옮겨 갈 때 구만 리나 높이 날아올라서 여섯 달을 날아간 뒤에 한 번 쉰다고 한다. 《莊子 逍遙遊》 상위(象緯)는 일월(日月)과 금성(金星)・목성(木星)・수성(水星)・화성(火星)・토성(土星)의 오성(五星)을 가리킨다. 청나라를 오랑캐 나라로 인식하였으므로 상위가 어둡다고 읊은 것이다.

13 세상사(世上事)에……지치니 : 유정량이 두 번째 연행을 가기에 하는 말이다.

14 혼인으로……이어져 : 유정량의 큰딸이 이민구의 둘째아들 이중규(李重揆)와 혼인하였으므로 이렇게 읊은 것이다. 《東州集 卷10 全昌君柳公墓碣銘 幷序》

내외의 손자 많구나	內外共諸孫
이별하며 마음 아파하는 곳에	離別傷心處
생사 갈려 눈물 자국 가득하네[15]	存亡積淚痕
이번 사행 먼 변방 지나가니	此行經絶域
어디에서 맑은 술동이 펼칠까	何路展淸樽
가시게나 떠나는 수레 바라보며	去矣瞻征蓋
그리워라 돌아오는 수레 기다리리	懷哉候返轅
봄 햇살이 차츰 따사로우니	春暉漸舒暖
북당의 원추리 탈 없으리[16]	無恙北堂萱

15 이별하며……가득하네 : 사신으로 떠나는 유정량을 전송하면서 병자호란 당시에 죽은 아들 이중규를 떠올려 읊은 것이다.

16 북당(北堂)의……없으리 : 유정량이 사행하는 동안 그의 어머니가 평안하실 것이라고 위로한 말이다. 북당은 주부의 거실이라는 점에서 모친의 거처를 뜻하는 말로 쓰인다. 《시경》 〈백혜(伯兮)〉에 "어찌하면 원추리를 얻어서 북쪽 뒤곁에 심어 볼까. 떠난 사람 생각에 내 마음만 병드누나.〔焉得萱草, 言樹之背. 願言思伯, 使我心痗.〕"라고 하였다.

왕자 의창군의 부인[17] 만사
王子義昌君夫人挽詞

하간처럼 문아한 풍모 당대에 빛났고[18]	河間文雅映當年
부엌살림 어진 부인에게 의지했네[19]	主饋兼資內相賢
훌륭한 가문에서 태어나 일찍이 가르침 받았고	儀挺高門承教早
왕가에 시집와 많은 은혜 입었지	屬尊中禁沐恩偏
기 부인의 슬픔 성 무너지는 통곡이었고[20]	悲纏杞婦崩城哭
상비의 한 비파 연주에 들어갔지[21]	恨入湘妃鼓瑟絃

17 의창군(義昌君)의 부인 : 의창군은 선조(宣祖)의 여덟째 서자(庶子) 이광(李珖, 1589~1645)으로, 자는 장중(藏仲), 호는 기천(杞泉), 시호는 경헌(敬憲)이다. 그의 부인은 양천 허씨(陽川許氏)로, 이조 판서(吏曹判書)를 지낸 허성(許筬)의 딸이다. 《文谷集 卷18 義昌君神道碑銘 幷序》

18 하간(河間)처럼……빛났고 : 의창군의 뛰어난 풍모를 읊은 것이다. 하간은 한 경제(漢景帝)의 셋째아들 하간헌왕(河間獻王) 유덕(劉德)을 가리킨다. 유학(儒學)을 숭상하며 예악(禮樂)을 닦아, 산동(山東)의 제유(諸儒)들이 귀의했다는 기록이 전한다. 《漢書 卷53 景十三王傳》

19 부엌살림……의지했네 : 현숙(賢淑)한 양천 허씨가 의창군을 잘 내조했다는 말이다.

20 기(杞) 부인의……통곡이었고 : 양천 허씨가 남편 의창군의 죽음을 대단히 슬퍼했다는 말이다. 춘추 시대 제(齊)나라의 기량(杞梁)이 전쟁에 나가 죽자, 그의 아내가 시체를 찾아서 성 아래에서 10일 동안을 서럽게 우니 성이 무너졌다는 고사가 있다. 《春秋左氏傳 襄公23年》

21 상비(湘妃)의……들어갔지 : 의창군이 죽었을 때 양천 허씨가 느꼈을 한을 읊은 것이다. 상비고슬(湘妃鼓瑟)은 순(舜) 임금의 두 부인 아황(娥皇)과 여영(女英)의

황량한 저승길 합장한 곳에　　燕沒九原同穴地

부질없이 밝은 해 남아 새 무덤 비춘다　　空留皎日照新阡

영혼이 연주하는 비파를 말한다. 순 임금이 순수(巡狩)하던 도중에 창오산(蒼梧山)에서 죽었는데 아황과 여영이 순 임금의 죽음을 슬퍼하여 상수(湘水)에 투신하였다. 《초사(楚辭)》〈원유(遠遊)〉에 "상령이 비파를 탐이여, 해약과 풍이를 춤추게 하도다〔湘靈鼓瑟兮, 令海若舞馮夷.〕"라고 하였다.

임실 현감 이씨의 부인 만사

李任實內挽詞

좋은 벗 돌아간 지 오래지만　良友沒云久
나는 지금도 슬퍼하노라　故人悲至今
규방도 적막해지니[22]　閨闈亦寂寞
그 풍의 다 사라졌네　風誼盡銷沈
궁벽한 땅에 향기 다 묻고　窮壤埋香歇
황천에 구슬 깊이 묻었네[23]　重泉瘞璧深
봄 햇살이 머물지 않고 가니　春暉逝不駐
어린 풀이 그 마음 어떠할까[24]　寸草若爲心

22 규방도 적막해지니 : 임실 현감을 지낸 이씨의 부인이 운명했다는 말이다. 규위(閨闈)는 남의 부인을 의미한다.

23 궁벽한……묻었네 : 돌아간 부인을 장사(葬事)했다는 말이다. 고운 여인을 땅에 묻는 것을 장옥매향(葬玉埋香)이라 한다.

24 봄……어떠할까 : 남은 자녀들의 슬픈 마음을 읊은 것이다. 춘휘(春暉)는 봄 햇살로 어머니를, 촌초(寸草)는 어린 풀로 자녀를 상징한다. 당나라 시인 맹교(孟郊)의 〈유자음(游子吟)〉에 "한 치의 풀과 같은 자식의 마음으로, 봄 햇살 같은 어머니의 사랑을 보답하기 어려워라.〔難將寸草心, 報得三春暉.〕"라고 하였다.

수사 신씨 만사

辛水使挽詞

수군 진영으로 깃발 옮겨 가니	水鎭移旌節
임금의 은혜로 간서 받았지[25]	君恩被簡書
공명은 붓 던진 뒤의 일이고[26]	功名投筆後
지업은 깃발 잡은 처음에 있었네	志業擁旄初
살아서나 죽어서나 인간 세상 경도하니	存沒傾人代
슬픈 울음소리 마을마다 이어지네	悲號接里閭
호두에서 돌아갈 길 다하여	壺頭歸路盡
고향 산천 빈 터만 쓸쓸하네[27]	零落故山墟

25 수군(水軍)……받았지 : 수사(水使) 신씨(辛氏)가 임금의 임명을 받고 부임했다는 말이다. 정절(旌節)은 무관의 깃발과 부절(符節)이다. 간서(簡書)는 임금이 장수를 전장에 내보낼 때에 내리는 명령서이다. 《시경》 〈출거(出車)〉에 "어찌 돌아가고픈 생각이 없었으랴만, 이 간서가 두려웠느니라.〔豈不懷歸, 畏此簡書.〕"라고 하였다.

26 공명(功名)은……일이고 : 종군(從軍)해서 공명을 이루었다는 말인데, 이 만사의 대상자인 신씨의 생애를 고증할 수 없어서 정확한 의미를 파악할 수는 없다. 투필(投筆)은 붓을 던진다는 말이다. 후한(後漢)의 명장 반초(班超)가 젊었을 때 집이 가난하여 항상 글씨를 써 주는 품팔이 생활을 하다가, 한 번은 붓을 던지면서 말하기를 "대장부가 별다른 지략이 없다면, 부개자나 장건이라도 본받아서 이역에 나가 공을 세워 봉후가 되어야지, 어찌 오래도록 필연 사이에만 종사할 수 있겠느냐.〔大丈夫無他志略, 猶當效傅介子張騫, 立功異域, 以取封侯, 安能久事筆硏閒乎.〕"라고 하더니, 뒤에 과연 절부(節符)를 쥐고 서역(西域)에 나아가 공을 세워서 정원후(定遠侯)에 봉해진 고사가 있다. 《後漢書 卷77 班超列傳》

27 호두(壺頭)에서……쓸쓸하네 : 신씨가 임지(任地)에서 죽어 고향에 묻혔다는 말

이다. 호두는 교지국(交趾國)에 있는 호두산을 말한다. 후한(後漢)의 마원(馬援)이 교지국을 공격하며 호두산에 이르렀을 때 혹독한 무더위를 만나 역병(疫病)으로 죽는 사졸들이 늘어나고 자신도 병에 걸리자 "찌는 듯 치솟아 올라오는 독기에 솔개도 물속에 툭툭 떨어지나니, 고향에서 편히 살자던 소싯적의 그 말을 누워서 떠올린들 어찌 가능하겠는가.〔毒氣熏蒸, 仰視烏鳶跕跕墮水中, 臥念少游平生時語, 何可得也.〕"라고 탄식했던 고사가 있다.《後漢書 卷54 馬援列傳》

도봉산가

道峯山歌

한오상(韓五相)[28]에게 부치다.

경성 동북쪽의 도봉산	京城東北道峯山
그 아래 한 골짝에 시냇물 흐르지	山下一壑溪流潺
시냇물이 골짝을 휘감아 굽이지니	溪流繚繞靈谷彎
숲 돌며 바위에 부딪혀 옥소리 울리는 듯	轉林觸石鳴玦環
중간에 서원 있어 밝은 해 한가로우니	中有儒宮白日閒
봄가을 제사에 희생이 성하지[29]	春秋俎豆毛血殷
영원히 우러러 존모하는 현사의 집에	景仰百代賢士關
저 아름다운 사람 얼음과 눈 같은 얼굴이네	彼美之子氷雪顏
그 사이에서 부지런히 독서하니	讀書攻苦於其間
장부가 뜻 세워 선대의 일 이어가네	丈夫立志繼述删
어찌 관리로 조정에 나가기 위해서랴	豈爲青紫趨朝班
옛 도가 덤불에 떨어짐을 애석해한다네	惜哉古道墜榛菅
가시덤불 잘라 내고 바야흐로 난초 잡고서	翦刈棘茨方秉蕑
힘써 작자를 따라 험난함 헤쳐 가며	力追作者治險艱

28 한오상(韓五相) : 1620~1656. 본관은 청주(淸州), 자는 세익(世翊)이다. 이민구의 형 이성구(李聖求, 1584~1644)의 사위이다. 《記言 別集 卷23 贈注書韓君墓碣銘》

29 봄가을……성하지 : 서원에 선현들의 위패(位牌)를 모시고 봄가을로 제향을 올린다는 말이다. 모혈(毛血)은 동물의 피로, 신(神)에게 제사하는 희생(犧牲)을 의미한다.

혼탁한 세상에 간사하고 완악한 이들 제거해	欲與濁世鋤姦頑
손으로 고반 당겨 원기 돌이키려 하네[30]	手挽誥盤元氣還
등불을 밤새 향기롭게 태우시게	燈火永夜燒香斑
세월이 쏜살같이 흐르니 마음으로 아껴야지	分陰過隙心所慳
사람들 신음하는 속세와 떨어졌으니	男呻女吟隔塵寰
그대가 어찌 구구하게 저자에 오겠는가	君肯屑屑來闤闠
봄날 풀 자라고 새들 지저귀는데	芳春草生時鳥喧
술 마주해도 눈물 흘림을 보이지 않으리	對酒不見我涕潸
높은 풍모 속인들이 오를 수 없으니	高標未許俗人攀
푸른 봉우리 우뚝하게 구름에 닿았네	蒼翠突兀撑雲鬟

30 혼탁한……하네 : 한오상이 문풍의 병폐를 제거하고 고문(古文)에 힘쓴다는 말이다. 고반(誥盤)의 고는 《서경》 주서(周書)의 〈대고(大誥)〉·〈낙고(洛誥)〉 등의 글을 가리키며, 반은 《서경》 상서(商書)의 〈반경(盤庚)〉을 가리킨다. 이 글들은 매우 어렵기로 유명하다. 한유(韓愈)의 〈진학해(進學解)〉에 "위로는 순 임금, 우 임금 시대의 문장이 심오하여 끝이 없음과 주나라의 〈대고〉·〈강고〉·〈낙고〉, 은나라 〈반경〉의 읽기 어려운 난삽한 문장과 《춘추》의 근엄함과 《좌씨전》의 과장됨과 《주역》의 기이하면서도 법도에 맞음과 《시경》의 바르면서도 화려한 것들을 엿본다.〔上窺姚姒, 渾渾無涯, 周誥殷盤, 佶屈聱牙, 春秋謹嚴, 左氏浮誇, 易奇而法, 詩正而葩.〕"라고 하였다.

영해 부사 도신수[31] 만사
都寧海挽詞

세밑에 지초와 난초가 풍상에 꺾이니[32]	芝蘭歲暮委風霜
남쪽 지역의 인문 대략 사라졌네	南土人文略喪亡
오마의 발자국 아직도 문 밖에 남았고[33]	五馬尙留門外跡
여덟 줄 편지 책상머리에서 막 펼쳤네[34]	八行纔展案頭章
가성에서 혼백 부르니 구원 가까운데[35]	佳城復魄丘原近

31 도신수(都愼修) : 1598~1651. 본관은 성주(星州), 자는 영숙(永叔), 호는 지암(止巖)이다. 1650년(효종1) 영해 부사(寧海府使)에 임명되었고, 같은 해 12월 11일에 관사(官舍)에서 운명하였다.《大山集 卷51 止巖都公行狀》영해(寧海)는 경상북도 영덕군의 옛 지명이다.

32 세밑에……꺾이니 : 도신수가 운명(殞命)했다는 말이다. 지란(芝蘭)은 지초와 난초로 훌륭한 인재를 상징하는데, 여기서는 도신수를 가리킨다.

33 오마(五馬)의……남았고 : 도신수가 이민구와 이별하고 임지(任地)로 간 지 얼마 되지 않았다는 말이다. 오마는 한(漢)나라 때 태수(太守)의 수레를 다섯 필의 말이 끌었던 데서 온 말로, 여기서는 도신수가 영해 부사로 나간 것을 뜻한다.

34 여덟……펼쳤네 : 도신수가 보내 준 편지를 막 받았다는 말이다. 팔항(八行)은 여덟 줄이라는 말로, 편지를 의미한다. 후한(後漢)의 마융(馬融)이 두백상서(竇伯尙書)로부터 양지(兩紙) 8행의 서간을 받은 것에서 유래하였다.

35 가성(佳城)에서……가까운데 : 도신수가 이미 고인이 되어 무덤에 묻혔다는 말이다. 가성은 묘지를 가리킨다. 등공(滕公)으로 불린 서한(西漢)의 하후영(夏侯嬰)이 석곽(石槨)을 얻었는데, 거기에 "가성이 어둠에 묻혔다가 3천 년 만에 해를 보리니, 아, 등공이 이 방에 거하리로다.〔佳城鬱鬱, 三千年見白日, 吁嗟滕公, 居此室.〕"라는 명문이 새겨져 있었으므로, 죽은 뒤에 그곳에 장사 지내게 했다는 고사가 전한다.《西京雜記 卷4》

벗이 만사 엮으니 고갯길 멀구나　故友緘辭嶺路長
멀리서 바라보니 동향은 어디인가[36]　遙望桐鄕何處是
관어대[37] 드높고 바다가 망망하게 펼쳐졌네　觀魚臺逈海茫茫

36 멀리서……어디인가 : 동향(桐鄕)은 중국 안휘성(安徽省) 동성현(桐城縣)의 북쪽에 위치한 지명이다. 한(漢)나라 때의 주읍(朱邑)이 젊은 시절에 그 고을 색부(嗇夫)로 있으면서 덕정(德政)을 베풀었는데, 그 후 대사농(大司農)이 되었다가 병으로 죽을 무렵 자기 아들을 불러, 자기가 죽거든 동향에다 묻어 달라고 부탁하였다. 주읍의 아들이 아버지의 말대로 그곳에 장사 지냈는데 고을 사람들이 사당을 세워 제사를 지냈다고 한다.《漢書 卷89 循吏傳 朱邑》여기서는 도신수가 영해 부사로 있다가 임지(任地)에서 사망하였기 때문에 이 고사를 인용하여 읊은 것이다.

37 관어대(觀魚臺) : 영해부(寧海府)에 있는 누대 이름이다. 이색(李穡)의 〈관어대부(觀魚臺賦)〉에 "관어대는 영해부에 있다. 동해의 석벽 밑에 있어서 노는 물고기를 셀 수 있으므로 이렇게 명명한 것이다.〔觀魚臺在寧海府, 臨東海石崖下, 游魚可數, 故以名之.〕"라고 하였다.《牧隱詩藁 卷1》

좌랑 이익로[38]에게 부치다
寄李佐郎翼老

청운의 기업 당시에 자부하였으니 青雲器業負當時
남아의 출처 알 수 없구나 男子行藏不可知
하늘이 뛰어난 인재 냈으니 현달해야 하건만 天遣高材須特達
세상은 험난함 많아 들쭉날쭉하여라 世方多難且參差
어찌 발해에서 얽힌 실을 잘못 풀어서랴[39] 寧緣渤海治繩誤

38 이익로(李翼老) : 1608~1663. 본관은 전주(全州), 자는 덕수(德叟)이다. 《승정원일기》 인조 26년 12월 20일 기사와 효종 즉위년 6월 22일 기사에 이익로를 호조좌랑(戶曹佐郎)에 임명한 기록이 있다.

39 어찌……풀어서랴 : 이익로가 고을을 잘못 다스렸기 때문에 처벌된 것은 아니라는 말이다. 《승정원일기》 효종 즉위년 11월 26일 기사에 이익로를 개령 현감(開寧縣監)에 임명한 내용이 있고, 효종 2년 2월 27일 기사에 이익로가 도적을 풀어주었으니 그 죄를 가볍게 논의할 수 없다는 기록이 있다. 또 효종 2년 7월 16일 기사에는 이익로를 무기한 정배(定配)한다는 내용이 있다. 이러한 내용으로 볼 때 이익로가 개령 현감으로 있으면서 법률을 잘못 적용하여 처벌된 것으로 보인다. 발해치승(渤海治繩)은 공수(龔遂)와 관련된 고사이다. 한 선제(漢宣帝)가 공수에게 "발해의 혼란을 내가 매우 걱정하고 있으니 그대는 어떻게 그곳의 도적들을 없애서 나의 뜻에 맞게 하겠는가.〔渤海廢亂, 朕甚憂之. 君欲何以息其盜賊, 以稱朕意.〕"라고 물었는데, 공수가 대답한 말에 "저는 들으니 '난민을 다스리는 것은 헝클어진 실을 푸는 것과 같아서 서두를 수 없다.'라고 하였으니 오직 천천히 한 뒤에야 다스릴 수 있습니다.〔臣聞治亂民猶治亂繩, 不可急也, 唯緩之, 然後可治.〕"라고 하였다. 《漢書 卷89 循吏傳 龔遂》 이것은 헝클어진 실을 풀듯이 천천히 조리 있게 일을 처리해 나가는 것을 말하는데, 이익로가 현감으로 재직 중에 토적(土賊)을 풀어 준 일로 처벌되었기 때문에 이 고사를 인용한 것이다.

모두가 풍성에서 칼 캐낸 게 늦었다 의심하네[40] 共訝豐城斲劍遲
고향에는 한 해의 봄풀이 푸르른데 故國一年春草綠
왕손은 혹 돌아올 기약 정했는지 王孫倘有定歸期

40 모두가……의심하네 : 이익로가 훌륭한 인재였지만 조정에서 그의 진면모를 알아보지 못했다는 말이다. 오(吳)나라 때 북두성과 견우성 사이에 늘 보랏빛 기운이 감돌기에 장화(張華)가 예장(豫章)의 점성가(占星家) 뇌환(雷煥)에게 물었더니 보검의 빛이라 하였다. 이에 뇌환이 풍성(豐城)의 오래된 감옥의 땅속에서 용천(龍泉)과 태아(太阿) 두 보검을 발견하였다는 고사가 있다.《晉書 卷36 張華列傳》여기서는 이익로를 풍성에서 발견한 두 보검과 같이 훌륭한 인재로 비유하여 읊은 것이다.

교외에서 지내며

郊居

교외에 살다보니 세상일 적어	郊居寡人事
문 나서도 갈 곳 없어라	出門無與適
방 한 칸 둘러친 담장 밖에는	一室環堵外
이슬 맺힌 풀이 날로 푸르러지네	露草日增碧
강가 가득한 나무의 꽃들이	江干滿樹花
비바람에 쉬이 떨어져도	風雨易銷落
짙은 그늘에 좋은 열매 맺히니	濃陰有嘉實
봄이 쓸쓸하다고 말하지 마라	莫謂春蕭索
타고난 성품 생업에 서투른데다	受性拙營爲
늘그막에 게으름마저 더 심해졌네	抵老慵轉劇
저녁밥에 반찬이 형편없지만	晩飯薄盤飧
담박한 맛 즐겨 배를 채우네	量腹甘淡泊
쇠한 몸 부지할 약이 부족하고	扶衰藥餌乏
지팡이 짚을 근력도 약해졌네	杖藜筋力弱
살갗이 죽는 게 슬프다만	所悲皮肉死
장차 썩을 테니 또 어찌 애석해하랴	將朽亦何惜
동쪽에 이웃한 허씨는	東隣許夫子
사귀는 의리 금석을 꿰뚫을 만하네[41]	交義貫金石

41 동쪽에……만하네 : 허부자(許夫子)는 허보(許窑, 1585~1659)를 가리키는 듯

술로 외롭고 병든 이 위로해 주니	杯觴慰孤病
고고한 흥취 의탁할 곳이 있어라	高興欻有托
기운 차리고 회포 털어놓는 사이에	氣蘇輸寫間
풍류가 어지러이 일어나네	風流紛感激
아득히 한평생 돌아보니	緬懷百年期
서글프다 머리 다 세었구나	惻愴頭盡白

하다. 허보의 본관은 양천(陽川), 자는 유선(惟善), 호는 동강(東岡)이다. 《동주집(東州集)》 문집(文集) 권10의 〈처사동강허공묘갈명 병서(處士東岡許公墓碣銘 并序)〉에 의하면 허보가 숙부 허균(許筠)의 역모 사건에 연좌되어 유배 갔다가 해배된 뒤에 서호(西湖)의 삼포(三浦)에 살았다고 한다. 금석(金石)은 쇠와 돌처럼 단단한 우정을 의미하므로, 여기서는 이민구와 허보가 친한 사이였다는 말이다.

판관 한익명[42] 만사

韓判官 翼明 挽詞

예법이 있는 청주 한씨의 후예로[43]	禮法西原冑
순수한 자질 남에게 뒤지지 않았네	純明不乏人
재주 논하자면 정술에 뛰어나	論材富政術
맡은 관직마다 잘 수행했네	歷職善彌綸
임금께서 근심 나누려는 마음 절실하여	聖主分憂切
낭관에서 지방관으로 여러 번 나갔지[44]	郎官出宰頻
글 내려 주시니 주읍과 같은 총애 입었고[45]	賜書朱邑寵

42 한익명(韓翼明) : 1596~1651. 본관은 청주(淸州), 자는 상경(商卿)이다. 《승정원일기》 인조 26년 12월 11일 기사에 한익명을 군자감 판관(軍資監判官)에 임명한 기록이 있다.

43 예법(禮法)이……후예(後裔)로 : 한익명이 예법의 전통이 있는 청주 한씨의 후예라는 말이다. 서원(西原)은 청주의 옛 이름이다.

44 임금께서……나갔지 : 분우(分憂)는 임금의 걱정을 나눈다는 뜻으로, 지방관에 임명하는 일을 가리킨다. 한익명은 1637년(인조15)에 공조 좌랑에 임명되었다가 1639년에 아산 현감, 1645년에 안성 군수로 나간 적이 있다.

45 글……입었고 : 임금이 한익명의 죽음을 유달리 안타까워했다는 말이다. 주읍(朱邑)은 한(漢)나라 때의 인물로 젊어서 동향(桐鄕)의 색부(嗇夫)가 되어 선정(善政)을 베풀었는데, 고을 사람들이 모두 사랑하면서 존경하였다. 그 뒤에 주읍이 병들어서 죽자 황제가 안타깝게 여겨 조서(詔書)를 내려 칭양하기를 "대사농 주읍은 청렴결백하여 절의를 지키고 조정에서 물러나와 밥을 먹으며 경계 밖의 사람과 사귀거나 폐백을 바치는 일이 없었으니 훌륭한 군자라고 말할 만하다. 흉한 재앙을 만났으니 짐이 매우 불쌍히 여기노라.〔大司農邑, 廉潔守節, 退食自公, 亡疆外之交束脩之餽, 可謂淑人君

교화 펼치니 노공의 사랑일세[46] 行化魯恭親
호서와 경기에서 고을 다스리던 날들은 湖甸彈琴日
내가 강가에서 유배 생활하던 때였지[47] 江潭受玦辰
나그네 기러기처럼 이리저리 떠돌았는데 流離隨旅雁
멀리서 궁한 물고기를 도와주었네[48] 契活濟窮鱗

子. 遭離凶災, 朕甚閔之.〕"라고 하고는 주읍의 아들에게 황금 백 근을 하사하여 제사를 모시게 하였다. 《漢書 卷89 循吏傳 朱邑》

46 교화……사랑일세 : 한익명이 지방관의 직책을 맡아 어진 정사를 펼쳐 교화가 널리 행해졌다는 말이다. 후한 장제(章帝) 때에 각 지방의 벼가 멸구의 피해를 입었으나 노공(魯恭)이 수령으로 있는 중모(中牟) 지방에만 해충이 들어가지 않는다는 소문이 나자, 하남 윤(河南尹) 원안(袁安)이 비친(肥親)을 보내 그 사실을 알아보게 하였다. 노공이 그를 맞아 함께 들길을 가다가 뽕나무 밑에 앉아 쉬고 있을 때 꿩이 날아와 그들의 곁에 앉았는데 때마침 아이가 함께 있었다. 비친이 아이에게 "아이야, 왜 잡지를 않느냐?〔兒何不捕之〕"라고 물으니, 아이가 "꿩은 지금 새끼를 데리고 있습니다.〔雉方將雛〕"라고 대답하였다. 비친이 깜짝 놀라 일어나서 노공과 작별하며 "제가 온 것은 당신의 정사 현황을 살펴보려 한 것인데, 이제 보니 해충이 고을에 들어오지 않은 것이 첫 번째 이적(異蹟)이고, 교화가 조수(鳥獸)에게까지 미친 것이 두 번째 이적이고, 어린아이가 어진 마음이 있는 것이 세 번째 이적입니다. 오래 머무르면 당신에게 폐만 끼칠 뿐입니다.〔所以來者, 欲察君之政迹耳. 今蟲不犯境, 此一異也. 化及鳥獸, 此二異也. 竪子有仁心, 此三異也. 久留徒擾賢者耳.〕"라고 말하고는 돌아갔다. 《後漢書 卷55 魯恭列傳》

47 호서(湖西)와……때였지 : 호전(湖甸)은 호서 지방과 경기도를 병칭한 말로 한익명이 아산 현감과 안성 군수를 역임한 사실을 가리키는데, 이민구가 아산에서 유배 생활을 하던 시기와 겹친다. 결(玦)은 패옥(佩玉)의 일종인 노리개로 환(環)처럼 완전히 이어져 있지 않아 유배에서 풀려나지 못함을 의미한다.

48 나그네……도와주었네 : 한익명이 유배 중인 이민구를 도와주었다는 말이다. 궁린(窮鱗)은 물이 없어 생명이 위급한 물고기라는 뜻으로 곤경에 처한 사람을 의미하는데, 여기서는 아산에 유배당한 이민구를 가리키는 말로 사용되었다. 《장자(莊子)》〈외

예전부터 집안끼리 교분을 맺어[49] 夙昔通家誼
사물에까지 미치는 어짊으로 적셔 주었네 沾濡及物仁
삼 년 동안 한 가지 병을 앓더니 三年纏一疾
목숨이 중년의 나이에 국한되었네 大命局中身
부모의 슬픈 심정 어찌 끝이 있겠는가 父母情何極
손님과 벗들의 한 더욱 새롭구나 賓朋恨轉新
슬픔이 내 건강 해칠 줄 알아 哀傷知自損
눈물 그치려 해도 이미 수건을 적셨어라 制淚已盈巾

물(外物)〉에 수레바퀴로 패인 웅덩이 속에서 헐떡이며 물을 조금이라도 부어 달라고 애원하는 붕어의 이야기가 실려 있다.

49 예전부터……맺어 : 한익명의 증조부인 한효윤(韓孝胤, 1536~1580)은 슬하에 3남 6녀를 두었는데 셋째딸이 권흔(權昕)과 혼인하였다. 권흔은 1남 3녀를 두었는데 둘째딸이 이민구의 형인 이성구(李聖求)와 혼인하였다.

거듭 연경에 사신 가는 오 판서를 전송하다[50]

送吳判書再赴燕都

서쪽 가는 이 전별하매[51] 남은 봄이 아쉬운데	征西祖道惜餘春
몇 번이나 행장에 변방 먼지를 묻히는가	幾度行裝染塞塵
객지에서의 세월 수레바퀴 따라 흘러가	客路年光隨轉轂
수고로운 인생 노신의 괴로움 알겠네[52]	人生物役感勞薪
멀리 땅이 이역으로 나뉨을 바라보는데	長瞻地紀分殊域

50 거듭……전송하다 : 오 판서(吳判書)는 오준(吳竣, 1587~1666)으로, 본관은 동복(同福), 자는 여완(汝完), 호는 죽남(竹南)이다. 그의 큰딸이 이민구의 큰아들 이원규(李元揆)와 혼인하였다.《藥山漫稿 卷18 高祖輔國崇祿大夫……府君墓誌銘》 그는 1651년(효종2)에 진하부사(陳賀副使)에 임명되어 청나라에 다녀왔다.《承政院日記 孝宗 2年 3月 18日》 이에 앞서 1648년(인조26)에는 동지 겸 정조성절사(冬至兼正朝聖節使)로 청나라에 다녀왔는데,《동주집(東州集)》 시집(詩集) 권13의 〈송오판서사연(送吳判書使燕)〉은 이민구가 당시에 지은 작품이다.

51 서쪽……전별하매 : 연경에 사신 가는 오준을 전송한다는 말이다. 조도(祖道)는 도신(道神)에게 제사 지내는 것을 말하는데, 먼 길을 떠나는 이에게 술자리를 베푸는 송별연(送別宴)을 의미하기도 한다. 옛날에 황제(黃帝)의 아들인 누조(纍祖)가 먼 곳으로 유람하기를 좋아하다가 길에서 죽었으므로 후세 사람들이 그를 제사 지내면서 행신(行神)으로 삼았다.

52 수고로운……알겠네 : 노신(勞薪)은 오래 사용한 수레의 바퀴를 땔감으로 쓰는 것을 가리키는데, 여기서는 오준이 청나라에 사신으로 오가며 노년까지 고생한다는 말이다. 순욱(荀勖)이 진 무제(晉武帝)에게 음식을 올리면서 주위 사람들에게 "이것은 고생한 나무를 불태워 만든 음식이다.〔此是勞薪炊也〕"라고 말하자 사람들이 믿지 않았다. 무제가 나중에 몰래 사람을 시켜 알아보게 하니 "오래된 수레바퀴를 불태워 익힌 것입니다.〔實用故車脚〕"라고 말하였다.《世說新語 術解》

함부로 하늘 끝이 이웃과 같다고 말하네　　枉說天涯若比隣
요양 땅의 화표학에게 알리노니　　爲報遼陽華表鶴
돌아오는 사람 정씨만이 아니란다[53]　　歸來不獨姓丁人

53 요양(遼陽)……아니란다 : 오준이 청나라에서 무사히 돌아오기를 바란다는 말이다. 한(漢)나라 때 요동(遼東)의 정 영위(丁令威)가 일찍이 영허산(靈虛山)에 들어가 선술(仙術)을 배우고 뒤에 학(鶴)으로 변하여 고향의 성문(城門) 화표주(華表柱)에 날아와 앉았다. 이때 한 소년이 활로 그를 쏘려고 하자, 학이 날아올라 공중에서 배회하며 "새여 새여 정 영위라, 집 떠난 지 천 년 만에 이제야 돌아왔네.〔有鳥有鳥丁令威, 去家千年今始歸.〕"라고 했다는 고사가 있다. 《搜神後記 卷1》

남원 부사 유시정[54]을 전송하다

送柳南原

유시정(柳時定)이니 곧 정국원훈(靖國元勳) 유순정(柳順汀)[55]의 후손이다. 명문(銘文)을 써달라고 요구하기에 시에서 언급하였다.

나라 안정시켜 그 훈업 추숭되고[56]	靖國追勳業
가문의 전통 계승하여 모범 얻었네	承家得典刑
풍류는 검리를 생각하고[57]	風流懷劍履
형상은 단청을 떠올리네[58]	形象憶丹青

54 유시정(柳時定) : 1596~1658. 본관은 진주(晉州), 초명은 시영(時英), 자는 안세(安世)이다.《南溪集 卷73 南原府使柳公墓碣銘》1651년(효종2) 남원 부사 유시정이 하직했다는 기록이 있다.《承政院日記 孝宗 2年 3月 20日》

55 유순정(柳順汀) : 1459~1512. 본관은 진주, 자는 지옹(智翁), 호는 청천(菁川)이다. 1506년(중종1) 이조 판서로서 박원종(朴元宗), 성희안(成希顔) 등과 함께 모의하여 중종반정에 성공한 공으로 정국 공신(靖國功臣) 1등에 책록되었다.

56 나라……추숭(追崇)되고 : 유시정의 선조 유순정이 정국 공신에 책록되고 영의정을 지냈으므로 이렇게 말하였다.《중종실록》2년 9월 6일 기사에 유순정을 공신에 책록하여 청천부원군(菁川府院君)으로 삼는다는 기록이 있고,《중종실록》7년 10월 7일 기사에 "유순정을 영의정에 임명하였다.〔以柳順汀爲領議政〕"라는 기록이 있다.

57 풍류(風流)는 검리(劍履)를 생각하고 : 유순정의 모습을 그의 유품에서나마 회상한다는 말이다. 검리는 조복(朝服) 등 유물을 말한다. 옛날 중신이 제왕의 두터운 신임을 받고서 검을 풀거나 신발을 벗지 않은 채 임금 앞에 나아갔던 검리상전(劍履上殿)의 고사가 있다.

58 형상(形象)은 단청(丹青)을 떠올리네 : 유순정의 모습을 공신의 초상에서 볼 수 있다는 말이다. 단청은 공신의 화상(畫像)을 의미한다. 한 무제(漢武帝)가 장안의

공후의 자리를 회복하지 못했으니 未果公侯復
어찌 환난을 만남이 없으랴[59] 寧無患難丁
현읍에서 낮은 지위로 지내다가 卑棲從縣邑
조정에서 높은 자리에 발탁되었네[60] 峻擢自朝廷
악독이 지축에 서려 있고[61] 嶽瀆蟠坤軸
성과 해자가 신령한 땅 감쌌네 城隍擁地靈
부에서는 당 총관 의지하고 府依唐總管
주에서는 한 도경 살피겠지 州按漢圖經
다스림에 깊이 유의한다면 政術深留意
화려한 명성이 실로 자자하리 聲華實滿聽
옛 친구 감자 먹는 것이야 좋지만[62] 舊交憐啖蔗

궁중에 기린각(麒麟閣)을 세웠는데, 선제(宣帝)가 중흥공신(中興功臣) 열한 명의 화상을 단청으로 그려 모신 일이 있다.

59 공후(公侯)의……없으랴 : 1616년(광해군8) 이이첨(李爾瞻)의 사주로 일어난 해주 옥사(海州獄事)에 연루되어 유시정의 외조부인 해주 목사(海州牧使) 최기(崔沂)와 선친 유찬(柳燦)이 옥사(獄死)하였고, 유시정도 춘천으로 유배되어 관직에 나갈 수 없었다는 말이다.

60 현읍(縣邑)에서……발탁되었네 : 유시정은 인조반정으로 신원(伸冤)되어 의금부 도사(義禁府都事)에 제수된 후 목천(木川)과 고령(高靈)의 현감을 역임하고 다시 공조와 형조의 정랑(正郞)에 임명되었으며, 평양부 서윤(平壤府庶尹)에서 질병으로 면직된 뒤 남원 부사(南原府使)에 뽑혔다. 《南溪集 卷73 南原府使柳公墓碣銘》

61 악독(嶽瀆)이……있고 : 남원(南原)에 산과 하천이 많다는 말이다. 악독은 오악(五嶽)과 사독(四瀆)을 이른다. 오악은 중국의 다섯 명산으로 태산(泰山), 화산(華山), 형산(衡山), 항산(恒山), 숭산(嵩山)을 가리키고, 사독은 네 개의 큰 물로, 양자강(揚子江), 황하(黃河), 회수(淮水), 제수(濟水)를 가리킨다.

62 옛……좋지만 : 유시정의 관직이 점점 높아지니 기쁘다는 말이다. 감자(甘蔗)는

멀리 이별하려니 부평초 신세 안타깝네[63] 遠別感漂萍
여사는 지묵에 맡겼으니[64] 餘事臨池墨
한가할 때 문 닫고 써야지 閑時閉閤鈴
몇 번이나 좌우를 볼 것인가 幾回瞻座右
모름지기 그대 위해 새 명문 지으리라 須汝寫新銘

사탕수수를 가리키는데, 감자를 먹는다는 것은 점입가경(漸入佳境)을 뜻한다. 진(晉)나라 고개지(顧愷之)가 사탕수수를 먹을 때마다 항상 끝에서부터 밑동으로 먹어 들어가므로, 혹자가 그 까닭을 묻자 "점점 더 좋은 데로 들어가기 위해서이다."라고 대답한 데서 온 말이다. 《晉書 卷92 文苑列傳 顧愷之》

63 멀리……안타깝네 : 유시정을 멀리 외지로 보내니 외로운 자신의 신세가 안타깝다는 말이다. 표평(漂萍)은 물 위를 떠다니는 부평초라는 뜻으로, 한 곳에 머물러 있지 못하고 타향에서 떠도는 신세를 형용하는 말이다.

64 여사(餘事)는 지묵에 맡겼으니 : 유시정의 부탁으로 명문(銘文)을 쓰게 되었다는 말이다. 임지묵(臨池墨)은 글씨를 연습한다는 뜻이다. 후한(後漢)의 장지(張芝)가 글씨를 익힐 때, 자기 집에 있는 모든 의백(衣帛)에 글씨를 쓴 다음 다시 빨곤 했으므로, 그를 일러 "못가에서 글씨를 연습하여 못물이 다 검어졌다.〔臨池學書, 池水盡黑.〕"라고 하였다. 《晉書 卷80 王羲之列傳》

이웃집 아이가 복어를 먹고 갑자기 죽었다
隣兒食河豚暴亡

복어도 물고기인데　河豚亦稱魚
독만 있고 비늘은 없네　有毒且無鱗
환난은 진실로 큰 데 있지 않으니　患固不在大
복어 먹자 복어가 사람 죽였네　食魚魚殺人
어찌 알랴 술잔 속에도　豈知杯棬內
도검 같은 재앙 숨어 있는 줄을　伏禍刀劍均
성스런 임금이 그물 만드시니　聖王作網罟
교화를 베풂에 어찌 인하지 않으셨으랴　設教寧匪仁
음식은 본래 살기 위한 것인데　口腹本爲養
도리어 몸을 상하게 하네　反以喪其身
암암리에 서로를 해치니　冥冥相賊害
보복이 순환하듯 하네　報復若環循
산에서는 사나운 이리와 호랑이가 걱정스럽고　山虞狼虎暴
물에서는 성난 교룡과 악어가 두렵지　水畏蛟鰐嗔
아아 죽는 원인도 가지가지　嗚呼死多門
산다는 것 길이 괴로운 일이로다　生者永酸辛

배를 타고 금릉의 우저[65]에 도착하다

舟行達金陵牛渚

갠 호수의 안개 물결 하늘 끝까지 닿았는데	晴湖煙浪遠涵空
흰머리 나부끼며 조각배에 의지했네	華髮飄然倚短篷
봄 되자 수기는 늘 비를 동반하고	水氣春來常帶雨
저물녘 파도 소리는 매번 바람을 겸하네	潮聲日暮每兼風
고깃배 둥실둥실 길손 따르고	漁舟泛泛隨行客
갈매기는 한가롭게 늙은이와 짝하였네	鷗鳥依依伴老翁
먼 물가로 내려가며 멈추지 않으니	極浦沿洄無定止
은하수로 가는 길 아득히 통하겠네	銀河一路渺相通

65 금릉(金陵)의 우저(牛渚) : 금릉은 경기도 김포시의 옛 이름이며, 우저는 김포시 감정동 일대를 말한다.

당산주인이 51세 생일에 잔치를 열다
棠山主人五十一歲初度日設會

그대의 집에서 오늘 생일[66] 기념하여　君家今日記懸弧
술자리에 늙은 나까지 초대했지　杯酒招邀及老夫
사월도 저물어 가니 만년의 삶 가슴 아픈데　四月向闌傷晼晚
백 년 인생 반 지났다고 무척 즐거워하네　百年過半强歡娛
모래톱의 빼어난 기운이 옷으로 스며들고　汀洲秀氣衣裳潤
숲 속 서늘한 바람에 잠자리도 시원하네　林樾虛涼枕簟俱
흠뻑 취해 뱃길 먼 줄 모르고　酩酊不知川路永
해 질 녘 돌아가는 흥취 강호에 가득하네　夕陽歸興滿江湖

66 생일 : 현호(懸弧)는 옛날에 아들을 낳으면 뽕나무 활을 문 왼쪽에 걸어서 아들이 활을 잘 쏘기를 기대했던 데서 온 말로, 《예기》 〈내칙(內則)〉에 "자식을 낳음에 남자일 경우는 문 왼쪽에 뽕나무 활을 걸고, 여자일 경우는 문 오른쪽에 수건을 건다.〔子生男子, 設弧於門左, 女子, 設帨於門右.〕"라고 하였다.

영해 부사 조계언[67]에게 부치다

寄趙寧海季彥

늙도록 세속에 섞여　　衰邁混流俗
쓸쓸히 두 눈 감고 지내노라　　寂寥雙眼閉
어찌 어릴 적 친구 없으랴만　　豈無童稚交
백발 되고 나니 다들 유명 달리했지　　白首盡淪替
조후는 다행히 아무 탈이 없어　　趙侯幸無恙
굳은 우정 오래도록 변하지 않았네[68]　　金石久不敝
눈서리에도 끄떡없는 굳세고 힘찬 자태로　　勁挺雪霜姿
풍진의 때에도 홀로 섰지　　獨立風塵際
깊은 숲에서 외로운 향기 발하는데　　幽林發孤馥
가을 구름 갤 때 학 놀라네　　鶴驚秋陰霽
승명을 좋아하지 않아서　　承明非我好
동어 차고 떠났지[69]　　去佩銅魚契

67 조계언(趙季彥) : 조빈(趙贇, 1587～?)으로, 본관은 한양(漢陽), 자는 계언, 호는 은성(隱星)이다. 《승정원일기》 효종 2년 1월 6일 기사에 영해 부사(寧海府使) 조빈이 하직했다는 기록이 있다. 영해는 경상북도 영덕군의 옛 지명이다.

68 조후(趙侯)는……않았네 : 대부분의 벗들이 세상을 떠났지만 조빈은 건강하게 살아 있어 아직도 이민구와의 우정이 돈독하다는 말이다. 금석(金石)은 쇠와 돌처럼 단단한 우정을 의미한다.

69 승명(承明)을……떠났지 : 조정에서 근무하는 것을 좋아하지 않아서 지방 수령으로 갔다는 말이다. 승명은 승명려(承明廬)의 준말로, 한(漢)나라 때 천자의 노침(路

문서 더미에 파묻히고 側足簿領內
황량한 성은 바닷가에 접해 있겠지 荒城接海裔
백성은 적고 세금은 많은데 甿凋井稅煩
토지 척박해 소출도 적겠지 地薄田功細
늙은 몸으로 백성들 돌보느라 지치고 將老倦字牧
근심 걱정에 밤늦도록 힘쓰겠지 軫憂以夕厲
비록 듣자니 아름다운 옛 누대에서 雖聞古臺勝
만상을 다 볼 수 있다지만[70] 萬象集凝睇
맛 좋은 술 술잔에 가득할 적에 旨酒湛盈觴
누구와 더불어 답답한 심정 풀 수 있을까 誰與豁蒙蔽
서울은 공명 추구하는 곳이라 京師進取地
성패에 따라 형세 달라지지 得失異形勢
어찌 부사 자리 영광스럽다 말하랴만 那言五馬榮
그런대로 남은 인생 보낼 만하네[71] 草草供卒歲
서로 헤어지려니 옛 친구 그리워 睽離感舊游

寢)인 승명전 옆에 있던 시신(侍臣)들의 숙직소(宿直所)이다. 동어(銅魚)는 태수(太守)의 관직을 상징하는 부절(符節)로 동어부(銅魚符)라고도 한다.

70 아름다운……있다지만 : 영해부(寧海府)에 있는 관어대(觀魚臺)의 승경을 읊은 것이다. 관어대의 풍광에 대해서는 이색(李穡)의 〈관어대부(觀魚臺賦)〉를 참조할 수 있다. 43쪽 각주37 참조.

71 어찌……만하네 : 영해 부사 자리가 그다지 영광스런 자리는 아니지만, 붕당(朋黨)이 심한 서울보다는 초라하더라도 영해 부사로 가서 생을 마치는 것이 낫겠다는 말이다. 오마(五馬)는 한 고을의 수령을 뜻한다. 한나라 때 태수(太守)는 말 다섯 마리가 끄는 수레를 타고 다녔다.

실의한 채 한 세상 보내겠네 落魄送一世
밤낮으로 동남쪽 바라보니 日夜望東南
산천이 널리 굽이굽이 이어졌네 山川曠迢遰
날씨 더워 뼈가 녹을 정도이니 天熱骨銷毁
그대는 몸조심하시게[72] 君子愼委蛻
애써 밥 잘 챙겨 드시게나 努力强飮食
인생살이 괴롭게도 위태롭다네 人生苦危脆

72 날씨……몸조심하시게 : 날씨가 몹시 더우니 몸조심하라는 말이다. 위태(委蛻)는 자연이 준 몸뚱이를 말한다. 《장자(莊子)》 〈지북유(知北遊)〉에 "자식과 손자는 너의 소유가 아니고, 바로 천지의 기가 쌓여 매미 허물처럼 너의 뒤를 남긴 것이다.〔孫子非汝有, 是天地之委蛻也.〕"라고 한 데서 온 말이다.

백거 신천익[73]이 짧은 시를 준 것에 사례하다

謝愼伯擧贈短騷 天翊

백거는 내가 경외하는 인물로	伯擧吾所畏
의젓한 호해의 선비이지	落落湖海士
평생 홀로 살려는 뜻으로	平生獨往意
황왕의 백성처럼 초연하였네[74]	寄傲皇王始
인간 세상 모두 시끄러우니	人間俱擾擾
외면하고 바라보지 않았지	眇然不盈視
천한의 수많은 말들이	天閑萬匹馬
멍에 메면 천 리 달리지만	服轅盡千里
자줏빛 말고삐로	豈聞紫游韁
녹이 맨다는 말을 어찌 들었으랴[75]	可以絆騄耳

73 신천익(愼天翊) : 1592~1661. 본관은 거창(居昌), 자는 백거(伯擧), 호는 소은(素隱)이다. 광해군의 실정을 보고 사직한 뒤 호남에 은거하였는데, 여러 차례 관직에 임명되었으나 나아가지 않았다. 《性潭集 卷17 參判愼公神道碑銘》

74 평생……초연하였네 : 신천익이 황왕(皇王) 때 사람처럼 세속을 초월하여 자유롭게 살았다는 말이다. 기오(寄傲)는 세속을 떠나 초연한 자유인의 경지를 마음껏 펼친다는 뜻이다. 진(晉)나라 도잠(陶潛)의 〈귀거래사(歸去來辭)〉에 "남쪽 창에 기대어 교오한 마음 부치나니, 겨우 무릎을 들여놓을 만해도 편안하네.〔倚南窓以寄傲, 審容膝之易安.〕"라는 말이 있다. 《陶淵明集 卷5》

75 천한(天閑)의……들었으랴 : 조정의 수많은 관리들 중에 신천익 만한 인물이 없지만, 좋은 관직으로도 그를 붙잡을 수 없다는 말이다. 천한은 궁중의 말 기르는 곳인데, 여기서는 조정을 가리킨다. 《주례(周禮)》 〈하관(夏官) 교인(校人)〉에 "천자는 열

푸른 산은 가을빛에 물들어 가고 　　青岑近秋色
흰 구름이 남쪽 하늘에 가득하네 　　白雲滿南紀
어젯밤 궁성의 종소리 울릴 제 　　昨夜禁城鍾
아련하게 고향[76]을 꿈꾸었네 　　依依夢桑梓
나에게 외로운 오동 거문고 주는데 　　遺我孤桐琴
붉은 먼지 쌓여 연주할 수 없었지만[77] 　　朱塵掩橫理
그 가운데 태고의 소리 머금어 　　中含太古音
또한 저절로 운율 있으니 　　亦自有宮徵
원컨대 문왕의 음악 연주하고 　　願爲彈文王
당부하노니 은둔의 생각 멀리 하시길[78] 　　勖君遐遁思

고금의 역사 대강 섭렵하여 　　粗涉古今史
천하의 선비를 묵묵히 안다네 　　默會天下士
문과 질을 진실로 갖추기 어려우니 　　文質固難備
뉘라서 능히 시종 빼어날 수 있으랴 　　誰能倬終始

두 곳의 한(閑)이 있다."라고 하였다. 녹이(騄耳)는 주(周)나라 목왕(穆王)이 타던 팔준마(八駿馬) 중의 하나로 좋은 말을 가리킨다. 여기서는 신천익을 비유하는 말로 쓰였다.

76 고향 : 상재(桑梓)는《시경》〈소반(小弁)〉에 "부모가 심은 뽕나무와 가래나무도 공경한다.〔維桑與梓, 必恭敬止.〕"라고 한 데서 온 말로, 부모가 살던 고향을 뜻한다.

77 나에게……없었지만 : 신천익이 이민구에게 보내온 시에서 이민구를 찬양하는 말이 있었지만 감당할 수 없었다는 겸사이다.《동주집(東州集)》문집(文集) 권1〈답신백거서(答愼伯擧書)〉에도 이와 동일한 내용이 보인다.

78 원컨대……하시길 : 신천익에게 훌륭한 격조(格調)를 보여 주고 멀리 떠나 은거할 생각을 하지 말라고 당부하는 말이다.

늘그막에 좋은 글 얻어 晩暮得佳篇
나도 모르게 깜짝 놀라 보노라 不覺矍然視
어찌 십이율에 맞을 뿐이랴 豈特十二枚
물 박차고 삼천 리 날아오르는 듯[79] 水擊三千里
상이 나를 계발시킨다는 말은 商也可起予
아이들 장난에서 으뜸이 되는 것과 같네[80] 如霸兒戲耳
고르게 분포한 도랑과 밭두둑 같고 均均各溝塍
엄숙하게 기강을 담고 있도다 肅肅自綱紀
과연 세상에 드문 솜씨이니 果是稀代手
실로 명장으로 추대하기에 합당하네 實合推輪梓
하지만 내가 거문고 연주 이미 그만두었으니 伊我琴已廢
먼지 쌓인 줄로 다시 연주할 수 없지 塵絃不復理
오래전부터 〈하리〉의 음악이 久知下里音
부질없이 맑은 치음에 섞인 줄 알지만[81] 空煩雜淸徵
노년에 다시 멀리 이별하였으니 垂老更遠別

79 어찌……듯 : 이민구의 시가 운율에 맞을 뿐만 아니라 힘찬 기상을 내포하고 있다는 말이다. 《장자(莊子)》 〈소요유(逍遙遊)〉에 "붕새가 남쪽 바다로 날아갈 때는 물을 3천 리나 박차고, 회오리바람을 타고 9만 리나 날아올라 여섯 달을 가서야 쉰다.〔鵬之徙於南冥也, 水擊三千里, 搏扶搖而上者九萬里, 去以六月息者也.〕"라고 하였다.

80 상(商)이……같네 : 이민구의 문장을 예찬한 말이다. 《논어》 〈팔일(八佾)〉에 공자가 "나를 계발시켜 주는 사람은 바로 상이로다. 이제는 너와 함께 시를 이야기할 수 있겠구나.〔起予者商也, 始可與言詩已矣.〕"라고 칭찬한 말을 원용한 것이다.

81 하리(下里)의……알지만 : 〈하리〉는 〈파인(巴人)〉과 함께 춘추 시대 초(楚)나라에서 유행했던 통속가요로, 여기서는 신천익 자신의 시를 말한다. 신천익 자신의 변변찮은 시가 이민구의 훌륭한 시 속에 섞인다는 겸사이다.

애써 붓 놀려 그리운 마음 엮노라 强筆聊綴思

이상은 소은(素隱)의 시이다.

고양 군수 박태원[82] 만사

朴高陽挽詞

훌륭한 재주로 벼슬자리에 오르더니	妙技初資宦業成
다시 활과 화살로 공명을 추구했네	更因弧矢策功名
경기 지역 여러 번 다스려 국경까지 이어지니	邦畿累政連疆界
궁궐의 특별한 은혜 임금에게 받았네	禁掖殊恩荷聖明
이미 회갑 지났으니 천명에 달관해야 하는데	已過回年須達命
오직 동갑내기 남아 가장 아파하네	唯餘同甲最傷情
삼양이 모이는 것을 아는 사람 없어도	無人省取三陽會
인물이 지금껏 절로 나고 죽는구나[83]	民物于今自死生

82 박태원(朴泰元) : 1589~? 본관은 밀양(密陽)이다. 《승정원일기》 효종 즉위년 12월 3일 기사에 고양 군수 박태원이 치적(治績)이 있다는 기록이 있다.

83 삼양(三陽)이……죽는구나 : 끊임없이 순환하는 대자연의 진리를 아는 사람이 있든 없든 그 질서에 따라 인간이 나고 죽으니 박태원의 죽음도 예외가 아니라는 말이다. 《주역》의 원리로 볼 때 10월은 곤괘(坤卦)에 해당하는 순음(純陰)의 상이다. 11월은 복괘(復卦)인데 일양(一陽)이 맨 밑에서 생기고, 12월은 임괘(臨卦)인데 이양(二陽)이 밑에서 생기고, 정월은 태괘(泰卦)인데 삼양(三陽)이 밑에서 생긴다. 이는 겨울이 가면 봄이 오고 음(陰)이 줄어들면 양(陽)이 자라나 형통하는 상이 있기 때문에, 예부터 삼양개태(三陽開泰) 또는 삼양회태(三陽回泰)라 하였다.

유월 그믐날 비바람이 몰아치다
夏晦風雨

가는 여름 오늘 밤이 마지막인데	徂夏盡今夕
비바람이 남은 더위 전송하네	風雨餞餘暑
세월은 너무나 야박하여	歲月太薄情
쉽사리 나를 두고 가는구나	容易捨我去
우사와 풍백은 또한 무슨 마음이랴	師伯亦何意
다시 계절을 탔을 뿐이라네[84]	乃復乘節序
세차게 마루와 처마에 뿌리고	肅肅洒堂宇
싸늘하게 못 울타리를 씻어내네	凄凄洗池籞
어제는 쇠와 돌도 녹을 듯 더위	昨日金石爛
큰 화로의 뜨거운 불길처럼 이글대니	洪壚燒烈炬
땀 흘리며 집안에 누워 있어도	流汗臥環堵
어디에도 몸 피할 곳 없었지	戢影無處所
누가 생각이나 했으랴 하룻밤 사이에	孰謂隔宵間
갑자기 이처럼 서늘해질 줄을	一涼遽如許
삼 년 동안 해진 무명옷 입었기에	三年敝短褐
고운 베옷으로 갈아입으려 했는데	欲以換絺紵

84 우사(雨師)와……뿐이라네 : 비를 맡은 우사와 바람을 담당하는 풍백(風伯)이 어떤 의도를 가지고서 비바람을 몰고 온 것이 아니라 그저 계절이 바뀌는 것일 뿐이라는 말이다.

천체의 운행이 너무나 빨라	大運劇奔逝
순식간에 함께할 수 없게 되니	飄忽不相與
마치 아득히 먼 길 가는 사람이	眇眇遠行人
서둘러 여관 떠나는 것 같구나	草草辭逆旅
얽히고설킨 수많은 한 품은 채	鬱紆萬種恨
천지 사이에 근심스레 서 있네	乾坤悄延佇
술이 있으면 또한 즐길 뿐이니	有酒且爲樂
조물주가 어찌 너에게 시간을 더 주랴	造物寧貸汝

최 참봉이 말을 보내 술자리에 초대하였다. 배 안에서 입으로 불러 짓다

崔參奉送馬邀飮 舟中口占

그대는 술도 있고 말도 있고	君能有酒兼有馬
나는 일도 없고 병도 없네	我方無事且無病
문 앞의 말 울음소리 게으른 나를 일으켜	門前馬嘶起我懶
귀한 술자리에서 성현을 마주했네[85]	珍重壺觴對賢聖
칠월의 시원한 바람에 하늘은 깨끗하고	七月新涼天宇淨
강호의 차가운 물에 가을 구름 비치누나	江湖水冷秋雲映
조각배에 낚싯대 없을 수 없어	扁舟不可無釣竿
잔물결에 드리우니 물고기 맑은 물에 뛰는구나	鉤引纖波魚動鏡
먼 마을 가까운 저자에 저녁연기 짙어 가고	遙村近市煙色深
귀로에 날 저물어 깃드는 까마귀 다투어 날아가네	歸路落日棲鴉競
그대 집에 말 튼튼하고 익은 술 늘 있다면	但使君家馬健酒長熟
늙은이의 한가로운 삶 또한 족하리라	老子婆娑願亦足

85 문……마주했네 : 최 참봉이 말을 보내 이민구를 술자리에 초대했다는 의미이다. 현성(賢聖)은 술을 가리킨다. 《삼국지(三國志)》 권27 〈서막전(徐邈傳)〉에 "술이 맑은 것을 성인이라 하고, 탁한 것을 현인이라고 한다.〔酒淸者爲聖人, 濁者爲賢人.〕"라고 하였다.

옥과의 동헌이 새로 완성되었다. 신 현감[86]의 운에 맞춰 짓다

玉果東館新成 次申知縣韻

무재가 거문고 타는 곳　　茂宰彈琴地
화려한 집 공사 마친 해[87]　　華堂斷手年
동헌 지어 장관 갖추니　　經營恢壯觀
그 사적 당대의 어진 일로 빛나리　　事跡映時賢
산과 계곡의 경치 좋은 곳에　　境得溪山勝
견고하게 건물 완성했네　　功垂結搆堅
새 시 지으며 멀리 바라보노라니　　新詩勞遠望
마음의 깊은 감상 아득하구나　　心賞付茫然

2

태수가 신명한 교화 펼쳐　　太守神明化

86 신 현감(申縣監) : 신득홍(申得洪, 1608~1653)으로, 본관은 고령(高靈), 자는 대오(大吾), 호는 지담(芷潭)이다. 《승정원일기》 인조 26년 2월 25일 기사에 신득홍을 옥과 현감에 임명한다는 기록이 보인다. 《東州集 文集 卷3 玉果客舍重建記》

87 무재(茂宰)가……해 : 예전에 어진 고을 수령이 다스리던 곳에 새로 집을 지었다는 말이다. 무재는 지방관을 높여 부르는 말이다. 이백(李白)의 〈증종손의흥재명(贈從孫義興宰銘)〉에 "천자는 어진 고을 원을 사모하네.〔天子思茂宰〕"라고 하였다. 탄금지(彈琴地)는 거문고 타는 곳이란 뜻으로 어진 지방관이 다스리는 고을을 가리킨다. 《논어》 〈양화(陽貨)〉에 공자가 자유(子游)가 다스리던 무성(武城)에 가서 거문고를 타며 노래하는 소리를 들었다는 고사가 전한다. 단수(斷手)는 공역을 모두 마쳤다는 뜻이다.

높은 집이 잠깐 사이 이루어졌네　高軒指顧成
올라서면 먼 흥취 일고　登臨陶遠興
바라보노라면 그윽한 정에 흡족하리　眺賞叶幽情
일월은 붉은 두공을 지나고　日月經朱栱
산천은 화려한 용마루 감싸네　山川擁繡甍
보아하니 그대는 정술 뛰어나　看君多政術
하는 일마다 공명 얻으시네　隨事取功名

병마절도사 박성오[88] 만사

朴兵使挽詞

젊어 섬돌에 봄빛 일 때 우연히 만나	韶齡傾蓋石梯春
늙어 서주에 와서 친한 우정 맺었지[89]	老向西州托契親
생필품은 언제나 지주의 도움 기다렸고[90]	水火尋常須地主
술자리의 정성스런 모습에서 천성 보았네	壺觴款曲見天眞
큰 고을에서 예전에 겹 장식 창 둘렀는데[91]	雄藩舊擁重英戟

88 박성오(朴省吾) : 1589~1651. 본관은 함양(咸陽), 자는 자안(子安), 호는 조양재(朝陽齋)이다. 《인조실록》 21년 5월 12일 기사에 박성오를 평안 병사로 삼았다는 기록이 있다. 《동주집(東州集)》 시집(詩集) 권7의 〈절도사상임가(節度使上任歌)〉도 박성오를 대상으로 읊은 시이다.

89 젊어……맺었지 : 이민구와 박성오가 젊어서부터 서로 알고는 있었지만 이민구가 영변에 유배 간 뒤에 비로소 친교를 맺었다는 말이다. 경개(傾蓋)는 길에서 우연히 만나 양산을 기울인다는 뜻으로, 《사기(史記)》 권83 〈추양열전(鄒陽列傳)〉에 "속어에 '백발이 되도록 오래 사귀어도 처음 사귄 듯하고, 수레를 멈추고 잠깐 만났어도 오래 사귄 듯하다.'라고 하였으니, 그 까닭은 무엇인가? 서로를 아느냐 모르느냐에 달려 있다.〔諺曰, 白頭如新, 傾蓋如故, 何則. 知與不知也.〕"라고 하였다. 서주(西州)는 관서 지방을 가리키는 말로, 여기서는 이민구의 유배지인 영변 일대를 가리킨다. 당시에 박성오는 영변 부사로 재직하다가 평안도 병마절도사로 승진하였다. 《仁祖實錄 21年 5月 12日》

90 생필품은……기다렸고 : 박성오로부터 생활에 많은 도움을 받았다는 말이다. 수화(水火)는 생활필수품을 가리킨다. 《맹자》 〈진심 상(盡心上)〉에 "백성들은 물과 불이 없다면 하루도 생활할 수 없다.〔民非水火, 不生活.〕"라고 하였다. 지주(地主)는 지방의 수령을 뜻하는데, 여기서는 영변 부사로 있던 박성오를 가리킨다.

91 큰……둘렀는데 : 예전에 박성오가 영변 부사와 평안도 병마절도사로 있었다는

외진 땅에서 새로 한 무더기 먼지에 묻혔구나　　窮壤新埋一聚塵
부끄럽다 생일은 내가 더 빠른데　　自愧生年先月日
쇠한 몸으로 죽지 않았으니 무엇 하는 사람인가　　衰羸未死是何人

말이다. 중영극(重英戟)은 이모중영(二矛重英)으로, 붉은 깃털로 장식한 창을 가리킨다. 《시경》〈청인(淸人)〉에 "두 자루 창에 중첩된 창 꾸밈으로, 하수 위에서 놀고 있도다.〔二矛重英, 河上乎翶翔.〕"라고 하였다.

임 첨정[92] 만사

任僉正挽詞

교유하던 이들 많이 죽었어도　交游凋喪劇紛紛
중표[93]의 정다운 그대 홀로 남아 있었네　中表情親獨有君
어려서 이웃하여 물고기 떼 지어 놀 듯했고　少小比隣魚逐隊
부침하는 세월에도 기러기 무리 따르듯 했지　差池歲月雁隨群
늘그막에 상심한 채 여생 남아　神傷暮景餘生在
이 길에서 황천으로 갈리니 애끊어지네　腸斷幽泉此路分
외진 골목에 이제는 말 타고 오는 이 없으리니[94]　窮巷從今無服馬
가을날 석양 아래 거적문 닫아 두네　席門秋日閉斜曛

92 임 첨정(任僉正) : 시의 내용으로 보면 어려서 이민구와 가까운 곳에 살며 같이 놀던 내외종 관계의 사람으로 보이는데, 자세한 인적 사항은 알 수 없다.

93 중표(中表) : 내외종 관계에 있는 사람을 가리킨다.

94 외진……없으리니 : 임 첨정마저 죽었으니 이민구의 집에 이제는 찾아올 사람이 없으리라는 말이다. 《시경》 〈숙우전(叔于田)〉에 "숙이 들에 나가니, 거리에 말 탄 사람이 없네.〔叔適野, 巷無服馬.〕"라고 하였다.

호중으로 돌아가는 남한의 규 상인을 전송하다

送南漢珪上人歸湖中

남한의 미천석이요	南漢彌天釋
동주의 혼세옹이라[95]	東州混世翁
쓸쓸히 반쪽 창에 비 내리고	凄涼半窓雨
차갑게 한 칸 집에 바람 분다	冷淡一家風
자색 누각에 가을 구름 엷고	紫閣秋陰薄
붉은 벼랑에 밤 달빛 밝구나	丹厓夜月空
옛날 지내던 조계산 찾아가노라면[96]	曹溪尋舊隱
돌아가는 길에 강가의 단풍 둘렀으리	歸路遶江楓

95 남한(南漢)의……혼세옹(混世翁)이라 : 동진(東晉)의 승려 석도안(釋道安)과 고사(高士) 습착치(習鑿齒)의 고사를 빌려 규 상인(上人)과 이민구를 말한 것이다. 《진서(晉書)》 권82 〈습착치열전(習鑿齒列傳)〉에 석도안과 습착치가 서로를 처음 보았을 때 "석도안이 '미천 석도안이오.'라고 하자, 습착치가 '사해 습착치라 하오.'라고 대답하였는데, 당시 사람들이 멋진 응대라고 여겼다.〔道安曰, 彌天釋道安. 鑿齒曰, 四海習鑿齒. 時人以爲佳對.〕"라는 고사가 전한다. 여기에서 석도안은 규 상인을, 혼세옹은 세상과 뒤섞여 사는 늙은이라는 의미로 이민구를 가리킨다.

96 옛날……찾아가노라면 : 예전에 수행하던 곳을 찾아간다는 말이다. 조계(曹溪)는 육조(六祖) 혜능(慧能)이 선풍(禪風)을 크게 떨친 중국 광동성의 조계산이다.《禪宗正脈 卷2》 여기서는 규 상인이 수행하던 곳을 가리킨다.

달을 바라보며

望月

서늘한 기운 가을 하늘에 떠올라	爽氣乘秋霽
맑은 빛이 밤 깊어 가며 많아지네	淸光入夜多
아득히 늘어선 별자리 지나	悠悠經列宿
멀리 비낀 은하수에 다가가네	杳杳傍橫河
밝음과 어둠이 서로 이어지고	明暗還相襲
차고 비는 때를 어기지 않네	盈虛不可過
이슬에 젖음 사양 마라	莫辭霑玉露
오래도록 달빛 대하기를 바라노라	長願對金波

청풍군으로 부임하는 김 승지[97]를 전송하다

送金承旨赴淸風郡

모래 차고 물 푸른 큰 강 비껴 흐르고	沙寒水碧大江橫
연하 낀 관부에 일마다 맑아라	官府煙霞事事淸
옥절 받은 모습 지난해의 눈에 남았는데	玉節尙留前歲眼
동부 차니 늘그막의 마음에 흡족하구나[98]	銅符仍愜暮年情
방안 따뜻함은 동산에 땔감 많아서이고	房櫳氣暖園柴足
산골이라 백성들 순박하고 세금 가볍지	山谷甿淳井稅輕
어찌 같으랴 승정원에서 관직에 얽매어	何似銀臺拘傲吏
궁궐에서 서리 이슬 맞으며 닭 울기 기다림과[99]	禁門霜露候鷄鳴

97 김 승지(金承旨) : 김상(金尙, 1586~?)으로, 본관은 상주(尙州), 자는 우고(友古), 호는 사은(士隱)이다. 《승정원일기》 효종 원년 11월 6일 기사에 "김상을 좌승지로 삼았다.〔以金尙爲左承旨〕"라는 내용이 있고, 효종 2년 9월 28일 기사에 "청풍 군수 김상이 하직하였다.〔下直, 淸風郡守金尙.〕"라는 내용이 있다.

98 옥절(玉節)……흡족하구나 : 김상이 1650년(효종1) 좌승지에 임명되었다가 이제는 청풍 군수로 부임한다는 말이다. 옥절은 옛날에 관직을 임명하며 내리는 옥으로 만든 부신(符信)으로, 여기서는 김상이 좌승지에 임명된 것을 말한다. 동부(銅符)는 지방 관원이 차는 동인(銅印)으로, 여기서는 김상이 청풍 군수로 부임함을 의미한다.

99 어찌……기다림과 : 승정원에서 바쁜 업무에 시달리기보다는 한산한 청풍 군수로 부임하는 것이 더 좋다는 말이다. 오리(傲吏)는 세상을 오시(傲視)하는 고사(高士)인데 여기서는 김상을 가리킨다. 장자(莊子)가 몽(蒙) 땅 칠원(漆園)의 관리로 있을 때, 그가 현명하다는 말을 들은 초(楚)나라 위왕(威王)이 후한 예물을 주고 재상으로 초빙하였다. 이에 장자가 "천금은 막대한 돈이며 재상이란 고귀한 지위입니다.……나는 차라리 더러운 시궁창에서 놀며 스스로 즐거워할지언정 나라를 가진 제후들에게

구속되지 않을 것입니다.〔千金重利, 卿相尊位也.……我寧游戲汚瀆之中自快, 無爲有國者所羈.〕"라고 하였다. 《史記 卷63 莊子列傳》 이에 대해 진(晉)나라 곽박(郭璞)이 〈유선(遊仙)〉에서 "칠원에는 오만한 관리가 있고, 노래자에게는 은일의 아내가 있네.〔漆園有傲吏, 萊氏有逸妻.〕"라고 읊었다. 《文選 卷21 游仙詩七首》

영남에 부임하는 감사 유심[100]을 전송하다

送柳監司 淰 赴嶺南

동래 부사(東萊府使)에서 옮겨 임명되었다.

바닷가 고을에서 금장 차고 여러 해 지내더니　海邑金章閱歲年
새로 이임하는 깃발 산천을 지나네[101]　新移旌節歷山川
풀 옷 입은 동이들 도호를 생각하고[102]　東夷卉服思都護
남국의 감당나무 그늘은 십련을 드리웠네[103]　南國棠陰擁十連

100 유심(柳淰) : 1608~1667. 본관은 전주(全州), 자는 징보(澄甫), 호는 도계(道溪)이다. 전창군(全昌君) 유정량(柳廷亮)의 아들이다. 《雪峯遺稿 卷27 贈資憲大夫……全平君柳公墓碣銘》

101 바닷가……지나네 : 유심이 동래 부사로 해를 넘기며 재직하다가 경상 감사로 부임하게 되었다는 말이다.

102 풀……생각하고 : 미개한 왜인들은 동래 부사로 있던 유심을 그리워할 것이라는 말이다. 훼복(卉服)은 풀 옷으로, 미개한 섬 오랑캐를 가리킨다. 동이(東夷)와 함께 특별히 왜인을 지칭하는 말이다. 《서경》 〈우공(禹貢)〉에 "섬 오랑캐는 풀 옷을 입는다.〔島夷卉服〕"라고 하였다. 도호(都護)는 중국에서 변방의 여러 번족(蕃族)을 다스리는 벼슬로, 여기서는 동래 부사를 가리킨다.

103 남국의……드리웠네 : 유심이 남쪽 지방을 맡아 선정을 베풀었다는 말이다. 당음(棠陰)은 지방관의 선정을 비유한다. 《시경》 〈감당(甘棠)〉에 소공(召公)의 덕을 추모하며 "무성한 저 감당나무, 자르지도 말고 휘지도 말라. 소백이 머무셨던 곳이니라.〔蔽芾甘棠, 勿翦勿拜, 召伯所說.〕"라고 한 데서 유래하였다. 십련(十連)은 한 고을을 가리킨다. 관중(管仲)이 제 환공(齊桓公)에게 여러 정책을 제시하며 "5가로 궤를 만들어 궤장을 두고, 10궤로 리를 만들어 유사를 두고, 4리를 연으로 만들어 연장을 두고, 10련으로 향을 삼아 향에 양인을 두어 다스리게 합니다.〔五家爲軌, 軌爲之長, 十軌爲里, 里有司, 四里爲連, 連爲之長, 十連爲鄉, 鄉有良人焉.〕"라고 하였다. 《國語 卷6 齊語》

조령 너머 흰 구름 서글피 자주 바라보나니	嶺外白雲頻悵望
도두의 밝은 달은 몇 번이나 헛되이 둥글었나[104]	刀頭明月幾虛圓
가을 외 익지 않아 돌아갈 계책 없는데	秋瓜未熟歸無計
임금 계신 장안과 가깝다 함부로 말하네[105]	錯道長安近日邊

104 조령……둥글었나 : 유심이 동래 임지에서 근무하며 오랫동안 아버지를 그리워했다는 말이다. 당(唐)나라 적인걸(狄仁傑)이 태항산(太行山)을 넘어가던 중에 흰 구름이 외로이 떠가는 남쪽 하늘을 바라보면서 "저 구름 아래에 어버이가 계신다.〔吾親所居 在此雲下〕"라고 하고는 한참 동안 머물러 있다가 구름이 다른 곳으로 옮겨 간 뒤에 다시 길을 떠났다는 고사가 있다. 《舊唐書 卷89 狄仁傑列傳》 도두(刀頭)는 칼끝이다. 둥근 장식〔刀環〕이 달려 있는데, 이 환(環)이 돌아온다는 뜻인 환(還)과 음이 같아 돌아감을 의미한다. 한 무제(漢武帝) 때 흉노에 항복한 이릉(李陵)에게 소제(昭帝)가 보낸 사신이 도환을 어루만짐으로써 이릉에게 돌아갈 수 있음을 알렸다는 고사가 전한다. 《漢書 卷54 李陵傳》

105 가을……말하네 : 임기가 차기 전에는 서울로 돌아올 수 없는데, 사람들은 전 임지였던 동래보다는 새로 부임하는 안동이 서울과 가깝다고 말한다는 뜻이다. 관리의 임기가 차는 것을 과만(瓜滿)이라 한다. 일변(日邊)은 임금의 주변을 뜻한다. 동진(東晉)의 명제(明帝)가 어렸을 적에 부왕인 원제(元帝)로부터 장안(長安)과 해 중에 어느 것이 거리가 더 먼가 하는 물음을 받고 해는 눈에 보이니 더 가깝다고 대답한 고사가 있다. 《世說新語 夙惠》

스스로 위로하다

自寬

궁도의 슬프고 기쁜 모든 일들	窮途萬事足悲懽
한평생 돌아보며 애써 스스로 위로하노라	默算平生强自寬
변새에서 몇 년이나 올빼미에 상심했던가[106]	絶塞幾年傷鵩入
일찍이 젊은 시절 붕새의 날개 펼쳤었지[107]	曾霄當日展鵬摶
술잔 드니 시름 사라지는 듯한데	深杯到手愁如失
뜬세상 돌아보니 꿈은 이미 깨지네	浮世回頭夢已闌
의기만은 근력 따라 쇠진하지 않아서	意氣不隨筋力盡
가슴에 가득한 시상 붓끝에 떨어진다	滿懷珠玉落毫端

106 변새(邊塞)에서……상심했던가 : 변방에 유배 가 있는 동안 죽음을 느끼며 좌절하였다는 말이다. 올빼미는 죽음을 상징한다. 한 문제(漢文帝) 때 가의(賈誼)가 장사왕 태부(長沙王太傅)로 좌천되었을 때, 날아온 올빼미를 보고 자신의 죽음을 예감하며 〈복조부(鵩鳥賦)〉를 지었다는 고사가 전한다. 《史記 卷84 賈生列傳》

107 일찍이……펼쳤었지 : 이민구가 젊은 시절에 큰 꿈을 가졌었다는 말이다. 《장자(莊子)》 〈소요유(逍遙遊)〉에 "붕새가 때마침 불어오는 회오리바람을 타고 구만 리 하늘 위로 솟구쳐 올라간다.〔摶搏扶搖而上者九萬里〕"라는 말이 있다.

전창군[108]의 집에서 술을 마시다
飮全昌第

연무 낀 진루에 은은한 향 짙구나[109]	秦樓煙霧細香濃
술자리에 불러 주어 게으른 늙은이 일으켰네	牽率華筵起病慵
시월의 매서운 바람 야윈 몸을 깔보는데	十月風威欺瘦骨
석 잔 술기운이 쇠한 얼굴 도와준다	三杯酒力借衰容
깃든 까마귀는 추운 날 상원의 나무에 있고	棲鴉上苑天寒樹
돌아가는 말은 날 저문 동성 종소리 들으며 가네	歸騎東城日暮鍾
우습다 진흙길에 꼿꼿한 기개만 남았으니	自笑泥塗餘骯髒
몇 년이나 떠돌아야 다시 올 수 있을까[110]	幾年流落復登龍

108 전창군(全昌君) : 유정량(柳廷亮, 1591~1663)으로, 본관은 전주(全州), 자는 자룡(子龍), 호는 소한당(素閒堂), 시호는 효정(孝貞)이다. 선조(宣祖)의 딸 정휘옹주(貞徽翁主)와 혼인하여 전창위에 봉해졌다. 1612년(광해군4) 할아버지 유영경(柳永慶)의 사건으로 일가가 멸족될 때 전라도 고부에 유배되었다가 1623년 인조반정 이후에 풀려나와 1625년 2월 4일에 군(君)에 봉해졌다. 《東州集 文集 卷10 全昌君柳公墓碣銘 幷序》

109 연무(煙霧)……짙구나 : 전창군의 저택에 은은하게 피어오르는 향냄새가 짙다는 말이다. 진루(秦樓)는 춘추 시대 진 목공(秦穆公)이 딸 농옥(弄玉)과 그의 남편 소사(蕭史)를 위해 지어 준 집으로, 여기서는 전창군의 저택을 가리킨다. 그가 선조의 사위이므로 이렇게 읊었다.

110 몇……있을까 : 유정량의 집에 다시 초대받아 올 수 있는 날이 언제이겠느냐는 말이다. 후한(後漢)의 이응(李膺)은 자가 원례(元禮)인데, 선비들이 그로부터 인정을 받으면 명성이 높아지므로 그의 접대를 받는 것을 등용문(登龍門), 즉 용문에 오른다고 하였다. 《後漢書 卷97 李膺列傳》 여기서는 유정량을 이응에 비유하여 읊었다.

강서 현령 김설[111]을 전송하다

送金江西

김설(金卨)은 김덕함(金德諴)[112]의 아들이다. 강서읍은 무학(舞鶴)이라고도 부른다.

작은 고을로 멀리 떠나가니	下邑行將遠
궁도의 이별 슬프구나	窮途別故悲
위태롭고 어지러운 세상에서	敧危兼世亂
어느덧 늘그막에 이르렀네	容易到年衰
명분과 이치 앞선 의론 생각하고	名理懷先論
날아오름 뒤늦은 때 애석하네[113]	飛騰惜後時

111 김설(金卨) : 1595~1668. 본관은 상주(尙州), 자는 순보(舜甫), 호는 정헌(靜軒)이다. 《승정원일기》 효종 2년 10월 12일 기사에 "김설을 강서 현령으로 삼았다."라고 하였다.

112 김덕함(金德諴) : 1562~1636. 본관은 상주(尙州), 자는 경화(景和), 호는 성옹(醒翁), 시호는 충정(忠貞)이다. 《浦渚集 卷35 大司憲金公行狀》

113 명분과……애석하네 : 인조반정 이후 반정공신 김류(金瑬)와 이귀(李貴)의 대립에 김설이 연류되어 유배되었다가 뒤늦게 관직에 오른 일을 읊은 것이다. 1627년(인조5) 인천 유생 김원(金垣)이 김류 부자의 횡포를 비난하는 소를 올리자 이귀의 사위였던 김설은 그 상소의 배후자로 지목되어 이듬해 함경도 온성으로 정배되었다. 1630년 유배에서 풀려났지만 1648년 김류가 죽은 다음에야 고산 찰방(高山察訪)에 기용되었다. 《승정원일기》 인조 6년 10월 23일 기사에 "김설은……죄가 삼천 리 밖 유배에 해당한다.〔金卨……罪在流三千里.〕"라는 판사(判事)의 계가 실려 있고, 인조 26년 7월 22일 기사에 "김설을 고산 찰방으로 삼는다.〔金卨爲兼高山察訪〕"라는 기록이 나오는데, 이 20여 년 동안 김설은 관직에 오르지 못하였다. 이 구절은 이런 저간의 사정을 읊은 것으로 이해된다.

깃든 난새가 춤추는 학 되었으니 棲鸞仍舞鶴
깨끗한 마음으로 청규에 힘쓰시길[114] 洒落勉淸規

114 깃든……힘쓰시길 : 임지에 가서 어진 정사를 펼치라는 당부이다. 강서읍을 무학(舞鶴)이라고도 하므로 시어로 활용한 것이다.

감사 강홍중[115]을 이장할 때의 만사
姜監司 弘重 改窆挽詞

절친한 평생의 벗	膠漆平生友
사십 년간 어울렸지	追隨四十年
대 이은 벼슬은 세덕의 표상이요[116]	蟬聯標世德
봉거는 한 시대에 우뚝 빛나네[117]	鳳擧映時賢
말세의 사람들 유아한 풍토 경시했지만	末俗輕儒雅
높은 회포로 고요와 전일 사랑했네	高懷愛靜專
오랜 사귐은 참으로 우연 아니거늘	久交眞不偶
많은 환란이 심하게 얽혔었지	多難劇相纏

115 강홍중(姜弘重) : 1577~1642. 본관은 진주(晉州), 자는 임보(任甫), 호는 도촌(道村)이다. 1632년(인조10)에 강원 감사에 임명되었다. 《東溟集 卷14 岳君江原道觀察使贈吏曹判書姜公墓碑》

116 대……표상이요 : 강홍중 집안이 대대로 높은 벼슬을 하여 세덕의 표상이 되었다는 말이다. 정두경(鄭斗卿)이 쓴 묘비(墓碑)에 "5대조 휘 형(詗)은 대사간(大司諫)을 지냈는데, 연산조(燕山朝) 갑자사화(甲子士禍) 때 같은 날에 세 아들과 함께 화를 당했다. 부인 김씨는 그 충격으로 아무것도 먹지 못하다가 등에서 피가 나 죽고 말았는데, 중종반정 때 정려(旌閭)되었다. 별좌(別坐) 휘 영숙(永叔)은 고조부이며, 그 아들 휘 온(溫)은 의정부 사인(議政府舍人)이며, 그 아들 휘 사필(士弼)은 부제학(副提學)으로, 형제 세 명이 세상에 크게 드러났으니, 세상에서 갑자사화 때 당했던 화의 보답이라고들 했다."라고 하였다. 《東溟集 卷14 岳君江原道觀察使贈吏曹判書姜公墓碑》

117 봉거(鳳擧)는……빛나네 : 강홍중이 봉황과 같은 위의(威儀)를 지녀 당대에 어진 사람으로 인정받았다는 말이다.

정사 졸렬하여 무산으로 쫓겨나고　　政拙巫山黜
몸이 위태로워 철협으로 옮겼네[118]　　身危鐵峽遷
떠돌이 신세로 만나지 못했는데　　羈離雙眼冷
생사 갈리니 애끊어졌지　　存沒寸腸牽
교류하며 넉넉한 의론 아꼈는데　　許與矜餘論
고운 소리 거문고 현 끊겨 애석하네[119]　　音徽惜斷絃
봉분 어루만지며 검 걸 것을 생각하고[120]　　撫墳思掛劍
술 싣고 배 돌리고자 하노라　　載酒欲迴船
뒷일은 아들들에게 남기니　　後事留諸子
무덤을 옛 언덕에서 옮겼네　　幽堂改舊阡
가슴 아프다 죽을 날 가까운데　　自傷溝壑近
감히 까마귀 솔개를 박하다 못하는구나[121]　　未敢薄烏鳶

118 정사(政事)……옮겼네 : 졸렬한 정사로 인해 강홍중은 조정에서 파직되고, 이민구는 영변으로 유배되었던 사실을 말한 것이다.

119 교류하며……애석하네 : 강홍중의 좋은 말을 더 이상 들을 수 없다는 말이다. 단현(斷絃)은 거문고 줄을 끊는다는 뜻으로, 마음을 알아주는 친구가 죽었다는 의미이다. 춘추 시대 백아(伯牙)가 그의 거문고 소리를 알아주던 벗 종자기(鍾子期)가 죽자 거문고 줄을 끊고 다시는 타지 않았다는 고사가 있다. 《列子 湯問》

120 봉분(封墳)……생각하고 : 강홍중과의 신의를 잃지 않고 추모해 마지않는다는 뜻이다. 춘추 시대 오(吳)나라의 계찰(季札)이 사신 가는 길에 서(徐)나라에 들렀는데 서군(徐君)이 계찰의 보검을 마음에 들어 하였다. 계찰이 그의 마음을 알고서도 사신의 길이라 주지 못하고 떠났다가 돌아오는 길에 들르니 서군이 이미 죽었다. 이에 계찰이 서군의 묘소에 있는 나무에 보검을 걸어 놓고 돌아왔다는 고사가 전한다. 《史記 卷31 吳太伯世家》

121 감히……못하는구나 : 강홍중은 자손이 있어서 개장(改葬)까지 해주지만 이민구 자신은 아들이 모두 죽었으므로 사후에 장례 치러 줄 사람도 없다는 의미이다.

《장자(莊子)》〈열어구(列禦寇)〉에 "위에 있으면 까마귀와 솔개의 밥이 되고 땅속에 있으면 땅강아지와 개미의 밥이 되는 것인데, 그것을 저쪽에서 빼앗아 이쪽에 주려고 하니, 어찌 그리 편벽한가.〔在上爲烏鳶食, 在下爲螻蟻食, 奪彼與此, 何其偏也.〕"라는 말이 있다.

서천 군수 유황[122]을 전송하다
送兪舒川

문채가 조정에서 손꼽히는 어진 사람	文彩當朝數兩賢
탄탄대로 달려가니 누가 그 앞을 다툴까	亨衢方駕孰爭先
당음이 오래전 동서섬에 이어졌고[123]	棠陰舊接東西陝
초토는 대소련의 칭송 들었지[124]	草土仍聞大小連

122 유황(兪榥) : 1599~1655. 본관은 기계(杞溪), 자는 전숙(典叔), 호는 봉주(鳳洲), 시호는 충간(忠簡)이다.《寒水齋集 卷29 觀察使兪公墓誌銘 幷序》 유황은 1651년(효종2)에 서천 군수에 임명되었다.《承政院日記 孝宗 2年 10月 12日》

123 당음(棠陰)이……이어졌고 : 유황이 지방관으로 나가 선정(善政)을 베풀었다는 말이다. 유황이 1648년(인조26) 전라 감사(全羅監司)로 나간 일이 있으므로 이렇게 읊은 것이다. 그러나 그는 아버지의 병세가 위독하다는 이유로 얼마 되지 않아 교체되었다. 당음은 감당나무 그늘이라는 말로, 지방관의 선정을 의미한다. 주 무왕(周武王) 때 소공(召公)이 서백(西伯)으로 정사를 베풀다가 감당나무 그늘 아래에서 휴식을 취했다는 고사에서 유래하였다.《春秋左氏傳 昭公2年》 동서섬(東西陝)은 조정의 관료가 지방관이 되어 나가는 것을 비유하는 말이다. 주(周)나라 초기에 주공 단(周公旦)과 소공 석(召公奭)이 섬서성(陝西省)의 섬현(陝縣)을 분계(分界)로 삼아 다스렸던 바, 주공은 섬현 동쪽 지방을, 소공은 섬현 서쪽 지방을 다스렸다.

124 초토(草土)는……들었지 : 유황이 아버지 유성증(兪省曾)의 상사(喪事)에 정성을 다했다는 말이다. 초토는 상중(喪中)에 상주가 풀 자리를 깔고 흙덩이를 베고 자므로 그 거처를 일컫는 말이다. 대소련(大小連)은 대련과 소련으로, 거상(居喪)을 잘한 인물이다. 《예기》〈잡기 하(雜記下)〉에 "소련과 대련은 거상을 잘하여 3일 동안 태만하지 않고 3개월 동안 해이하지 않았으며, 1년 동안 슬퍼하고 3년 동안 근심하였는데, 이들은 동이 사람이다.〔少連大連善居喪, 三日不怠, 三月不解, 期悲哀, 三年憂, 東夷之子也.〕"라고 하였다.

하늘의 밝은 빛 외방 고을로 옮겨 가니[125]	霄漢榮光移外郡
진흙길에서 이별하는 한 늘그막에 이르렀네	泥塗別恨抵衰年
미끄러진 신세 다시 만날 날 알 수 없어	蹉跎未卜重逢日
갈림길 앞에서 홀로 슬퍼하노라	岐路前頭獨悵然

125 하늘의……가니 : 유황이 내직에서 서천 군수로 나간다는 말이다.

석성 현감 이돈림[126]을 전송하다
送李石城

호서의 외진 땅이며	地入西湖僻
백제의 황량한 성	城從百濟荒
현감으로 새로 고을살이 나가니[127]	雷封新出宰
성서의 옛 낭관이네	星署舊爲郎
효로 다스림을 맑은 조정에서 중시하니	孝理淸朝重
어머니 봉양에 정성 다하네[128]	慈闈愛日長
가고 가서 판여로 받드니[129]	行行板輿奉

126 이돈림(李惇臨) : 1609~? 본관은 연안, 자는 길보(吉甫)이다. 《승정원일기》 효종 2년 7월 21일 기사에 이돈림을 석성 현감(石城縣監)에 임명하는 기록이 보인다. 석성은 현재의 충남 부여군 석성면 지역이다.

127 현감(縣監)으로……나가니 : 이돈림이 석성 현감으로 나간다는 말이다. 뇌봉(雷封)은 작은 고을의 수령을 뜻한다. 현(縣)은 보통 사방 100리 정도 되는 고을인데, 천둥이 치면 그 소리가 100리쯤 진동한다 하여 현령을 뇌봉이라 한다.

128 효(孝)로……다하네 : 이돈림이 부모 봉양을 위해 외직으로 나가기 때문에 이렇게 읊은 것으로 보인다. 효리(孝理)는 효도로써 나라를 다스리고 백성을 교화하는 것을 이르는 말이다. 애일(愛日)은 날을 아낀다는 말로, 효자가 어버이를 섬길 수 있는 날이 얼마 남지 않았음을 안타까워한다는 뜻이다. 9쪽 각주9 참조.

129 가고……받드니 : 이돈림이 부모님을 모시고 임지(任地)로 간다는 말이다. 판여(板輿)는 노인을 편히 모실 수 있는 푹신한 가마를 말한다. 진(晉)나라 반악(潘岳)의 〈한거부(閑居賦)〉에 "모친을 판여에 모시고 가벼운 수레에 태워 드린 다음, 멀게는 경기 지방을 유람하고 가까이는 집안 뜰을 소요한다.〔太夫人乃御板輿, 升輕軒, 遠覽王畿, 近周家園.〕"라는 구절이 있다. 《御定歷代賦彙 外集 卷12》

송별 자리에 빛이 나누나[130] 祖道有輝光

130 송별(送別)……나누나 : 부모 봉양을 위해 고을살이 나가는 이돈림을 기린 말이다. 조도(祖道)는 먼 길 떠날 때에 행로신(行路神)에게 제사 지내는 조도제(祖道祭)를 의미하는데, 일반적으로 송별연(送別宴)을 가리킨다.

동주집

시집 제17권

시詩

임진년(1652, 효종3) 설날
壬辰元日

늘그막에 봄 만나도 슬퍼 말라 抵老逢春莫悵然
몸 한가하고 머리 희니 곧 신선인 것을 身閑髮白是神仙
등불 아래 물시계 소리 듣다가 닭 울고 나니 青燈玉漏鷄鳴後
인간 세상에 또 한 해 머물게 되었구나 住得人間又一年

무장 현감 성씨를 전송하다

送成茂長

무장은 장사(長沙)라고도 부른다. 이존오(李存吾)[1]의 사당이 있다.

성씨는 자질 훌륭하니	成氏資長厚
어릴 적 뛰놀던 모습도 생각난다	憶看童稚走
반드시 선대의 공훈 이을 터	必復嗣前閥
가업 계승할 사람 진실로 있구나	克家乃固有
밝은 시대에 남겨진 보배 안았건만	明時抱遺寶
벼슬길에 나와 자취 굽었네	屈跡靑雲後
변방으로 나가 북문에서 도왔으니	出塞佐北門
군막에 들어가 남두에 올랐네[2]	入幕上南斗
시골로 돌아오니	歸來委巷內
둥구나무가 문 앞에 의지했네	喬木依戶牖
식량 마련하느라 늦도록 일하고	得米日苦晏
부인이 몸소 물 긷고 방아 찧었지	妾御躬井臼

1 이존오(李存吾) : 1341~1371. 본관은 경주(慶州), 자는 순경(順卿), 호는 석탄(石灘)이다. 무장의 충현사(忠賢祠)에 봉향되었다.

2 변방으로……올랐네 : 무장 현감으로 나가는 성씨가 막부(幕府)에서 훌륭한 재능을 발휘하여 명성을 얻었다는 말이다. 남두(南斗)는 두남(斗南)과 같은 말로 두북(斗北) 이남이라는 뜻이다. 당(唐)나라 인인기(藺仁基)가 적인걸(狄仁傑)을 두고 "적공의 어짊은 북두 이남에서 한 사람일 뿐이다.〔狄公之賢, 北斗以南, 一人而已.〕"라고 한 데서 온 말로 명성이 매우 높음을 뜻한다. 《新唐書 卷115 狄仁傑列傳》

서울 환로에는　輦轂進取途
수레와 말이 온종일 지치는데[3]　車馬疲卯酉
쓸쓸한 원헌의 집에서　寂寥原憲室
빈천을 기꺼이 지켰네[4]　貧賤甘自守
여황이 겉모습만 다투니[5]　驪黃競皮相
내가 탄식한 지 오래라네　唯我嗟歎久
만년에 장사의 부절 차니　晩佩長沙符
검은 인끈[6] 겨우 팔에 걸었지만　墨綬纔及肘
낮은 관직 허리 굽히는 곳[7]　卑棲折腰地

3 서울……지치는데 : 벼슬에 나간 관료들이 새벽부터 늦게까지 분주하다는 말이다. 묘유(卯酉)는 관리들이 묘시(卯時)에 출근하고 유시(酉時)에 퇴근함을 의미한다.

4 쓸쓸한……지켰네 : 원헌(原憲)처럼 빈천한 삶을 살았다는 말이다. 원헌은 춘추시대 노(魯)나라 사람으로, 자는 자사(子思) 또는 원사(原思)이며 공자의 제자이다. 너무 가난하여 토담집에 거적을 치고 깨진 독으로 구멍을 내서 바라지 문으로 삼았으며, 비가 새고 습기가 가득한 방에서 바르게 앉아 금슬(琴瑟)을 연주하며 지냈다고 한다. 《莊子 讓王》

5 여황(驪黃)이 겉모습만 다투니 : 세상 사람들이 본질은 도외시하고 겉모습만 살핀다는 말로, 무장 현감으로 나가는 성씨의 진면모를 알아보지 못한다는 비유이다. 여황은 누런 천리마로, 뛰어난 인재를 가리킨다. 준마를 잘 알아보는 구방고(九方皐)가 백락(伯樂)의 추천을 받고서 진 목공(秦穆公)을 위하여 천리마를 찾아낸 다음 색깔이 노란 수컷〔牡而黃〕이라고 하였는데, 정작 목공이 보니 색깔이 까만 암컷〔牝而驪〕이었으므로 의심하면서 백락을 책망하였다. 백락이 탄식하며 "그는 말의 안에 들어 있는 본질적인 능력만을 볼 뿐, 바깥에 드러나 있는 모양이나 색깔은 보지 않기 때문에 그렇게 된 것이다."라고 찬탄했던 고사가 있다. 《列子 說符》

6 검은 인끈 : 묵수(墨綬)는 동인묵수(銅印墨綬)의 준말로, 수령이 차는 까만 인끈을 말한다.

7 낮은……곳 : 무장 현감의 자리가 보잘것없다는 말이다. 절요(折腰)는 허리를 굽힌

현감의 직분 참으로 부끄럽네	吏職眞負負
여섯 조목 한나라 법을	六條漢治法
펼쳐 시행하면 훌륭한 솜씨라 인정되리[8]	張施見能手
근래 들으니 홍수와 가뭄의 뒤에	近聞水旱餘
농부들 세금에 시달린다지	農力病稅畝
순량한 자네 다스림의 방도 많지만	循良富政術
진실로 백성의 부모가 되시게	實爲民父母
백 리 고을 작다 마라	百里勿云薄
왕명은 받은 바대로 평안하게 여겨야지	王命安所受
나는 늙어 심약함 한하고	吾衰恨心弱
헤어지며 추한 모습 상심하네	契闊傷老醜
봄바람 강한에 불어	春風吹江漢

다는 말이다. 진(晉)나라 도잠(陶潛)이 팽택 현령(彭澤縣令)으로 있을 적에, 군(郡)에서 파견한 독우(督郵)의 시찰을 받게 되었다. 아전이 도잠에게 의관을 갖추고 독우에게 인사를 해야 한다고 하자, 도잠이 탄식하면서 "내가 쌀 다섯 말 때문에 허리를 꺾어 향리의 어린아이에게 굽실거릴 수는 없다.〔我不能爲五斗米, 折腰向鄕里小兒.〕"라고 하고는, 즉시 수령의 인끈을 풀어 놓고 고향으로 돌아갔던 고사가 전한다.《晉書 卷94 陶潛列傳》

8 여섯……인정되리 : 무장 현감으로 부임하여 선정(善政)을 베풀면 좋은 평가를 받을 것이라는 말이다. 육조(六條)는 한(漢)나라 무제(武帝)가 자사(刺史)를 임명해 보낼 때 부여한 6개 조항을 말한다. 곧 지방의 호족(豪族)이 약자를 괴롭히지 않는가, 수령이 개인의 이익을 도모하여 백성의 재물을 강탈하지 않는가, 수령이 법을 무시하고 상벌을 함부로 시행하여 백성의 질시를 받지 않는가, 수령이 서리를 공정하게 뽑지 않고 유능한 인재를 도외시하지 않는가, 수령의 자제가 자기 세력을 믿고 남에게 무리한 청탁을 하지 않는가, 수령이 호족에게 빌붙어 지내고 뇌물을 주고받으며 정사와 국법을 손상하지 않는가 등이다.《漢書 卷19上 百官公卿表 注》

멀리 가는 네 마리 말을 위로하네[9]	于邁勞四牡
깊은 속내로 먼 이별 슬퍼하니	深衷惜遠別
답답한 마음에 흰 머리 돌려 바라보네	鬱結回白首
고을에 충현사 있으니	邑有忠賢祠
성대한 공렬 후세에 영원히 드리웠네	盛烈垂不朽
그대 가거든 높은 자취 우러러	君行仰高躅
우리 위해 계주 올리시게[10]	爲我奠桂酒

9 봄바람……위로하네 : 무장 현감으로 부임하는 성씨를 봄바람이 위로하는 것 같다는 말이다. 사모(四牡)는 네 필의 수말이라는 뜻인데, 《시경》의 편명이다. 그 시의 내용이 왕명을 봉행하는 사신을 위로하고 있으므로, 여기서는 무장 현감의 행차를 가리키는 말로 사용되었다.

10 그대……올리시게 : 이존오의 훌륭한 공렬을 기려 사당에 제사를 올리라는 말이다. 계주(桂酒)는 계피를 썰어 넣은 술이다.

강가 집에서 흥을 달래다

江居遣興

곤궁하고 미천한 몸 세상일 서툴러	窮賤簡人務
성시에서 살지 못하고	未可居城市
온 식구가 강가 교외로 나왔으니	盡室就江郊
아련하게 고향 떠났네	依依別故里
저물녘에 홀로 마을 거닐며	獨行村墟暮
번잡한 생각 시원스레 씻어내노라	曠然洗煩累
작은 집이 진실로 검소하지만	小屋誠已儉
문에 들어가면 호수 바라다보이지	入門見湖水
지금은 늦봄이라	是時春向晏
맑은 물결이 비단처럼 깨끗하다	晴波淨如綺
풀 자라 언덕을 덮고	草生被隄岸
우는 새소리 귀에 들리네	鳴鳥感思耳
곳곳마다 눈과 귀 즐거워	觸境娛視聽
병든 나를 일어나게 하네	令我扶病起
그윽한 곳이라 대단히 한적하고	地幽飽閒適
온종일 사미[11]를 다 갖추었네	畢景俱四美

11 사미(四美) : 네 가지 아름다움이라는 말로, 남조(南朝) 사영운(謝靈運)의 〈의위태자업중집시서(擬魏太子鄴中集詩序)〉에 "천하에 좋은 날, 아름다운 경치, 기쁜 마음, 즐거운 일 이 네 가지는 아울러 갖기가 어렵다.〔天下良辰美景賞心樂事四者難幷〕"라고

오랜 친구로 최씨와 허씨 있고	久要得崔許
거기에 당산자도 불렀네	兼邀棠山子
아스라이 떠가는 조각배 그림자	迢迢葉舸影
아득히 수평선에 이어졌네	渺漫連涯涘
동이에 가득한 술이야 없지만	雖無滿尊酒
즐기며 기뻐할 만하네	亦足陶宴喜
여기서 노년 보내며 마음 달래니	投老且慰意
이 즐거움에 죽음도 잊노라	此樂幾忘死
세상과 이미 맞지 않으니	與世旣齟齬
시위소찬은 실상 부끄러운 일이지	素餐實近恥
〈실솔〉편 세 번 읊으며	三詠蟋蟀篇
덧없는 삶의 이치를 가만히 탄식하노라[12]	默歎浮生理

하였다.《文選註 卷30》

12 실솔편(蟋蟀篇)……탄식하노라 : 〈실솔〉은 《시경》 당풍(唐風)의 편명이다. 그 시에 "귀뚜라미가 마루에 있으니 이 해도 드디어 저물었도다. 지금 우리가 즐기지 아니하면 세월이 지나가 버릴 것이네.〔蟋蟀在堂, 歲聿其莫. 今我不樂, 日月其除.〕"라고 하였다. 여기서는 이 시를 읊으면서 삶의 이치를 생각한다는 말이다.

서호의 봄 경치

西湖春景

현주 도위(玄洲都尉)[13]에게 주다.

동산의 봄 경치 새벽안개에 싸이고	園苑韶華拂曉煙
청명한 날씨 봄도 반 지났네	淸明氣候半春天
바람 따라 날리는 버들개지 온통 덧없고	隨風柳絮渾無賴
비에 젖은 복사꽃도 가련하다	帶雨桃花亦可憐
고귀한 자취 봉황 나는 대궐에 끊기고	霄漢跡疏翔鳳闕
강호의 꿈은 낚싯배에 들어가네	江湖夢入釣魚船
현주는 본래 신선굴에 있는데	玄洲本在神仙窟
소사의 누대 더욱 아득하다[14]	蕭史樓臺益杳然

13 현주 도위(玄洲都尉) : 윤신지(尹新之, 1582~1657)로, 본관은 해평, 자는 중우(仲又), 호는 연초재(燕超齋)이다. 1596년(선조29) 선조의 딸 정혜옹주와 혼인하여 해숭위(海嵩尉)에 봉해졌다. 《畏齋集 卷10 海嵩尉尹公諡狀》

14 현주(玄洲)는……아득하다 : 윤신지를 자주 만나지 못하는 것에 대한 아쉬움을 읊은 것이다. 현주는 본래 선인(仙人)이 산다는 열 개의 섬 가운데 하나이며 북해(北海)에 있다고 한다. 나머지 섬의 이름은 조주(祖洲), 영주(瀛洲), 염주(炎洲), 장주(長洲), 원주(元洲), 유주(流洲), 생주(生洲), 봉린주(鳳麟洲), 취굴주(聚窟洲) 등이다. 《海內十洲記》 소사(蕭史)는 춘추 시대 진 목공(秦穆公) 때의 피리 명인으로, 목공의 딸 농옥(弄玉)과 결혼하여 봉대(鳳臺)에서 살다가 몇 년 후에 봉황을 따라 하늘로 날아 올라갔다고 한다. 《列仙傳 卷上》 여기서는 윤신지가 선조의 사위이므로, 그의 집을 소사의 누대라고 표현한 것이다.

배를 돌리다

舟回

백장 높은 돛 봄물에 띄워	百丈緣春渚
외로운 배로 밤물결 거슬러 올라가네	孤帆泝夜濤
하늘 끝까지 양쪽 언덕 멀리 뻗었고	天衛兩岸闊
땅 솟아 한 봉우리 높구나	地湧一峯高
경치가 기후 따라 변하니	物態從時候
풍류를 우리들이 즐기네	風流自我曹
늘그막에 시와 술 즐기는 흥취가	暮年詩酒興
강물과 함께 넘실댄다	江漢共滔滔

연 자를 거듭 사용하여 짓다[15]

疊然字

자각봉[16]의 봄 구름 푸른 안개에 이어져	紫閣春陰接翠煙
도성 남쪽 가까이에 중천과 가깝네	城南尺五近中天
여기저기 나는 벌과 나비 서로 좇고	遊蜂戲蝶元相趁
어린 제비와 우는 비둘기 저마다 어여쁘다	乳燕鳴鳩各自憐
오래된 갑에 부질없이 〈유수곡〉 묻고서	古匣空埋流水曲
높은 돛대만 호수의 배에 홀로 의지했네	危檣獨倚泛湖船
세월 갈수록 즐거움 덜하는데	年華忽忽歡娛減
이별의 시름에 또 한 번 서글퍼지네	更爲離愁一悵然

15 연(然) 자를……짓다 : 앞의 〈서호의 봄 풍경〔西湖春景〕〉과 같은 운자를 사용하여 지은 것이다.

16 자각봉(紫閣峯) : 서울의 남산을 가리킨다.

판서 허씨 만사

許判書挽詞

공후가 백대에 이어져 관리들 많았으니	公侯百代盛簪紳
세덕 쌓은 가문 전통 이을 사람 반드시 있네	世德承家必有人
지방관으로 인끈 몇 번이나 찼던가	民社幾經紆組紱
공명을 풍진의 즈음에서 이루었네	功名遂得際風塵
높은 벼슬과 장수 누린 사람 조정에 드문데	崇班大耋當朝貴
어질고 훌륭한 자손도 모두 귀하게 되었네	令子賢孫摠虎珍
복록 남겨 주어 서운함 없건만	福祿遺餘定無憾
도리어 눈물로 수건 적시게 하네	還敎我輩淚霑巾

배 안에서 원주로 가는 허유선[17]을 전송하다

舟中送許惟善上原州

아득히 안개 낀 백사장 나루에서	渺渺煙沙渡
아쉬워하며 떠나는 나그네 전송하네	依依送客行
오랜 이별 때문이 아니라	非關久離別
노년 맞은 사람의 마음이라네	自是暮年情

17 허유선(許惟善) : 허보(許宲, 1585~1659)로, 본관은 양천(陽川), 자는 유선, 호는 동강(東岡)이다. 《東州集 文集 卷10 處士東岡許公墓碣銘 幷序》

지사 목서흠[18] 만사

睦知事挽詞

형제 셋이 어찌 어질지 않으랴 兄弟三人豈不賢
승정원과 홍문관에서 나란히 활약하였네[19] 銀臺玉署竝翩翩
명성이 저마다 조정에서 드높았지만 聲名各擅朝家重
향년과 지위는 백씨가 제일이었지[20] 年位尤推伯氏先
집안의 풍류 적막해졌으나 門館風流還寂寞
자손 중에 관료가 다시 연이어졌네[21] 庭闈袍笏更蟬聯
산하에서 황로가 눈에 가득 들어오니 山河滿目黃壚畔
젊은 벗에게 특히 정 쏟았음을 떠올리네[22] 猶憶傾情小友偏

18 목서흠(睦敍欽) : 1572～1652. 본관은 사천(泗川), 자는 순경(舜卿), 호는 매계(梅溪), 시호는 충정(忠貞)이다. 1647년(인조25)과 1649년에 동지중추부사(同知中樞府事)에 거듭 임명되었다. 《龍洲遺稿 卷19 贈左贊成梅溪睦公神道碑銘 幷序》

19 형제……활약하였네 : 목서흠・목장흠(睦長欽, 1572～1641)・목대흠(睦大欽, 1575～1638) 삼형제 모두 자질이 뛰어나 승정원과 홍문관에서 청요직(淸要職)을 역임했다는 말이다.

20 향년(享年)과……제일이었지 : 삼형제 중 첫째인 목서흠이 가장 장수하였고, 벼슬도 높아 정2품 자헌대부(資憲大夫)까지 올랐다는 말이다. 《孝宗實錄 1年 3月 4日》 참고로 목장흠은 함경 감사와 도승지를 역임했고, 목대흠은 공조 참의와 강릉 부사를 역임하였다.

21 집안의……연이어졌네 : 목서흠은 고인이 되었지만 그 자제들이 뒤를 이어 관직에 나갔다는 말이다. 목서흠은 슬하에 5남 2녀를 두었는데 아들 목겸선(睦兼善)과 목내선(睦來善)이 문과에 급제하였다. 《龍洲遺稿 卷19 贈左贊成梅溪睦公神道碑銘 幷序》

22 산하(山河)에서……떠올리네 : 목서흠이 자신보다 나이 어린 이민구에게 특별히 관심을 가졌다는 말이다. 황로(黃壚)는 황공주로(黃公酒壚)의 준말이다. 진(晉)의 왕융(王戎)이 상서령(尙書令)이 되어 공복(公服)을 입고 수레를 타고 황공주로 앞을 지나다가 뒷수레에 탄 사람을 돌아보면서 "내가 옛날 혜강, 완적 등과 함께 이 주점에서 술을 마시면서 죽림의 놀이에도 그 말석에 참여했었다. 혜강과 완적이 세상을 떠난 후로 시무에 묶여 지내다가 오늘 이곳을 보니 거리는 비록 가까우나 아득하기가 산하가 가로놓인 듯하네.〔吾昔與嵇叔夜阮嗣宗, 酣飮於此, 竹林之游, 亦預其末. 自嵇阮云亡, 吾便爲時之所羈紲, 今日視之, 雖近邈若山河.〕"라고 하였다는 고사가 전한다. 《晉書 卷43 王戎列傳》

전창군의 대부인[23] 만사

全昌君大夫人挽詞

왕가에서 훌륭한 집안과 혼인하니	禁掖聯華閥
규방에서 미담으로 기록하였네	閨闈紀美談
꽃다운 자태 대가의 고귀한 풍모셨고	芬芳大家貴
연이어 태관[24]의 맛난 음식 받으셨네	絲絡太官甘
오복을 모두 갖추었고[25]	具福咸推五
삼생의 봉양 그치지 않았네[26]	專牲不廢三
훌륭한 자식 하나 두었음을 다들 아니	共知榮一子
어찌 꼭 아들 많은 이를 축하하랴	豈必賀多男

23 전창군(全昌君)의 대부인(大夫人) : 전창군은 유정량(柳廷亮, 1591~1663)으로, 본관은 전주(全州), 자는 자룡(子龍), 호는 소한당(素閒堂)이다. 선조의 딸 정휘옹주(貞徽翁主)와 혼인하여 전창위(全昌尉)에 봉해졌고, 여러 차례 승진하여 성록대부(成祿大夫)에 올라 군(君)에 봉해졌다. 대부인은 첨지(僉知)를 지낸 이위(李韡)의 딸로, 본관은 전의(全義)이다. 《東州集 文集 卷10 全昌君柳公墓碣銘 幷序》

24 태관(太官) : 한(漢)나라 때 황제의 식사와 연회의 음식에 관한 일을 맡아보던 벼슬로, 조선 시대 내자시(內資寺)의 별칭이다. 내자시는 대궐 안에서 소비하는 술, 간장, 기름, 꿀, 나물, 과일과 대궐에서 베푸는 연회에 관한 일을 주관하였다.

25 오복을 모두 갖추었고 : 대부인이 많은 복을 누렸다는 말이다. 《서경》 〈홍범(洪範)〉에 "다섯 가지 복이 있다. 그 첫째는 오래 사는 것이요, 둘째는 부유함이요, 셋째는 건강함이요, 넷째는 덕을 좋아함이요, 다섯째는 제 명대로 살다 죽는 것이다.〔五福, 一曰壽, 二曰富, 三曰康寧, 四曰攸好德, 五曰考終命.〕"라고 하였다.

26 삼생(三牲)의……않았네 : 대부인이 삼생의 봉양을 받았다는 말이다. 소, 염소, 돼지의 고기를 삼생이라고 한다.

늘그막에도 신명을 보존하였고　歲暮神明葆
건강하여 잘 걸어 다니셨네　身康蹈履堪
인자하여 여러 하인의 봉양을 받았고　仁歸諸御奉
많은 손자들과 즐겁게 지냈네　懽擁百孫參
수의 만들어 새로 염하였으니　襚設加新斂
엿은 남았으나 예전 맛보던 일 그쳤네[27]　飴存罷舊含
후한 부의 받았으니　及尸霑賵渥
죽은 이 떠나보내며 성은을 듬뿍 받았네　送死沐恩涵
밝은 해가 누런 땅에 임하고　皎日臨黃壤
붉은 명정이 푸른 산을 비추네　丹銘照翠嵐
장림이 재주를 다해 글을 지었지만　張林材力盡
큰 붓을 잡고서도 너무나 부끄럽네[28]　椽筆但長慙

27 엿은……그쳤네 : 엿이 남아 있다는 말은 재롱을 부리는 손자들이 있음을 의미하고, 예전에 맛보던 일을 그친다는 말은 대부인이 죽었으므로 더 이상 엿을 맛보지 못한다는 의미이다. 《후한서(後漢書)》 권10 〈황후기(皇后紀) 명덕마황후(明德馬皇后)〉에 "나는 다만 마땅히 엿을 물고서 손주 재롱이나 볼 것이요, 다시는 정사에 관여하지 않을 것이다.〔吾但當含飴弄孫, 不能復關政矣.〕"라고 하였다.

28 장림(張林)이……부끄럽네 : 이민구가 대부인의 만사를 지으면서 자신의 글재주가 장림처럼 뛰어나지 못해 부끄럽다는 말이다. 장림은 당(唐)나라 때에 한림학사(翰林學士)를 지낸 장열(張說)로, 문장(文章)이 당시에 으뜸이었는데 특히 비문(碑文)에 뛰어났다고 한다. 《舊唐書 卷125 張說列傳》 연필(椽筆)은 서까래처럼 큰 붓이란 말로 뛰어난 문장이나 중요한 저술을 뜻한다. 동진(東晉)의 왕순(王珣)은 재학(才學)과 문장으로 효무제(孝武帝)의 총애를 받았다. 어느 날 꿈속에서 어떤 사람이 서까래처럼 큰 붓을 줬는데, 꿈을 깨고 옆 사람에게 말하기를 "이는 필시 큰 문장을 지을 일이 있을 징조이다.〔此當有大手筆事〕"라고 하였다. 얼마 뒤 효무제가 죽자, 효무제의 애책(哀冊)과 시의(諡議)를 왕순이 모두 맡아 지었다. 《晉書 卷65 王導列傳 王珣》

송도에 부임하면서 인사차 들른 죽소를 전송하다[29]

送竹所尹松都過辭

개성[30] 유수는 오래전부터 명성 자자한데	陪京大尹聲名久
세덕 있고 전장 밝아 새롭게 임명 받았네	世德朝章渥命新
잠시 법령을 받들어 궁궐에 하직하고는	暫奉科條辭禁掖
멀리까지 수고롭게 말 타고 강가에 왔어라	遠勞騎從到江濱
뜰에서 붉은 해 아래 잠시 만났다가[31]	庭隅赤日團傾蓋
숲에서 맑은 바람 맞으며 수레 전송하네	林下淸飆送御輪
백 리에서 그리워하는 마음 아득한 게 아니라	百里相望非緬邈
늘그막에 헤어지자니 마음 아프오	暮年分手却傷神

29 송도(松都)에……전송하다 : 죽소(竹所)는 김광욱(金光煜, 1580~1656)으로, 본관은 안동(安東), 자는 회이(晦而), 호는 죽소, 시호는 문정(文貞)이다. 《효종실록》 3년 7월 3일 기사에 김광욱을 개성 유수(開城留守)로 임명한다는 기록이 실려 있으므로, 당시에 전별하며 지은 작품으로 보인다.

30 개성(開城) : 배경(陪京)은 수도 이외의 경도(京都)로, 여기서는 개성을 가리킨다.

31 잠시 만났다가 : 경개(傾蓋)는 수레를 멈추고 일산을 기울인다는 뜻으로, 길에서 잠깐 만나는 것을 뜻한다. 《사기(史記)》 권83 〈추양열전(鄒陽列傳)〉에 "속어에 '백발이 되도록 오래 사귀어도 처음 사귄 듯하고, 수레를 멈추고 잠깐 만났어도 오래 사귄 듯하다.'라고 하였으니, 그 까닭은 무엇인가? 서로를 아느냐 모르느냐에 달려 있다.〔諺曰, 白頭如新, 傾蓋如故, 何則. 知與不知也.〕"라고 하였다.

연천군 이경엄[32] 만사

延川君李 景嚴 挽詞

연천군이 일찍이 나에게 글을 지으라고 권유하였다. 글이 완성되자 군이 운명하였다.[33]

호족들 귀한 마을에서 영화를 겨루지만	豪宗貴里角榮華
문채와 풍류는 필시 고가에서 볼 수 있지	文彩風流必故家
대를 이어 높이 봉해져 영원히 남겠지만[34]	嗣世崇封餘帶礪
전원 돌아갈 만년의 계획 연하를 잃었구나	歸田晩計失煙霞
말년에 생사 갈려 교분 다했으니	存亡末路交期盡
위태로운 세상 눈물 떨구는데 석양 기운다	涕淚危途逝景斜
부끄러워라 글 지었으나 큰 관심 저버렸으니	自愧著書虛盛眷
고개 돌려 명산 바라보며 길게 탄식하네	名山回首更長嗟

32 이경엄(李景嚴) : 1579~1652. 본관은 연안(延安), 자는 자릉(子陵), 호는 현기(玄磯), 봉호는 연천군(延川君)이다.《白洲集 卷18 延陵府院君李公神道碑銘》

33 연천군이……운명하였다 : 이경엄이 지으라고 권유한 글은 이민구가 1652년(효종3)에 완성한《독사수필(讀史隨筆)》로 보인다.《동주집(東州集)》 문집(文集) 권2의 〈독사수필서(讀史隨筆序)〉에 "임진년 9월에 동주산인 이민구가 쓰다.〔壬辰九月, 東州山人李敏求書.〕"라는 내용이 보인다.

34 대를……남겠지만 : 이경엄의 부친 이호민(李好閔)이 연릉부원군(延陵府院君)에 봉해졌고 이경엄 또한 연천군에 봉해진 일을 가리킨다. 대려(帶礪)는 띠와 숫돌로 공신(功臣)을 뜻하는 말로 쓰인다. 한 고조(漢高祖)가 개국 공신들을 책봉하면서 "황하가 띠처럼 가늘어지고 태산이 숫돌처럼 얇아지도록 나라가 영원히 존속되어 자손들에게 전해지도록 하리라.〔使河如帶, 泰山若礪, 國家永寧, 爰及苗裔.〕"라고 하였다.《史記 卷18 高祖功臣侯者年表》

수명루[35] 십이영
水明樓十二詠

빙 둘러 있는 뭇 산들 群山環拱

무수히 늘어선 푸른 봉우리	列岫青無數
봄 오자 수려한 기운 떠오르네	春來秀氣浮
멀리까지 펼쳐진 들판 감싸지만	幷呑遙野展
흐르는 큰 강 막지 않네	不放大江流
연기는 마을 저 멀리까지 퍼지고	煙火村墟逈
구름 노을이 탑묘에 짙게 물들었네	雲霞塔廟稠
듣자니 배 준비해서	仍聞具舟楫
서쪽 바라보면 바로 고향 마을이라지[36]	西望是松楸

중간에 나뉘는 두 물줄기 二水中分

풍부한 강물 끝없이 흘러	積水流無極

35 수명루(水明樓) : 1616년(광해군8)에 박이서(朴彛敍, 1561~1621)가 지은 정자로, 마포(麻浦)에 있었다. 두보(杜甫)의 시의(詩義)를 취하여 수명(水明)이라 편액하였다. 박이서의 본관은 밀양(密陽), 자는 서오(敍吾), 호는 비천(泌川)이다. 《澤堂集 別集 卷7 吏曹參判泌川朴公墓碑銘》

36 듣자니……마을이라지 : 수명루에서 배를 타고 서쪽으로 가면 자신의 고향이 있다는 말이다. 송추(松楸)는 소나무와 가래나무라는 뜻으로, 묘소 혹은 선영(先塋)의 별칭으로 쓰인다. 묘소에 이 두 나무를 많이 심었던 데에서 유래하였다. 여기서는 선산이 있는 고향 마을을 가리킨다.

바람에 일렁이는 조수 소리 밤낮으로 들린다	風潮日夜聞
서쪽으로 달려가 동작에서 합해지고	西奔銅雀滙
북쪽으로 흘러가 노량에서 갈라지네	北走露梁分
교룡의 기운 다하지 않아	不盡蛟龍氣
봉우리마다 어둑하게 구름 끼었네	兼霾嶽岫雲
바다로 돌아가는 뜻 보니	試看歸海意
길이 성명한 군주 받들리	長奉聖明君

밤섬의 맑은 봄 경치 栗島春晴

두 물줄기가 두 섬을 감싸고 흘러	二水縈雙島
가운데에 백로주[37] 만들었네	中開白鷺洲
강물 따라 흘러가지 않고서	不隨江勢去
장구하게 그 땅이 떠 있네	長遺地形浮
들판 객점은 모래 언덕에 의지하고	野店依沙岸
관전은 나루터에 접해 있네	官田接渡頭
태평 시대의 기상 넘쳐나니	太平饒氣象
어부의 피리에 맞춰 부르는 시골 노래 들리네	漁篴帶村謳

오탄의 밤비 梧灘夜雨

칠월에 가을비 내려	七月梧桐雨
세찬 여울에 반쯤 물 불었네	危灘半上潮

37 백로주(白鷺洲) : 본래는 중국 강소성(江蘇省) 강녕현(江寧縣) 서남쪽의 대강(大江) 가운데 있는 모래섬 이름인데, 여기서는 밤섬〔栗島〕을 가리킨다.

가을 파도에 후드득 빗소리 더해지고 秋濤兼淅淅
밤빛이 더욱 짙어 가네 夜色正迢迢
고기 잡는 불빛 드문드문 줄어들고 漁火疏仍小
마을의 방아 소리 끊어질 듯 멀어지네 村舂翳更遙
그윽한 집이 벼랑 바위 위에 있어 幽窓枕厓石
꿈결에 쓸쓸한 빗소리 들리네 和夢聽蕭騷

관악산의 아침노을 冠岳朝霞

관악산 푸른 하늘 너머로 冠岳靑霄外
연꽃이 옥정에 화려하게 피었네[38] 蓮開玉井華
우뚝 솟아 새벽 햇살 맞이하여 亭亭迎曉旭
차츰차츰 아침노을 비친다 冉冉射朝霞
고운 빛깔 먹고 싶을 만큼 좋고[39] 秀色餐堪好
높은 자태 볼수록 더욱 아득하네 高標望更賒
변하는 모습 꺼릴 것 없으니 不須嫌變態
비 기운이 농가에 가득하네[40] 雨氣滿田家

38 연꽃이……피었네 : 관악산에 아침노을이 연꽃처럼 아름답게 물들었다는 말이다. 옥정(玉井)은 태화산(太華山) 꼭대기에 있다는 못 이름이다. 한유(韓愈)의 〈고의(古意)〉에 "태화산 꼭대기 옥정에 있는 연은, 꽃이 피면 열 길이요 뿌리는 배와 같다네.〔太華峯頭玉井蓮, 開花十丈藕如船.〕"라고 하였다. 《韓昌黎集 卷3》

39 고운……좋고 : 노을의 아름다운 모습을 표현한 말이다. 《한서(漢書)》 권57 〈사마상여전(司馬相如傳)〉에 "밤이슬을 마시고 아침노을을 먹는다.〔呼吸沆瀣兮餐朝霞〕"라고 하였다.

40 변하는……가득하네 : 아침에 노을이 지면 비가 내릴 조짐이라고 여겼기에 이렇

청계산의 저녁 눈 靑溪暮雪

밤에 눈 내려 온 산이 어둡더니	夜雪渾山暗
아침 한기가 유난히 더하네	朝寒特地添
뭇 골짜기마다 흰빛으로 가득한 듯	白疑群壑滿
뾰족한 봉우리에는 푸른빛 사라졌네	靑失一峯尖
상쾌한 바람이 열린 문으로 스며들고	爽氣侵排闥
맑은 햇빛 걷어 놓은 발로 들어오네	晴光入捲簾
서쪽 벼랑 천 길 바위	西厓千丈石
곱게 단장하고 무염을 비웃네[41]	刻畫哂無鹽

노량의 행인 露梁行人

뱃길[42]이 백사장 사이를 지나니	鷁路通沙面
사람들 시끌벅적 앞다투어 건너네	喧呼競渡人

게 말한 것이다. 경위(耿緯)의 〈화주객사봉화최단공춘성효망(華州客舍奉和崔端公春城曉望)〉에 "사람을 향해 잔 달이 떠 있으면, 비가 내리려고 이른 노을이 생기네.〔向人微月在, 報雨早霞生.〕"라고 하였다. 《御定全唐詩 卷268》

41 서쪽……비웃네 : 눈에 덮인 바위의 모습을 해학적으로 읊은 것이다. 각화(刻畫)는 새기고 그린다는 뜻으로, 누추한 자질을 아름답게 꾸며 장식해 준다는 말이다. 진(晉)나라 유량(庾亮)이 주의(周顗)에게 "사람들이 모두 그대를 악광에 견주고 있다.〔諸人咸以君方樂廣〕"라고 하니, 주의가 "어떻게 무염을 화장시켜서 서시의 앞에 내세운단 말인가.〔何乃刻畫無鹽, 唐突西施也.〕"라고 답변한 각화무염(刻畫無鹽)의 고사가 전한다. 《晉書 卷69 周顗列傳》 무염과 서시는 각각 대표적인 추녀와 미녀의 이름이다.

42 뱃길 : 익조(鷁鳥)는 큰 물새의 이름이다. 옛날에 수신(水神)을 제압하고 순항을 기도하기 위해 이 새를 뱃머리에 그려 붙였는데, 전하여 배의 별칭으로 쓰인다.

거센 바람이 언덕 아래 강물에 불고	驚風彌岸水
석양이 봄 강물에 가득하네	落日滿江春
외물에 끌려 어느새 늙었고	物役催年老
빈 정자에서 세상일 두루 겪었네	亭虛閱世頻
뉘 알랴 한강 남쪽의 나그네	誰知漢陰客
높이 누워 나루 굽어보는 줄을	高臥俯要津

동작 나루에 돌아오는 돛배 銅雀歸帆

십 리에 뻗어 길게 흐르는 남쪽 강물	十里南江永
흰 돛배가 물가의 수초를 흔드네	雲帆轉渚蘋
〈고객악〉[43] 노래하는 소리 들리고	歌聞估客樂
세금은 태창으로 들어가네	賦入太倉陳
물결을 거슬러 오르는 배 말과 같고	逆浪船如馬
돌아오는 배에 제비가 사람 따라오네	歸檣燕趁人
오늘 밤 밝은 달이 좋아	今宵好明月
광릉 나루에 숙박을 정했네	定宿廣陵津

동대의 밝은 달 東臺明月

만고에 떠오르는 동대의 달	萬古東臺月
얼음 바퀴[44] 이 밤에 둥글구나	氷輪此夜團

43 고객악(估客樂) : 악부(樂府) 서곡가(西曲歌)의 이름이다. 남조 제(南朝齊)의 무제(武帝)가 지은 곡으로, 상인(商人)들의 모리(謀利)와 향락하는 정경을 묘사하였다고 한다.

올라온 이들 중에 현달한 사람 몇이던가 登臨幾賢達
바라보며 저마다 애환이 다르네 眺望各悲懽
은하수 보일 만큼 하늘도 깨끗하고 河漢兼天淨
관산에는 온통 찬 기운 가득하네 關山滿地寒
한밤중까지 달빛 마주하고 있으려니 三更對銀闕
맑은 이슬이 점점 많아지네 玉露漸漙漙

서쪽 숲의 낙조 西林落照

낙엽 진 서쪽 숲 위로 落葉西林表
지는 해 멀고도 희미하다 頹陽遠更微
인가에 땅거미 지자 人家延暝色
새들은 남은 햇살 속을 날아가네 鳥雀赴餘暉
흘러간 물이 어찌 돌아오랴 逝水何曾返
지나간 세월 다시 오지 않지 徂年不再歸
뜬 인생 덧없이 흘러갔으니 浮生行荏苒
지팡이 짚고 잠시 우두커니 서 있네 倚杖暫依依

백사장의 기러기 떼 平沙雁陣

북해의 양기 따르는 기러기 北海隨陽雁
남쪽으로 날아온 무리 몇이나 되나 南飛定幾群
쓸쓸히 북풍한설을 피해 蕭蕭違朔雪
하나하나 찬 구름에서 내려앉네 一一下寒雲

44 얼음 바퀴 : 빙륜(氷輪)은 달을 형상한 말이다.

변방 멀어 편지 도달하기 어렵고 塞遠書難達
바람 높아 행렬 흩어지기 쉽네 風高陣易分
뉘라서 지친 날개 안타까워하랴 誰憐病六翮
슬픈 울음소리 뒤늦게 들려오네 哀響後時聞

먼 포구의 고기잡이 등불 遠浦漁燈

봄 물결에 복사꽃 향기 은은한데 春浪桃花暖
고깃배 어둑한 포구에 멈추었네 漁舟逗浦陰
바람 이는 조수에 그물들 어지러이 펼치니 風潮群網亂
자욱한 안개 속에 등불 희미하네 煙靄一燈深
갈매기들 날았다 앉고 鷗鷺飛還定
별빛은 그림자가 반쯤 잠겼네 星河影半沈
내일 아침 일찍 어시장이 열리면 明朝魚市早
가는 생선회가 칼도마에 떨어지겠지 鱠縷落刀砧

정주 목사 이지화[45]를 전송하다
送李定州

머나먼 삼천 리 변방으로 가는데	塞絶三千里
이 사람 예순의 늙은이네	人今六十年
남은 인생 얼마나 될까	餘生能幾許
이 이별 더욱 서글퍼라	此別重悽然
예전부터 친하게 지내며	夙昔交遊慣
역경 속에서 목숨 보전하였지	艱難性命全
객지 떠도느라 자주 만나지 못했는데	羈離頻契闊
술자리를 일찍부터 주선하였지	宴款早周旋
가진 재능과 정성 다하느라	輸寫才情盡
몰골은 세월 따라 바뀌었네	形骸歲序遷
세파에 시달리며 조정에 머물다가	磷淄淹漢閣
행장을 꾸려 군영으로 나가네[46]	結束逐戎旃

45 이지화(李之華) : 1588~1666. 본관은 전의(全義), 자는 이실(而實), 호는 다포(茶圃)이다. 《四未軒集 卷11 通政大夫兵曹參議茶圃李公行狀》 1652년(효종3)에 정주 목사(定州牧使)에 임명되었다. 《承政院日記 孝宗 3年 8月 2日》

46 세파(世波)에……나가네 : 이지화가 조정에서 세파에 시달리다가 정주(定州)로 부임한다는 말이다. 인치(磷淄)는 《논어》 〈양화(陽貨)〉의 "견고하다 하지 않겠는가. 갈아도 얇아지지 않는다. 희다 하지 않겠는가. 물들여도 검어지지 않는다.〔不曰堅乎, 磨而不磷, 不曰白乎, 涅而不緇.〕"라는 말에서 유래하였다. 한각(漢閣)은 한나라 양웅(揚雄)이 교서(校書)하던 천록각(天祿閣)을 이르는 말이다. 여기서는 조정을 말한다. 결속(結束)은 여행을 하거나 출전하기 위하여 행장을 꾸리는 것을 말한다. 융전(戎旃)

몸은 풍진세상의 일에 고달프고	力倦風塵役
정신은 조화의 권세에 지치겠지	神疲造化權
노쇠한 얼굴로 관로를 따라 떠나는데	衰容官路畔
석문[47] 앞에 가을빛이 물들었구나	秋色席門前
목말라 맑은 강물 마시는데	渴飮淸江水
흰 이슬 내리는 계절이라 마음 아프네	魂傷白露天
어이할까 내일부터는	誰堪明日後
옥갑 속에 거문고 담아야 하는 것을[48]	玉匣閉朱絃

은 군대의 깃발로 군영을 뜻한다.

47 석문(席門) : 거적자리로 만든 문이라는 뜻인데, 흔히 청빈한 집이나 은자(隱者)의 거처를 비유하는 말로 쓰인다. 한(漢)나라 진평(陳平)이 소싯적에 가난해서 빈민가에 살았는데, 해진 거적으로 문을 쳤는데도 문 밖에 장자(長者)의 수레바퀴 자국이 많이 나 있었다는 석문궁항(席門窮巷)의 고사가 있다. 《史記 卷56 陳丞相世家》 여기서는 이민구 자신의 거처를 겸사로 말한 것이다.

48 어이할까……것을 : 자신의 마음을 알아줄 벗이 없으므로 거문고를 연주할 일도 없게 되었다는 말로, 이지화와의 이별을 안타깝게 여겨 읊은 것이다.

호서로 돌아가는 최지한을 전송하다

送崔之翰歸湖西

날 추워 서리 이슬 하얗게 내리고	天寒霜露白
강물 밤이나 낮이나 맑구나	江漢日夜淸
그 가운데 두 마리 기러기[49]	中有兩鴻鵠
먹고 마시며 저마다 감회 다르지	飮啄各異情
쓸쓸히 뭇 새들과 헤어져	蕭蕭別群羽
훌쩍 호서로 가네	飄戾湖西征
이번 가는 곳은 먹거리 풍부하고	此行飽稻粱
땅 넓고 연기와 안개도 개는 곳이지	地闊煙霧晴
볕 따라 마음껏 한적하게 살면	隨陽任閑適
주살에 놀랄 일 없으리[50]	矰繳非所驚
나는 아직도 들판에 있는 새라서	我猶在原禽

49 두 마리 기러기 : 최지한(崔之翰)과 이민구 자신을 비유하여 읊은 것이다.

50 이번……없으리 : 호서로 가는 최지한을 기러기에 비유하여 읊은 것이다. 호서 지역은 기러기의 먹이가 많고 땅도 넓으며 안개도 없어서 사냥꾼의 위험에서 벗어날 수 있듯이 최지한도 서울에서 지내며 겪는 사람들의 비방이나 위협을 피할 수 있다는 말이다. 도량(稻粱)은 보통 곡물(穀物)의 대칭(代稱)으로 쓰이나, 여기서는 새들의 모이라는 뜻에서 나와 사람의 의식(衣食)을 뜻하는 말로 쓰였다. 두보(杜甫)의 시에 "그대는 양지 찾아 떠나는 기러기 철새를 보았나, 각자 먹이 찾는 꾀를 가지고 있다네.〔君看隨陽雁, 各有稻粱謀.〕"라는 표현이 있다. 《杜少陵詩集 卷2 同諸公登慈恩寺塔》 증격(矰繳)은 오늬에 줄을 매어 쏘는 화살인데, 흔히 남을 해치는 수단을 뜻하는 말로 쓰인다.

오랫동안 가난과 질병 달게 여겼지 久甘貧病嬰
비록 세찬 비바람 겪었어도 雖經風雨急
감히 날아가지도 울지도 못했지[51] 不敢飛且鳴
날갯짓하여 외로운 그림자 서두니 六翮斂孤影
구름길 아득히 높구나 雲路莽崢嶸
돌아올 날 얼음이 풀리는 때일 터 歸期候氷泮
함께 모래톱 갈매기와의 맹세 맺으세[52] 共結沙鷗盟

51 비록……못했지 : 유배 생활까지 했으면서도 도성 근처에서 머물러 있는 자신의 처지를 말한 것이다.

52 함께……맺으세 : 최지한이 돌아오면 함께 한가한 삶을 보내자는 말이다. 구맹(鷗盟)은 갈매기와 함께 수향(水鄕)에서 머물기로 맹세한다는 뜻으로, 전하여 속세를 떠나서 산수 좋은 곳에 은거하는 것을 말한다.

이웃 사람이 기한에 시달리는 나를 걱정해 주므로 이 시를 써서 한 번 웃다

隣人念余饑寒 書此一笑

차린 밥에 맛난 반찬 없고	索飯無兼味
추위 대비는 갖옷 한 벌뿐이지만	營寒只一裘
이미 만족하며 살 줄 아노니	已知生自足
도리어 세상에서 길이 뜬 인생 살아가네	還共世長浮
성시의 사람들과 교류 뜸하지만	城市交遊冷
여염에도 세속의 일이 많아라	閭閻俗事稠
강가 포구 근처로 이사와 보니	移家近江浦
아이들도 배 몰 줄 아는구나	童稚解操舟

연경에 가는 정랑 심유행[53]을 전송하다

送沈正郎 儒行 赴燕

정랑의 풍채 조정을 비추니	省郎風采映朝班
상국의 문장 그 한 무늬를 보겠네[54]	相國文章見一斑
변방 밖에서 양 돌보며 한절 든 사람처럼	塞外看羊持漢節
눈 속으로 말 달려 오랑캐 산 넘는구나[55]	雪中驅馬度胡山
유연의 조공 길 언제나 끝나려나	幽燕貢路何年盡
요계의 행장 해 바뀌어야 돌아오네[56]	遼薊行裝隔歲還
홀로 남은 벗은 이별의 한 품은 채	獨有故人離別恨
문 닫고 쇠한 몸으로 강가에 누웠노라	閉門衰疾臥江關

53 심유행(沈儒行) : 1606~? 본관은 청송(青松), 자는 여수(汝修)이다. 1652년(효종3)에 병조 정랑(兵曹正郎)으로 재직 중 성절사(聖節使)의 서장관(書狀官)으로 청나라에 다녀왔다.

54 정랑(正郎)의……보겠네 : 조정에서 두각을 나타내는 심유행에게서 그의 조부 심희수(沈喜壽, 1548~1622)의 문풍을 느낄 수 있다는 말이다. 심희수의 자는 백구(伯懼), 호는 일송(一松), 시호는 문정(文貞)이다. 벼슬이 좌의정에 이르렀다. 문장에 능하고 글씨를 잘 썼다.

55 변방……넘는구나 : 청(淸)나라로 사신 가는 심유행을 한나라 때 흉노(匈奴)에 사신 갔다가 억류되었던 소무(蘇武)에 비유하여 읊은 것이다. 흉노의 선우는 소무에게 숫양이 새끼를 낳으면 풀어주겠다고 하며 19년을 억류하였다. 억류되어 있는 동안 소무가 들고 있던 한절(漢節)이 너덜너덜해졌다고 한다. 《漢書 卷54 蘇建傳 蘇武》

56 유연(幽燕)의……돌아오네 : 성절사로 연경(燕京)에 가는 심유행이 이듬해가 되어서야 돌아올 것이라는 말이다. 유연은 유주(幽州)와 연주(燕州)를, 요계(遼薊)는 요동(遼東)과 계주(薊州)를 합쳐 이르는 말로 연경으로 가는 길에 있는 지역이다.

9일에 왕께서 건원릉에 행차하시다[57]

九日幸健元陵

임금의 수레 새벽 가르며 왕궁을 나서　鑾輅披晨啓法宮
용의 깃발 경건하게 동쪽 왕릉으로 향하네[58]　龍旂展敬柏城東
진한의 의례 예문대로 갖추어지고　秦儀漢禮彌文備
하은의 호련으로 행사도 융성하다　夏璉殷瑚卽事隆
가로수는 가을바람에 낙엽 지고　野樾金飆催隕籜
도성 거리 떠도는 먼지 이슬에 씻기네　天街玉露洗遊蒙
이미 원침에서 가을 제사 올리시고　已從園寢行秋薦
돌아오며 근기의 농사 작황 살피시네　還向郊畿省歲功

57 9일에……행차하시다 : 《승정원일기》 효종 3년 9월 9일 기사에 "왕께서 오경 일점에 건원릉에 친제하기 위해 출궁하셨다.〔上, 五更一點, 以健元陵親祭次出宮.〕"라는 기록이 있다. 건원릉은 태조(太祖)의 능이다. 9월 9일 중양절(重陽節)에 선조의 묘에 제사를 지내는 풍습에 따라 효종도 건원릉에 행차하였던 것이다.

58 임금의……향하네 : 건원릉으로 향하는 임금의 행차를 묘사하였다. 난로(鑾輅)는 왕의 수레를, 용기(龍旂)는 왕의 깃발을 가리킨다. 백성(柏城)은 왕릉으로, 왕릉에 측백나무를 줄지어 심었던 데서 유래하였다. 건원릉은 서울의 동쪽 경기도 구리시에 있다.

번천초당 팔영

樊川草堂八詠

오서의 저녁 종소리 烏棲暮鍾

종소리 가을 산사에서 울리자	霜鍾秋寺發
여기저기 절구질 소리 푸른 구름가에 떨어지네	百杵落青雲
어둑어둑 차가운 시간 지나	窅窅寒更度
댕댕 고요한 밤에 들려오네	泠泠靜夜聞
신령한 흉금은 오묘한 깨달음을 뛰어넘고	靈襟超妙悟
깨달은 본성은 혼란함을 일깨우네	覺性警昏紛
어찌 같으랴 인간 세상은	何似人間世
몽롱하게 구분되지 않는 잠결이라네	瞢騰睡未分

광천의 긴 다리 廣川長橋

들 빛은 검푸르게 저물어 가고	野色蒼蒼暮
시냇물은 끝없이 비껴 흐르네	川流脈脈斜
평평한 다리 물 가까이 낮게 놓여	橋平低近水
석축 옆 아래로 모래밭 이어지네	石側下連沙
선학은 천년토록 오지 않고	仙鶴千年闊
신령한 까마귀는 칠석이 아득한데	靈烏七日賒
가련타 피곤한 나그네들	唯憐倦遊客
오가며 저마다 살아가네	來往各生涯

안령에서의 손님 전송 雁嶺送客

고개 나무에 바람 세차고	嶺樹風飆勁
어스름 새벽에 서리 가득해라	天霜曉夜稠
어찌하여 손님 가시는 날이	如何客行日
때마침 기러기 날아오는 가을인가	正值雁賓秋
피곤한 날개로 남쪽 가니 한스럽고	病翮南征恨
지친 말은 북쪽 바라보며 시름하네	疲驂北望愁
고달픈 인생 외물에 이끌려	勞生隨物役
응당 모두 곡식 찾아 나서네[59]	應共稻粱謀

학교의 매 부르는 소리 鶴郊呼鷹

해 저물며 산그늘도 옮겨 가고	斜景峯陰轉
무성한 서리에 풀잎 시드네	繁霜草氣腓
바람 타고 한 번 먹으려 생각하니	風飆思一飽
털과 피가 떼 지어 나는 새에 뿌려지네	毛血洒群飛
천지간에 어려움 많아도	天地猶多難
별들은 얼마나 돌고 또 도는가	星辰屢合圍
어찌하면 발톱과 부리의 힘 빌릴까	何當資搏擊
여우와 토끼 교만하고 살쪘구나	狐兔正驕肥

59 고달픈……나서네 : 생존 조건을 찾아 남쪽으로 내려오는 기러기를 빗대 외물에 이끌리는 인생을 말한 것이다. 도량(稻粱)은 보통 곡물(穀物)의 대칭(代稱)으로 쓰인다. 122쪽 각주50 참조.

구만의 목동 피리 소리 九萬牧笛

푸른 풀 외로운 마을 밖에 자라고	碧草孤村外
봄 구름 곳곳에 그늘 드리웠네	春雲處處陰
소 치는 목동 먼 들로 나갈 제	牧牛行野遠
젓대 소리 깊은 시내 지나가네	橫笛過溪深
바람 따라 낮게 깔렸다 드날리고	風引低還颺
안개 속에 끊겼다 다시 잠기네	煙迷斷復沈
어떤 곡인지는 모르지만	不知何曲譜
그래도 태평세월의 소리인 듯	猶是太平音

삼분의 고기잡이 노래 三分漁唱

강물은 수량 많아 완만히 흐르고	河水流多緩
요리하는 사람은 절로 노래하네	包人倦自歌
때때로 포구로 나가면	時時移浦溆
곳곳에 소금기 섞여 있는데	處處雜鹽醝
아이들의 〈창랑곡〉[60] 끝나자	孺子滄浪竟
나룻배는 어기여차 노 저어 지나가네	扁舟款乃過
요즈음 세금 적어	近來征稅薄
깊은 밤 고기잡이 불 많구나	漁火夜深多

60 창랑곡(滄浪曲) : 《맹자》 〈이루 상(離婁上)〉에 "창랑의 물이 맑으면 나의 갓끈을 씻고, 창랑의 물이 흐리면 나의 발을 씻으리라.〔滄浪之水淸兮, 可以濯我纓, 滄浪之水濁兮, 可以濯我足.〕"라고 하였다.

매화 창에 내리는 밤눈 梅窓夜雪

선달 계단 앞에 눈 내리는데　破臘階前雪
봄보다 앞서 누각 아래 매화 피었어라　先春閣下梅
새 꽃망울 움트는 줄도 모르다가　未知新萼動
그윽한 향기 스며들어서야 알았네　秪覺暗香來
한기가 부질없이 밀려오는데　寒意虛相襲
향기 좇는 마음은 다급하다　芳心遽已催
내일 아침 눈 녹은 곳에서　明朝融濕處
한 가지에 활짝 핀 모습 보리라　始見一枝開

대밭의 봄 죽순 竹塢春籜

뇌우가 잠자던 벌레들 깨우고　雷雨驚春蟄
새 죽순이 여기저기 오르네　新篁定不疏
떨어질 듯 위태로운 돌 부축하고　已扶危石隕
무너져 텅 빈 담장도 보호하네　兼護壞垣虛
푸른 그림자가 술자리에 드리우고　翠影傳杯處
맑은 그늘 아래 궤안에 기대는 때　淸陰隱几初
서리 내린 숲에서 단단한 대 잘라　霜林採勁節
돌아가 태호의 물고기 낚으리　歸釣太湖魚

산양 이불

山羊被

예전에 내가 변방에 있을 때　昔我處塞垣
매서운 추위에 이불 한 채 마련했지　苦寒營一衾
사냥꾼의 노고에 오래도록 부끄러웠으니　久慙獵師勤
실로 깊은 산과 계곡 거쳐 왔네　實經山壑深
긴 화살 매고 희미한 자취 추적하며　長鈚候微跡
무성한 숲 피로 물들였네　血染茂樹林
고기는 발라서 들밥에 쓰고　割鮮供野飯
가죽 깔아 혹독한 추위 견뎠지　寢皮資涸陰
푸른색과 붉은색 섞인 풍성한 털　豐毛雜蒼赤
그 덕택에 옷으로 입었네　膏澤襲衣襟
엄동에 매서운 바람[61] 불면　隆冬感觱發
봉우리마다 얼음에 묻히지　積凍埋千岑
모진 위세로 사방 벽을 흔드니　獰威撼四壁
살 에는 추위 견디기 어려운데　肉死力難任
이때 이불 끌어안고 누우면　於時擁被臥
따뜻한 기운 홀연 찾아오지　煖氣忽相尋

61 매서운 바람 : 필발(觱發)은 《시경》 〈칠월(七月)〉의 "일양의 날에 바람이 차갑게 불고 이양의 날에 기후가 몹시 춥다.〔一之日觱發, 二之日栗烈.〕"라는 말에서 유래하여, 차가운 바람을 의미한다.

날 밝도록 실컷 자며 睡足到天明
긴긴 밤의 신음 면하지 免爲長夜吟
칠 년을 정성껏 보관하며 七年謹緘縢
터진 곳 기우느라 바느질도 많이 했지만 補綻煩屢針
매년 혹한기마다 每當嚴冱節
눈서리에 고생하지 않았지 不受霜雪侵
야윈 늙은이 따뜻한 은혜 입었으니 羸老荷奇溫
어찌 십 금과 비교하랴 豈唯敵十金
빈천한 삶 얼마나 남았으랴 貧賤亦幾何
세월은 말 달리듯 가는구나 歲月去駸駸
옷이야 좋으나 나쁘나 마찬가지 被服齊美惡
귀한 것은 덕음에 있는 법이지 所貴在德音
비단옷 걸친 귀한 집 자손에게 부치노니 寄語紈袴子
바라건대 모두들 이런 마음 갖게나 願以同此心

지돈녕부사 한명욱[62] 애사

韓知事 明勖 哀詞

사람이 정분을 허락하는 건 人生許與分
다만 마음으로 좋아서니 只在心期好
마땅히 취미가 같은지 논할 뿐 當論臭味合
일찍부터 알아야 하는 건 아니지 不必相知早
생각하면 서원공[63]은 永念西原公
나보다 이십여 년 선배로 加我二紀老
사십 년 교분 맺어 왔으니 託交四十年
나도 머리가 온통 백발이네 余又雪滿腦
수레 몰고 문득 조용히 오시어 命駕輒從容
차례로 회포 풀었지 取次攄懷抱
서로 만나 속마음 나누는 자리에 逢迎披寫地
막힌 기운 쓸어낸 듯 깨끗했네 氛翳淨如掃
연이어 보내 주신 편지에는 聯翩書疏內
참된 마음 매번 기울이셨지 方寸每傾倒
만물이 저마다 변해 가는데 萬物各嬗變

62 한명욱(韓明勖) : 1567~1652. 본관은 청주(淸州), 자는 욱재(勖哉), 호는 율헌(栗軒)이다. 《승정원일기》 인조 25년 3월 6일 기사에 "한명욱을 지돈녕부사로 삼았다."라는 기록이 있다.

63 서원공(西原公) : 한명욱을 가리킨다. 서원은 청주(淸州)의 옛 지명으로, 한명욱이 청주 한씨이기 때문에 이렇게 부른 것이다.

칠 척 몸을 어찌 늘 보존하랴　七尺豈常保
팔십 노인 또한 끝이 있어　大耋亦有涯
한 번 가시니 말할 수 없네　一往不可道
망자는 진실로 허물 벗었지만　逝者固委蛻
산 사람은 슬프고 괴롭네　存者乃悲惱
닭 한 마리 올리려 생각하지만　我思隻鷄奠
흰 한강수 넓기만 하구나[64]　江漢白浩浩
오래 병 앓는 사람 묵묵히 상심에 젖어　默傷久疾魂
서글픈 마음으로 하늘만 바라보오　含悽向穹昊

64 닭……하구나 : 무덤을 찾아가 조상하고 싶지만 길이 멀어 가지 못한다는 말이다. 후한(後漢) 때 서치(徐穉)가 황경(黃瓊)이 죽자 한 마리의 닭과 술에 적신 솜을 가져가 조문하였다는 고사가 전한다. 《後漢書 卷83 徐穉列傳》

현토단[65]을 보내 준 죽소옹[66]에게 사례하다

謝竹所翁惠玄兎丹

그대가 쇠약한 나를 염려해 주니　君侯念我衰
혼자만 살아남고자 하지 않아서라네　未肯獨不死
좋은 처방으로 최상의 약재 합했으니　良方合上藥
한 치 약 숟가락 정도가 십 금의 값어치인데　十金抵寸匕
나누어 복용하게 하니　分張資服餌
늙은이[67]를 구제하려는 것이지　欲以濟濛汜
담쟁이덩굴로 복령[68] 두르고　蔦絲帶茯苓
문동[69]과 구기자 배합했네　門冬配枸杞

65 현토단(玄兎丹) : 허준(許浚)의 《동의보감(東醫寶鑑)》에 "세 가지 소갈을 치료하는 묘한 약이다. 유정을 멎게 하고 백탁을 멎게 하며 오래 살게 한다. 토사자 10냥, 오미자 7냥, 백복령・연자육・산약 각각 3냥 등을 사용한다.〔治三消渴利神藥, 禁遺精止白濁延年. 菟絲子十兩, 五味子七兩, 白茯苓蓮子肉山藥各三兩.〕"라고 하였다.

66 죽소옹(竹所翁) : 김광욱(金光煜, 1580～1656)으로, 본관은 안동(安東), 자는 회이(晦而), 호는 죽소이다. 《退憂堂集 卷10 左參贊金公墓誌銘》

67 늙은이 : 몽사(濛汜)는 본래 해가 넘어가는 곳을 가리킨다. 장형(張衡)의 〈서경부(西京賦)〉에 "해가 부상(扶桑)에서 떠올라 몽사로 넘어간다."라고 하였다. 여기서는 인생의 만년(晩年)을 의미하는 말로 쓰였다.

68 복령(茯苓) : 땅속 소나무 뿌리에 기생하는 균류(菌類)의 하나인데, 한약재로 쓰인다. 《사기(史記)》 권128 〈귀책열전(龜策列傳)〉에 "천 년 묵은 복령을 복용하면 죽지 않는다."라고 하였다.

69 문동(門冬) : 맥문동(麥門冬)과 천문동(天門冬)이 있는데 어느 것인지 미상이다.

어찌 마가 빠지랴　那無薯蕷精
또한 맛좋은 연밥도 들었구나　亦有藕實美
신농이 도경을 저술하고[70]　神農著圖經
중경이 묘리를 보존했네[71]　仲景存妙理
옥가루가 토끼의 절굿공이에서 떨어지고[72]　瓊霏落兔杵
가에는 꿀 달인 진액 발랐네　厓液熬蜂髓
그대가 많은 나이에도　怪君涉遐齡
동안에다 걸음도 잘 걸어 괴이했는데　童顔健步履
오로지 초목의 자액을 모아　專收草木滋
길이 세월의 굴레에서 벗어났구려　永脫陰陽累
나머지 물결이 나에게도 미치니　餘波及陋質
큰 은혜 무척 고맙구려　重惠疲拜起
비록 노정이 깨질까 걱정이지만　雖虞鑪鼎敗
금석 같은 우정 변할 일 없겠네　庶免金石毁
거북과 학처럼 장수할 것을 기약하며　相期龜鶴算
부상과 영주의 물을 내려다보네　俯視桑瀛水

70 신농(神農)이 도경(圖經)을 저술하고 : 신농씨가 각종 초목의 맛을 보며 온갖 질병에 대해 처방을 제시했는데 후세에 이를 전승하여 《신농본초(神農本草)》라는 책을 만들었다고 한다. 《補史記 三皇本紀》

71 중경(仲景)이 묘리를 보존했네 : 중경은 동한(東漢) 영제(靈帝) 때 인물인 장기(張機)의 자(字)이다. 장기의 일가들이 당시 상한병(傷寒病)으로 많이 죽었기 때문에 의학을 전공하여 《상한잡병론(傷寒雜病論)》을 저술하였다. 《四庫提要 卷103》

72 옥가루가……떨어지고 : 현토단을 만들기 위해 배합한 약재를 절구에 넣고 찧는 모습을 읊은 것이다.

위백양[73]에게 삼가 감사하나니 敬謝魏伯陽
단약 만들어 제자 구했구나 丹成救弟子

73 위백양(魏伯陽) : 한(漢)나라 사람으로, 《주역》의 효상(爻象)을 빌어서 연단양생(煉丹養生)의 뜻을 부여하여 《참동계(參同契)》를 저술하였다.

동주집

시집 제18권

詩시

계사년(1653, 효종4) 설날
癸巳元日

새해는 늘그막에 나이 한 살 더할 뿐이라서	新陽只益暮年深
센 살쩍 부질없이 늘어나고 묵은 병 도지네	衰鬢空催舊疾侵
강가의 얼음과 서리에 새벽빛 열리고	江上氷霜開曙色
하늘가 구름에 봄 그늘 변하누나	天邊雲物變春陰
진흙 속 미나리와 들의 쑥에도 다 생기 돌고	泥芹野艾俱生意
울타리 아래 참새와 처마 밑 닭도 곱게 울어댄다	籬雀簷鷄已好音
오직 책상머리에 달력 있을 뿐	唯有案頭經歲曆
버려진 채 찾아오는 이 하나 없구나	自從拋擲沒人尋

백헌이 문병해 준 운자에 맞춰 짓다[1]

次白軒問疾韻

때때로 안부 묻는데 問訊時相及
춥고 주린 몸에 병인들 어찌 없으랴 饑寒病豈無
어찌 침이 옥 된다 말하랴 那言唾成玉
다만 눈물이 구슬 되는구나[2] 但有泣爲珠
없는 살림 삼 묘의 땅에 의지하여 薄産依三畝
한강 중류에서 한 술병에 부쳐 사네 中流寄一壺
고궁이란 말 그 밝은 의리에 부끄럽지만 孤窮愧明義
문자만은 우리를 허락하네 文字許吾徒

1 백헌(白軒)이……짓다 : 백헌은 이경석(李景奭, 1595~1671)으로, 본관은 전주, 자는 상보(尙輔), 호는 백헌이다. 《西溪集 卷12 領議政白軒李公神道碑銘》 이민구가 차운한 시는 《백헌집(白軒集)》 권11에 수록된 〈동주가 감기를 앓고 있으므로 졸렬한 말로 묻다〔東州患寒以拙語問之〕〉라는 작품이다.

2 어찌……되는구나 : 자신의 시가 훌륭하지는 않지만 이경석이 보내 준 시에 감격하여 눈물이 흐른다는 말이다. 나언타성옥(那言唾成玉)은 이경석이 시에서 "해타도 명주가 되겠네.〔咳唾亦明珠〕"라고 하여 이민구의 시를 칭찬했기에 그 말을 받아 이와 같이 읊은 것이다. 《장자(莊子)》 〈추수(秋水)〉에 "재채기를 할 때 튀어나오는 침방울들을 보면 큰 것은 옥구슬 같고 작은 것은 안개 같다.〔噴則大者如珠, 小者如霧.〕"라고 하였는데, 여기에서 유래하여 다른 사람의 아름다운 시문(詩文)을 해타(咳唾)라 하게 되었다. 이백(李白)의 시에 "그대의 침방울이 구천에서 떨어지니, 바람 따라 모두가 주옥을 이루도다.〔咳唾落九天, 隨風成珠玉.〕"라고 하였다. 《李太白集 卷3 妾薄命》

2

이처럼 큰 관심 진실로 있기 어려우니	盛眷眞難有
고질병이 문득 없어지려 하네	沈痾忽欲無
오직 벗이 시 보내 주어 고마우니[3]	唯知感投璧
이어진 구슬 노래함과 같네[4]	只似誦連珠
차가운 이슬이 옥가루[5]와 조화 이루고	露冷調瓊屑
시원한 얼음이 옥 술병에 움직이는 듯	氷寒動玉壺
대감의 빛 은하수에 가깝지만	台光近河漢
낚시꾼에게도 아울러 미치네[6]	倂及釣魚徒

3 오직……고마우니 : 이경석이 시를 보내 문병해 준 것에 고맙다는 말이다. 투벽(投璧)은 구슬을 던진다는 말로, 이경석이 보내 준 좋은 시를 의미한다. 《사기(史記)》 권83 〈추양열전(鄒陽列傳)〉에 "명월주와 야광벽 같은 좋은 보배를 몰래 길 가는 사람에게 던지면 칼자루를 잡고 노려보지 않을 사람이 없으니, 그 까닭은 무엇인가? 이유 없이 자기 앞에 떨어졌기 때문이다.〔明月之珠夜光之璧, 以闇投人於道路, 人無不按劍相眄者, 何則. 無因而至前也.〕"라고 하였다.

4 이어진……같네 : 이경석의 시가 훌륭하다고 칭찬한 것이다. 연주(連珠)는 연주첩벽(連珠疊璧)과 같은 말로, 구슬을 꿴 것과 같은 뛰어난 시문을 말한다.

5 옥가루 : 경설(瓊屑)은 아름다운 시문(詩文)을 뜻하는 말로, 다른 사람의 시문을 높여 부르는 말로 쓰인다.

6 대감의……미치네 : 이경석이 자신을 염려해 주었다는 말이다. 태광(台光)은 삼태성(三台星)의 빛이라는 말인데, 삼공(三公)의 지위에 있는 벼슬아치를 상징한다. 이경석이 영의정(領議政)을 지냈기 때문에 이렇게 말한 것이다.

능주 목사로 나가는 장령 신열도[7]를 전송하다

送申掌令悅道牧綾州

영남에 뛰어난 인재 많아　　嶺表富瑰材
그 부고 실로 넉넉하지[8]　　府庫實不貧
진주가 푸른 바다에서 생산되어　　明珠滄海産
북으로 달려와 귀한 보배 되지[9]　　北走充上珍
신령한 기운 사라지지 않아　　靈氛未消歇
간간히 일어나 빼어난 백성 많았네　　間發多秀民
지금까지 남겨진 보배 세어 보면　　到今數遺寶
신씨는 보통보다 뛰어났네　　申氏越常倫
용용한 〈청묘〉의 소리　　舂容淸廟音
길이 태고의 사람 그립게 했는데[10]　　永懷太古人

7 신열도(申悅道) : 1589~1659. 본관은 아주(鵝洲), 자는 진보(晉甫), 호는 나재(懶齋)이다. 《葛庵集 卷24 通訓大夫行司憲府掌令申公墓碣銘》 1652년(효종3)에 능주 목사(綾州牧使)에 임명되었다. 《承政院日記 孝宗 3年 10月 17日》 능주는 현재의 전남 화순군 지역이다.

8 영남에……넉넉하지 : 영남에서 배출되는 인재들이 많다는 사실을 창고에 곡식이 가득한 것에 비유하여 읊은 것이다.

9 진주가……되지 : 영남 출신의 인물들이 출사하여 훌륭한 인재가 된다는 말인데, 신열도가 영남 출신이기에 이렇게 읊은 것으로 보인다. 《승정원일기》 인조 27년 2월 8일 기사에 "신열도가 영남에 거주하며 영남 백성들의 고충을 목격했는데 이보다 더 심할 수가 없다고 합니다.〔申悅道居在嶺南, 目見本道民瘼, 莫此爲甚.〕"라는 내용이 보인다.

어사가 기강 바로잡는 책임 맡아	御史任紀綱
탄핵으로 나의 참을 잃었네[11]	搏擊喪吾眞
어찌 황량한 고을 하나 없으랴만	豈無一荒郡
아직도 임금의 은택 막혔네[12]	尙阻王澤親
비록 화락한 정사 아니라도	雖靡愷悌政
거의 초막집의 봄 돌이키리	庶回蔀屋春
기회의 사이에 가다듬어	策勵期會間
관아에 누워 두루 구제할 몸이라네[13]	臥閤兼濟身
조정의 은혜 과연 작은 바람이었으니	朝恩果微願
외직 맡아 새로 동부 찼네[14]	出佩銅符新

10 용용(舂容)한……했는데 : 신열도가 한가한 정취와 전아한 분위기를 지니고 있어서 태고의 사람처럼 느껴졌다는 말이다. 〈청묘(淸廟)〉는 《시경》 주송(周頌)의 편명으로, 문왕을 제향할 때 사용하던 음악이다.

11 어사(御使)가……잃었네 : 《승정원일기》 효종 즉위년 6월 5일 기사에 신열도를 예천 군수(醴泉郡守)에 임명한 기록이 있고, 효종 2년 5월 1일 기사에 예천 군수 신열도를 파직하겠다는 경상 감사의 서목이 있는데, 여기서는 바로 당시의 일을 가리켜 말한 것으로 보인다.

12 어찌……막혔네 : 예천 군수에서 파직된 신열도는 1652년(효종3)에 장령(掌令)이 되었다가 같은 해 겨울 능주 목사에 임명되었으므로 이렇게 말하였다.

13 기회(期會)의……몸이라네 : 신열도가 능주 목사로 부임하여 선정을 펼칠 것이라는 말이다. 기회는 부서기회(簿書期會)로, 1년의 회계(會計)를 장부에 기입해서 기일 안에 상사(上司)에 보고하는 것을 말한다. 와합(臥閤)은 서한(西漢)의 급암(汲黯)이 동해 태수(東海太守)로 있으면서 병을 자주 앓아 방에 누워만 있고 밖에 나오지 않았으나 부임한 지 1년 만에 동해 지방이 잘 다스려졌다는 데서 온 말이다. 《史記 卷120 汲黯列傳》

14 조정(朝廷)의……찼네 : 신열도가 능주 목사에 임명되었다는 말이다. 동부(銅

능주는 호우의 외진 곳인데	綾城湖右僻
가는 수레 붉은 무늬의 바퀴로구나	去駕朱斑輪
남방은 예부터 거친 고을로 일컬어지니	南方舊稱豪
일마다 검게 물들고 닳을 일 생기네[15]	觸事生緇磷
바로잡아 교화를 이루어 가는 곳에	操持造化地
반드시 백성들의 풍속 순박하게 하시게	必令甿俗淳
백성들 진실로 주리고 목마르니	赤子苟饑渴
웃기만 하고 노하거나 꾸짖지 마시게	但笑勿怒嗔
호된 추위가 서울에 진동하여	嚴寒振京國
얼음과 눈이 끝없이 펼쳐졌는데	氷雪浩無垠
매화 피고 겨울 날씨 따뜻하리니	梅花冬候暖
먼 길 떠나며 머뭇거리지 마시라	言邁莫逡巡
곤궁한 사귐 늘그막까지 이르니	窮交抵白首
이별 앞에서 마음 서글프다	別離慘精神
긴 노래에 눈물만 흐르는데	長歌激危涕
괄갈[16]이 새벽을 재촉하네	鴰鶡催向晨

符)는 지방 관원이 차는 동인(銅印)이다.

15 남방(南方)은……생기네 : 신열도가 능주 목사로 부임하여 어려운 일을 많이 겪을 것이라는 말이다. 치린(緇磷)은 《논어》 〈양화(陽貨)〉의 "단단하다 하지 않겠는가? 갈아도 엷아지지 않는다. 희다 하지 않겠는가? 물들여도 검어지지 않는다.〔不曰堅乎, 磨而不磷. 不曰白乎, 涅而不緇.〕"라는 말에서 유래하였다.

16 괄갈(鴰鶡) : 새벽을 재촉하는 새이다. 이수광(李睟光)의 《지봉유설(芝峯類說)》 권1 〈시령부(時令部) 절서(節序)〉에 "두보의 시에 '괄갈이 밝은 별을 재촉한다.'라고 하였다. 살피건대 괄갈은 백로와 비슷하면서 작으니 하늘이 밝기를 재촉하는 새이다.

서글프다 천일대 | 惻愴天日臺
그윽한 혼백이 영균처럼 묻혔네[17] | 幽魄埋靈均
삭풍이 우리를 위해 일어나 | 北風爲我起
씽씽 도랑물의 마름에 불어오리라 | 颯颯吹澗蘋

〔杜詩鴰鶡催明星, 按鴰鶡似伯勞而小, 催天明之鳥也.〕"라고 하였다.

17 서글프다……묻혔네 : 조광조(趙光祖, 1482~1519)에 대한 애도의 뜻을 읊은 것이다. 천일대(天日臺)는 능주(綾州) 죽수서원(竹樹書院) 서쪽 산기슭에 위치한 바위이다. 죽수서원은 조광조와 양팽손(梁彭孫, 1488~1545)을 배향한 서원이다. 조광조와 양팽손이 기묘사화에 연좌되어 전라도 능성(綾城)에서 함께 귀양살이하였는데, 조광조가 사약을 받고 죽자 양팽손이 시신을 수습하였다. 영균(靈均)은 초(楚)나라 굴원(屈原)을 가리킨다. 그가 지은 〈이소(離騷)〉에 "나의 이름을 정칙이라 지어 주셨고, 자를 영균이라 지어 주셨다.〔名余曰正則兮, 字余曰靈均.〕"라고 하였다. 여기서는 조광조를 비유하는 말로 사용되었다.

낭천 현감으로 나가는 한림 신최[18]를 전송하다

送申翰林最宰狼川

자고로 현달한 선비가	自古賢達士
모두 이 세상에 쓰이지는 못했지	未盡爲斯世
때를 만나 저마다 공적 세우기도 하지만	乘時各樹立
끝내는 모두 사라진다네	畢竟共淪替
오직 내려준 책임 다르니	乃惟降任殊
하늘의 뜻을 알고 힘써야지	天意存感厲
곤궁함이 이미 재앙 되지만	羈窮旣相厄
더해지는 것도 적지 않나니	增益亦不細
낚시하고 판축하던 무리가	所以釣築徒
고난과 우환 속에서 성명한 지혜 열었네[19]	疢疾開聖慧
신최는 신령한 성품 지녀	申君秉靈性
어린 나이에 문예가 뛰어나단 명성 얻었지	弱齡負文藝

18 신최(申最) : 1619~1658. 본관은 평산(平山), 자는 계량(季良), 호는 춘소(春沼)이다. 《息庵遺稿 卷23 舅氏咸鏡都事申公墓誌銘 并序》 1653년(효종4)에 낭천 현감(狼川縣監)으로 임명되었다. 《承政院日記 孝宗 4年 1月 21日》

19 낚시하고……열었네 : 여상(呂尙)과 부열(傅說)이 때를 만나지 못한 상황에서 밝은 지혜를 얻었다는 말이다. 조축(釣築)은 반계(磻溪)에서 낚시질을 했던 여상과 부암(傅巖)에서 몸을 숨기고 판축(版築)했던 부열을 가리킨다. 진질(疢疾)은 재환(災患)을 말하는데, 《맹자》 〈진심 상(盡心上)〉에 "덕스러운 지혜와 뛰어난 기술은 항상 재난과 우환 속에서 나온다.〔人之有德慧術知者, 恒存乎疢疾.〕"라고 하였다.

청운의 길에 비로소 분발하여	靑雲始一奮
가볍게 날다가 금세 중간에 그쳤네	逸翮俄中滯
문득 등용되어 작은 고을 현감으로 나가니	忽起宰十室
깊은 산골이라 실상 보잘것없는 곳이네	深峽實凋敝
사방 산이 승냥이와 범의 굴이고	環山豺虎穴
성곽에는 등라가 가득 얽혔네	遶郭藤蘿翳
우뚝하게 한림에 있다가	崢嶸翰林居
꿈이 황량한 강 끝에 떨어졌네	夢落荒江裔
어찌 들었으랴 나가고 물러나는 길이	豈聞進退塗
지척에서 형세 달라진다는 말을	咫尺異形勢
좋은 옥은 반드시 쪼고 갈아야 하며	良玉須琢磨
날카로운 검은 숫돌에 갈아야 완성되지	利劍在砥礪
세상의 풍속 들쭉날쭉 차이가 있어서	浮俗有參差
높은 하늘이 일부러 조절했네	高穹故分劑
고을 다스림에 문서와 소송 적고	爲邦簡牒訴
이 땅에 솔과 계수 많다네[20]	此地富松桂
정성스러운 황왕의 글	殷勤皇王篇
아득히 천도와 인도 사이를 다루어	眇然天人際
천추에 금석처럼 비추니	千秋映金石
작자가 심오한 이치 드리웠네	作者垂妙契

20 고을……많다네 : 낭천이 작은 고을이라서 공무가 한가할 것이므로 독서하기에 좋으리라는 말이다. 한유(韓愈)의 시에 "산수 좋은 고을에 원으로 나가 솔과 계수의 숲에서 독서한다.〔出宰山水縣, 讀書松桂林.〕"라고 하였다. 《韓昌黎集 卷4 縣齋讀書》

가서 파리한 백성들 보살필 터	去矣牧疲羸
군자는 안일[21]을 경계해야지	君子戒玩愒
봄 얼음이 한강에 풀리고	春氷漢水坼
저녁 안개가 화악[22]에 가득하네	夕霧華岳閉
방황하는 갈림길 옆에서	彷徨岐路側
이별하며 먼 길 한하노라	離別恨迢遞
늙고 병든 몸 다시 만날 날 기약 없어	衰病曠前期
맑은 눈물이 마주 잡은 소매에 떨어지네	清淚隕執袂

21 안일(安逸) : 완게(玩愒)는 완세게일(玩歲愒日)의 줄임말로 안일을 탐하면서 시간을 허비함을 의미한다.

22 화악(華岳) : 북한산을 가리킨다. 북한산은 이 외에도 정(鼎)에 발이 셋이 달려 있는 것처럼 생겼다고 하여 삼각산, 정악(鼎嶽)이라고도 하며, 아이를 업고 있는 것 같다고 하여 부아악(負兒嶽)이라고도 한다.

대흥 현감으로 나가는 검토관 오정위[23]를 전송하다

送吳檢討宰大興 挺緯

군자가 조정에 출사하여	君子仕本朝
내직과 외직에 어찌 우열 따지랴	內外何劣優
가볍고 무거움은 같지 않지만	輕重則不齊
나가고 들어옴은 까닭 있다네	出入各有由
임금께서 출척의 권한 잡았으니	聖人柄黜陟
죄를 얻으면 쫓겨나지만[24]	獲戾方竄流
티 없는 구슬이	未聞無瑕璧
큰 길에 버려진다는 말 듣지 못했네	棄擲在道周
오정위는 홍문관의 빼어난 인재로	吳生玉署英
아름다운 자질 천구[25]에 비유되지	美質譬天球
화려한 명성 얻어 궁궐에 근무하며	聲華夾宸極

23 오정위(吳挺緯) : 1616~1692. 본관은 동복(同福), 자는 군서(君瑞)・서장(瑞章), 호는 동사(東沙)이다. 《博泉集 補遺 卷1 行禮曹判書東沙吳公墓誌銘》

24 임금께서……쫓겨나지만 : 성인(聖人)은 임금을 가리킨다. 여기서는 임금이 출척(黜陟)의 권한을 가졌기 때문에 허물이 있는 사람은 외방으로 내쫓는다는 일반적 사실을 말한 것이나, "일찍이 소장의 내용이 임금의 뜻을 거슬러 외직으로 나아가 대흥 현감이 되었다.〔嘗疏語忤上旨, 出補大興縣官.〕"라는 사실과 관계가 있다. 《博泉集 補遺 卷1 行禮曹判書東沙吳公墓誌銘》

25 천구(天球) : 옛날 옹주(雍州)에서 공물(貢物)로 바쳤던 구슬로서, 하늘과 같은 색깔을 지녔다고 한다. 《書經 顧命》

가까이서 임금의 정사 받들었는데　密勿奉王猷
어쩌다 검은 인끈[26] 차고서　胡爲綰墨綬
소외된 채 벽촌 맡게 되었나　偃蹇典荒陬
아침에는 잠필의 영광 받더니　朝承簪筆榮
저녁에는 허리 굽히는 부끄러운 신세로구나[27]　暮辦折腰羞
시끄럽고 잗단 일만 있는 곳으로 가니　喧卑米鹽地
원홍의 무리들과 멀리 떨어지네[28]　曠絶鵷鴻儔
아스라이 궁궐 바라보면　崢嶸紫霄望
아득한 벼슬길 시름겨우리　眇邈青雲愁
식자들은 체통과 법례를 안타까워하여　識者惜體例
멍하니 떠나느냐 머무느냐 의심하겠지만　惘然疑去留
우러러 바라노니 측은히 여기는 마음　仰惟惻隱心

26 검은 인끈 : 묵수(墨綬)는 동인묵수(銅印墨綬)의 준말로, 수령이 차는 검은 인끈을 가리킨다.

27 아침에는……신세로구나 : 오정위가 내직에 있다가 대흥 현감으로 나간다는 말이다. 잠필(簪筆)은 관원이 관(冠)이나 홀(笏)에 붓을 꽂아서 서사(書寫)에 대비하는 것을 이르는 말로, 전하여 제왕(帝王)의 근신(近臣)이 된 것을 의미한다. 절요(折腰)는 허리를 굽힌다는 말이다. 진(晉)나라 도잠(陶潛)이 팽택 현령(彭澤縣令)으로 있을 적에, 군(郡)에서 파견한 독우(督郵)의 시찰을 받게 되었다. 아전이 도잠에게 의관을 갖추고 독우에게 인사를 해야 한다고 하자, 도잠이 탄식하면서 "내가 쌀 다섯 말 때문에 허리를 꺾어 향리의 어린아이에게 굽실거릴 수는 없다.〔我不能爲五斗米, 折腰向鄕里小兒.〕"라고 하고는, 수령의 인끈을 풀어 놓고 고향으로 돌아갔던 고사가 전한다. 《晉書 卷94 陶潛列傳》

28 원홍(鵷鴻)의……떨어지네 : 내직을 떠나 지방으로 나간다는 말이다. 원홍은 가지런히 줄을 서서 날아가는 기러기처럼 나란히 도열한 조정의 관리를 비유하는 말이다.

남겨두어 백성과 사직 걱정하게　愁爲民社憂
시종신의 자리 떠나 작은 고을로 가니　下邑輟侍從
지극한 인으로 백성들 회유해야지　至仁軫懷柔
앞과 뒤가 한 평원으로　前後一平原
쓸쓸한 얼굴로 옛적 한 수레로 갔었지[29]　蕭顔舊同輈
임금의 뜻 간절한 줄 알겠는데　載感主意勤
감히 신하가 절의로 보답함을 잊을까　敢忘臣節酬
게다가 임존성[30]은　況伊任存城
예전에 부여 고을에 속했었지　曩屬扶餘州
예부터 진실로 판도 바뀌어　古來實反覆
지금까지 백성들 고충 많다네　今代多瘡疣
위태한 시절에 능력 펼쳐야 하니　時危展材力
작은 고을이지만 삼가서 다스리게　縣小愼綢繆
보답하는 정사로 임기 기다리면　報政待期月
공적 기록하여 역사에 남으리라　紀績垂春秋
채찍 정돈해 먼 길 가야 하니　整策涉長路
어찌 다시 준마를 버리랴[31]　豈復舍驊騮

29 앞과……갔었지 : 이민구가 임천 군수로 부임할 때 지나갔던 기억을 읊은 것으로 보인다.

30 임존성(任存城) : 고성(古城)으로 대흥현(大興縣) 서쪽 13리에 있었다. 지금의 충남 예산군(禮山郡) 대흥면(大興面) 지역이다.

31 채찍……버리랴 : 대흥 현감으로 나가서 치적을 이루면 나라에 중요한 일이 있을 때 오정위와 같은 훌륭한 인재를 버려두지 않고 반드시 찾아 등용할 것이라는 말이다.

당산[32]의 술자리에서 입으로 불러 짓다

堂山酒席口占

당산 한 쪽으로 한강이 비껴 흐르고	棠山一面漢江斜
높은 누각이 그 동쪽 모래 언덕에 솟았네	快閣東偏占岸沙
난간 너머 파도에서 이슬 기운 불어오고	檻外波濤吹沆瀣
처마 끝 별과 달은 노을 속에 아른거리네	簷端星月動煙霞
홰나무 밑동에 말 매어 두니 봄풀 뜯어먹고	槐根繫馬依春草
대나무 창가에 술동이 열고 늦게 핀 꽃 마주하네	竹牖開尊對晚花
흥에 겨워 아득히 깊은 골짝에 임하니	乘興眇然臨絶壑
맑고 비어 물가 신선의 집과 접하는 듯	淸虛下接水仙家

32 당산(棠山) : 현재 서울특별시 영등포구 당산동(堂山洞) 일대로《여지도서(輿地圖書)》〈금천현(衿川縣)〉에는 당산(棠山)이라 적혀 있는데, 해당화가 많이 서식하여 붙여진 지명이라고 한다.

교수 윤헌지[33] 만사

尹教授憲之挽詞

평소 흉금 터놓고 친하게 사귀어	襟韻平生結契親
얼굴 볼 때마다 그 천진함 좋았지	每從眉宇喜天眞
다시 만나니 흐르는 세월에 곱던 얼굴 변하여	重逢歲月朱顔改
강호에서 백발의 모습에 한바탕 웃었지	一笑江湖白髮新
덧없는 세상 끝이 있어 결국 적막해지고	浮世有涯終寂寞
궁도에 박복한 운명 끝내 몰락하였구나	窮途無命竟沈淪
영결하는 자리에 동이 가득 술만 남았을 뿐	唯餘祖道盈尊酒
당시 삽 멨던 사람 보이지 않네[34]	不見當年荷鍤人

33 윤헌지(尹憲之) : 본관은 해평(海平)이다. 《승정원일기》 인조 13년 1월 16일 기사에 관상감 제조 이경인(李景仁)이 상중(喪中)에 있는 명과학 겸 교수(命課學兼教授) 윤헌지를 대신하여 황연(黃沇)을 쓸 것을 주청한 내용이 보이므로, 윤헌지가 관상감 교수 직책을 역임한 사실을 알 수 있다.

34 영결하는……않네 : 조도(祖道)는 먼 여행길에 무사하기를 도신(道神)에게 비는 제사를 말하는데, 여기서는 상여가 무덤으로 향해 갈 때 지내는 조도전(祖道奠)을 말한다. 하삽(荷鍤)은 진(晉)나라 죽림칠현(竹林七賢)의 한 사람인 유령(劉伶)이 늘 술병을 들고 나가면서 하인에게 삽을 메고 따라오게 하다가 자기가 죽으면 그 자리에 파묻도록 한 고사에서 유래하였다. 《蒙求 中 劉伶解酲》 윤헌지도 술을 좋아한 인물이었기에 이렇게 읊은 것으로 보인다.

동지중추부사 한선일[35] 만사

韓同樞 善一 挽詞

청주 한씨[36] 가문에 또 이 분 계시니	西原家世又斯人
올바른 행실 평생토록 예를 따르셨네	行義平生服禮親
어진 정사로 은혜 베푼 곳 몇 고을인가[37]	幾邑絃歌曾惠愛
거북과 학처럼 장수해도 정신 맑으셨네	大年龜鶴尙精神
원숭이 창자는 세 번 울음소리에 끊어졌는데[38]	猿腸已斷三聲淚

35 한선일(韓善一) : 1573～1653. 본관은 청주(淸州), 자는 극경(克敬)이다. 이민구는 한선일의 벼슬을 동지중추부사라고 기록하였으나 《승정원일기》 효종 3년 3월 27일 기사에 한선일을 동지돈녕부사(同知敦寧府使)에 임명한 기록이 실려 있고, 허목(許穆)의 글에도 동지돈녕부사에 임명되었다고 기록하고 있다. 《記言 別集 卷18 同敦寧韓公墓銘》

36 청주 한씨(淸州韓氏) : 서원(西原)은 청주의 옛 이름으로, 한선일의 본관이다.

37 어진……고을인가 : 한선일이 지방관으로 나가 어진 정사를 펼친 곳이 많다는 말이다. 현가(絃歌)는 금슬(琴瑟)을 연주하며 노래하는 것으로, 예악(禮樂)의 교화를 뜻한다. 공자의 제자 자유(子游)가 무성(武城)의 읍재(邑宰)로 있으면서 현가로 백성을 교화한 고사가 있다. 《論語 陽貨》 한선일은 당진(唐津)・문화(文化)・김화(金化)・군위(軍威)의 현감(縣監), 삭녕(朔寧)・옥천(沃川)・한산(韓山)의 군수(郡守), 철원(鐵原)・인천의 부사(府使) 등을 역임하였다. 《記言 別集 卷18 同敦寧韓公墓銘》

38 원숭이……끊어졌는데 : 한선일이 아들 한익명(韓翼明)의 죽음에 매우 애통해했다는 말이다. 《동주집(東州集)》 시집(詩集) 권16에 한익명의 죽음을 애도한 〈한판관익명만사(韓判官翼明挽詞)〉가 실려 있다. 진(晉)나라 환온(桓溫)이 군사를 거느리고 장강(長江)을 거슬러 올라가 촉(蜀)의 이세(李勢)를 공격할 당시, 삼협(三峽)에 이르렀을 때 어떤 군사가 원숭이 새끼 한 마리를 잡았다. 그 어미가 슬피 울며 강기슭으로 백여 리를 따라오다가 배 위로 뛰어올라와 죽었는데, 배를 갈라 보니 창자가 마디마디

매미 허물 끝내 한 줌 티끌이 되었네[39] 蜩甲終成一聚塵
나이 어린 벗은 이제 백발로 살아남아 小友秖今餘白髮
새벽 등불과 아침 이슬 같은 신세 홀로 괴롭다오 曉燈朝露獨含辛

끊겨 있었다 한다.《世說新語 黜免》

39 매미……되었네 : 한선일이 고인이 되었다는 의미이다.

일출

日出

해 뜨고 장터 열리자	日出市門開
뿌연 먼지 속에 삐거덕대는 수레바퀴 소리	轂擊紅塵咽
명예와 이윤 추구하느라	驅馳名與利
신분 고하 막론하고 저마다 물욕 따르지만	貴賤各徇物
큰길 동쪽 담 두른 집에서	街東環堵室
편히 누워 내 무릎 펴노라	高枕伸吾膝
늦은 끼니 가을보리로 지어 먹고	晚飯嘗秋麥
썰렁한 적삼 여름옷 입고 있네	涼衫具夏葛
한가로이 앞뜰 거니노니	婆娑步前庭
나무 그늘이 한낮 더위 막아 주네	樹陰屛午熱
마음 비워 원만한 성품 깨닫고	虛知悟性圓
조용하니 기심 사라지는 걸 알겠네	靜覺機心滅
그럭저럭 살아 하루하루 보내면	沈冥閱曛旭
백 년 인생도 쉽게 끝나겠지	百齡亦易畢
그대 보았나 언덕의 나무가	君看丘中木
거센 바람에 부러지는 것을	苦遭衝飆折
개미에게 많이 갉아 먹혀도	雖多容螻蟻
눈서리를 걱정하지 않으면서	未肯虞霜雪
도리의 아름다운 자태로	不學桃李姿
봄 달빛에 빛나는 것을 본받지 않는다네	榮耀芳春月

밤비
夜雨

요란한 소리가 처마 대나무에 울리더니	亂響交簷竹
썰렁한 기운 잠자리에 스며드네	虛涼襲寢幃
이미 봄날 물시계 가득 채우고	已添春漏滿
다시 희미한 새벽 종소리에 어우러진다	還雜曙鍾稀
모래톱엔 새 길이 열리고	沙面開新徑
조수가 사립문 절반까지 들어오네	潮頭浸半扉
한적한 거처 남쪽 밭과 가까워	幽居近南畝
보리 이삭[40] 여무는 걸 상상하네	正想麥人肥

40 보리 이삭 : 맥인(麥人)은 보리 이삭을 가리킨다. 《본초(本草)》에 "교맥에서 인을 취해 밥을 짓는데, 그것을 먹으면 기운이 내려간다. 대개 보리의 속을 인이라 한다.〔蕎麥取人作飯, 食之下氣, 蓋麥之心曰人.〕"라고 하였다.

만우당 팔영

漫寓堂八詠

동규(同揆)[41]의 김포(金浦) 별장이다.

북창의 희황[42] 北窓羲皇

더운 날 짧은 남쪽 처마 싫고	暑畏南簷短
시원하게 바람 통하는 북쪽 창 좋아하네	涼耽北牖通
사람들 모두 권세에 아부하지만[43]	人皆附炎熱
나는 맑은 바람을 좋아하노라	我自愛淸風
보리 물결은 고요한 울타리 넘어오고	麥浪侵籬靜
소나무 그늘은 텅 빈 땅을 덮어 주네	松陰覆地空
희황의 시대 멀지 않은 줄 아노니	羲皇知不遠
다만 낮잠 속에 있구나	只在午眠中

41 이동규 : 1623~1677. 이민구의 형 이성구(李聖求)의 둘째아들로, 자는 조연(祖然), 호는 혼천(混泉)이다. 《息山集 續集 卷6 外王考……混泉先生墓誌銘 幷序》

42 북창(北窓)의 희황(羲皇) : 태곳적의 사람처럼 한가롭게 생활하는 것을 말한다. 동진(東晉) 때에 일찍이 팽택 현령(彭澤縣令)을 지냈던 도잠(陶潛)이 전원생활을 즐기면서 "여름철 한가로이 북창 가에 잠들어 누웠다가 시원한 바람이 불어와 잠을 깨고 나면 문득 희황 시대의 사람인 것처럼 느껴지곤 한다.〔夏月虛閑, 高臥北窓之下, 淸風颯至, 自謂羲皇上人.〕"라고 말한 데에서 유래하였다. 《晉書 卷94 隱逸列傳 陶潛》

43 사람들……아부하지만 : 두보(杜甫)의 시 〈거의행(去矣行)〉에 "그대는 보지 못했나 팔찌 위의 매가 한 번 배부르면 곧 날아가 버리는 걸. 어찌 대청마루 위의 제비와 같이 진흙 물고 권문세가에 붙겠는가.〔君不見韝上鷹, 一飽則飛掣. 焉能作堂上燕, 銜泥附炎熱.〕"라고 한 데서 온 말이다.

작은 연못의 봉호[44] 小沼蓬壺

샘구멍이 가득 차면 흘러 넘쳐　泉眼盈還泄
근원 나뉘어져 푸른 못 이루니　分源碧沼開
큰 바다와 무엇이 다르랴　何殊大瀛海
더욱이 작은 봉래산도 있어라　更有小蓬萊
잔물결이 모래를 휘감아 흔들고　細浪縈沙動
흘러나가 밭에 물을 대네　通流灌圃回
구름 낀 풍광과 맑은 날 경치도 있어　雲光兼霽景
밤낮으로 함께 서성거리네　日夕共徘徊

나무 그늘의 서늘함 樹陰納涼

한 골짝에 화창한 봄날 열리고　一壑開春霽
우거진 숲에 한낮 그늘 드리웠네　高林定午陰
장막 속으로 푸른빛이 비치고　帷幢交碧色
우뢰의 맑은 음악 퍼지네[45]　竽籟散淸音
턱 괴고 졸기에 참 좋으니　自足持頤睡

44 봉호(蓬壺) : 본래는 바다에 있다는 선산(仙山) 중 하나인 봉래산(蓬萊山)을 말한다. 《천중기(天中記)》 권7 〈지(地)〉에 "삼호는 곧 바다 속의 삼신산이다. 첫째는 방호니 곧 방장이요, 둘째는 봉호니 곧 봉래요, 셋째는 영호니 곧 영주이다. 이 세 산은 그 모양이 병처럼 생겼다.〔三壺則海中三山也. 一曰方壺, 則方丈也, 二曰蓬壺, 則蓬萊也, 三曰瀛壺, 則瀛洲也. 此三山, 形如壺器.〕"라고 하였다. 여기서는 연못 안에 만들어 놓은 봉래산 모양의 석가산(石假山)을 말한다.

45 장막……퍼지네 : 나무 그늘을 유당(帷幢)에, 시원한 바람을 우뢰(竽籟)에 비유하여 읊은 것이다.

어찌 무릎 안고 읊지 않으랴[46] 那無擁膝吟
한가한 정취를 관물에 부치니 閑情付觀物
기어 다니는 개미와 지저귀는 새라네 游蟻與鳴禽

초가 처마에서 쬐는 햇볕 茅檐負暄

아침 햇살이 성긴 창 파고들 제 東旭穿疏牖
남쪽 처마 작은 마루에 웅크리고 앉았다 南檐俯小軒
새벽 서리 막 풀리니 曉霜纔解釋
겨울 햇살 곱고 따스하구나 冬日正姸暄
하늘의 은택 흠뻑 받아 天渥蒙初浹
봄기운 더욱 따뜻한데 陽和噏更溫
귀족의 집은 꿈에 취해 朱門擁醉夢
아침 해 뜬 줄도 모른다 不省有朝暾

마산의 낙조 馬山落照

지는 해 아직 남은 빛 있어 落日懸餘照
흐르는 세월이 이 사람 일깨우네 流年覺此生
잠시 가는 해[47] 바라보니 試看羲馭轉

46 어찌……않으랴 : 촉한(蜀漢) 제갈량(諸葛亮)의 〈포슬음(抱膝吟)〉을 차용하여 읊은 것이다. 제갈량이 출사(出仕)하기 전 남양(南陽)에서 몸소 농사지을 때 〈양보음(梁甫吟)〉을 지어 매일 새벽과 저녁이면 무릎을 감싸 안은 채 길게 불렀던 데서 유래한 말로, 고인(高人)과 지사(志士)가 시를 읊어 심회를 푸는 것을 뜻한다.

47 해 : 희어(羲馭)는 희화(羲和)가 모는 수레라는 말로, 해를 의미한다. 희화가 여섯 마리의 용이 끄는 수레를 타고 날마다 우연(虞淵)까지 왔다가 여섯 마리 용을 되돌

멀리 마산으로 기우네　長向馬山傾

멀리 안개 덮여 외로운 마을 어둡고　遠靄孤村暝

옅은 구름 깔려 한 골짝 깨끗하네　輕陰一壑晴

가을빛 따라 사라지지 않고　不隨秋色盡

아직도 밝은 저녁노을 띠고 있네　猶帶夕霞明

우저[48]에서 농사일을 바라보다 牛渚觀稼

시골 농사일[49] 더뎌도　村務三農緩

수확할 만 가지 보배 풍성하네　田功萬寶殷

타작마당 맑은 물가에 있어　築場臨白水

지팡이 짚고 황금물결 굽어보노라니　倚杖俯黃雲

기쁜 기색 집집마다 보이고　氣色家家見

노랫소리 곳곳에서 들려오네　謳謠處處聞

알겠노라 추사[50] 가까우니　已知秋社近

술독 열면 점점 향기 짙어지겠지　開甕漸氤氳

린다고 한다.《山堂肆考 卷2 扶桑》

48 우저(牛渚) : 지금의 경기도 김포시 감정동 일대를 말한다.

49 농사일 : 삼농(三農)은 언덕과 습지(濕地)와 평지(平地)의 농사를 말한다.《주례(周禮)》〈천관총재(天官冢宰) 태재(太宰)〉에 “삼농에서 아홉 가지 곡식을 생산한다.〔三農生九穀〕”라고 하였는데, 정현(鄭玄)이 “삼농은 평지와 산과 택이다.〔三農, 平地山澤也.〕”라고 풀이하였다.

50 추사(秋社) : 입추(立秋)가 지난 뒤 다섯 번째 무일(戊日)에 토지신(土地神)에게 올리는 제사를 말한다.

모래톱의 고기잡이 汀洲漁採

도롱이 입고 삿갓 쓴 어부 저물녘 찬 강가에 있고	蓑笠寒江夕
복사꽃 푸른 물에 떠가는 봄	桃花碧水春
조수 들어올 때 그물 놓고	潮生初擧網
해 지도록 낚싯줄 거두지 않네	日落未收緡
자라 잡으니 살과 뼈 있고	擉鼈皮兼骨
물고기 낚으니 피가 비늘을 적시네	叉魚血洗鱗
그윽한 사람 숙취 해소하는데	幽人扶宿醉
싱싱한 참조개가 제일 좋다네	最愛蛤蜊新

밭두둑에서 듣는 농부의 말 阡陌農談

마을에 연기 옅게 피어오르고	籬落煙光薄
뽕과 삼이 해 질 녘에 맑구나	桑麻日暮淸
지팡이 짚고 서로 만나	相邀交杖屨
한참 서서 날씨 얘기하네	久立話陰晴
잡초는 매도 매도 다시 자라는데	隴草鋤還有
벼는 심고 심어도 자라지 않는다지	田禾種不生
근래에는 가을 세금 일찍 내야 하니	近來秋稅早
부지런히 일하며 풍년 기다린다네	努力待西成

연경으로 사신 가는 영안위[51]를 전송하다

送永安尉使燕

유거 타고 세 번이나 열 줄의 글 받드니[52]	輶車三奉十行書
역로가 서쪽으로 소백의 터에 이어졌네[53]	驛路西連召伯墟
나랏일로 매번 천 리 밖을 나가는데	王事每從千里外
부모님 연세 칠순 초반이나 되셨네	親年正涉七旬初
듣자니 천부에 옥백 보낸다던데	曾聞玉帛輸天府
어찌 금과 비단으로 미려 막으랴[54]	豈有金繒塞尾閭

51 영안위(永安尉) : 홍주원(洪柱元, 1606~1672)으로, 본관은 풍산(豐山), 자는 건중(建中), 호는 무하당(無何堂)이다. 1623년(인조1) 선조의 딸 정명공주(貞明公主)에게 장가들어 영안위에 봉해졌다. 《宋子大全 卷163 永安尉洪公神道碑銘》 1653년(효종4) 사은 겸 진주사(謝恩兼陳奏使)로 연행하였다.

52 유거(輶車)……받드니 : 임금의 명령을 받고 세 번째 사신 간다는 말이다. 홍주원은 1647년(인조25) 사은 겸 동지사(謝恩兼冬至使)로, 1648년 고부 겸 주청사(告訃兼奏請使)로 연행한 바 있었으므로 이때가 세 번째 사행이었다. 십항서(十行書)는 황제의 조칙을 말한다. 후한(後漢) 광무제(光武帝)가 조칙을 내릴 때 친필로 한 장에 열 줄씩 써서 보냈던 고사에서 유래하여 황제의 조칙을 일찰십항(一札十行)이라고 한다. 여기서는 임금의 명령을 의미한다.

53 역로(驛路)가……이어졌네 : 홍주원이 사신 가는 길을 말한 것이다. 소백허(召伯墟)는 소공(召公)이 봉해진 연(燕)나라를 가리키는데, 여기서는 홍주원이 가는 연경을 의미한다.

54 듣자니……막으랴 : 청나라에 많은 조공을 바치지만 그들의 끝없는 물욕을 만족시킬 수 없다는 말이다. 미려(尾閭)는 바다 한복판에 있어 물이 한없이 빠져나간다고 전해지는 곳으로, 끊임없는 탐욕을 비유한다. 《莊子 秋水》

헤아려 보니 서리 내린 뒤에야 돌아올 터　屈指歸期霜露後
일 어긋나 절모가 너덜거리게 하지 마시라[55]　蹉跎莫遣節旄疏

55 일……마시라 : 사신의 임무를 잘 마치고 제때에 돌아오라는 말이다. 절모(節旄)는 임금이 사신에게 주는 깃발을 말한다. 한나라 소무(蘇武)가 흉노에 사신으로 갔다가 19년 만에 돌아올 때, 절모가 너덜너덜했다고 한다. 《漢書 卷54 蘇建傳 蘇武》

선왕조의 실록이 완성되어 임금께서 정부에 연회를 베풀어 주셨다. 영의정 이경석이 시를 지어 보여 주기에 차운하여 감회를 적다[56]

先土朝實錄成 賜宴政府 李相景奭作詩見視 次韻紀感

교산의 궁검 높은 하늘에 아득한데　　喬山弓劍邈雲天
우사의 포장 여러 해 걸렸네[57]　　虞史鋪張閱歲年
훌륭한 도모로 성대한 공업 연 줄 진작 알았지만　　早識瑤圖開盛業
다시금 석실에서 새로 엮은 책 보노라[58]　　還從石室覩新編
글은 아름답게 드리워 별처럼 빛나고　　文垂琬琰星辰煥
신하들에게 연회 열어 임금의 은택 베풀었네　　宴洽簪紳雨露宣

56 영의정……적다 : 이경석(李景奭, 1595~1671)의 본관은 전주(全州), 자는 상보(尙輔), 호는 백헌(白軒)이다. 1649년(효종 즉위년) 8월에 영의정에 올랐다. 이민구가 차운한 시는 《백헌집(白軒集)》 권11의 〈선왕조의 실록이 완성되었다고 보고하자……화답을 구하다〔恭聞先王實錄告完……求和〕〉이다.

57 교산(喬山)의……걸렸네 : 인조(仁祖)가 승하한 뒤 사관들이 실록을 편찬하였다는 말이다. 교산궁검(喬山弓劍)은 황제(黃帝)를 교산에 장사 지냈는데 나중에 산이 무너졌을 때 보니 관 속에 시신은 없고 부장했던 활, 검, 신발 등만 남아 있었다는 고사에서 유래하여 임금의 죽음을 뜻한다. 우사(虞史)는 순 임금의 사관(史官)이라고도 하고 《서경》의 〈우서(虞書)〉라고도 한다. 《효종실록》 4년 6월 26일 기사에 실록청에서 실록 편찬이 끝났다는 기록과 윤7월 24일 기사에 실록청의 대신들에게 하사품을 내렸다는 기록이 보인다.

58 훌륭한……보노라 : 인조의 성대한 업적을 새로 편찬한 실록에서 다시금 확인할 수 있다는 말이다.

보잘것없는 옛 신하 부질없이 눈물 흘리나니	草芥舊臣空涕淚
궁연에서 일찍이 등불 아래 모셨었지[59]	宮筵曾侍燭花然

59 보잘것없는……모셨었지 : 이민구가 승지로 재직하며 인조를 모셨던 때가 있었기 때문에 당시를 회상하며 눈물을 흘린다는 말이다.

최씨 집에서 즉흥적으로 읊다

崔氏堂卽事

골목에는 가을 진흙 촉촉하고	巷陌秋泥淺
연못에는 물빛 흐리다	陂塘內水昏
지팡이 짚고 굽이굽이 지나	扶笻經曲折
걸상 내려 주니[60] 편안하구나	解榻得淸溫
중울은 오두막에 살았고[61]	仲蔚編蓬室
천명은 문전에 버드나무 심었지[62]	泉明種柳門
이 집 들르는 일 싫증나지 않으니	過從知不厭
매번 향긋한 술 마련해 준다네	頻爲具芳尊

60 걸상 내려 주니 : 최씨의 집을 방문하자 최씨가 반갑게 맞아 주었다는 말이다. 후한(後漢)의 진번(陳蕃)이 예장 태수(豫章太守)로 있을 때 특별히 의자 하나를 마련해 놓고, 남주(南州)의 고사(高士)인 서치(徐穉)가 찾아올 때만 반갑게 맞으면서 내려놓았다가 그가 돌아가면 다시 올려놓고 아무에게도 내려 주지 않았던 고사가 있다. 《後漢書 卷83 徐穉列傳》

61 중울(仲蔚)은 오두막에 살았고 : 최씨를 후한(後漢)의 장중울(張仲蔚)에 비유하여 읊은 것이다. 장중울은 박학다식하고 천문(天文)과 시부(詩賦)에 능했으나 몸을 숨기고 벼슬하지 않은 채 늘 빈한하게 살았다. 그는 일체 밖에 나가지 않았으므로 그의 집 마당에는 사람 키보다 큰 쑥대가 우거졌다고 한다. 《高士傳 卷中 張仲蔚》

62 천명(泉明)은……심었지 : 최씨를 진(晉)나라 도잠(陶潛)에 비유하여 읊은 것이다. 천명은 도잠을 이른다. 도잠의 자는 원량(元亮), 호는 연명(淵明)인데, 당 고조(唐高祖) 이연(李淵)의 이름자를 피하여 천(泉) 자를 썼다. 도잠의 〈오류선생전(五柳先生傳)〉에 "선생은 어떤 사람인지 알지 못하고 그의 성도 상세하지 않으며, 집 가에 다섯 그루의 버드나무가 있으므로 인하여 오류선생으로 호를 삼았다.〔先生不知何許人, 不詳姓字, 宅邊有五柳樹, 因以爲號焉.〕"라고 하였다. 《陶淵明集 卷5》

《읍취헌유고》[63]를 읽고

讀挹翠軒遺稿

드날린 읍취헌	翩翩挹翠子
아득히 자줏빛 구름에 오르셨네[64]	眇然乘紫雲
경거와 옥패 같으니	瓊裾與玉佩
어찌 난초 향기에 젖을 뿐이랴[65]	豈惟襲蘭薰
처음에 태청가를 떠나	始辭太淸家
용을 타고 속세에 내려왔는데[66]	駕龍下塵紛
황량하다 혼탁한 세상이여	荒哉濁穢區
안개비가 한낮에도 흩날렸네[67]	霧雨方晝雰

63 읍취헌유고(挹翠軒遺稿) : 박은(朴誾, 1479~1504)의 문집이다. 박은의 본관은 고령(高靈), 자는 중열(仲說), 호는 읍취헌(挹翠軒)이다. 《渼湖集 卷18 挹翠軒朴公墓表》

64 자줏빛 구름에 오르셨네 : 읍취헌 박은이 이미 고인이 되었다는 말이다.

65 경거(瓊裾)와……뿐이랴 : 박은의 인품이 훌륭할 뿐만 아니라 그의 문장도 뛰어나다는 말이다. 경거와 옥패(玉佩)는 흔히 아름다운 꽃이나 시문(詩文)을 뜻하는 말로 쓰인다. 경거는 《시경》 〈목과(木瓜)〉에 "나에게 모과를 던져 주기에, 아름다운 옥으로써 갚는다.〔投我以木瓜, 報之以瓊琚.〕"라고 한 말에서 유래하였다.

66 처음에……내려왔는데 : 박은이 신선의 세계에서 이 세상에 내려온 사람이라고 읊은 것이다. 태청가(太淸家)는 도가(道家)에서 말하는 신선세계로, 상청(上淸), 태청(太淸), 옥청(玉淸)이 있다고 한다.

67 황량하다……흩날렸네 : 박은이 살았던 시대 상황이 좋지 않았다는 말이다. 그는 연산군 때 유자광(柳子光)과 성준(成俊)을 탄핵하였다가 파직되고 갑자사화에 동래로 유배되었으며, 다시 의금부에 투옥되어 사형을 당하였다.

아 곤륜산의 불이여　　嗚呼崑丘火
진귀한 보배 불태웠네[68]　　至寶乃見焚
천 년 세월 땅속에 묻힌 벽옥이여　　千年土中碧
답답하게 원통한 기운 묻었네[69]　　鬱鬱埋冤氛
다행히 불후의 업적 볼 수 있으니　　尙看不朽業
뛰어난 솜씨로 글을 남겼네　　妙絶垂遺文
명장이 화로와 도가니 움직여 물건 만들 듯　　大匠運鑪錘
힘써 만 근의 무게를 돌리려 하였네[70]　　力欲回萬斤
우뚝 여섯 자라의 등에 받친 듯　　嵬峨六鼇背

68 아……불태웠네 : 곤구화(崑丘火)는 옥석(玉石)이 모두 타버리는 곤륜산(崑崙山)의 불로서 선인(善人)과 악인(惡人)을 가리지 않고 주륙(誅戮)하는 것을 말한다. 《서경》〈윤정(胤征)〉의 "곤강에 화염이 치솟아 옥석이 모두 탔다.〔火炎崑岡, 玉石俱焚.〕"라는 말에서 나왔다. 박은은 1504년(연산군10) 4월에 동래현(東萊縣)에 유배되었으나, 다시 의금부로 옮겨져 고문을 받다가 사형 당했기에 그 사실을 비유적으로 읊은 것이다. 《容齋集 卷9 朴仲說墓誌》

69 천 년……묻었네 : 박은의 원통한 죽음을 읊은 것이다. 토중벽(土中碧)은 땅속의 벽옥이라는 말로 박은을 상징한다. 주(周)나라 경왕(敬王)의 대부였던 장홍(萇弘)이 충간(忠諫)을 하다가 받아들여지지 않자 이를 한스럽게 여겨 자결하였는데, 3년 뒤에 그 피가 벽옥(碧玉)으로 변하였다고 한다. 이로 인하여 후대에는 충신과 열사가 흘린 피를 뜻하는 말로 쓰이게 되었다. 《莊子 外物》

70 명장(名匠)이……하였네 : 박은의 기예나 문필이 뛰어남을 형용한 말이다. 노추(爐錘)는 화로와 도가니로, 모두 금속을 제련하는 데 쓰는 도구이다. 흔히 천지자연의 조화를 비유하는 말로 쓰이는데, 여기서는 문장을 구상하는 능력을 비유하였다. 《장자(莊子)》〈대종사(大宗師)〉에 "무장(無莊)이 그의 아름다움을 잃고, 거량(據梁)이 그의 힘을 잃고, 황제가 그의 앎을 잃은 것은 모두가 노추의 사이에 있을 뿐이다."라고 하였다. 만 근의 무게를 돌리려 했다는 것은 임금의 권력을 만회하려 했음을 의미한다.

맑은 신기루가 하늘가에 떠 있는 듯하네[71]　　晴蜃浮天垠
은빛 바다에서 산호가 나와　　珊瑚出銀海
찬란한 광채가 나뉘어지는 듯하네　　照爛精光分
지금도 수군의 진영에는　　至今水鎭營
온 벽에 바람과 우레 소리 들리겠지[72]　　繞壁風雷聞
큰 파도가 우뚝한 바위를 흔들고　　洪濤撼穹石
온갖 혼령이 무리를 찾겠지　　百靈盡號群
슬프다 금곡의 언덕　　惻愴金谷原
석 자의 무덤에는 풀만 무성하네[73]　　草沒三尺墳
평소 굴원 조상하던 부를　　平生弔屈賦
길이 소상 강가에 던지려 하네[74]　　永擬投湘濱

71 우뚝……듯하네 : 박은의 《읍취헌유고》에 실린 글이 아름답고 고귀하다는 말이다. 육오(六鼇)는 바다 속에서 삼신산(三神山)을 머리에 이고 있다는 여섯 마리 자라를 가리킨다. 용백국(龍伯國)에 거인이 있는데 한꺼번에 바다 속의 큰 자라 여섯 마리를 낚았다고 한다. 《列子 湯問》

72 온 벽에……들리겠지 : 박은이 동래에 유배되었던 일을 회고하여 읊은 것이다.

73 금곡(金谷)의……무성하네 : 박은의 무덤에 풀만 무성하다는 말이다. 《용재집(容齋集)》 권9 〈박중열묘지(朴仲說墓誌)〉에 "1507년(중종2) 봄에 박은의 집안사람이 예를 갖추어 양지현 동쪽 금곡촌의 산기슭, 부인 무덤의 우측에 나란히 안장하였다.〔明年丁卯春三月某甲, 其家人以禮葬于陽智縣之南金谷村之原夫人墓之右.〕"라고 하였다.

74 평소……하네 : 박은의 혼령을 위로한다는 말이다. 조굴부(弔屈賦)는 한(漢)나라 가의(賈誼)가 굴원(屈原)을 조상하여 지은 글인 〈조굴원부(弔屈原賦)〉를 가리킨다. 이 글에는 비분강개한 뜻이 내포되어 있으니, 가의가 굴원을 조문하며 강개하였듯이 이민구도 같은 감정을 느낀다는 말이다. 《古文眞寶 後集》

내 나이 열세 살이던 신축년(1601, 선조34)에 이현[75]의 길가에 있는 묵은 무덤가에서 놀다가 바위 아래에서 물이 솟는 것을 보고 동네 아이들을 모아 샘을 팠는데 길 가는 사람들이 이 물을 길어 마신 지 오십삼 년이나 되었으니, 고색창연한 옛 우물이 되었다. 지금 그곳을 지나며 감회가 있어 입으로 절구 한 수를 불러 짓다

余年十三辛丑歲 游泥峴道傍廢丘上 見石下出泉 集里中兒鑿開 行路人汲用五十三年 蒼然成古井 今過之有感 口占一絶

당시에 손수 깊은 샘을 새로 팠는데	當年手鑿一泓新
세월이 벌써 오십 년이나 흘렀어라	歲月今過五十春
우물의 시원한 물은 줄지 않았건만	石甃涼波猶不減
거기 비친 초췌한 늙은이는 누구인가	鑑中枯朽是何人

75 이현(泥峴) : 지금의 서울시 중구 충무로2가에 있는 고개인데, 흙이 몹시 질어서 비만 오면 사람의 왕래가 끊어질 정도로 통행이 불편하였기 때문에 진고개라 하고 한자명으로 이현이라 하였다.

정휘옹주[76] 만사

貞徽翁主挽詞

노관에서 예의와 법도 화려했고　魯館繁儀度
주나라 수레는 엄숙하고 온화함을 드러냈네[77]　周車著肅雍
부귀함으로 오랜 은택 남기고　脂膏遺舊澤
탕목으로 전에 봉한 것을 살피네[78]　湯沐按前封
존속으로 궁궐에서 중시되어　尊屬三宮重
고귀한 가문에 온갖 복이 모였네　高門百福鍾
애영을 누리다 큰 장례로 돌아가니[79]　哀榮歸大葬

76 정휘옹주(貞徽翁主) : 1593~1653. 선조의 여섯째 딸이다. 인빈(仁嬪) 김씨(金氏)의 소생으로 유정량(柳廷亮, 1591~1663)에게 출가하였다. 유정량과의 사이에서 2남 2녀를 두었는데, 큰딸이 이민구의 둘째아들 이중규(李重揆)와 혼인하였다. 《東州集 文集 卷8 貞徽翁主墓誌銘》

77 노관(魯館)에서……드러냈네 : 정휘옹주가 유정량에게 시집올 때 예의와 법도에 맞고 엄숙했다는 말이다. 노관은 귀족 가문의 여자가 출가할 때 외지에 임시로 머무는 숙소를 이르는 말이다. 춘추 시대 노 장공(魯莊公)이 주(周)나라 왕희(王姬)의 혼사를 주관할 때 왕희를 노나라로 맞아들여 성 밖 임시 숙소에 머물게 하였다가 제(齊)나라로 보내어 제후(齊侯)와 성혼시킨 고사에서 유래하였다. 《시경》 〈하피농의(何彼襛矣)〉에서 왕의 딸이 경건하고 온화한 덕으로써 시집가는 것을 두고 노래하기를 "어찌 엄숙하고 온화하지 않으랴. 왕의 딸이 시집가는 수레로다."라고 하였다.

78 부귀함으로……살피네 : 정휘옹주의 시댁이 훌륭한 집안이라는 말이다. 탕목(湯沐)은 탕목전(湯沐田) 또는 탕목읍(湯沐邑)을 뜻하는데, 본디 주대(周代)에 천자가 제후(諸侯)에게 그 수입을 목욕하는 비용으로 쓰라고 내리는 특정의 채지(采地)였다. 후세에는 왕비, 왕자, 공주, 옹주 등에게 나라에서 하사한 논밭을 말한다.

시종 큰 은혜 넘쳐났네 終始渥恩濃

청탁 아니어도 아들이 귀하게 되었고[80] 子貴非因請
소사 때문에 누대 높이 지은 게 아니라네[81] 樓高不爲簫
상산공주 벌열 가문과 이어지고 常山聯閥閱
심수공주 높은 하늘에 닿았어라[82] 沁水接雲霄
물거품과 번개처럼 덧없이 세월이 지나 泡電俄今古
번화하던 것이 모두 적막하게 되었네 繁華摠寂寥
맑은 가을 도봉산에 날 저물 때 淸秋道峯夕
붉은 신 그림자가 아득하구나[83] 朱履影迢迢

79 애영(哀榮)을……돌아가니 : 정휘옹주가 살아서나 죽어서나 영광스럽게 되었다는 말이다. 애영은 생영사애(生榮死哀)와 같은 말로, 《논어》 〈자장(子張)〉에 "살아 있을 때는 영광으로 여기고, 죽으면 모두 슬퍼한다."라고 하였다.

80 청탁……되었고 : 유정량(柳廷亮)은 2남 2녀를 두었는데, 장남 유심(柳諗, 1608~1667)은 참판(參判)이고 차남 유흡(柳潝, 1611~?)은 군수(郡守)를 지냈다. 《東州集 文集 卷10 全昌君柳公墓碣銘》

81 소사(簫史)……아니라네 : 진 목공(秦穆公) 때 퉁소를 잘 부는 소사라는 사람이 있었다. 목공(穆公)의 딸 농옥(弄玉)이 음악을 좋아하였는데, 소사가 퉁소로 봉황이 우는 것 같은 소리를 냈으므로 목공이 농옥을 그에게 시집보내고 누각을 지어 주고 봉루(鳳樓)라고 했다는 고사가 있다. 《列仙傳 卷上 簫史》 여기서는 정휘옹주의 남편 유정량의 풍류가 소사에 못지않았다는 말이다.

82 상산공주(常山公主)……닿았어라 : 정휘옹주의 위상을 읊은 것이다. 상산은 진(晉)나라 무제(武帝)의 딸 상산공주를 가리키고, 심수(沁水)는 한(漢)나라 명제(明帝)의 딸 심수공주(沁水公主)를 가리킨다.

83 맑은……아득하구나 : 정휘옹주의 무덤이 도봉산(道峯山)에 있으므로 이렇게 읊은 것이다. 《東州集 文集 卷8 貞徽翁主墓誌銘 幷序》

차운해서 백헌[84]이 보내 준 시에 사례하다. 아울러 구월에 만나기로 약속하다

次韻謝白軒相惠詩 兼有九秋之約

옛 정승께서 경륜 펼치신 여가에[85]	舊相調元暇
주옥같은 새로운 시 많도다	新詩抵璧多
깊은 감동에 까무러칠 지경인데	感深唯絶倒
재주 부족하니 어이할까	才薄奈將何
오솔길이 솔과 국화에 묻히고	草徑埋松菊
시골집에 비단 병풍 둘렀건만	村居屛綺羅
장자의 수레가	終愁長者轍
산언덕에 나오지 않을까 끝내 걱정이네	未肯就山阿

84 백헌(白軒) : 이경석(李景奭, 1595~1671)으로, 본관은 전주(全州), 자는 상보(尙輔), 호는 백헌이다.《西溪集 卷12 領議政白軒李公神道碑銘》

85 옛……여가에 : 이경석이 영의정으로 재임 중, 효종의 북벌 계획이 청나라에 밀고되어 일어난 사문사건(査問事件)으로 백마산성(白馬山城)에 위리안치되었다가 풀려나 경기도 광주(廣州)에 은거해 있을 때를 읊은 것으로 여겨진다. 구상(舊相)은 옛 정승이란 뜻으로 정승에서 물러난 이경석을 가리킨다. 조원(調元)은 원기(元氣)를 조율한다는 의미로 재상의 일을 가리킨다.

당산의 정자에서 거듭 호 자 운으로 짓다[86]

棠山亭子 再賦湖韻

푸른 강 당긴 활처럼 남으로 굽이졌는데　　滄江南迆似彎弧
가파른 언덕 하인 의지해 오르네　　絶岸躋攀仗僕夫
이웃해 살자는 후일의 계획 이루어진다면　　隣竝倘諧他日計
술 마시며 늘그막의 즐거움 그만두지 않으리라　　壺觴不廢暮年娛
전답이 눈앞에 있어 산속 생활 넉넉하고　　田疇在眼山資足
갈매기 무심하게 전야의 흥취 함께 즐기네　　鷗鷺無心野興俱
누가 풍진세상에서 벼슬에 얽매이랴　　誰向紅塵縻宦跡
조갯국과 부들잎[87] 서호의 꿈이어라　　蛤蜊菰葉夢西湖

남아의 지업 상호 쏠 때 정하는데　　男兒志業在桑弧
문 닫고 글이나 지으니 어찌 장부라 하랴[88]　　閉戶雕蟲豈壯夫

86 당산(棠山)의……짓다 : 《동주집(東州集)》 시집(詩集) 권16 〈서호록(西湖錄)〉의 〈당산주인오십일세초도일설회(棠山主人五十一歲初度日設會)〉와 운자가 같다.

87 부들잎 : 고엽(菰葉)은 부들인데, 이것으로 찹쌀을 싸서 부들 떡을 만든다. 송(宋)나라 원강(元絳)의 〈단오첩자(端午帖子)〉에 "창포꽃 술에 띄운 요 임금 술잔 푸르고, 부들잎 실로 얽은 초나라 송편 향긋하네.〔菖華泛酒堯樽綠, 菰葉縈絲楚糉香.〕"라고 하였다.

88 남아의……하랴 : 남아는 태어나면서 원대한 지업을 품는데, 방에서 글이나 짓고 있으니 장부라 할 수 없다는 의미이다. 상호(桑弧)는 뽕나무로 만든 활이다. 고대에 사내아이가 태어나면 상호에 쑥대로 만든 화살 여섯 발을 천지 사방에 쏘았는데, 이는 천지 사방이 남자가 일해야 할 곳이라는 의미이다. 《禮記 內則》 조충(雕蟲)은 조충전각

젊은 시절의 화려함 모두 헛것이고	少日紛華都是幻
말년의 저술도 심심풀이일 뿐	衰年述作且爲娛
몸은 질탕하게 천성대로 즐기니	形骸跌宕從天放
높은 산과 깊은 골 이곳에 다 있네	山壑崇深此地俱
감히 새 시 지어 신령의 도움 바라면서	敢倚新詩有神助
삼가 우리의 도를 갠 호수에 부치노라	秖將吾道付晴湖

(雕蟲篆刻)의 준말로, 벌레 모양이나 전서(篆書)를 새긴다는 의미인데, 문장을 경시하는 말이다.

회양 부사로 가는 조용주[89]를 전송하다

送趙龍洲赴淮陽府

그대는 꿋꿋한 절의 품어　君侯抱苦節
빙옥 같은 자태 변하지 않았네[90]　不渝氷玉姿
맑은 물결에 씻긴 밝은 달처럼　虛濤濯明月
환히 비추어 티 하나 없어라　照映無瑕玭
푸른 하늘로 날아올라　騫飛上碧霄
평탄한 높은 자리에 가까이 다가가　咫尺鼎路夷
주밀하게 경륜을 펼쳤는데　經綸正密勿
세상일 어찌 이리 굴곡이 많은가[91]　世故何參差
외로운 홀아비로 궁항에 갇혀[92]　孤鰥閉窮巷

89 조용주(趙龍洲) : 조경(趙絅, 1586~1669)으로, 본관은 한양(漢陽), 자는 일장(日章), 호는 용주, 시호는 문간(文簡)이다. 1653년(효종4) 부모 봉양을 위하여 회양 부사가 되었다. 《記言 卷40 龍洲神道碑》

90 그대는……않았네 : 조경이 곤경 속에서도 절의를 지켰다는 말인데, 여기서는 조경이 의주 백마산성(白馬山城)에 위리안치된 일이 있었기에 이렇게 말한 것으로 보인다. 1650년(효종1) 조경은 사문사건(査問事件)으로 이경석과 함께 의주 백마산성에 안치되었다. 빙옥(氷玉)은 얼음과 옥처럼 맑고 깨끗하여 아무런 티가 없음을 말한다.

91 푸른……많은가 : 조경이 관직에 나아가 임금 곁에서 경륜을 펼쳤지만, 험난한 세파를 겪기도 했다는 말이다. 정로(鼎路)는 한(漢)나라 장안성(長安城)의 정로문으로, 재상을 상징한다. 조경은 예조 판서로 재임 중 사문사건으로 백마산성에 위리안치되고, 유배 중에 부인이 죽는 곡절을 겪었다.

92 외로운……갇혀 : 백마산성에서 풀려난 조경이 청나라의 문책이 끝나지 않았다는

희끗희끗 머리털 세었네　　颯颯顚髮衰
만년에 일어나 거친 고을 맡으니　　晩起典荒郡
임금의 은혜 인자한 어머니 떠오르게 하네　　主恩念母慈
밤낮으로 안절부절 서성이며　　徘徊宵旰內
임금께서 지치고 야위시지만　　聖慮渴疲羸
좋은 재목으로는 큰 집을 지어야 하니　　楩枏輟構廈
가시나무 우거진 곳은 마땅치 않다네[93]　　枳棘恐非宜
타고난 성품이 응접을 귀찮아하니　　受性倦應接
작은 고을이라 누워 다스릴 수 있으리[94]　　邑小當臥治
평생 신은 한 쌍의 나막신　　平生一雙屐
나의 바람 이루어 주었네[95]　　且以濟吾私

이유로 관직에 나가지 않고 고향에서 지낸 것을 말한다.

93 밤낮으로……않다네 : 임금이 온종일 나라 걱정에 노심초사하고 있지만 조경처럼 유능한 인재에게 외진 고을을 맡긴 것은 마땅하지 않다는 말이다. 소간(宵旰)은 소의간식(宵衣旰食)의 준말로, 임금이 날이 새기 전에 일어나 옷을 입고 해가 진 뒤에 저녁을 먹는다는 뜻이다. 편남(楩枏)은 좋은 재목감이 되는 편나무와 녹나무로 훌륭한 인재를 뜻하니 조경을 비유하고, 지극(枳棘)은 가시나무로 작은 고을이나 낮은 지위를 나타내니 회양을 비유한다. 후한(後漢) 때 구람(仇覽)이 주부(主簿)를 맡고 있는 것을 본 왕환(王渙)이 큰 인재가 작은 자리에 앉았다고 여겨 "가시나무는 난봉이 깃들 곳이 아니니, 백 리 작은 고을이 어찌 대현의 길이리오.〔枳棘非鸞鳳所棲, 百里豈大賢之路.〕"라고 하였다. 《後漢書 卷106 循吏列傳 仇覽》

94 타고난……있으리 : 조경이 사람을 자주 만나야 하는 정치로부터 멀리 떨어져 성품대로 편안히 고을을 다스릴 것이라는 말이다. 와치(臥治)는 누워서 고을을 다스린다는 뜻이다. 한(漢)나라 때 동해 태수(東海太守) 급암(汲黯)이 병으로 누워 지내면서도 선정(善政)을 베풀었다는 고사가 전한다. 《漢書 卷50 汲黯傳》

95 평생……주었네 : 나막신을 신고 등산을 즐겼다는 말이다. 남조 송(南朝宋)의 시

명산이 경내에 있어	名山在封域
일만 송이 부용이 펼쳐졌다오[96]	萬朶芙蓉披
봉래니 기달이니	蓬萊與怾怛
의심스런 도가와 불기의 전설 진해지지만	道釋俱傳疑
붉은 노을이 동부 깊숙이 물들면	丹霞洞府深
밤 꿈은 그윽한 기약과 통하리라	夜夢通幽期
봉황 타고 무지개에 오르면	鳳駕躡虹梯
구름 마차에 푸른 깃발 어지럽게 날리리	雲車紛翠旗
비록 금골이 검어질까 염려되어도	雖虞金骨淄
감히 푸른 짚신에 굳은살 박임을 사양하랴[97]	敢辭青鞋胝
나는 병든 다리 한탄하며	我歎病脚廢
문밖에 나가 떠나는 깃발 바라보네	出門見征麾
아스라이 옛 자취 떠올려 보니	緬懷舊經行
오솔길에 이끼 무성하리	徑微苔蘚滋
이별하는 지금 맑은 가을도 저무는데	別離淸秋暮
하물며 노년의 비애가 겸했음이랴	況兼長年悲

인 사영운(謝靈運)이 심산유곡(深山幽谷)을 샅샅이 탐색하는 것을 좋아하였는데, 그럴 때면 꼭 나막신을 준비하여 신고 다녔다고 한다. 《宋書 卷67 謝靈運列傳》

96 명산이……펼쳐졌다오 : 조경이 부임하는 회양부에 금강산이 있다는 말이다.

97 비록……사양하랴 : 비록 몸 상할까 염려되어도 금강산 유람을 마다할 수 없으리라는 말이다. 청혜(靑鞋)는 푸른 짚신으로, 은자를 상징한다. 두보(杜甫)의 〈봉선유소부신화산수장가(奉先劉少府新畫山水障歌)〉에 "나만 홀로 어찌 진흙 속에 묻혀 있으랴, 푸른 짚신 베 버선 신고 지금부터 여행하리.〔吾獨胡爲在泥滓, 青鞋布襪從此始.〕"라고 하였다.

높은 하늘로 황곡을 보내며	高空送黃鵠
머리 들어 그 모습 바라보네	矯首望羽儀
다리가 이미 가로막으니	川梁旣阻絶
그리운 마음 어찌 다 쏟아낼까	曷由罄所思
아름다운 꽃 혹 꺾거든	瑤華儻可折
원하노니 신선의 시 부쳐 주오[98]	願寄遊仙詩

98 아름다운……주오 : 좋은 시를 지으면 부쳐달라는 말이다. 요화(瑤華)는 아름다운 꽃이라는 뜻으로 좋은 시를 의미한다. 유선(遊仙)은 유람하는 신선이라는 뜻으로 조경을 가리킨다.

옛사람들이 오십에 자식 낳는 것을 경계하였는데 지금 나는 어찌 다만 이 나이를 넘긴 정도이겠는가.[99] 등불 아래에서 막둥이의 재롱을 보며 재미삼아 짓다

古人戒五十生子 今余奚但過之 燈下見最少娛嬉 戲書

옛사람이 늘그막에 자식 두는 걸 경계했으니	昔人衰老戒生兒
가을에 꽃 옮겨 심은들 얼마나 보겠는가	秋日移花看幾時
등잔 옆에서 말 배우고 걸음마 떼니	學語扶床燈影畔
나도 모르게 웃다가 문득 서글퍼진다	偶然成笑却成悲

99 지금……정도이겠는가 : 이민구가 쉰 살을 훨씬 넘겨 아이를 낳았다는 말이다. 이민구는 1653년(효종4)에 65세의 나이로 막내아들 말규(末揆)를 낳았다.

고 병마절도사 박성오[100]의 아들 박선경과 학생 송지헌의 아들 송아선은 모두 어리지만 빼어난 기질이 있기에 기뻐하며 짓다

故兵使朴省吾子先慶 學生宋之獻子阿宣 俱稚弱有奇氣 喜而賦之

세상에 치란이 반복되는데	天地一治亂
영웅호걸이 저마다 때를 만나 나타났지	豪雋各乘時
한겨울에 눈발 휘날려도	方冬雪紛降
솔과 대는 무성하지	竹柏挺葳蕤
내가 백발노인 된 뒤로	自我老白首
두 아이 눈여겨보았으니	畜眼見二兒
저 박씨와 송씨	惟彼朴與宋
두 아이 실로 기재로다	二兒實瑰奇
박씨 아이는 일고여덟 살인데	朴兒在髫齔
용맹하여 여우와 살쾡이 쫓아내고	武氣奔狐貍
송씨 아이는 대여섯 살인데	宋兒出五六
소 잡아먹을 기상 범과 곰 같도다[101]	食牛如虎羆

100 박성오(朴省吾) : 1589~1651. 본관은 함양(咸陽), 자는 자안(子安), 호는 조양재(朝陽齋)이다. 《인조실록》 21년 5월 12일 기사에 박성오를 평안 병사로 삼았다는 기록이 있다.

101 소……같도다 : 어린 송아선(宋阿宣)이 호랑이나 곰 새끼와도 같은 기상을 보인다는 말이다. 《예문유취(藝文類聚)》 권90 〈조부(鳥部)〉에 "호랑이나 표범은 아직 털 무늬가 선명하지 않을 때에도 소를 잡아먹을 기상이 있다.〔虎豹未成文, 而有食牛之

예장은 처음 싹을 틔울 때부터	豫章始擢秀
이미 하늘을 찌를 자태 있는 법[102]	已有昂霄姿
사람이 동량의 자질 지니고서	人生幹世具
어찌 반드시 문장을 해야 하나	豈必文章爲
가련하구나 아비 없는 고아로	可憐無父孤
어린 것들이 어미만 바라보네	弱息仰母慈
녹이[103]는 화살처럼 빠르게	騄耳行翦剔
하루에 천 리를 내달리지	日駕千里馳
나는 늙어 죽을 날만 기다리니	吾衰待朝夕
수립한 공 없어 서글프지만	樹立使我悲
길게 탄식하고 너희들 머리 어루만지며	太息撫汝頂
훌륭한 인재 되기를 권면하노라	勖汝以前期

氣.〕"라고 한 시자(尸子)의 말이 전한다.

102 예장(豫章)은……법 : 박선경과 송아선이 어려서부터 훌륭한 자질을 지니고 있다는 말이다. 예장은 녹나무의 일종으로 동량이 될 인재를 가리킨다.

103 녹이(騄耳) : 주(周)나라 목왕(穆王)이 타던 명마(名馬)의 이름이다.

운간정수화 십첩

雲間程岫畫十帖

죽남(竹南)[104]을 위해 짓다.

산뜻한 봄 강의 버드나무	濯濯春江柳
물결 따라 녹음 일렁이네	隨流漾綠陰
조각배 탄 월나라 나그네	扁舟越中客
노 멈추고 가슴 한 번 여네	停櫂一開襟

2

이끼 낀 돌 골짝 시내에 널려 있고	苔石環溪擁
구름 낀 숲 계곡 둘러 가지런하네	雲林繞壑齊
마을로 통하는 가느다란 오솔길	村居蹊徑細
작은 다리 서쪽으로 아스라이 나 있네	不盡小橋西

3

초가집들 모두 물가에 있고	草屋渾臨水
소나무 벼랑은 구름 속으로 들어가는 듯	松厓欲入雲
돛배가 잔잔한 물결 일으키는데	風帆吹細浪
석양에 고운 빛 띠었구나	秀色帶斜曛

104 죽남(竹南) : 오준(吳竣, 1587~1666)으로, 본관은 동복(同福), 자는 여완(汝完), 호는 죽남이다. 《藥山漫稿 卷18 高祖輔國崇祿大夫……世子左賓客府君墓誌銘》

4

야트막한 산 개어 더욱 푸르고　短嶽晴逾碧
긴 호수 맑고 흐르지 않네　長湖淨不流
오르내리고픈 마음 끝이 없어　沿洄意無限
신선들 또 함께 배에 올랐네　仙侶又同舟

5

평평한 모래 언덕에 가는 풀 자라고　細草平沙岸
봄 깊어 숲 맑구나　春深樹木淸
도끼 걱정할 일 없으니　自無斤斧患
바야흐로 칠원의 마음 알겠네[105]　方見漆園情

6

비 기운이 산을 검게 감싸　雨氣沈山黑
시내와 들은 보일락 말락　川原半欲無
어찌하면 어두운 기운 다 걷어내어　何當豁氛翳
초목을 되살릴 수 있을까　草木一昭蘇

105 도끼……알겠네 : 장자(莊子)의 초탈한 경계를 볼 수 있다는 말이다. 《장자(莊子)》 〈소요유(逍遙遊)〉에 혜자(惠子)가 울퉁불퉁하고 쓸모없이 크기만 한 나무가 있다고 하자, 장자가 거칠 것 없는 드넓은 벌판에 그 나무를 심고 그 곁을 노닐며 그 그늘 밑에서 낮잠을 즐기면 될 터인데 어찌 도끼에 잘려 나갈 근심을 하고 있느냐는 말이 나온다. 칠원(漆園)은 몽(蒙)의 지명인데 장자가 그곳의 관리였다.

7

범려가 배에 올랐던 곳	范蠡乘舟處
바람과 안개가 오호에 접했는데[106]	風煙接五湖
이곳에 새우와 나물 많으니	此間蝦菜富
월나라도 잊고 오나라도 잊노라	忘越又忘吳

8

낮은 산이 하늘 따라 비좁고	短麓隨天窄
평평한 다리도 물 따라 낮구나	平橋逐水低
숲 언덕 제일 깊은 곳	林皐最深處
그윽한 집 짓기에 꼭 맞네	正合結幽棲

9

눈 내린 뒤라 산길 미끄러워	雪後山蹊滑
나귀 몰아 먼 길 오르기 두려운데	驅驢怯遠登
우뚝한 낙안탑[107]	亭亭落雁塔

106 범려(范蠡)가……접했는데 : 범려는 춘추 시대 사람이다. 월왕(越王) 구천(句踐)을 도와 회계(會稽)의 치욕을 씻은 뒤 "계연의 계책이 일곱 가지인데 월나라가 그 가운데 다섯 가지를 써서 뜻을 이루었다. 이미 나라에 시행해 보았으니 내가 집에 써보리라.〔計然之策七, 越用其五而得意, 旣已施於國, 吾欲用之家.〕"라고 말하고는 편주(扁舟)를 타고 오호(五湖)로 떠났다고 한다. 《史記 卷129 貨殖列傳》

107 낙안탑(落雁塔) : 그림 속의 탑을 읊은 것으로 보이는데 미상이다. 《강남통지(江南通志)》 권36 〈저주(滁州)〉에 "낙안정은 전초현 서쪽에 있으며 옛 이름은 낙안탑이다.〔落鴈亭, 在全椒縣西, 舊名落鴈塔.〕"라는 기록이 보일 뿐이다.

찬 구름 저 높이에 있구나　　正在凍雲層

10

고목의 마른 가지 부러지고　　老樹枯枝折
먼 산에는 차가운 빛깔 엉겼어라　　遙山冷色凝
고깃배 어디에 있는지　　漁舟何處在
물가는 벌써 얼음 단단하구나　　下渚已堅氷

권발[108] 만사

權生跋挽詞

시간이 부질없이 빨리도 흘러	滴漏空催簷
가을도 되기 전에 서리 내렸네	零霜不待秋
덤불 헤치고 무덤으로 옮겨 가니	披榛移宅兆
허름한 집 숲 언덕에 의지했네	破屋寄林丘
남은 혈족도 미미하니	血屬存如線
인생 참 덧없어라	人生忽若浮
그대 집안 삼대의 장례 보았으니	看君三世葬
눈물 하염없이 흐르오	吾眼淚長流

108 권발(權跋) : 자세한 생애는 알 수 없다. 목서흠(睦敍欽, 1572~1652)의 둘째 사위이다. 《龍洲遺稿 卷19 贈左贊成梅溪睦公神道碑銘》

그물로 참새를 잡다

網雀

노란 참새 어찌나 작은지	黃雀何微細
도리어 그물로 잡노라	還將網罟尋
모름지기 벌레 쪼는 때를 노려야	須看啄蟲蟻
구워 먹기에 제격이지	自合近炰燖
잎 떨어져 빈 숲 고요하고	落葉空林靜
빈 처마에 저녁 햇살 잠기네	虛簷暮景沈
자려는 놈 잡는 것이 부끄러울 뿐	徒慙乘夕宿
도마도 더럽히지 못하겠지	不足汚刀砧

감사 이기조[109] 만사

李監司 基祚 挽詞

한산 명문가에 인재 많다 하니	韓山名閥號多才
목은의 문장 후세를 비추었네[110]	牧老文章映後來
부자가 가업 이어 욕되게 하지 않았건만	父子承家眞不忝
관하의 돌아온 혼령 같은 재앙 만났네[111]	關河復魄偶同災
금성에 해 지는데 사람은 어디로 갔는가	金城落日人何處
철협이 하늘 가로막아 기러기만 돌아왔네[112]	鐵峽橫天雁獨回
북극에 신발 소리가 끝내 적막해졌으니	北極履聲終寂寞
바람과 구름만 부질없이 시중대 감싸겠지[113]	風雲空繞侍中臺

109 이기조(李基祚) : 1595~1653. 본관은 한산(韓山), 자는 자선(子善), 호는 호암(浩菴), 시호는 충간(忠簡)이다. 《南溪集 卷72 禮曹判書贈領議政李公神道碑銘》

110 한산(韓山)……비추었네 : 목로(牧老)는 목은(牧隱) 이색(李穡, 1328~1396)을 가리킨다. 이기조의 본관이 한산이고, 한산 이씨가 이색으로부터 명문가를 이루었기에 이렇게 읊은 것이다.

111 관하(關河)의……만났네 : 이기조의 아버지 창곡(蒼谷) 이현영(李顯英, 1573~1642)과 이기조가 모두 객지에서 운명했다는 말이다. 이현영은 봉성(鳳城)에서 돌아오던 중 안주(安州)에서 운명하였고, 이기조는 함경도 관찰사(咸鏡道觀察使)로 부임했다가 사직하고 공조 판서(工曹判書)에 임명되어 귀경하던 중 김화(金化)에서 운명하였다. 《南溪集 卷72 禮曹判書贈領議政李公神道碑銘》

112 금성(金城)에……돌아왔네 : 이기조는 돌아오지 못하고 부고(訃告)만 전해졌다는 말이다. 금성은 김화의 옛 이름이고, 철협(鐵峽)은 철령(鐵嶺)으로, 강원도 고산군과 회양군 경계에 있다. 이기조가 김화에서 운명했기에 이렇게 읊은 것이다.

113 북극(北極)에……감싸겠지 : 이기조가 조정으로 돌아오지 못하고 운명했으므

로 마땅한 정승감이 없어졌다는 말이다. 북극은 북극성을 가리키는데, 여기서는 임금이 있는 궁궐을 의미한다. 이성(履聲)은 신발 끄는 소리라는 뜻으로, 한(漢)나라 정숭(鄭崇)이 간쟁(諫爭)하러 갈 때마다 가죽신을 끌면서 갔는데, 그럴 때마다 황제가 웃으면서 "정 상서의 발자국 소리를 내가 안다.〔我識鄭尙書履聲〕"라고 했다고 한다. 《漢書 卷77 鄭崇傳》 시중대(侍中臺)는 강원도 동해안 흡곡(歙谷)에 있다. 원래 이름은 칠보대(七寶臺)였는데 한명회(韓明澮)가 이곳에서 노닐던 중 정승으로 임명한다는 교지가 내려온 뒤로 시중대로 불렸다고 한다. 《燃藜室記述 別集 卷16》

효자 조척[114]이 그리워 그의 아우 조속[115]에게 부치다
懷趙孝子滌 寄其弟涑

조속은 글씨와 그림에 뛰어났다.

조척은 늘그막까지 함께한 친구로	趙氏余老友
한평생 회포 터놓고 지냈지	平生極輸寫
허약한 외모였으나 심지 굳건했고	弱貌抱剛腸
지극한 성품은 크고 전아하였지	至性秉大雅
좋은 금이 깊은 돌에 박혔는데	精金蘊幽石
뛰어나오지 못했으니 대장장이 부끄럽네[116]	不躍恥在冶
많은 이들이 좋아해도 홀로 달랐으니	衆好獨參差

114 조척(趙滌) : 생애는 미상이다. 조수륜(趙守倫, 1555~1612)의 장남이며 조속(趙涑)의 형이다. 윤증(尹拯)은 "장남은 조척이니 성품이 지극히 효성스러웠다. 임자년(1612, 광해군4)의 화에 대단히 애통해하였고, 묘소 아래에서 여막을 짓고 살다가 몇 해 뒤에 죽었다. 계해년(1623, 인조1)에 정려가 세워졌다.〔男長曰滌, 性至孝. 壬子之禍, 哀痛過毁, 仍廬墓下, 數年而歿. 癸亥旌閭.〕"라고 하였다.《明齋遺稿 卷40 平澤縣監風玉軒趙公墓碣銘》

115 조속(趙涑) : 1595~1668. 본관은 풍양(豐壤), 자는 희온(希溫), 호는 창강(滄江)·창추(滄醜)이다.

116 좋은……부끄럽네 : 조척이 정금(精金)처럼 훌륭한 자질을 지녔으나 세상에 쓰이지 못했으니, 이는 임금의 잘못이라는 말이다.《장자(莊子)》〈대종사(大宗師)〉에 "지금 훌륭한 대장장이가 쇠를 녹여 틀에 부어 기물을 만들려 할 때 쇠붙이가 뛰어나오면서 '나는 반드시 막야가 될 것이다.' 하였다.〔今大冶鑄金, 金踊躍曰, 我且必爲鏌鋣.〕"라는 내용이 있다.

한스럽게도 마음 알아주는 이 드물었네　所恨賞音寡
아아 북문의 옥에　嗚呼北門獄
온 세상 사람이 입 다물고자 했으니[117]　天地欲喑啞
영원한 효자의 혼　千年孝子魂
저승에서도 피가 푸르리라[118]　血碧重泉下
세상이 밝아져　世運屬休明
신원의 은혜가 망자에게도 미치니[119]　雪冤及逝者
내가 당시 강석에 참여해　我時列講席
두 줄기 눈물을 한바탕 쏟았었지　雙淚爲一灑
지금도 그 죽음 애통하니　到今感存沒
가을빛이 솔과 개오동에 차갑구나[120]　秋色冷松檟
그 아우는 뛰어난 재주 겸비해　令弟兼絶藝

117 북문(北門)의……했으니 : 조척의 아버지 조수륜의 억울한 죽음에 대해 세상 사람들이 말하기를 꺼려했다는 말이다. 조수륜은 1612년(광해군4)에 신율(申慄)이 황혁(黃赫)과의 구원(仇怨)으로 일으킨 역옥(逆獄)에 연루되어 옥중에서 죽었다. 《明齋遺稿 卷40 平澤縣監風玉軒趙公墓碣銘》

118 영원한……푸르리라 : 조척이 저승에서 원한을 잊지 못할 것이라는 말이다. 춘추 시대 주 경왕(周敬王)의 대부(大夫) 장홍(萇弘)이 참소를 입어 자결하였는데, 촉(蜀) 지방 사람들이 그의 충성에 감격하여 그의 피를 잘 간직해 두었더니 3년 뒤에 푸르게 변했다는 고사가 있다. 《莊子 外物》

119 세상이……미치니 : 인조(仁祖)가 즉위한 뒤에 조수륜이 신원된 사실을 말한 것이다. 조수륜은 1623년(인조1)에 좌승지(左承旨)에 추증(追贈)되었다. 《明齋遺稿 卷40 平澤縣監風玉軒趙公墓碣銘》

120 지금도……차갑구나 : 조척의 죽음에 대한 슬픔이 아직도 남아 있는 가운데 가을빛으로 물들어 가는 그의 무덤을 생각한다는 말이다. 송가(松檟)는 무덤가의 나무이다.

지초와 난초 향기 손에 가득한데	芝蘭采滿把
걸미첩만 쓰면서[121]	徒書乞米帖
병든 몸으로 싸늘한 집에 틀어박혔네	疾病閉寒舍
전형을 볼 길 없는데	典刑覿無由
나도 늙어 초야에 묻혀 사네[122]	吾衰廢田野

121 걸미첩(乞米帖)만 쓰면서 : 걸미첩은 쌀을 구걸하는 글이라는 말인데, 조속의 생활 형편이 어려움을 말한 것이다. 당나라 안진경(顔眞卿, 709~785)이 "생계를 꾸리는 데에 졸렬해서 온 집안 식구들이 몇 달 동안 죽을 먹고 지냈는데 지금은 이마저도 떨어졌으니 참으로 걱정이 되어 애가 탈 뿐이다.〔拙於生事, 擧家食粥而已數月, 今又罄乏, 實用憂煎.〕"라는 내용의 편지를 보내 쌀을 구걸한 고사가 있다. 《古今事文類聚後集 卷22 乞米帖》

122 전형(典刑)을……사네 : 조속이 곤궁하게 살아가고 있으므로 그 집안의 전형을 찾아볼 수 없고, 이민구 자신도 늙은 몸으로 초야에서 지낸다는 말이다.

눈이 내린 뒤에 이웃 노인에게 부치다
雪後柬隣翁

눈 내려 온 산이 하얗게 되니	雪下四山白
차분하게 마음까지도 깨끗하다	蕭然淨心境
물에 떨어져 아득히 흘러가고	落水遠茫茫
숲에 내리니 더욱 차갑구나	投林益淒冷
외떨어져 오막살이에 살아가니	曠絶蓬室居
세상일과도 저절로 담쌓았네	自與機事屛
안석에 기대어 멀리 있는 사람 그리느라	隱几延遐想
늙은 얼굴 간절한 기다림에 지치네	衰顔倦引領
처마에 날아와 깃든 참새	飛棲赴簷雀
나처럼 굶주린 채 더욱 고요하네	共我饑逾靜
어찌 한 번 쪼아 먹을 곡식 없으랴만	豈無一啄粒
끝내 그물에 걸릴까 두렵구나	終恐虞羅警
이중이 한 마을에 이웃해 사니	里舍隣二仲
그 맑은 회포 외로이 가물거리네[123]	澄懷抱孤耿
문 닫아 함께 감상할 길 막혔기에	閉戶阻同賞
강호에서 맑은 풍경 부치노라	江湖付淸景

123 이중(二仲)이……가물거리네 : 이 시를 받게 될 이웃 노인이 그립다는 말이다. 이중은 양중(羊仲)과 구중(求仲)을 가리킨다. 전한(前漢)의 장후(蔣詡)가 두릉(杜陵)에 은거하면서 세 개의 오솔길을 만들어 놓고, 오직 양중과 구중 두 사람과 함께 왕래하며 노닐었다는 고사가 전한다.《蒙求 卷上 蔣詡之逕》

참판 허계[124] 만사

許參判 啓 挽詞

세상에서 한 번 색동옷 춤 마쳤는데 人間一罷老萊衣
효하다 죽으면 예에 어긋나는 줄 어찌 알랴[125] 死孝寧知服禮違
금장에서 문득 경월의 빛 거두는구나[126] 金掌忽收卿月彩
황도에 일찍이 사성의 빛 비췄는데[127] 黃圖曾映使星輝

124 허계(許啓) : 1594~? 본관은 양천(陽川), 자는 옥여(沃余), 호는 성암(醒菴)이다. 호조와 병조와 예조의 참판을 역임하였다.

125 세상에서……알랴 : 허계가 지극한 효성으로 부모를 봉양하다가 죽었는데, 효행이 지나쳐 건강을 해친 것은 예(禮)에 맞지 않는다는 말이다. 허계의 생애를 고증할 수 없지만 그의 아버지 허휘(許徽, 1568~1652)가 1652년(효종3)에 운명하였고, 이 시가 같은 해에 지어졌으며, 경련(頸聯)에 부자의(父子依)라고 한 것으로 보아, 허계가 아버지의 상사에 건강을 잃어 운명한 것으로 보인다. 노래의(老萊衣)는 노래자(老萊子)의 옷이라는 말로, 춘추 시대 초(楚)나라의 노래자가 효성으로 어버이를 섬겨 70세의 나이에도 항상 색동옷을 입고 어린아이의 놀이를 하여 부모를 기쁘게 하였다고 한다. 《小學 稽古》

126 금장(金掌)에서……거두는구나 : 허계가 죽었다는 말이다. 금장은 한 무제(漢武帝)가 선약(仙藥)을 만들 때 사용할 이슬을 받는 승로반(承露盤)을 받치는 금으로 만든 선인(仙人)의 손인데, 여기서는 궁궐을 의미한다. 경월(卿月)은 《서경》 〈홍범(洪範)〉의 "임금은 해를 살피고, 경사는 달을 살피고, 낮은 관리들은 날을 살펴야 한다.〔王省惟歲, 卿士惟月, 師尹惟日.〕"라는 말에서 유래하여, 재상을 비롯한 대신을 뜻한다. 허계가 참판을 역임하였기 때문에 이렇게 표현한 것이다.

127 황도(黃圖)에……비췄는데 : 황도는 중국을 가리킨다. 허계가 이경여(李敬輿), 신익성(申翊聖), 이명한(李明漢), 신익전(申翊全)과 함께 심양에 끌려간 일이 있는데, 그 일을 가리키는 것으로 보이지만 자세하지 않다. 《仁祖實錄 21年 2月 11日》

풍운처럼 맞았던 군신의 만남 적막해졌지만	風雲寂莫君臣契
저승에서 쓸쓸하게 부자가 의지하리[128]	泉壤蕭條父子依
해 지난 뒤에 만사 거듭 짓건만	哀挽重題經歲後
옛 벗의 쇠한 눈물 그칠 줄 모르네	故交衰淚不勝揮

128 풍운(風雲)처럼……의지하리 : 임금의 신임을 받던 허계가 죽어서 군신의 관계는 끝났지만 저승에서 아버지를 만나 부자가 서로 의지하게 될 것이라는 말이다. 부자가 비슷한 시기에 죽었기 때문에 이렇게 읊은 것이다. 풍운은 《주역》 〈건괘(乾卦) 문언(文言)〉의 "구름은 용을 따르고 바람은 호랑이를 따른다.〔雲從龍, 風從虎.〕"라는 글에서 나온 말로, 뜻이 맞는 임금과 신하가 서로 만남을 의미한다.

고향으로 돌아가는 최 침랑을 전송하다

送崔寢郎還鄕

관문 닫는 동짓날	閉關日南至
쌀쌀한 모래바람 어지러이 부누나[129]	觱發風沙亂
세밑에 나그네는 어디로 가는가	游子暮何之
땅 끝 바닷가라네	地窮滄海畔
머문 사람 이별 아파하며	居人惜將別
손잡고 거듭 탄식하네	握手屢吟歎
세상에는 만남과 이별 있지만	世故有離合
늘그막이라 더욱 서글퍼라	臨老益悽惋
게다가 강가 집에서	況伊江上宅
붉은 얼굴로 그윽한 휘장 원망함에랴	紅顏怨幽幔
그대가 눈서리 내린 뒤에 떠나가니	君行後霜雪
나그네 기러기와 짝하려는 것이지	欲趁賓鴻伴
서호가 마침 눈에 들어오니	西湖正在眼
날마다 봄 얼음 풀리기만 바라노라	日望春氷泮

129 관문(關門)……부누나 : 동짓날에 거친 모래바람이 차갑게 휘몰아치는 것을 읊은 것이다. 폐관(閉關)은 관문을 막는다는 뜻으로, 《주역》 〈복괘(復卦) 상(象)〉에 "우레가 땅 속에 있음이 복이니, 선왕이 이를 보고 동짓날에 관문을 닫아 상인과 여행자가 다니지 못하게 하며, 임금은 사방을 시찰하지 않는다.〔雷在地中復, 先王以, 至日閉關, 商旅不行, 后不省方.〕"라고 한 데서 유래하여 동짓날을 의미한다. 필발(觱發)은 《시경》 〈칠월(七月)〉의 "정월에는 바람이 쌀쌀하다.〔一之日觱發〕"라고 한 데서 유래하였는데, 주(周)나라는 자월(子月)인 동짓달을 정월로 삼았다.

정생의 집에서 매화를 보다

鄭生家看梅

오래된 집 남쪽 처마 가까이에	古屋南檐近
봄날 앞서 누각 아래 매화[130] 피었네	先春閣下梅
뉘 알랴 옛적 노닐던 곳에	誰知舊遊地
그윽한 향기 때문에 온 것이 아닌 줄을	不爲暗香來

2

초목 우거진 동산 숲 고색창연하니	草木園林古
풍상 속에 세월 빨리 흘렀구나	風霜歲月催
슬프다 노래하고 춤추던 곳에서	悽然歌舞處
맑은 눈물 술잔에 떨어진다	淸淚落含杯

130 누각 아래 매화(梅花) : 각하매(閣下梅)는 동각 아래의 매화라는 말이다. 남조 양(南朝梁)의 하손(何遜)이 양주(揚州)에 머물면서 매화 한 그루를 사랑하였는데, 뒤에 이를 못 잊어 다시 양주를 자청해서 부임한 뒤 종일토록 나무 밑을 서성이며 시를 읊었던 고사가 있다.《梁書 卷49 何遜列傳》

앙상한 나무

寒木

앙상하고 쓸쓸한 나무숲에 조각달 숨었고	寒木蕭森缺月沈
삭풍 속에 기러기는 성 북쪽으로 날아가네	朔風吹雁度城陰
푸른 등불과 물시계 소리에 집집마다 꿈꾸는데	靑燈刻漏家家夢
눈 덮인 집 추운 날에 밤마다 괴로운 심사로다	白屋氷霜夜夜心
풍연의 명성에 따르고 다다르니	馮衍身名從見抵
굴평의 사부도 거닐며 읊으련다[131]	屈平詞賦付行吟
오직 남은 술로 근심 달래는 데 익숙하여	唯餘麴蘖忘憂慣
늘그막에 곤궁한 시름 그리 깊지 않아라	不受窮愁到老深

131 풍연(馮衍)의……읊으련다 : 풍연처럼 강직하게 살면서 굴원(屈原)처럼 글을 통해 마음을 달랜다는 말이다. 풍연은 한(漢)나라 사람으로 자가 경통(敬通)이다. 왕망(王莽) 밑에서 벼슬하다가 그만두고 뒤에 광무제를 섬겼는데, 광무제가 외척을 처벌할 때 그 역시 죄를 얻었다가 풀려난 뒤로는 평생 두문불출하였다.《後漢書 卷58 馮衍列傳》 굴평(屈平)은 초(楚)나라 사람으로, 자는 원(原)이다. 조정에서 방축(放逐)된 뒤 상수(湘水) 가에서 사부(辭賦)를 지으며 지내다가 투신하였다.

눈이 내린 뒤에 중소[132]와 중우[133]와 회이[134] 세 군자가 떠오르다

雪後懷仲素仲又晦而三君子

천지는 기의 기틀에 붙어 있어서	天地寓氣機
사람들 머물러 있는 일 드물지	人生寡淹跡
운수 따라 한 번 지나가니	一往涉徂運
문득 먼 길 가는 나그네 같네	忽如遠行客
달리는 마차 우연 바라보니	驅車望虞淵
수레 멈춰야지 다시 어디로 가랴[135]	息駕復安適
하물며 나는 여위고 병든 몸이니	況我羸病姿
남은 날을 감히 아까워할까	餘日敢自惜
한스러운 것은 친한 벗들이	所恨金石友
생사 갈려 저마다 적막해졌구나	存沒各寂莫

132 중소(仲素) : 윤이지(尹履之, 1579~1668)로, 본관은 해평(海平), 자는 중소이다. 윤방(尹昉)의 아들이며, 윤신지(尹新之, 1582~1657)의 형이다. 《丈巖集 卷19 判敦寧府事海恩君尹公諡狀》

133 중우(仲又) : 윤신지로, 본관은 해평, 자는 중우, 시호는 문목(文穆)이다. 《畏齋集 卷10 海嵩尉尹公諡狀》

134 회이(晦而) : 김광욱(金光煜, 1580~1656)으로, 본관은 안동(安東), 자는 회이, 호는 죽소(竹所)이다. 《退憂堂集 卷10 左參贊金公墓誌銘》

135 달리는……가랴 : 인생이 늘그막에 이르러 다시 무엇을 하기가 어렵다는 말이다. 우연(虞淵)은 전설상의 해가 지는 곳이다. 《회남자(淮南子)》〈천문훈(天文訓)〉에 "해가 우연에 이르는 것을 황혼이라고 한다.〔日至于虞淵, 是謂黃昏.〕"라고 하였다.

죽은 이는 저승의 먼지 되었고	沒爲窮壤塵
산 이도 다 백발일세	存者盡垂白
찾아다니다 근력 다하여	參尋敝筋力
늘그막에 괴롭게도 외떨어져 지내네	衰晩苦離索
만나기를 바라는 마음 어찌 없으랴	豈無良覿願
마주하고 지난날 회포 풀고 싶지만	相對展宿昔
두꺼운 얼음으로 시내 다리 막혔고	層氷阻河梁
눈 내린 데다 바람마저 거세구나	雪下風轉作
시름 속에 저물녘 맞이하니	憂端乘暮景
답답한 마음이 밤새도록 이어지네	鬱紆終永夕

동지사 민응회[136] 만사

閔同知應恢挽詞

나는 이제 예순다섯 늙은이라	吾今六十五年衰
친한 이들 하나도 남지 않았네	親懿曾無一介遺
망자 애도하는 눈물에 눈시울 시리고	眼冷窮泉餘涕淚
늘그막에 갈수록 외로워지니 마음 아프구나	神傷暮景轉孤危
내 그림자만 위로할 뿐 누구와 짝할까[137]	秖堪弔影誰相伴
그대 애처로워할 틈도 없이 스스로 서글프오	未暇憐君實自悲
젊은 날 즐겁게 지냈던 그대 저승으로 보내니	少小歡娛付冥莫
이 몸은 어디에서 우정 나눌까	此生何處展交期

136 민응회(閔應恢) : 1582~1653. 본관은 여흥(驪興), 자는 이정(而精), 호는 환성(喚醒)이다.

137 내……짝할까 : 민응회가 죽어 의지할 사람이 없으므로 외롭다는 말이다. 남조 양(南朝梁)의 강엄(江淹)이 지은 〈한부(恨賦)〉에 "이릉 장군이 흉노에 항복해서는 명예는 수치스럽고 자신은 원통하게 되었네. 칼을 뽑아 기둥을 쳐본들 자신의 그림자만 위로하며 부끄러운 마음뿐이네.〔至如李君降北, 名辱身冤. 拔劍擊柱, 弔影慚魂.〕" 라고 하였다. 《文選 卷16》

봄에 금원을 돌다

春回禁苑

빙 두른 상원[138]의 담 궁궐과 이어졌는데	上苑周墉接紫宸
봄날 맑은 경치가 점점 좋구나	芳年淑景漸宜人
처마에 부는 바람에 비로소 매화 싹트고	簷風始轉梅英嫩
언덕에 눈 녹아 풀들 생기 도네	岸雪初融草氣新
샘물은 용구[139]로 졸졸 흘러가고	泉脈細通龍廏水
구름은 먼지 낀 궁성에 낮게 드리웠네	雲陰低壓鳳城塵
만물이 소생하는 뜻을 알려면	欲知品物昭蘇意
마음[140]을 환기시켜 다시 봄이 되게 해야지	須喚靈臺更作春

138 상원(上苑) : 상림원(上林園) 또는 금림(禁林)이라고도 한다. 한 무제(漢武帝) 때 천자의 봄·가을 사냥놀이를 제공하기 위하여 각종 새와 짐승을 기르는 숲이라는 의미에서 임금의 동산을 가리킨다.

139 용구(龍廏) : 조선 시대 연산군(燕山君)이 재위할 당시 창덕궁 금호문(金虎門) 밖에 설치한 마구간이다.

140 마음 : 영대(靈臺)는 마음을 가리킨다. 《장자(莊子)》 〈경상초(庚桑楚)〉에 "영대 속에 들어오게 해서는 안 된다.〔不可內於靈臺〕"라고 하였는데, 곽상(郭象)이 주(註)에서 "영대는 마음이다.〔靈臺者, 心也.〕"라고 풀이하였다.

섣달 그믐밤

除夜

젊어서는 섣달 그믐밤마다	少小逢除夕
즐거워하며 긴긴 밤 지샜는데	歡娛徹夜長
이미 늙어 게으르고 졸렬하니	已衰仍懶拙
이날이 갈수록 처량하구나	玆日轉悽涼
떨어지는 등잔 불꽃에 눈이 희미하고	目眩燈花隕
바삐 가는 시간에 마음 어수선하네	心搖刻漏忙
새벽닭이 나의 늙음을 재촉하지만	晨鷄催我老
감히 더는 슬퍼하지 않노라	不敢更悲傷

동주집

시집 제19권

詩 시

갑오년(1654, 효종5) 설날에 윤중소[1]에게 답하다
甲午元日 酬尹仲素

그대는 신의를 중히 여겨	君子重然信
궁한 늙은이 더욱 기운 떨치네	窮老氣益振
고상한 회포는 금옥을 지닌 듯하고	高懷抱金玉
타고난 성품은 갈아도 갈리지 않네[2]	受性磨不磷
마음 써서 사귐을 허락해 주셨으니	用心許與際
오래된 검은 쓸수록 새로워지지	古劍斸逾新
지어 보내 준 오언시	聯翩五字詠
나를 위로해 고된 근심 씻어 주네	慰我洗愁辛
깊은 마음으로 격려해 주니	深衷見推激

1 윤중소(尹仲素) : 윤이지(尹履之, 1579~1668)로, 본관은 해평(海平), 자는 중소, 호는 추봉(秋峯), 시호는 정효(靖孝)이다. 《松谷集 卷10 海恩君尹公神道碑銘 幷序》

2 타고난……않네 : 윤이지의 성품이 고결하여 주위 환경에 영향을 받지 않는다는 말이다. 《논어》 〈양화(陽貨)〉에 "단단하다 하지 않겠는가? 갈아도 얇아지지 않는다. 희다 하지 않겠는가? 물들여도 검어지지 않는다.〔不曰堅乎, 磨而不磷. 不曰白乎, 涅而不緇.〕"라고 하였다.

내 속내를 진솔하게 드러내오	肝膽露眞淳
처량하구나 〈벌목〉[3]의 뜻이여	悽悽伐木義
돌봐 주는 관심 남들보다 두터워라	末眷邁常倫
세 번 탄식하고 늙은이 눈물 흘리다가	三歎洒衰淚
문득 찬 골짜기에 봄이 찾아온 듯	忽驚寒谷春
젊어서나 늙어서나	初年及暮齒
온갖 생각 좋은 날에 모이는데[4]	萬感集良辰
비틀대는 걸음걸이 모두 건강하지 못하니	蹉跎各無健
무슨 수로 만날 수 있으랴만	會合當何因
편지에 진심 담겼으니	緘封積素襟
띠에 쓰듯 마음에 새기리	銘佩比書紳
화창한 볕에 온 얼음 풀려	陽和群凍釋
한강에 뱃길 열리고	江漢始通津
매화 한 가지 활짝 피거든	梅花一枝暖
다정한 마음 부쳐 주오[5]	願寄情相親

3 벌목(伐木) : 《시경》의 편명으로 사람이라면 누구나 벗이 있어 친목한다는 뜻을 노래하였다.

4 젊어서나……모이는데 : 좋은 날 만나서 회포 나누기를 바란다는 말이다.

5 매화……주오 : 봄이 되면 소식 전해 주기를 바란다는 말이다. 후위(後魏)의 육개(陸凱)가 강동(江東)의 매화 한 가지를 장안(長安)에 있는 친구 범엽(范曄)에게 보내면서 "매화 가지 꺾다가 역마 탄 사자 만나, 농산에 있는 벗에게 부치노라. 강남에 가진 것이 없기에, 가지 하나에 달린 봄을 보내네.〔折梅逢驛使, 寄與隴頭人. 江南無所有, 聊贈一枝春.〕"라는 시를 지었다. 《太平御覽 卷19 時序部》

태세일[6]

大歲日

달이 밝아지고 날도 강일이니[7]	上月生明日又剛
강호에 얼음 풀려 강물 아득히 흘러간다	江湖凍釋水茫茫
음산한 구름 보내려 양의 기운 일찍 찾아오고	陰雲欲送陽和早
봄날 물시계 더해져 낮이 길어지네	春漏仍添晝刻長
날 따뜻해져 깊은 샘에서 벌레들 기지개 켜고	氣暖幽泉蟲始振
서리 옅어져 북쪽 변방에 기러기 날기 시작하네	霜輕紫塞雁初翔
시인은 홀로 매화 짝하여 야위었으니	騷人獨伴梅花瘦
흐르는 먼지 속에 그윽한 향기 온 방에 가득하네	一室流塵閉暗香

6 태세일(大歲日) : 태세(太歲)는 그 해의 간지(干支)를 말하는데, 이민구가 이 시를 쓴 1654년(효종5)은 갑오년이고, 이 시를 쓴 1월 3일의 일진도 갑오이므로 여기서는 1월 3일을 의미한다.

7 달이……강일(剛日)이니 : 생명(生明)은 재생명(哉生明)의 줄임말로, 초사흘을 말한다. 이때에 달빛이 생기기 시작하므로 재생명이라 한다. 《서경》〈무성(武成)〉에 "4월 재생명〔厥四月哉生明〕"이라 하고, 그 주에 "재는 비로소이다. 비로소 밝음이 나타나니 월 3일이다.〔哉, 始也, 始生明, 月三日也.〕"라고 하였다. 3일은 홀수이기에 강일이라 한다.

홀로 누워
獨臥

긴긴 밤 정적 속에 찬 조수 소리 들리고	遙夜寒潮靜有聲
창에는 새벽 달빛 아른거리는데	半窓殘月翳還明
쓸쓸히 푸른 등불 아래 누웠노라니	蕭然獨臥靑燈畔
눈 덮이고 얼음 맺힌 집에서 뼛속까지 맑구나	雪屋氷簷徹骨淸

씀바귀를 먹다
茹苦菜

채고[8] 읽은 뒤로	自讀采苦篇
씀바귀가 쓴 게 아님을 참으로 알았네	眞知苦非苦
하물며 지금 빈천하게 사는 몸으로	況今處貧賤
숙수의 생활[9]을 어찌 힘들다 할까	菽水安終窶
김치를 먹거나 고기를 먹는 것이	鹽虀與芻豢
제각각 만난 운수 있다네	所遇各有數
하지만 타고난 성품 저마다 달라서	雖然受性異
씀바귀가 더 맛있다고 여긴다네	喫苦乃爲愈
봄기운이 뿌리와 줄기까지 뻗어	春氣達根莖
씀바귀가 묵은 풀 속에 섞여 자라네	荼蓼雜宿莽
자줏빛과 푸른빛이 더부룩 뒤덮이고	紫翠相蒙冪
부드러운 싹이 이슬비 맞아	柔芳帶煙雨
굵은 것은 새끼손가락만 하고	或肥擢素指
가는 것은 푸른 실오라기만 하네	或細亂青縷
들판 어디서나 캘 수 있으니	採掇田野間

8 채고(采苦) : 《시경》〈채령(采苓)〉을 가리킨다. 그 시에 "씀바귀 뜯기를 수산 남쪽 밑에서 하려는가. 사람들이 하는 말을 진실로 인정하지 말지어다.〔采苦采苦, 首陽之下. 人之爲言, 苟亦無與.〕"라고 하였다.

9 숙수(菽水)의 생활 : 숙수는 콩죽을 먹고 물을 마신다는 철숙음수(啜菽飮水)의 준말로, 청고(淸苦)한 생활을 말한다. 《禮記 檀弓下》

반드시 밭에서 취할 필요 없지	不必取園圃
광주리 가득 캐서 저녁 반찬 삼아	盈筐配晩飯
맘껏 배불리 먹네	滿意充腸肚
새로운 향기 입맛에 맞으니	新香苟悅口
좋고 나쁨이 어찌 늘 같겠는가	美惡豈常主
실컷 먹고 배 두드리니	旣飽捫其腹
풍성한 반찬도 썩은 냄새 나는 듯	豐膳覺臭腐
가난하고 늙은 몸으로 연명할 뿐	窮衰延一命
세상에 조금도 도움 되지 못하네	於世百無補
누렇게 뜬 낯빛[10] 미천한 내 분수에 어울리니	菜色適微分
무슨 마음으로 그물을 손질하겠는가	何心理網罟

10 누렇게 뜬 낯빛 : 채색(菜色)은 굶주린 사람의 얼굴에 누르스름한 빛깔을 띤 것을 말한다.

들길을 가며

行野

봄옷 입고 어울려 들판 건나니	春服相隨涉野田
기수에서 목욕하는 청명절 벌써 다가왔네[11]	淸明已近浴沂天
새로 돋은 부들이 물가에 띠처럼 둘러 있고	新蒲繞渚纔縈帶
실버들은 개천에서 반쯤 솜을 토해 내네	弱柳緣渠半吐綿
골짝에 얼음 서리 가득했던 게 어제 같은데	幽壑氷霜猶昨日
들판에 비와 이슬 내려 다시 새해일세	平蕪雨露又新年
늙고 게으른 내게 잦은 유람 어찌 마땅하랴만	那宜老懶頻游覽
아이처럼 자유분방하게 거닐어 보노라	且任兒童一放顚

11 봄옷……다가왔네 : 절기가 청명(淸明)에 가깝다는 말이다. 자신의 뜻을 말하라는 공자(孔子)의 명에, 제자 증점(曾點)이 "늦은 봄날 봄옷이 이루어지거든 어른 대여섯 사람, 동자 예닐곱 사람과 함께 기수에서 목욕하고 무우에서 바람 쐬고 시 읊으면서 돌아오겠습니다.〔莫春者, 春服旣成, 冠者五六人, 童子六七人, 浴乎沂, 風乎舞雩, 詠而歸.〕"라고 대답한 말을 원용하였다.《論語 先進》

청풍 군수 김진표[12]를 전송하다

送金淸風

넘실넘실 길게 뻗은 한강수	滔滔漢流永
오대산에서 근원 시작되지	濫觴自五臺
서쪽으로 달려 청풍 고을 감싸고	西奔抱淸邑
남쪽으로 돌아 높은 산굽이 따라 흐른다	南滙緣崇隈
높은 누각이 차고 맑은 강가에 솟았으니	危樓聳寒碧
화려한 건물이 높은 산 위에 있지[13]	華構上崔嵬
이러므로 고을 수령[14]을	所以絃歌宰
반드시 신선의 재주 있는 사람에게 맡기지	必屬神仙才
그대 행차 두 개의 인끈 차고 가니	君行佩兩組

12 김진표(金震標) : 1614~1671. 본관은 순천(順天), 자는 건중(建中), 호는 오애(浯涯)이다. 증 영의정 김여물(金汝岉)의 증손으로, 할아버지는 영의정 김류(金瑬)이고 아버지는 한성부 판윤 김경징(金慶徵)이다. 김경징은 1636년(인조14) 병자호란 때 강도 검찰사(江都檢察使)로서 방어 실패의 책임으로 사형당하고, 어머니와 할머니 유씨는 정절을 위해 자결하는 비운을 겪었다. 1653년(효종4)에 공조 좌랑(工曹佐郞)에 임명되었고, 그해 별시 문과에 장원으로 급제하였으며, 1654년 청풍 군수(淸風郡守)로 부임하였다. 《芝村集 卷22 參議贈參判順寧君金公墓誌銘》

13 높은……있지 : 충북 제천시 청풍면 청풍호에 있는 한벽루(寒碧樓)를 읊은 것이다.

14 고을 수령 : 현가(絃歌)는 금슬(琴瑟)을 연주하며 노래하는 것으로, 예악(禮樂)으로 교화함을 뜻한다. 공자의 제자 자유(子遊)가 무성(武城) 고을의 읍재(邑宰)로 있으면서 현가로 백성을 교화하는 데 힘썼다. 《論語 陽貨》

세덕이 정승의 반열에 우뚝했지	世德冠三台
아직도 종정에 새겨진 업적 볼 수 있으니	尙看鍾鼎業
높디높아 북두성과 이웃하였네[15]	峨峨隣斗魁
어찌 들었으랴 악와의 종자가	豈聞渥洼種
변변찮게 먼지 속 달린다는 말을[16]	碌碌走塵埃
과거에 응시하여 합격하고	射策比崑桂
고을살이 봉래를 얻었네[17]	爲郡得蓬萊
바야흐로 집안의 중흥을 기약하는데	方期門戶重
어찌 가문의 명성을 무너지게 할까	肯使家聲隤
묵은 줄기로 구름과 비 밀어내게	古幹排雲雨
신령한 뿌리는 중간에 꺾이지 않는다네[18]	靈根中不摧

15 아직도……이웃하였네 : 종정(鍾鼎)은 종과 솥으로, 나라에 공로가 있는 사람은 그 공적을 종과 솥에 새겼다. 여기서는 인조반정에 참여한 김진표의 조부 김류의 공로를 말한 것이다.

16 어찌……말을 : 선조가 훌륭하면 그 후손도 훌륭하게 된다는 말이다. 악와(渥洼)는 감숙성(甘肅省)에 있는 하천 이름인데, 한 무제(漢武帝) 때에 악와에서 신마(神馬)가 나왔다고 한다. 여기서는 김진표가 김류의 손자이므로 그를 악와에서 나온 좋은 말에 비유하여 읊은 것이다.

17 과거에……얻었네 : 김진표가 과거에 합격하여 청풍 군수로 부임한다는 말이다. 사책(射策)은 책문(策問)을 쏜다는 말로, 과거에 응시함을 의미한다. 곤계(崑桂)는 과거에 합격함을 의미한다. 진 무제(晉武帝) 때 극선(郤詵)이 현량 대책(賢良對策)에서 장원하였는데, 소감을 묻는 무제의 질문에 "계수나무 숲의 가지 하나요, 곤륜산의 옥돌 한 조각입니다.〔桂林之一枝, 崑山之片玉.〕"라고 답변한 고사가 전한다. 《晉書 卷52 郤詵列傳》 봉래(蓬萊)는 삼신산의 하나인데 여기서는 청풍군을 비유한 말이다.

18 묵은……않는다네 : 가문에 드리운 비운을 제거하고 가문의 명성을 되살리라는 당부이다. 김진표의 선친 김경징이 강도(江都)의 일로 사형되었기에 그 일을 운우(雲

높은 봉우리는 지축을 누르고　　穹岑鎭坤軸
커다란 주춧돌은 끝내 무너뜨리기 어렵지　　峻址終難頹
노력하면 공은 쉽게 세울 수 있는 법　　樹立易爲力
공훈과 명예는 우연일 뿐　　勳名乃倘來
조용한 곳이라 다스리기 편하니　　境幽理自愜
이은하기에 참 좋은 곳이네[19]　　吏隱實悠哉
나는 늙고 눈물도 많아　　我衰多涕淚
온갖 생각에 배회하노라　　萬慮莽徘徊
탄식하며 전대의 공업 생각해 보니　　歎息感前烈
흥폐가 진실로 열려 있네　　廢興固有開
청컨대 이 강물을 보게나　　請視此江水
천 리를 구불구불 흘러가네　　千里一盤回
발원지가 먼 줄 아노니　　賴知發源遠
콸콸 바람과 우레 소리 머금었네　　噴薄含風雷
봄 물결 타고 가고 가서　　去去駕春浪
그 물결 끝까지 거슬러 오르게나　　因之窮泝洄

雨)에 비유하여 읊은 것이다.

19 조용한……곳이네 : 청풍이 한적한 곳이므로 군수로서 다스리기에 좋은 곳이라는 말이다. 이은(吏隱)은 이록(利祿)에 마음을 두지 않아서, 벼슬살이를 하면서도 은자(隱者)처럼 사는 것을 말한다. 이둔(吏遯)이라고도 한다. 여기서는 김진표가 군수로 나가는 것을 이은에 비유한 것이다.

영흥 부사 엄황[20] 만사

嚴永興挽詞

문관과 무관으로 각자 길은 다르지만　含毫投筆各殊途
멀지 않은 화려한 집안임은 스스로 같았네　無遠華宗自出俱
동해서 음악과 술로 만났다 헤어진 일 생각나고[21]　東海琴尊驚會散
북문에서 군무에 종사하였으니 지나간 세월이네　北門符檄感年徂
슬픔과 기쁨 겪으며 인생 지나가는데　悲歡閱眼行應盡
삶과 죽음이 마음에 걸려 늙을수록 더 외롭구나　存沒關心老轉孤
서쪽 바라보니 상여와 명정 강을 건너는 날　西望輀旌過江日
늙고 병든 이 몸 슬피 운다오　白頭癃疾但嗚呼

20 엄황(嚴愰) : 1580~1653. 본관은 영월(寧越), 자는 명보(明甫)이다. 1627년(인조5) 정묘호란이 일어나자 의주 부윤으로서 병사들을 정비하여 끝까지 국경을 사수하였으며, 그 공으로 가선대부(嘉善大夫)에 승품되었다. 1652년(효종3)에 영흥 부사(永興府使)에 부임하였다가 1653년 임지에서 사망하였다. 《東州集 文集 卷10 水軍節度使嚴公墓碣銘 幷序》

21 동해(東海)서……생각나고 : 엄황은 경상 좌수사를 역임하였는데, 《동주집(東州集)》 시집(詩集) 권1의 〈수군절도사의 사냥 노래〔水軍節度校獵行〕〉는 이민구가 선위사(宣慰使)로 동래에 갔을 때, 엄황과 사냥을 나가서 지은 시이다. 여기서는 당시의 일을 회상한 것이다.

정랑 이찬[22] 만사

李正郎 燦 挽詞

영남에서 한양으로 흉보가 날아오니	嶺外傳凶報漢陽
아득히 먼 곳으로 애사를 부치네	哀詞寄遠杳茫茫
진창길의 늙은 몸 남은 인생 짧지만	泥塗甲子前期短
저승에서 혼령 훗날 만날 날은 길겠지[23]	泉路精神後會長
보낸 글에 아직도 다른 날의 눈물 남았는데	靑簡尙留他日淚
거문고와 함께 늙은이의 애간장 끊어지네	朱絃兼斷暮年腸
남쪽 고을에 생추 올리지 못하지만	生芻永阻南州奠
유명 달리해도 그 풍의 잊지 못하리[24]	風誼幽明耿不忘

22 이찬(李燦) : 1575~1654. 본관은 여주(驪州), 자는 중명(仲明)이다. 《승정원일기》 인조 23년 4월 25일 기사에 이찬을 공조 정랑(工曹正郎)에 임명한다는 기록이 있다.

23 진창길의……길겠지 : 이민구의 여생이 얼마 남지 않았으므로 본인도 죽으면 저승에서 이찬과 만나 오랫동안 함께할 것이라는 말이다. 니도갑자(泥途甲子)는 평생토록 험한 일만 하며 대우를 받지 못한 채 늙은 사람을 뜻한다. 춘추 시대 진(晉)나라 강현(絳縣) 출신의 73세 된 노인이 성을 쌓는 공사에 동원되자 조맹(趙孟)이 불쌍하게 여기면서 사죄했던 고사에서 유래하였다. 《春秋左氏傳 襄公30年》

24 남쪽……못하리 : 이민구가 직접 조문 가지는 못하지만 이찬의 풍의(風誼)를 잊지 않겠다는 말이다. 생추(生芻)는 말리지 않은 풀이라는 뜻으로 조문을 의미한다. 후한(後漢)의 서치(徐穉)는 남주의 고사(高士)라 일컬어졌는데, 매우 가난하여 곽임종(郭林宗)의 어머니 상(喪)을 조문할 때 풀 한 다발을 집 앞에 두고 상주(喪主)를 보지 않은 채 돌아갔다고 한다. 《後漢書 卷83 徐穉列傳》

석성 현감 이돈림[25]이 신씨의 정자에서 우거하였는데 절경을 독차지했다고 자랑하였다

李石城敦臨僑寓申氏亭 詑以專勝

누가 백리재[26]인 그대에게 허락하였나	誰許吾賢百里才
북쪽으로 돌아와 아름다운 정자 빌렸네	北歸新借好亭臺
공명은 천명이 있어 그대로 따라가는데	功名有命從推去
무정한 풍월은 또 제맘대로 오누나	風月無情且倘來
두 섬이 잠시 나뉘었다가 푸른 풀로 합쳐지고	雙島乍分青草合
세 강이 백사장을 빙 두르고 있네[27]	三江盡繞白沙廻
많이 가짐을 싫어하는 조물주 막아야 하니	須防造物嫌多取
강산과 더불어 몇 백 잔을 수작할까	酬與湖山幾百杯

25 이돈림(李惇臨) : 1609~? 본관은 연안(延安), 자는 여길(汝吉)이다. 《승정원일기》 효종 2년 7월 21일 기사에 이돈림을 석성 현감(石城縣監)에 제수한다는 기록이 있다.

26 백리재(百里才) : 한 현(縣)의 땅을 다스릴 만한 재질의 소유자라는 말이다. 한 현이 관할하는 땅이 백 리 정도이므로 백 리는 현을 이르는 말로 쓰였다. 이돈림이 석성 현감을 역임했기에 이렇게 표현하였다.

27 두 섬이……있네 : 신씨의 정자가 위치한 곳의 풍광을 읊은 것이다. 쌍도(雙島)는 현재의 밤섬을 가리키는 것으로 보이고, 삼강(三江)은 한강을 가리킨다.

한서탄

寒暑歎

추운 겨울에는 긴 밤이 괴롭고	冬寒苦夜長
더운 여름에는 긴 낮이 두렵다	夏熱畏晝永
어찌하여 음산하고 어둡다가	如何涉陰晦
다시 이처럼 뜨겁고 밝아질까	復此襲陽景
하늘의 운행이 왕래를 반복하니	天運有往來
사람들 동정에 시달리네	人生疲動靜
한 번 기의 기틀에 올라타게 되면	一墮乘氣機
무슨 수로 구덩이에서 벗어나랴	奚由脫坑穽
쌓인 얼음이 설산을 덮고	積凍埋雪山
더운 기운이 화정[28]에서 뿜어 나오니	炎氛吹火井
섣달이 되기 전에 따뜻한 봄날 생각하고	未臘想春溫
복날이 오기 전에 시원한 가을 생각하지	先伏思秋冷
알지 못했네 노쇠한 몸	不知衰老姿
어느덧 늘그막에 이른 줄을[29]	忽迫崦嵫境

28 화정(火井) : 촉(蜀) 땅 임공현(臨邛縣) 서남쪽에 있는 우물로, 제갈량(諸葛亮)이 처음 발견했는데 불길이 올라왔다고 한다. 사혜련(謝惠連)이 〈설부(雪賦)〉에서 겨울의 추위를 노래하기를 "화정에는 불길이 꺼지고 온천에는 얼음이 얼었으며, 불담에는 물이 끓어오르지 않고 뜨거운 염풍이 불지 않으니, 북쪽으로 난 방문 틈을 잘 바르고 나양에서는 처음으로 비단옷을 걸친다.〔火井滅, 溫泉冰, 沸潭無涌, 炎風不興, 北戶墐扉, 裸壤垂繒.〕"라고 하였다. 《文選 卷13》

계절 바뀜을 기뻐하지 마라	推遷且勿喜
세월은 실로 잠깐이라네	歲月實俄頃
다행히도 외로운 삶[30] 편안하고	所幸索居便
게다가 속세의 일도 없구나	更値塵事屛
바라건대 같은 처지의 사람에게 부쳐	願寄同病士
나의 외로운 회포 함께했으면	共我孤懷耿

29 알지……줄을 : 세월이 빨리 흘러 벌써 늙었다는 말이다. 엄자(崦嵫)는 태양이 들어가 쉰다는 전설상의 산 이름이다. 만년 또는 노년의 비유로 사용된다.

30 외로운 삶 : 삭거(索居)는 벗들과 떨어져 홀로 지낸다는 이군삭거(離群索居)의 준말이다.

신군[31]이 말하기를 "올해는 파리도 이가 있어서 제가 시달린 지 오래되었습니다."라고 하므로 그 말을 좋아하여 짓다

申君言今年蠅有齒 余毒是久矣 喜其言賦之

올해는 파리도 이가 있어	今年蠅有齒
교묘한 솜씨로 사람의 살갗 문다네	巧能齧人肌
신군이 이렇게 말하니	申君爲斯語
이 말은 참으로 알고 하는 말이로다	斯語乃眞知
음식을 옆에 늘어놓아도	飮食羅在旁
날아 지나갈 뿐 거들떠보지 않고	飛過未肯窺
윙윙거리며 오가다가	營營來又去
내가 곤하게 낮잠 자는 틈을 노리지	乘我午眠疲
우선은 눈썹 사이에 찾아와 앉지만	先尋眉睫間
흐린 눈언저리에 모이는 걸 가장 좋아하지	最喜集昏眵
늙고 게으른데다 정신과 기운도 쇠하여	老倦神氣耗
가벼운 부채도 휘두르지 못하네	輕箑不勝麾
위대하다 이 세상에	偉哉造化內
만물이 각각 자기의 이익을 도모하는구나	萬類各自私
맹수들은 맘대로 물어뜯는다지만	豺虎恣呑噬

31 신군(申君) : 이민구의 사위이며 동양위(東陽尉) 신익성(申翊聖)의 아들 신변(申昪, 1610~1664)으로, 본관은 평산(平山), 자는 중열(仲悅), 호는 춘주산인(春洲散人)이다.《歸溪遺稿 卷下 故秉節校尉翊衛司洗馬申公墓誌銘》

이놈은 또 어찌 이런단 말인가	此物亦奚爲
가을 깊어	所願秋候深
시원한 바람이 뜨거운 해 거두기 바라노니	涼颸捲炎曦
시원하게 장막이 맑아지면	肅肅帷幕淸
벌레들 모두 어디로 가버리겠지	蟲羽蕩何之
어찌 누워 쉬는 것만 편하랴	豈惟偃息便
파리똥으로 더럽혀지지도 않으리라	永絶點汚施
하지만 바뀌는 세월 또 두려우니	復恐歲流換
서글퍼져 마음 슬프게 하네	惻惻令心悲

만아[32]를 염하다
殮萬兒

관의 절반을 네 어린 시절 옷으로 채우니 塡棺半是幼時衣
늙은 나의 슬픈 곡소리 너는 알지 못하리 老我悲號汝不知
승의랑의 자질 허통첩 들고[33] 承議郎資許通帖
장차 지하로 돌아가 무엇을 하려는가 將歸地下欲奚爲

네가 나의 아들이 된 지 16년 동안 밤에는 내 곁에서 잠을 잤고 낮에는 내 앞을 떠나지 않았는데, 홀연 한 번 가서 돌아오지 않으니 꽃다운 자질 보려 해도 볼 수 없구나. 지난날 너는 글씨가 단아하여 가르치지 않아도 능하였다. 시사(詩詞)에 이르러서는 금지해서 못하게 하였지만 때때로 내가 없는 틈을 타서 몽당붓과 종이 쪼가리를 가져다 몰래 짓곤 하였는데, 문득 청경(淸警)하여 흠이 없었다. 네가 죽고 난 뒤에 궤짝을 열어 수십 편의 작품을 발견하였는데 그 가운데 절구 한 수는 다음과 같았다.

집은 삼포 가에 있어도 家在三浦邊
몸은 만 리 밖에 노니노라 身游萬里外
아득히 흰 구름 타니 茫茫乘白雲
인간 세상 꿈인가 하노라 一夢人間世

32 만아(萬兒) : 만규(萬揆)라는 이름을 가진 이민구의 아들로 추측되는데, 자세한 인적 사항은 알 수 없다.

33 승의랑(承議郎)의……들고 : 이만규가 서얼이지만 정6품 문관 벼슬에 나갈 수 있을 만큼 뛰어난 자질을 지녔다는 말이다. 승의랑은 조선 시대 정6품 문관의 품계(品階)이고, 허통첩(許通帖)은 서얼허통첩(庶孼許通帖)의 준말로 서얼에게 벼슬에 나가는 것을 허용하는 증서이다.

또 《초사》 풍의 한 작품은 다음과 같았다.

아득하게 해 지려 하고 日欲落兮茫茫
희미하게 달 떠오르네 月初生兮微微
푸른 구름 하늘 가로 돌아가고 碧雲歸兮天際
둥지 찾아 숲새는 외로이 날아가네 林鳥棲兮孤飛

이런 말을 하는 사람이 어찌 이 세상에 오래 머물겠는가. 지난 경인년(1650, 효종1) 겨울에 무녀가 "이 아이는 천인(天人)이 귀양 와서 태어난 것이니 홀연 갈 것입니다."라고 하였는데, 네가 죽음에 이르러 다른 무당의 말도 또한 이와 같았다. 어찌 이런 일이 있단 말이냐? 죽어서도 지각이 있다면 너와 만나 다시 부자의 연을 이어갈 날도 또한 멀지 않았지만 그 슬픔 어이하랴.

성산의 임좌 등성이에 묻어 주다
葬成山壬岡

초가을 들어 오랜 비 그치고	新秋積雨乾
산언덕으로 돌아가는 너를 보내노라	送爾歸山岡
친척들 어제와 같은데	親戚如昨日
너는 홀로 누런 흙속으로 들어가는구나	獨入黃土藏
이 밝은 세상 저버리고	捨此昭曠宇
저 어두운 고을에 의탁하네	託彼幽昧鄉
술을 천성적으로 즐기지만	酒醴性所好
차마 한 잔도 들지 못하노라	莫肯擧一觴
어쩌면 관속에서	寧從窾木內
내 긴 통곡 소리 들으려는가	聽我哭聲長
마음으로 알아도 말할 수 없으니	心知不得語
어찌 그 마음 아프지 않으랴	豈免神闇傷
희이와 하나 되어[34]	使汝混希夷
바람 타고 사방을 다니면서	駕風歷四方
우주 밖에 노닐 텐데	浮游六漠外
오직 나는 슬픔이 가슴에 맺힌다	唯我結悲腸

34 희이(希夷)와 하나 되어 : 죽어서 우주와 하나가 된다는 말이다. 희이는 우주의 본체를 가리킨다. 《노자(老子)》에 "보아도 보이지 않으니 이라 하고, 들어도 들리지 않으니 희라 한다.〔視之不見, 名曰夷. 聽之不聞, 名曰希.〕"라고 한 데서 유래하였다.

괴로움과 즐거움이 산 자와 죽은 자에게 다르니　苦樂異生死
이 늙은이 혹독하게 재앙 만났구나　老者酷罹殃
꿈에 보아도 분명히 떠오르지 않고　夢見未可明
무당의 말도 상세하지 않네　巫語未可詳
네 안사람 아직 어리고　汝婦尙稚齒
시집올 때의 화장 지워지지도 않았으며　不凋嫁時粧
막 들어선 뱃속의 아이 있으니　藐爾在腹兒
천도는 아득하여 알기 어렵구나　天道莽難量
슬피 통곡할 일 늘그막에도 찾아오니[35]　哀號迫暮境
머리 돌려 지는 해 바라보노라　回首視夕陽
죽는 날까지 가슴에 슬픔 남으리니　畢命抱中慼
천지가 모두 아득하구나　穹壤俱茫茫

35 슬피……찾아오니 : 이민구가 병자호란 당시에 두 아들을 잃었는데 지금 또 늘그막에 아들을 잃어 슬프다는 말이다.

신생 만사
辛生挽詞

인근에 슬픈 일 생기고[36]	惻愴牛鳴地
쓸쓸히 기러기 울면서 나네	凄涼雁叫天
누가 이 백발 늙은이 불쌍히 여길까	有誰憐白髮
황천길 떠나는 그대 보내노라	送子入黃泉
운구하는 배 호수를 나가니	舟楫開湖上
송추의 잎 바닷가에 떨어지네[37]	松楸落海邊
다른 해 동이에 술 가득할 때	他年滿尊酒
국화 앞에서 한스러워하리	流恨菊花前

36 인근에……생기고 : 이웃에서 사람이 죽었다는 말이다. 우명지(牛鳴地)는 소의 울음소리가 들리는 곳이라는 의미로, 가까운 이웃을 가리킨다.

37 운구(運柩)하는……떨어지네 : 신생의 주검이 배에 실려 바닷가 장지로 간다는 말이다. 송추(松楸)는 주로 무덤가에 심는 나무이다.

석호옹[38]의 잔치 자리에서 차운하다
石湖翁席次韻

묵은 잣나무 있는 강가의 집에　古柏臨江宅
국화 사이에서 모자 떨어지는 연회[39] 열렸네　秋花落帽筵
누가 강변 나그네로 하여금　誰令澤畔客
잠시 술 가운데 신선과 짝하게 하였나　暫偶酒中仙
술자리의 치사는 남들의 뒤 따르지만　宴謦從人後
친근한 정이야 내가 제일 앞이지[40]　情親自我先
돌아가야 하는 마음 취흥에 젖어　歸心與醉興
쓸쓸히 저물녘까지 머무노라　蕭瑟夕陽邊

2

내외종간에 우애 좋아야 하니　中表終歸好
빈천함 따지지 않고 불러 주었네　招邀不計貧
애써 와서 연회 즐기니　强來拚宴會

38 석호옹(石湖翁) : 시에 중표(中表)라 하여 이민구와 내외종간임을 가리키는 말이 나오지만, 그가 누구인지는 자세하지 않다.

39 모자 떨어지는 연회 : 취흥이 일어나는 술자리를 가리킨다. 진(晉)나라 맹가(孟嘉)가 환온(桓溫)의 연회에서 바람에 모자가 땅에 떨어졌는데도 몰랐다는 고사가 전한다. 《晉書 卷98 孟嘉列傳》

40 술자리의……앞이지 : 연회에 참석한 사람들 가운데 명망은 이민구 자신이 앞자리를 양보하지만 인척 관계에 있어서는 석호옹과 가장 가깝다는 말이다.

감히 풍진을 피하지 않노라 未敢避風塵
늙어 이도 빠지고 머리도 세었을 뿐 齒髮俱衰境
술자리에 어찌 특이한 사람이랴 盤筵豈異人
돌아가는 길 날은 어두워졌는데 回轅定昏黑
자꾸만 재촉하는 아이의 잔소리 아랑곳 않노라 爛熳任兒嗔

3

들길에서 근심스레 바라보니 野徑延愁望
강가의 사립문 덩그러니 고요하네[41] 江扉靜索居
어찌 장자의 수레가 오랴 寧紆長者轍
벗님들 편지나 보내 주오[42] 秖枉故人書
날 추워지니 얇은 옷 싫고 寒日嫌衣薄
늙어가매 기 허한 줄 아노라 殘年感氣虛
술자리에서 한 번 취하니 登筵思一醉
진정 그대들 덕분일세 正賴及君餘

41 들길에서……고요하네 : 이민구 자신이 살고 있는 집을 묘사하여 자신이 외롭게 지내고 있음을 말한 것이다.

42 어찌……주오 : 자신의 강가 집에 방문해 주지 못해도 편지라도 자주 보내 달라는 말이다. 두보(杜甫)의 〈증비부소낭중십형(贈比部蕭郎中十兄)〉에 "어찌 장자의 수레가 오시리오. 늙어 물러나 건곤에 맡겼네.〔寧紆長者轍, 歸老任乾坤.〕"라고 하였다.

사냥 구경

觀獵

늪지의 꿩 세 번 울음소리[43] 좋은데	澤雉宜三嗅
송골매는 한 번 부르기를 기다리네	胡鷹待一呼
산 채로 낚아채니 피가 뚝뚝 떨어지는데	擧鮮當雨血
날개 곧게 펴고 하늘에서 내려오네	整翮下雲衢
백발백중 뛰어난 매도 있고	百中奇毛在
겹 방울 빠른 발도 함께하네[44]	重鐶疾足俱
솟구치는 산야의 흥취	飛騰山野興
늙어서도 없지 못하네	老去不能無

43 세 번 울음소리 : 삼후(三嗅)는 《논어》〈향당(鄕黨)〉에 보이는 말로 그 풀이가 다양한데, 여기서는 꿩의 울음소리로 풀이하였다.

44 백발백중……함께하네 : 사냥매와 함께 사냥개도 사냥에 참여했다는 말이다. 《시경》〈노령(盧令)〉에 "사냥개가 겹 방울 매달았으니, 그 사람 아름답고 수염도 예쁘구나.〔盧重環, 其人美且鬈.〕"라고 하였다.

정토사에서 목생에게 주다

淨土寺 贈睦生

성 밖에 절은 아담하고	郭外精藍小
마을가 오솔길 가파르네	村邊細徑危
늙은이 좋은 경치 찾아왔는데	老夫投異境
어진 벗들 우연히 함께했네	賢輩偶同時
겁먹은 비둘기 두 나무 의지하고	怖鴿依雙樹
깃든 까마귀 한 가지에 나란히 있네	棲烏竝一枝
밤 깊도록 머무니	相留到深夜
새로 알게 된 그대 더없이 반갑구나	莫樂是新知

눈병이 낫다

眼病新瘥

늙은이 시력 좋지는 않아도	老夫有眼不相饒
밤부터 아침까지 글 보았는데	尋行數墨夜連朝
근래 콩알만 한 뇌지가 끼는 병 앓아[45]	近患腦脂侵豆子
한 조각 뜬구름이 하늘 가린 듯하네	一片浮雲翳赤霄
눈곱 껴서 색깔도 구별 못하니	昏眵不復辨青黃
오색의 만상이 모두 아른아른	五色萬象俱茫茫
밥상의 음식도 뒤죽박죽 보여	床前食物空雜陳
김치 먹으려 하면서 국그릇 더듬었지	意欲啜齏還探湯
기쁘게도 열흘 지나자 아른거림 사라져	始喜經旬祛宿障
천지 사방 둘러보니 환히 밝구나	俛仰乾坤覺昭曠
밝게 점차 경치가 구별되니	圓明漸露光景別
안개 속에 달빛이 단전 위로 솟는 듯하네	霧裏月吐丹田上
이제부턴 음식도 다 뜻대로 먹을 수 있으니	自今飲啗皆稱遂
큰 잔에 술 따르고 두툼한 고기 안주 겸하리라	大斗酌酒兼大胾
오직 지난날 잘못된 습관 경계하며	唯將習氣戒昨非
여섯 창살 갠 창 아래에서 작게 쓰노라	六槅晴窓細作字

이때에 쓰던 수필(隨筆)을 겨우 끝냈다.

45 근래……앓아 : 안질을 앓았다는 말이다. 뇌지(腦脂)는 전통 의학에서 뇌에 있다고 보는 점액질의 물질을 가리킨다.

추운 밤
寒夜

바람 차고 달 밝고 강가 날씨 추운데	風凄月皎大江寒
물결 일렁이는 한강에 밤 풍경 한창 깊어간다	江上虛濤夜景漫
말년의 생활 잠자리에 머물러	末路行藏淹伏枕
늘그막 병든 몸 난간에 기댔어라	衰年疾病倦憑闌
문 앞에 눈 쌓였으니 누가 오랴	門前白雪何人到
갑 속의 거문고를 혼자 타노라	匣裏朱絃獨自彈
그래도 푸르고 푸른 대숲이	尙有靑靑滿林竹
얼음과 서리 속에 날마다 평안을 알리네	氷霜日日報平安

눈이 내리다

雨雪

해 짧은 한겨울에 펄펄 눈 내려	短日窮陰雨雪霏
강가 초가집 사립문 닫아 두네	向江茅舍掩荊扉
주린 까마귀는 들 우물에서 추운 날에도 쪼고	飢烏野井寒猶啄
나그네 기러기는 모래톱에서 얼어 날지 않네	旅雁沙洲凍不飛
공명 이루겠다는 평생의 꿈 이루지 못하고	鑪鼎百年功未就
한 골짝에서 자연 즐기겠다는 계획 어긋났구나	煙霞一壑計長違
그윽한 사람 예부터 빙탄을 묻나니	幽人自古埋氷炭
점집 빈 주렴에서 조용히 기심 잊노라[46]	卜肆空簾靜息機

46 그윽한……잊노라 : 마음에서 일어난 갈등과 번뇌를 가라앉히고 세상일과 물욕(物慾)을 끊은 채 본성을 지키며 살아간다는 말이다. 빙탄(氷炭)은 《장자(莊子)》 〈인간세(人間世)〉에 "기쁨과 두려움 등의 감정이 가슴속에서 싸우는데, 이는 원래 인간의 오장 속에 얼음과 숯이 한데 엉겨 있기 때문이다.〔喜懼戰于胸中, 固已結氷炭于五臟矣.〕"라고 한 데서 유래하여 정신적인 갈등과 번뇌에 시달리는 것을 의미한다. 복사(卜肆)는 점집으로, 여기서는 이민구의 집을 의미한다. 한(漢)나라 때의 은사(隱士) 엄준(嚴遵)이 벼슬을 포기하고 성도(成都)에 은거하면서 점복(占卜)으로 생활하였는데 하루에 100전(錢)만 벌면 문을 닫고 방 안에 들어앉아 《노자(老子)》 강의와 저술에 전념한 고사가 있으므로 인용한 것이다. 《高師傳 卷中 嚴遵》

추운 밤에 술이 깨다

寒夜酒醒

섣달 강바람이 해진 갖옷 파고드니	臘月江風透敝裘
취한 잠자리에 상설의 시린 기운 가득하다	醉眠霜雪滿衾裯
깨어나 - 원문 판독 불가 - 날 추운 줄도 모른 채	醒來不省天寒▨
사발의 언 물을 손으로 깨서 갈증 푸노라	手斲氷甌解渴喉

나주 목사 유석[47]의 시골집에 부치다

寄柳羅州村居

영장(營將)의 날조로 인해 파직되었다.

인생의 성패도 인연 따르는 법	南柯得失亦隨緣
늘그막에 벼슬 쉬니 조용하고 편안하리[48]	投老休官是靜便
도위가 어찌 일찍이 걸어서 부에 들어갔던가	都尉何嘗步入府
그대 파직되어 전원으로 돌아가게 했네[49]	使君端合罷歸田
연기 짙은 고택에 동산 땔감 바짝 마르고	煙深古屋園柴燥
가마솥 가득 새로 지은 쌀밥 맛나겠지	甑溢新炊水稻鮮

47 유석(柳碩) : 1595~1655. 본관은 진주(晉州), 자는 덕보(德甫), 호는 개산(皆山)이다. 《龍洲遺稿 卷19 江原監司皆山柳公神道碑銘 幷序》 1654년에 나주 목사에 임명되었다. 《承政院日記 孝宗 5年 1月 12日》

48 인생의……편안하리 : 만년(晩年)에 벼슬살이를 하지 않고 전원에서 지내는 것이 마음 편할 것이라는 말이다. 남가(南柯)는 남가일몽(南柯一夢)의 줄임말로, 덧없는 인생을 비유한다. 당(唐)나라 때 순우분(淳于棼)이 대낮에 괴목(槐木) 아래에 누워 잠이 들었는데, 꿈속에서 괴안국(槐安國)에 가서 공주에게 장가들어 남가 태수(南柯太守)를 지내는 등 온갖 부귀영화를 누리다가 잠에서 깨어나 보니 꿈속의 괴안국이 바로 나무 밑동의 개미굴이었다는 고사가 있다. 《異聞集 南柯太守傳》

49 도위(都尉)가……했네 : 제목의 소주(小註)를 참고해 볼 때 나주 목사 유석이 영장의 날조로 인해 파직된 사실을 읊은 것인데 정확한 정황은 알 수 없다. 《사기(史記)》 권122 〈혹리열전(酷吏列傳) 영성(寧成)〉에 "처음에 이전의 여러 도위들은 현령이 하는 것처럼 모두 군부로 걸어 들어가 하급 관리의 전달을 통해 태수를 만났으니 질도를 두려워하는 것이 이와 같았다.〔始前數都尉, 皆步入府, 因吏謁守, 如縣令. 其畏郅都如此.〕"라는 말이 있다.

아마도 사는 데 부족할 것 없으리니	料理生涯無不足
어찌 춥고 주린 채 강가에 누운 나와 같으랴	寧同饑凍臥江天

섣달 그믐밤에
除夜

묵은해는 보내지 않아도 가고	舊歲不待餞
새해는 부르지 않아도 오니	新年不待請
오기는 두 바퀴가 구르는 것 같고	來如雙輪轉
가기란 여섯 준마가 달리는 듯	去若六驥騁
짧은 해 잡을 수 없어	難爲短晷淹
긴 밤만 의지하노라	但倚良宵永
거리의 요란한 북소리 막 들었는데	稍聞街鼓繁
벌써 처마 아래 닭 울음소리 들리누나	已聽簷鷄警
부침 속에 세월 재빨리 흐르니	乘除劇奔忙
성공과 실패도 아주 잠깐이지	得失忽俄頃
팽담이 장수했다지만	彭聃稱久壽
음양의 경계는 벗어나지 못했네[50]	未脫陰陽境
하물며 나는 허약한 체질[51]이니	況我蒲柳姿

50 팽담(彭聃)이……못했네 : 비록 장수했다고 일컬어지는 사람도 결국 세월의 흐름 속에 죽을 수밖에 없었다는 말이다. 팽담은 팽조(彭祖)와 노담(老聃)으로, 모두 장수(長壽)한 자들이다. 팽조는 요(堯) 임금 때부터 하(夏)나라를 거쳐 은(殷)나라 말기까지 800년을 살았다고 한다.

51 허약한 체질 : 포류(蒲柳)는 창포와 갯버들의 합칭(合稱)으로, 일찍 늙고 쇠하는 허약한 체질을 비유하는 말이다. 진(晉)나라 고열지(顧悅之)가 간문제(簡文帝)와 동갑이었는데도 이른 나이에 머리카락이 하얗게 세자 황제가 그 이유를 물으니 "신은

어찌 흐르는 세월을 쫓아가랴　　那堪逐流景
서글프게 오경 지나가니　　悄然五更終
희미한 등불만 외로운 그림자 비춘다　　殘燈照孤影

포류와 같은 체질이라서 가을이 가까워지기만 해도 벌써 낙엽이 지고 맙니다.〔蒲柳之姿, 望秋而落.〕"라고 대답한 고사가 전한다.《世說新語 言語》

동주집

시집 제20권

시詩

을미년(1655, 효종6) 설날에 술 마시며 감회를 적다
乙未元日 對酒紀感

친한 벗들 죽어서 술 마시는 신선 되었으니[1]	親朋零落飮中仙
술 마주해도 어찌 반드시 많은 양 비우랴	對酒何必罄十千
백련사의 풍류는 시름의 실마리 밖이고	白社風流愁緖外
황로의 물색은 눈물 자국의 곁이네[2]	黃壚物色淚痕邊

1 친한……되었으니 : 친한 친구들이 죽었다는 말이다. 음중선(飮中仙)은 술을 마시는 신선이라는 말로 두보(杜甫)의 〈음중팔선가(飮中八仙歌)〉에서 유래하였다. 두보는 이 시에서 당(唐)나라 때 술을 즐겨 마시며 풍류를 만끽하여 음중팔선(飮中八仙)이라 불렸던 이백(李白), 하지장(賀知章), 이적지(李適之), 여양왕(汝陽王) 이진(李璡), 최종지(崔宗之), 소진(蘇晉), 장욱(張旭), 초수(焦遂)를 읊은 바 있다. 《杜少陵集 卷2》

2 백련사(白蓮社)의……곁이네 : 친구들 가운데 고인(故人)이 된 이가 많아서 함께 풍류를 즐기거나 술을 마실 사람이 없다는 말이다. 백련사는 동진(東晉)의 혜원 법사(慧遠法師)가 혜영(慧永), 유유민(劉遺民), 뇌차종(雷次宗) 등 18명과 여산(廬山)의 동림사(東林寺)에서 결성한 단체로, 사영운(謝靈運), 도잠(陶潛), 육수정(陸修靜) 등이 참여하였다. 황로(黃壚)는 죽림칠현(竹林七賢)들이 모여서 노닐던 황공주로(黃公酒壚)로, 보통 세상을 떠난 벗을 추억할 때 쓰는 표현이다. 《世說新語 傷逝》

도소주는 남들 뒤에 마시는 게 부끄럽고	屠蘇轉愧隨人後
향당에서 내게 먼저 술 따르니 부끄럽다[3]	鄉黨長慙酌我先
이 모두가 삼양이 늘그막에 머물렀기 때문인데[4]	總爲三陽淹暮景
도리어 한 잔 술로 신년을 축하하네	還將一琖賀新年

3 도소주(屠蘇酒)는……부끄럽다 : 나이가 많아졌다는 말이다. 도소주는 설날에 마시는 약주로, 나이가 어린 사람부터 마시는 풍습이 있었다. 이 술을 마시면 사기(邪氣)와 질병을 물리친다고 한다. 《荊楚歲時記》

4 이……때문인데 : 늘그막에 또 정월 초하루를 맞이했다는 말이다. 삼양(三陽)은 음기(陰氣)가 점차 소멸하고 양기가 두루 펼쳐지는 삼양개태(三陽開泰)의 월정(月正) 원일(元日), 즉 정월 초하루를 의미한다. 11월에 하나의 양효(陽爻)가 처음으로 생겨나서 1월이 되면 세 개의 양효가 하괘(下卦)에 자리하는 태괘(泰卦)를 이루기 때문에 삼양이라고 한다.

관서로 부임하는 심 방백[5]을 전송하다

送關西沈方伯

세월 속에 오래도록 사자의 수레 탔는데	歲月長乘使者車
노신이 명령 받고 또 집 떠나가네[6]	勞薪奔命又辭家
남쪽 고을 연막에서 매화 소식 들었는데[7]	南州蓮幕經梅信
관서의 방백 되어 형님과 함께하네[8]	西土棠陰竝棣華

5 심 방백(沈方伯) : 평안 감사(平安監司) 심택(沈澤, 1591～1656)으로, 본관은 청송(靑松), 자는 시보(施甫), 호는 취죽(翠竹)이다.《龍洲遺稿 卷17 監司沈公碣銘 幷序》《승정원일기》 효종 6년 1월 4일 기사에 평안 감사 심택이 하직했다는 기록이 보인다.

6 노신(勞薪)이……떠나가네 : 심택이 늙은 몸으로 지방관이 되어 떠난다는 말이다. 노신은 고생한 땔감이라는 말로 순욱(荀勖)의 고사에 보이는 바, 여기서는 늙은 심택을 가리키는 말로 사용되었다. 그 글에 "또 일찍이 무제의 곁에 있을 때 밥을 차려냈는데 좌중에 있는 사람들에게 말하기를 '이것은 노신을 때서 지은 것이다.' 하였다. 모두가 믿지 않으므로 무제가 요리사에게 묻게 하니 실제로 오래된 수레의 바퀴를 사용한 것이었다.〔又嘗在帝坐進飯, 謂在坐人曰, 此是勞薪所炊. 咸未之信, 帝遣問膳夫, 乃云實用故車脚.〕"라고 하였다.《晉書 卷39 荀勖列傳》

7 남쪽……들었는데 : 심택이 전라도 관찰사(全羅道觀察使)로 3년간 근무한 사실을 말한 것이다.《龍洲遺稿 卷17 監司沈公碣銘 幷序》 연막(蓮幕)은 막부(幕府)를 뜻한다. 남제(南齊) 때 왕검(王儉)의 막부를 연화지(蓮花池)라고 일컬은 고사에서 비롯된 것이다.《南史 卷49 庾杲之列傳》

8 관서(關西)의……함께하네 : 심택이 평안 감사가 되어 그의 형과 가까운 곳에서 근무하게 되었다는 말이다. 당음(棠陰)은 감당(甘棠) 나무의 그늘이라는 말로 지방관의 선정(善政)을 의미한다. 주 무왕(周武王) 때에 소백(召伯)이 남국(南國)을 순행할 때 감당나무 아래에서 쉬곤 하였으므로, 그 뒤에 사람들이 그 나무를 사랑하였다 한다.《詩經 甘棠》 체화(棣華)는 아가위꽃으로, 형제간의 우애를 비유한다.《시경》〈상체(常

닫아 건 관문 중국에 임하였고 鎖鑰關門臨地紀
황금과 비단 바치는 길 하늘 끝에 이어졌네[9] 金繒道路接天涯
새봄에 이별의 한을 버들가지가 재촉하니[10] 新春別恨催楊柳
변방 가는 방백의 군악 속에 나란히 들어가네 併入元戎出塞笳

棣)〉에 "상체의 꽃이여, 꽃받침이 환하게 빛나는구나. 무릇 지금 사람들은 형제만 한 이가 없느니라.〔常棣之華, 鄂不韡韡. 凡今之人, 莫如兄弟.〕"라고 하였다. 조경(趙絅)의 글에 "형을 아버지 섬기는 것과 같이 하였다. 형이 북쪽에 지방관으로 나가 병을 앓았는데, 공이 삼척으로부터 하루에 이틀 길을 가서 안부를 살피고 약을 달였으니 당시의 애타던 안색을 북쪽 사람들이 지금도 일컫는다.〔事其兄如事其嚴. 兄按北疾病, 公自三陟兼程往候操藥, 焦然之色, 北人尙今稱之.〕"라고 하였으므로, 심택에게는 북쪽 지역에 지방관으로 나간 형이 있었던 것으로 보인다. 《龍洲遺稿 卷17 監司沈公碣銘幷序》

9 닫아……이어졌네 : 평안도가 중국과 이어져서 청나라에 보내는 예물이 평안도를 지나간다는 말이다. 지기(地紀)는 대지(大地)를 가리키는 말로, 여기서는 청나라를 의미한다.

10 새봄에……재촉하니 : 이별할 때 버들가지를 꺾어 주는 풍속이 있었으므로 이렇게 읊은 것이다.

이른 봄

初春

낮이 막 길어지기 시작하니　　晝刻纔舒短
아침 추위 조금 풀리누나　　朝寒稍解嚴
한평생 갖옷과 갈옷 몇 번이나 입을까　　人生幾裘葛
시고 짠 세상맛 다 보았네　　世味各梅鹽
거울 상자 같던 연못에 얼음 풀리고　　鏡匣氷開沼
주렴 고리처럼 달이 처마에 걸렸어라　　簾鉤月掛簷
겨울잠 깬 만물 바라보니　　行看群蟄動
천지의 조화가 크고 작은 것에 두루 미쳤구나　　大造及洪纖

첨지 홍전[11] 만사

洪僉知瑱挽詞

친한 이들 아득히 다 황천으로 가니	親知冥莫盡重泉
인간 세상 세월이 참 빠르기도 하구나	人代光陰便颯然
어릴 적 모습 어제 본 듯한데	蓄眼兒童如昨日
망자 애도하며 홀로 여생 남았어라	傷神存沒獨餘年
그 모습 추운 밤 꿈에 가물거리니	形容窅窅寒宵夢
눈 갠 하늘 보며 이내 심사 막막하오	心事茫茫霽雪天
죽지 못해 그대 집안 삼대의 장례 보았으니	未死看君三世葬
백발의 이 사람 눈물만 줄줄 흘린다오	白頭唯有淚河懸

11 홍전(洪瑱) : 1595~1655. 본관은 남양(南陽), 자는 경미(景美)이다.

판서 심액[12] 만사

沈判書詻挽詞

누가 못난 미생 허락할까	誰許彌甥拙
늘 현명한 작은 외숙의 가르침 받았네[13]	常蒙叔舅賢
어려서부터 이끌어 주어	提携從幼齒
늘그막까지 돌봐 주었네	拂拭到華顚
고모에게 친밀한 사랑 받았으니	託愛諸姑密
먼 친척에게 애정 더욱 기울여 주었지	傾情末戚偏
소 염통을 부끄럽게도 일찍 잘라 주었고[14]	牛心慙早割
천리마 꼬리에 다행히 붙었네[15]	驥尾幸終緣

12 심액(沈詻) : 1571~1654. 본관은 청송(靑松), 자는 중경(重卿), 호는 학계(鶴溪)이다. 이조 판서를 역임하였다. 《白軒集 卷38 吏曹判書靑松君沈公諡狀》

13 누가……받았네 : 이민구가 심액의 가르침을 받았다는 말이다. 미생(彌甥)은 일반적으로 자매의 손자를 가리키는데, 여기서는 이민구 자신을 가리킨다. 심액의 아버지는 심우승(沈友勝)인데, 이민구가 심우승의 신도비명을 쓰면서 "나의 외할머니가 공의 누이이다.〔不佞外王母, 實爲公姊.〕"라고 하였다. 《東州集 文集 卷7 京畿觀察使沈公神道碑銘 幷序》

14 소……주었고 : 심액이 일찍부터 이민구를 인정하였다는 말이다. 우심(牛心)은 소의 염통이다. 진(晉)나라 왕희지(王羲之)가 어려서 말을 더듬자 그를 귀하게 여기는 사람이 없었는데, 주의(周顗)가 그를 눈여겨보고 당시에 귀하게 여겼던 소 염통구이를 다른 손님들보다 먼저 권하며 맛보게 하면서부터 그의 이름이 알려지기 시작했다는 고사가 전한다. 《晉書 卷80 王羲之列傳》

15 천리마(千里馬)……붙었네 : 이민구가 심액의 도움으로 출세하였다는 말이다. 기미(驥尾)는 천리마의 꼬리이다. 《사기(史記)》 권61 〈백이열전(伯夷列傳)〉에 "안연

생각이 한밤 꿈에서 일어나자	意發中宵夢
시 지어 먼 변방에 전해 주었지	詩憑絶塞傳
돌아오자 고령의 외숙을 높여	及歸尊大耋
갈 때마다 초연으로 받들었네[16]	每去奉初筵
높은 지위 숭악처럼 우뚝하기를 기약했는데	峻址期崇嶽
놀란 물결 가는 시내를 슬퍼하네[17]	驚波感逝川
사람들은 장수와 복록 누렸다고 말하지만	人俱稱壽祿
나는 홀로 슬프고 가엾어 하노라	我獨抱哀憐
덕업은 공의에 의해 드러나고	德業懸公議
아름다운 명성 역사에 남아 빛나리라	榮名照史編
가문의 명성 실추되지 않고	家聲當不墜
그 집도 의연하게 남았네	門館尙依然
배가 봄 얼음 풀린 뒤에 떠나가니	舟楫春氷後
명정이 새벽이슬 앞에 길을 나서네	銘旌曉露前
몸은 외롭고 세상은 갈수록 험난하니	身孤世轉狹

이 비록 학문에 독실했다 하더라도 준마의 꼬리에 붙어서 행실이 더욱 드러났다.〔顔淵雖篤學, 附驥尾而行益顯.〕"라고 하였다. 이는 전하여 학덕(學德)이 높은 이와 종유함으로 인하여 큰 명성을 얻게 됨을 의미한다.

16 돌아오자……받들었네 : 이민구가 해배된 뒤에 심액을 정중히 존경했다는 말이다. 초연(初筵)은 《시경》 〈빈지초연(賓之初筵)〉에 "빈객이 처음 연석에 나아감에, 좌우로 앉은 모습 질서 있도다.〔賓之初筵, 左右秩秩.〕"라는 말에서 유래하여 위의가 정중함을 의미한다.

17 높은……슬퍼하네 : 심액이 더 높은 지위에 오르기를 바랐는데 운명했다는 말이다.

자취 남아 한이 맺히네	跡在恨仍纏
옛날 우리 아버지 모시고	疇昔陪先子
가만히 짧은 시 아뢰었더니	從容奏短篇
감상하고 머리 쓰다듬어 수셨는데	賞音頻撫頂
더벅머리가 막 어깨 덮을 때였지	髫髮始垂肩
지난 일 생각에 속절없이 해는 기울고	往事空斜日
남은 사람도 늘그막 인생이네	餘生且暮年
어찌하면 옛일 생각하는 눈물을	那將懷舊淚
광릉의 무덤에 한 번 뿌릴까나[18]	一洒廣陵阡

나의 외조모가 곧 공의 고모이므로 어려서 내가 그 댁에서 자랐다. 내가 적소에 있을 때 공께서 꿈을 적어 시로 보내 주셨다. 내가 어려서 아버지를 모시고 시를 지었는데 공께서 특별히 장려해 주셨다. 그러므로 시에서 언급하였다.

18 어찌하면……뿌릴까나 : 심액의 묘소에 직접 조문하지 못한 안타까움을 읊은 것이다. 심액은 광주(廣州)의 퇴촌(退村)에 안장되었다.《白軒集 卷38 吏曹判書靑松君沈公諡狀》

순창 군수 이산뢰[19]를 전송하다

送李淳昌山賚

연릉군 삼형제는	延陵三弟昆
뛰어난 자질을 나란히 타고났지[20]	玉樹竝連枝
내가 좋은 벗 잃은 뒤로[21]	自我失良友
시리도록 마음 서글펐는데	惻惻中含悲
늘그막에 그 아들 만나 보니	晩途値元嗣
집안 명성 실추시키지 않았네	不墮家聲垂
나에게 멀리 고을살이 간다 말하니	告我遠爲郡

19 이산뢰(李山賚) : 1603～? 본관은 연안(延安), 자는 중이(重而), 호는 화천(華泉)이다. 오봉(五峰) 이호민(李好閔, 1553～1634)의 종손(從孫)이다. 《승정원일기》 효종 6년 1월 19일 기사에 이산뢰를 순창 군수로 임명한다는 기록이 있다.

20 연릉군(延陵君)……타고났지 : 이산뢰의 삼형제가 모두 뛰어난 자질을 지녔다는 말이다. 연릉은 임진왜란 때 선조를 모시고 의주까지 호종한 공으로 연릉군에 봉해지고 그 뒤에 부원군(府院君)에 진봉(進封)된 이호민을 가리킨다. 부친 이국주(李國柱)는 비안 박씨(比安朴氏)와의 사이에서 이희민(李希閔), 이호민, 이상민(李尙閔)을 낳았다. 《湖陰雜稿 卷7 有明朝鮮國中直大夫伊川縣監李侯墓碣銘 幷序》 옥수(玉樹)는 남의 집안의 우수한 자제(子弟)를 예찬하는 말이다. 진(晉)나라 사안(謝安)이 여러 자제들에게 어떤 사람이 되고 싶은지 묻자, 그의 조카인 사현(謝玄)이 대답하기를 "비유하자면 지란옥수가 뜰 안에 자라게 하고 싶습니다.〔譬如芝蘭玉樹, 欲使其生於階庭耳.〕"라고 대답하였다. 《世說新語 言語》

21 내가……뒤로 : 양우(良友)는 이호민의 아들인 이경엄(李景嚴, 1579～1652)을 가리키는 것으로 보인다. 《동주집(東州集)》 시집(詩集) 권17에 〈연천군이경엄만사(延川君李景嚴挽詞)〉가 실려 있다.

까마득한 호남의 끝이구나　眇然湖南陲
그곳은 산수가 아름다워　此地富山水
도심 지닌 그대에게 잘 맞으리　道情相與宜
글 올리던 돌길에 이끼 무성하고　苔深上書石
〈귀래사〉는 정자에 오래 걸렸으리[22]　亭古歸來辭
높이 물든 적성의 새벽노을이　高霞赤城曉
그 아래 일렁이는 연못에 비치리　下映洄潭漪
양 치는 일은 무엇보다 청정이 제일이니　牧羊貴淸靜
이은하기에 실로 여기가 좋다네[23]　吏隱實在玆
게다가 듣자니 좋은 종이[24] 생산하여　況聞產溪藤
깨끗하고 매끄럽기가 얼음과 눈 같다지　淨滑氷雪肌
회계 령의 종이 구만 장에　會稽九萬番
하나하나 구름 그림자 피어오르는 듯[25]　一一雲影披

22 글……걸렸으리 : 순창에 있는 어떤 명물에 대해 읊은 것이나 자세하지 않다. 신숙주(申叔舟)의 아우 신말주(申末舟, 1439~1503)가 세조(世祖) 즉위 이후에 순창에 낙향하여 귀래정(歸來亭)을 짓고 은거한 사실이 있는데, 이 시에서 말한 것이 그것인지는 알 수 없다. 《四家集 文集 卷2 歸來亭記》

23 양(羊)……좋다네 : 순창이 한적하게 벼슬살이하기 좋다는 말이다. 이은(吏隱)은 이록(利祿)에 마음을 두지 않아서, 벼슬살이를 하면서도 은자(隱者)처럼 사는 것을 말한다.

24 좋은 종이 : 계등(溪藤)은 종이의 별칭이다. 중국 절강성을 흐르는 섬계(剡溪)의 물이 종이를 만들기에 적합하고, 그 부근에서 나는 등나무 껍질로 만든 종이가 유명하므로 붙여진 이름이다.

25 회계 령(會稽令)의……듯 : 사안(謝安)이 왕희지(王羲之)의 도움으로 많은 글씨를 쓰게 되었다는 말이다. 회계는 회계 내사(會稽內史)를 지낸 왕희지를 가리킨다.

그대의 팔에 신묘함 있으니 使君腕有神
오묘한 재주가 연못가에서 나오겠지[26] 妙藝出臨池
방에 누워서도 공무가 간소하고[27] 臥閤官務簡
문 닫고 있으면 봄날이 더디게 지나겠지 閉門春晝遲
뛰어난 글씨는 기이하게 변화하여 雄筆合奇變
비바람에 용이 변하는 듯하리라 風雨化龍螭
마땅히 늙은 원상이 當見老元常
피를 토하면서 부끄러워하는 것을 보리라[28] 嘔血發忸怩

《묵지편(墨池編)》 권6에 "왕 우군이 회계 령으로 있을 때 사안이 글씨 쓸 종이를 달라고 요청하였는데, 창고를 살펴보니 구만 장이 있어 이것을 몽땅 내주었다.〔王右軍爲會稽令, 謝公就乞牋紙, 檢校庫內, 有九萬張, 悉與之.〕"라고 하였다.

26 오묘한……나오겠지 : 이산뢰가 서법(書法)에 능해 많은 글씨를 쓸 것이라는 말이다. 임지(臨池)는 후한(後漢) 때 초성(草聖)으로 일컬어졌던 장지(張芝)가 글씨를 익힐 적에 자기 집안에 있는 모든 의백(衣帛)에다 반드시 글씨를 쓴 다음에 다시 빨곤 했으므로, 그를 일러 "못가에서 글씨를 연습하여 못물이 다 검어졌다.〔臨池學書, 池水盡黑.〕"라고 한 데서 온 말이다. 《晉書 卷80 王羲之列傳》

27 방에……간소하고 : 와합(臥閤)은 한(漢)나라 급암(汲黯)이 동해 태수(東海太守)로 나가서 "병이 많아 합문 안에 누워 있을 뿐 밖에 나가지 않았는데도 1년 여에 동해가 잘 다스려졌다.〔多病臥閤內不出, 歲餘東海大治.〕"라는 고사에서 나온 말로, 지방에 나가 백성을 잘 다스리는 것을 말한다. 《漢書 卷50 汲黯傳》

28 마땅히……보리라 : 이산뢰가 젊은 나이에 글씨로 이름날 수 있게 노력하라는 말이다. 원상(元常)은 삼국 시대 위(魏)나라 사람 종요(鍾繇, 151~230)의 자로, 글씨에 뛰어나 후세에 종법(鍾法)으로 일컬어졌다. 당(唐)나라 위속(韋續)이 지은 《묵수(墨藪)》 권1에 "종요는 위탄(韋誕)에게서 채옹(蔡邕)의 필법을 보고는 이것을 탐하여 3일 동안 자신의 가슴을 쳐서 온통 시퍼렇게 멍이 들었다. 때문에 피를 토하였는데 위 태조(魏太祖)가 오령단(五靈丹)을 주어 생명을 구하니 살아나게 되었다. 종요가 채옹의 필법을 요구하였으나 위탄은 끝내 주지 않았다. 위탄이 죽자 종요는 사람을

원컨대 좌우명을 써서	願書座右銘
곤히 낮잠 자는 나를 일깨워 주고	起我午眠疲
흰 옷자락의 필적이	毋令練裙蹟
다만 양씨 아이의 차지가 되지 말게 하오[29]	但屬羊家兒

시켜 위탄의 무덤을 도굴하여 끝내 이를 얻었다."라는 내용이 보인다.

29 흰……하오 : 이민구가 이산뢰에게 글씨를 잘 써서 자신에게도 보내 주기를 부탁하는 말이다. 남조 송(南朝宋)의 양불의(羊不疑)가 오정 령(烏程令)이 되었을 때에 아들 양흔(羊欣)은 겨우 열두 살이었다. 그때에 왕헌지(王獻之)가 오흥 태수(吳興太守)가 되어 양흔을 몹시 사랑하였다. 한번은 여름에 왕헌지가 현(縣)에 들어갔는데, 양흔이 새 비단 바지를 입고 낮잠을 자고 있었으므로 헌지가 그의 비단 바지 두어 폭에 글씨를 써놓고 돌아온 일이 있다. 양흔이 글씨를 보고 익혀 이로 인해 서법이 더욱 정교해졌다고 한다.《宋書 卷62 羊欣列傳》

밀강과 밀계를 소주 안주로 삼고는 재미삼아 짓다
蜜薑蜜桂佐燒酒 戲書

생강과 계피는 강한 맛이 있어　　薑桂有餘烈
꿀 넣고 달여야 달고 매운 맛 어우러지지　　熬蜜濟甘辛
그래도 원래 성질은 남아 있어　　雖然本性在
많이 먹으면 얼굴 찡그리지　　食多輒顔顰
겸하여 항아리 가득 담긴 술　　兼將滿甕酒
센 불로 데워 진하게 만드니　　猛火變醲醇
청제의 세 장사가　　青齊三壯士
날래고 억세면서도 아녀자의 어짊을 지닌 듯[30]　　精悍攝婦仁
튼튼한 뱃속에 들여보내니　　送之入剛腸
나의 나약한 기운을 진작시키고　　激我懦氣振
뱃속의 책[31]까지 적시어　　浸灌腹中書

30 청제(青齊)의……듯 : 생강과 계피는 꿀에 재고 술은 달구어서 본래의 강하고 독한 맛보다 부드럽게 된 것을 억센 장정이 아녀자의 어진 마음을 가진 것에 비유한 것이다. 청제는 중국의 산동 지역을 가리키는데, 좋은 술을 의미하기도 한다. 진(晉)나라 환온(桓溫)이 술을 마실 때마다 품평을 잘하는 주부(主簿)가 먼저 술을 맛보고는, 좋은 술에 대해서는 청주 종사(青州從事)라 하고 시원찮은 술에 대해서는 평원 독우(平原督郵)라고 했는데, 그 이유는 청주에 제군(齊郡)이 있고 평원(平原)에 격현(隔縣)이 있는 것에 빗대어, 좋은 술은 배꼽 아래〔臍下〕에까지 이르고 나쁜 술은 그저 격막(膈膜) 근처까지만 간다는 뜻에서였다고 한다.《世說新語 術解》

31 뱃속의 책 : 복중서(腹中書)는 뱃속에 시서(詩書)가 가득하여 학식이 풍부함을 나타낸다. 진(晉)나라 때 학륭(郝隆)이 칠석날 대낮에 밖으로 나가 하늘을 향해 배를

간사한 무리를 말끔히 쓸어버리네 滌蕩佞邪倫
약으로 병이 나았으니 藥餌旣愈疾
완연히 세상에 봄 돌아온 듯하네 盎然四海春
공명이 어찌 현명하지 않았으랴만 孔明豈不賢
촉을 다스리며 상신의 도를 썼지 治蜀用商申
초가집에 여름날 다가오지만 茅簷近夏日
조순은 참으로 괜찮은 사람이지[32] 趙盾眞可人

드러낸 채 누워 있기에 어떤 사람이 그 까닭을 물으니, "나는 책을 말리고 있다."라고 하였다.《世說新語 排調》

32 공명(孔明)이……사람이지 : 어진 제갈량(諸葛亮)도 촉한(蜀漢)을 다스릴 때 엄격한 법률로 다스렸듯이, 여름이 다가와 날이 더워져도 이민구는 술을 마신다는 말이다. 공명은 중국 삼국 시대 촉한의 제갈량을 가리키고, 상신(商申)은 전국 시대에 법가(法家)를 주장한 상앙(商鞅)과 신불해(申不害)의 병칭이다. 춘추 시대 노(潞)나라의 대부 풍서(酆舒)가 진(晉)나라 가계(賈季)에게 묻기를 "진나라의 대부 조순(趙盾)과 조최(趙衰) 둘 중에 누가 더 어진가?"라고 하자, 가계가 말하기를 "조최는 겨울날의 태양이요, 조순은 여름날의 태양이다."라고 하였다. 그 주(註)에 "겨울날의 태양은 사랑스럽고, 여름날의 태양은 두렵다.〔冬日可愛, 夏日可畏.〕"라고 하였다. 전하여 여름날의 태양이란 곧 성격이 엄격함을 의미한다.《春秋左氏傳 文公7年》

을미년(1655, 효종6) 2월 23일에 꿈을 꾸었다. 괴석 한 덩이가 매우 기이하게 솟아 있는데 노송 가지가 얽히고 온갖 푸른빛으로 덮여 있었으므로 내가 그 봉우리를 독수라고 이름 지었다. 이튿날 허씨의 정자에서 못생긴 바위를 새로 갖다 놓은 것을 보았는데 꿈에서 본 바위와 아주 비슷했다. 이에 덩그러니 방안에서 잠 잔 사람이 진짜 내가 아닌 줄을 알았다. 범씨의 아들이 몸 밖으로 정신이 빠져나가 서쪽 오랑캐를 보았다는 것도 이런 이치인가[33]

乙未二月二十三日夢 怪石一株特奇巧植 古松枝幹纏繞 雜翠蒙冪 余號其峯曰獨秀 翌日許亭 見其新致醜石 悉如夢中所見 乃知枵然寢于室中者非眞我也 范氏子出神覘西虜 亦是道耶

내 꿈에 영취산[34]이 我夢靈鷲山

33 범씨(范氏)의……이치인가 : 이민구가 꿈에 본 일이 너무 생생하였으므로 범순우(范純祐)의 고사를 인용하여 자신이 자고 있는 동안 자신의 정신이 먼저 허씨의 정원에 와서 괴석의 모습을 보았던 것이라고 말한 것이다. 여기서 범씨는 범중엄(范仲淹)을 가리킨다. 원(元)나라 육우(陸友)가 지은《오중구사(吳中舊事)》에 "범중엄의 맏아들 감부 범순우가 어려서부터 남들보다 총명하고 민첩하여 부친이 생각하는 일을 반드시 먼저 알았다. 몸 밖으로 정신을 잘 내보내서 범중엄이 서쪽 변방에 있을 때 오랑캐들의 정황과 비밀스러운 일을 다 미리 알았으니 대개 정신이 빠져나가 오랑캐 조정까지 가서 알아낸 것이다.〔范文正公長子監簿純祐, 自幼警悟明敏過人, 公所料事, 必先知之. 善能出神, 公在西邊, 凡虜情機事, 皆預遙知. 盖出神至虜廷得之. 故公每制勝料敵如神者, 監簿之力也.〕"라고 하였다.

34 영취산(靈鷲山) : 인도 마게타국(摩揭陀國)에 있는 산으로, 석가모니가 일찍이

날아와 뜰로 내려왔네 飛來落庭宇
우뚝이 묵은 바위들 巉巉古巖骨
뾰족뾰족 도끼로 깎아낸 듯 矗矗勞斤斧
기운데 봉우리를 독수라 부르니 中峯號獨秀
푸른 기운 현포[35]와 통하고 縹氣通玄圃
양쪽 줄기는 높고 낮게 뻗어 兩支次低昂
좌우에서 서로 보좌하네 左右相佐輔
봄 구름이 단청을 윤기 나게 하더니 春陰潤金碧
깎아지른 절벽이 비구름 머금었네 峭壁含雲雨
동굴 구멍 속에 不謂嵌竇內
한 치의 땅이 있을 줄 생각도 못했는데 尙有徑寸土
천 년 묵은 백엽송이 千年柏葉松
구불구불 서려 푸른 용이 춤추는 듯하네 盤屈翠虯舞
늙은 줄기는 얼룩 이끼에 덮이고 老幹埋駁蘚
얽힌 가지는 실오라기처럼 엮였네 交柯纒細縷
구완의 방초[36]를 섞어 심어 雜以九畹芳
짙푸른 그 빛깔 색 띠를 둘러놓은 듯 蔥蒨被綦組

이곳에 거주하여 다년간 설법을 했다는 데서 유래하여 불교의 성지(聖地), 또는 불사(佛寺)의 뜻으로 쓰이는데, 여기서는 이민구가 꿈에 본 괴석(怪石)을 가리킨다.

35 현포(玄圃) : 곤륜산(崑崙山) 정상에 있다는 신선이 사는 곳으로, 다섯 금대(金臺)와 열두 옥루(玉樓)가 있다고 한다.

36 구완(九畹)의 방초 : 난초를 가리킨다. 《초사(楚辭)》〈이소(離騷)〉에 "내 이미 난초를 구완에 심었음이여, 또 혜초를 백묘에 심었도다.〔余旣滋蘭之九畹兮, 又樹蕙之百畝.〕"라고 하였다.

문득 작은 수미산[37]처럼 遽然小須彌
오르내리는 사이에 나타나고 사라지네 現滅隨仰俯
자리에 누워 연하의 즐거움 잃었으나 枕席失煙霞
천모산 유람과 다를 게 없어라[38] 無異遊天姥
어찌 석장인이 豈知石丈人
허씨 정자에 있을 줄 알았으랴[39] 乃在君堂廡
하나하나 눈길 가는 곳마다 歷歷經目趣
온 마음 쏠리는구나 早覺精神聚
만난 경치 무엇이 진짜인가 所遇孰爲眞
진실로 내가 예전에 이미 보았으니 眞吾已曩睹
장주와 나비는 莊周與蝴蝶
누가 손님이고 누가 주인인가[40] 誰賓又誰主

37 수미산(須彌山) : 불교에서 사주(四洲)의 중앙 금륜(金輪) 위에 우뚝 솟아 있다는 산이다. 둘레에 칠산(七山)·팔해(八海)가 있고 또 그 밖에 철위산(鐵圍山)이 둘러 있어 물속에 잠긴 것이 8만 유순(由旬), 물 위에 드러난 것이 8만 유순인데, 꼭대기에는 제석천(帝釋天), 중턱에는 사천왕(四天王)이 있다고 한다.

38 자리에……없어라 : 이민구가 늙고 병들어 산수 유람을 못했지만 괴석(怪石)의 모습을 보니 마치 천모산(天姥山)에 노닌 것과 같다는 말이다. 천모산은 중국 절강성(浙江省) 소흥시(紹興市)에 있는 산이다. 당나라 이백(李白)이 꿈에서 천모산을 유람하고 지은 〈몽유천모음유별(夢游天姥吟留別)〉이 《이태백문집(李太白文集)》 권12에 실려 있다.

39 석장인(石丈人)이……알았으랴 : 이민구가 허씨의 정자에서 본 바위를 미불(米芾)의 석장인에 비유한 말이다. 송나라의 화가이자 서예가인 미불은 천성이 기이한 것을 좋아하였는데, 무위군(無爲軍)을 맡게 되었을 때 처음 관사에 들어가서 거기에 있는 입석(立石)을 보고 자못 기이하게 여겨 그 돌에 절하고는 늘 석장(石丈)이라 불렀다고 한다. 《宋史 卷444 米芾列傳》

그러므로 삼매법을 가지고 因持三昧法

한바탕 꿈을 정오에 부치노라[41] 一夢付亭午

40 만난……주인인가 : 꿈에서 본 것이 진짜인지 허씨의 정자에서 본 것이 진짜인지 모르겠다는 것을 장자의 호접몽(胡蝶夢)에 비유하여 읊은 것이다. 《장자(莊子)》〈제물론(齊物論)〉에 "일찍이 장주가 꿈에 나비가 되어, 기뻐하며 훨훨 나는 것이 분명 나비였는데,……이윽고 깨어 보니 의기양양한 모습의 장주가 분명하였다. 그래서 장주가 꿈에 나비가 된 것인지, 나비가 꿈에 장주가 된 것인지를 알 수 없었다.〔昔者莊周夢爲胡蝶, 栩栩然胡蝶也.……俄然覺則蘧蘧然周也. 不知周之夢爲胡蝶, 胡蝶之夢爲周與.〕" 라고 하였다.

41 그러므로……부치노라 : 현실과 꿈이 구별되지 않는 경험을 읊은 것이다. 삼매(三昧)는 불교에서 정(定)에 든 상태를 가리키는 말로, 삼매에 들면 주객(主客)과 내외(內外)의 분별이 사라지는 경험을 하게 된다. 정오(亭午)는 한낮을 말한다.

청명일이 한식과 겹치다

清明日寒食

초록 풀빛 가득한 청명절　　碧草清明節
푸른 숲에 두견새 울어대는데　　青林杜宇聲
처량한 세 척의 선영에　　凄涼三尺土
백 년의 마음 끊어졌어라[42]　　斷絶百年情
골육들 무덤에 막혀 있으니　　骨肉松楸阻
임금과 부모님 생각에 눈물 줄줄 흐르네　　君親涕淚傾
빈 집에서 한식 지내는데　　虛齋過寒食
저무는 해가 창과 기둥을 비추네　　斜日照窓楹

42 처량한……끊어졌어라 : 한식인데도 선영(先塋)에 성묘하지 못했다는 말이다.

밤비
夜雨

자다가 등불 다시 밝히고 一枕回燈影
삼경에 빗소리 듣노라니 三更聽雨心
봄 술이 작은 항아리에서 우는 듯 春醅鳴小甕
가을 낙엽이 성긴 숲에 떨어지는 듯 秋葉墜疏林
아득히 비파[43] 소리 울리는 듯 眇眇啼湘瑟
딩딩 거문고[44] 소리 들리는 듯 丁丁語蜀琴
내일은 물이 상앗대 반쯤 불어나 明朝半篙漲
출렁이는 맑고 깊은 물 좋겠지 正好漾清深

43 비파 : 상슬(湘瑟)은 순(舜) 임금의 두 비(妃)인 아황(娥皇)과 여영(女英)이 탔다는 비파를 말한다.

44 거문고 : 촉금(蜀琴)은 한(漢)나라 때 촉 땅에서 살았던 사마상여(司馬相如)가 사용하던 거문고를 말한다. 그가 거문고를 잘 연주하였기 때문에 이렇게 불렀다고 한다. 유우석(劉禹錫)의 〈상진주행(傷秦姝行)〉에 "촉현이 울리고 손가락은 옥 같나니, 황제의 악공이 연주하는 상가곡일세.〔蜀弦錚摐指如玉, 皇帝弟子常家曲.〕"라고 하였다. 《劉賓客文集 卷30》

초봄에 꿈속에서 길 가는 사람에게 주는 서 자 운 일련을 얻었는데 꿈에서 깨어 전창도위[45]가 연경으로 간다는 소식을 들었기에 이어 지어서 전별하다

春初 夢得贈行西字一聯 覺而聞全昌都尉有燕都之行 因足成之以爲贐

연경 길 관문의 닭 울음소리 세 번째 들으며	燕都三聽度關鷄
요갈의 산천을 말 타고 지나겠지[46]	遼碣山川在馬蹄
새벽에 금날의 땅 떠나[47]	曉日初辭金埒地
봄 물결에 금장니도 아까워 않겠지[48]	春流不惜錦障泥

45 전창도위(全昌都尉) : 전창군(全昌君) 유정량(柳廷亮, 1591~1663)으로, 본관은 전주(全州), 자는 자룡(子龍), 호는 소한당(素閒堂), 시호는 효정(孝貞)이다. 1604년(선조37)에 선조(宣祖)의 딸 정휘옹주(貞徽翁主)와 혼인하여 전창위에 봉해졌다. 《東州集 卷10 全昌君柳公墓碣銘 幷序》

46 연경……지나겠지 : 유정량이 세 번째 사행에 나선다는 말이다. 유정량은 1646년(인조24)에 사은사(謝恩使), 1651년(효종2)에는 진향사(進香使)로 연행하였고, 이 시가 지어진 1655년에 다시 사은사로 청나라에 다녀왔다. 요갈(遼碣)은 발해(渤海)에 근접해 있는 요동(遼東)과 갈석(碣石) 지방을 아울러 일컫는 말이다.

47 새벽에……떠나 : 연경으로 가기 위해 새벽 일찍 출발한다는 말이다. 금날(金埒)은 말을 타고 활을 쏘는 장소이다. 《세설신어(世說新語)》 〈태치(汰侈)〉에 "왕제(王濟)가 견책을 받아 북망산(北邙山) 아래로 이사해 살았다. 그곳은 사람이 많고 땅값이 비싼 곳이었다. 왕제는 평소 좋아하던 대로 말 타고 활쏘기 위해 땅을 사서 시설을 꾸몄다. 그런데 동전을 꾸러미로 꿰어 그 마장(馬場)을 끝까지 둘러쳤다. 그래서 당시 사람들은 이를 금날이라 불렀다."라는 고사가 전한다. 왕제는 서진(西晉)의 무제(武帝) 사마염(司馬炎)의 사위였다. 유정량이 선조의 사위이기 때문에 이 시어를 사용하였다.

하늘은 대해에 이어져 봉새는 북쪽으로 날고　天連大海鵬搏北
변방은 중원에 접하여 매는 서쪽으로 사라지네[49]　塞接中原鶻沒西
오천 리 여행길 모래 먼지 드날릴 테니　客路塵沙五千里
늘그막에 이별의 한 더더욱 서글프오　老來離恨重悽悽

48 봄……않겠지 : 말을 타고 흙탕물 튀기는 봄 물결 건너기를 꺼리지 않는다는 말이다. 금장니(錦障泥)는 비단으로 장식한 말다래를 말한다. 말다래는 말을 탄 사람의 옷에 진흙이 튀지 않도록, 가죽 같은 것으로 만들어 안장 양쪽에 늘어뜨리는 물건이다.

49 하늘은……사라지네 : 유정량이 연경에 사신으로 가는 일을 언급한 것인데, 골몰서(鶻沒西)는 미상이다. 붕박(鵬搏)은 봉새가 바람을 타고 난다는 뜻이다. 《장자(莊子)》 〈소요유(逍遙遊)〉에 "봉새가 남쪽 바다로 옮겨갈 때에는 물결을 치는 것이 삼천 리요, 회오리바람을 타고 구만 리를 올라 여섯 달을 가서야 쉰다.〔鵬之徙於南冥也, 水擊三千里, 搏扶搖而上者九萬里, 去以六月息者也.〕"라고 하였다.

감회를 적다 2편

紀感 二篇

문희주 文希周

선인 문희주	仙人文希周
이름을 조정의 반열에 올렸지	名綴紫宸班
풍운이 만나 상하가 서로 돕더니[50]	風雲翼上下
노을 달이 결환처럼 밝았네[51]	霞月明玦環
신령한 자취 천지의 조화에 어우러져	靈跡混元化
창과 벽 사이를 출입하였네[52]	出入窓壁間
나를 돌아보고 옥 같은 이 드러내니	顧我啓玉齒

50 풍운(風雲)이……돕더니 : 문희주(文希周)가 관리가 되어 임금을 보필하게 되었다는 말이다. 풍운은 임금과 신하의 관계를 비유한 말이다. 《주역》 〈건괘(乾卦) 문언(文言)〉에 "구름은 용을 따르고 바람은 범을 따르듯 성인이 나타나시니 만물이 우러러본다.〔雲從龍, 風從虎, 聖人作而萬物覩.〕"라고 하였다.

51 노을……밝았네 : 문희주의 생애를 고증할 수 없어 자세하지 않지만 그가 유배 갔던 사실을 말한 것으로 보인다. 결환(玦環)은 결(玦)과 환(環)이 모두 패옥인데, 환은 둥근 고리 모양을 한 옥이고 결은 고리의 한 부분이 이지러진 모양을 한 옥이다. 고대에 죄를 지은 신하를 3년 동안 변방에 방축해 두었다가 다시 조정으로 소환할 경우에는 환을 보내 주고, 그대로 외지에 둘 경우에는 절연(絶緣)의 뜻으로 결을 보냈다고 한다. 《荀子 大略》

52 신령한……출입하였네 : 문희주가 죽어 꿈에 나타났음을 말한 것인데, 시의 내용으로 보아 이민구의 선친 이수광의 꿈에 나타나 이민구에 대해 말한 바가 있었던 것이다.

빙설 같은 얼굴에 윤기가 감돌았지[53]　　光潤氷雪顔
이 아이는 뛰어난 자질 지녔으니　　是兒抱奇質
진귀한 보배가 인간 세상에 떨어진 것이오　　至寶落塵寰
청도와 태계 사이[54]　　淸都與台階
만 리 길을 왕래하며　　萬里一往還
이름을 강한에 떨치고　　名垂江漢流
기운이 천지에 통할 것이오　　氣通天地關
선친께서 기이한 꿈을 기록하여　　先子紀異夢
선철의 경지에 오르리라 바라셨는데　　曩哲冀追攀
그 뒤로 육십 년 세월 흘렀건만　　爾來六十年
늙어서 용렬하고 완악해졌네　　衰陋但庸頑
진귀한 구슬이 자갈로 변했으니　　尺璧化寸礫
부질없이 눈물만 줄줄 흐르네　　流淚空潸潸

계묘년(1603, 선조36) 겨울 癸卯冬

지난 계묘년 겨울에　　往在癸卯冬
태열이 일어나 종기 되었네　　胎火發爲瘡
오한이 뼛속까지 파고들어　　嚴寒襲肌骨

53 나를……감돌았지 : 시의 내용으로 볼 때, "선친께서 기이한 꿈을 기록하여〔先子紀異夢〕"라고 한 데 까지는 문희주가 이민구의 아버지 이수광의 꿈에 나타나 이민구의 앞날에 대해 한 말을 기록한 것이다.

54 청도(淸都)와 태계(台階) 사이 : 청도는 본래 옥황상제가 산다는 천상(天上)의 궁전을 가리킨다.《楚辭 遠遊》 태계는 태성(台星)을 가리키는 말로, 삼공(三公)을 상징한다. 여기서는 삼공의 관아인 조정을 말한다.

열이 나고 원기가 상했지	血熬仍氣傷
나부끼는 바람 앞의 촛불 그림자처럼	彯搖風燭影
정신이 오락가락했네	斷續魂飛揚
절박한 부모의 심정	痛迫父母情
기도하느라 안절부절하셨지	禱爾走怔惶
빙설 속에서 머리를 조아려 기도하시자	叩額氷雪中
북극성이 밝은 빛을 드리웠네[55]	北辰下垂芒
흐르는 별빛이 문득 내려와 머물기에	游精忽來舍
창문을 활짝 열어젖혔네	窓闥洞開張
구름 일으켜 흰 용이 날갯짓하고	興雲翊素虯
금빛 간찰이 세 줄로 찬란하였지[56]	金札爛三行
뒤에 양친께서 돌아가시려 할 때	及後喪二親
하늘에 호소했으나 대답 없었지	籲天天莽茫
외로운 효성 죄를 지었으니	孤誠負罪戾
여한이 마음속에 쌓였네	餘恨積心腸
뻔뻔스럽게 아직도 사람이라 하지만	强顔尙稱人
백발 되도록 길이 부끄럽다	永慙顚髮蒼

55 빙설(氷雪)……드리웠네 : 부모님이 추위를 무릅쓰고 기도하여 북극성이 그 기도를 들어주었다는 말이다.

56 구름……찬란하였지 : 이민구가 마마를 앓아 몸에 흉터가 생겼음을 형용한 것으로 보인다.

허보의 정자에 또 괴석 하나를 가져다가 전에 놓은 돌과 나란히 놓았기에 다시 오언율시로 짓다[57]

許亭又致怪石一株 與前石竝立 再賦短律

기이한 돌이 곧은 덕 머금었으니	石丈含貞德
우뚝한 자태 반드시 이웃이 있구나[58]	亭亭必有隣
난형난제처럼 품평하기 어려우니	二難齊月評
천륜으로 이어진 고죽의 형제 같네[59]	孤竹竝天倫
우 임금 통해 들어왔지	入貢應緣禹
진나라에 쫓겨 온 게 아니라네[60]	驅來不爲秦

57 허보(許寚)의……짓다 : 허보(1585~1659)의 본관은 양천(陽川), 자는 유선(惟善), 호는 동강(東岡)이다. 앞에 〈을미년 2월 23일에 꿈을 꾸었다. 괴석 한 덩이가 매우 기이하게 솟아 있는데……〔乙未二月二十三日夢, 怪石一株特奇巧植……〕〉라는 작품이 있었는데, 그 후에 다시 괴석 하나를 더 가져다 놓은 것으로 보인다.

58 기이한……있구나 : 허보의 정자에 전에 가져다 놓은 괴석이 덕을 지녀서 이웃하게 될 괴석을 만나게 되었다는 표현이다. 《논어》 〈이인(里仁)〉에 "덕이 있는 사람은 외롭지 않고 반드시 이웃이 있다.〔德不孤, 必有隣.〕"라고 하였다.

59 난형난제(難兄難弟)처럼……같네 : 두 개의 돌이 형제인 백이(伯夷)와 숙제(叔齊)처럼 우열을 가리기 어렵다는 말이다. 월평(月評)은 월단평(月旦評)으로, 인물(人物)을 품평(品評)하는 것을 말한다. 한(漢)나라 때 허소(許劭)가 향당의 인물을 논핵하기 좋아해서 매월 초가 되면 인물을 다시 품평하였으므로, 여남(汝南) 사람들이 이를 두고 월단평이라고 하였다. 《後漢書 卷68 許劭列傳》 고죽(孤竹)은 은(殷)나라 말기에 고죽군(孤竹君)의 아들이었던 백이와 숙제를 가리키는데, 왕위를 서로 사양하다가 끝내는 함께 세상을 도피하였다. 《史記 卷61 伯夷列傳》

60 우(禹) 임금……아니라네 : 허보가 두 개의 괴석을 자신의 정원에 가져다 놓게

높은 집에서 청아한 완상 즐기나니 高齋悅淸翫
푸른 숲과 날로 친숙해지네 蒼翠日相親

된 것은 정당한 경로를 통한 것이지 강압이나 착취에 의한 것이 아니라는 말이다.
진 시황이 바다에 돌다리를 놓아 해 뜨는 곳을 구경하려 하자, 신인(神人)이 돌을 몰아서 바다에 넣는데, 돌이 빨리 가지 않는다고 채찍질하자 돌이 피를 흘렸다고 한다. 《藝文類聚 卷79》

6월 16일에 큰 비가 내렸다. 서쪽으로 당산을 바라보다

六月旣望大雨 西望棠山

무더운 날씨 문득 서늘해지더니	炎天氣候忽凄凄
저물녘 음산한 바람이 흰 무지개를 가르네	向晩陰風截素霓
동이 기울인 듯 소나기 퍼부어 흙덩이 부수고	急雨傾盆先破塊
어지러운 구름이 낮게 깔려 둑을 이루려 한다	亂雲垂地欲成堤
교룡의 굴 천 길 물결 누르고	蛟龍窟壓千尋浪
거마 소리 열 길 진창에 드물구나	車馬音希十丈泥
당포의 회화나무 숲과 마포의 버드나무	棠浦槐林麻浦柳
강물 동쪽과 서쪽에서 간절히 바라보네[61]	盈盈相望水東西

61 당포(棠浦)의……바라보네 : 당산에 벗이 살고 있기 때문에 회화나무와 버드나무의 모습을 들어서 벗에 대한 염려를 비유적으로 읊은 것이다.

말똥시로 침랑 최지한을 놀리다

馬通詩 戲崔寢郎之翰

세밑에 천지가 쇠해져서 臘殘天地敝
찬 기운이 나날이 더욱 심해질 때 嚴氣日彌厲
노복 불러 말똥 줍게 하니 呼奴收馬通
어찌 콧물 흐르지 않으랴 豈辭鼻垂涕
마구간에서 주워 모아 拾之槽櫪間
말리고 얼려 적당량씩 나누고 乾凍略分劑
볏짚 엮어 칭칭 동여매서 編稿裹纍纍
북쪽 처마 끝에 걸어 두었지 掛置簷北際
추울 때 더위에 대비하니 當寒蓄暑備
나 또한 너무 서두른다 여겼지만 吾亦太早計
이웃과 함께 쓰려는 것이지 尙欲隣里共
어찌 자신만 구제할 생각이었으랴 豈唯懷自濟
지금 쇠와 돌이 달궈질 정도로 더우니 到今金石焦
부채질해도 시원한 줄 모르겠네[62] 扇暍不知惠
최군은 소갈증까지 앓고 있으니 崔君兼抱渴

62 부채질해도……모르겠네 : 부채질을 아무리 해 봐도 시원하지 않다는 말이다. 선갈(扇暍)은 주 무왕(周武王)이 더위에 지친 사람을 나무 그늘에 눕혀 놓고 부채로 부쳐 더위를 식혀 준 고사(故事)에서 나온 말로, 곧 백성의 고통을 덜어 준 정사를 이른다. 《淮南子 人間訓》

이 물건 아마도 날마다 복용하리　此物思日繼
나는 비록 때때로 조금 쓰지만　我雖時稍稍
기호품을 그대 홀로 독차지하겠지　嗜好君獨蔽
경장은 은빛 물로 차삽고　瓊漿銀井冷
옥가루는 가을 이슬처럼 깨끗하지[63]　玉屑秋露霽
약물이 만일 병을 낫게 한다면　藥餌苟愈疾
그 이로움이야 크고 작음을 따질 것 없으니　獲利無巨細
사람들아 이 즙 마신다고 나무라지 마오　啜汁人勿誚
희령이 혹 하느님일지 모른다오[64]　豨苓或爲帝

63 경장(瓊漿)은……깨끗하지 : 경장은 신선이 마시는 음료수라고 하는데, 보통 미주(美酒)의 뜻으로 쓰인다. 송옥(宋玉)의 〈초혼(招魂)〉에 "화려한 술잔 이미 베풀어졌는데 경장도 있네.〔華酌旣陳, 有瓊漿些.〕"라고 하였다. 옥설(玉屑)은 신선이 먹는 약이다. 여기서는 병든 사람에게 효과가 있다면 신선이 먹는 경장이나 옥설보다 말똥이 더 좋다고 하기 위해 이끌어온 것이다.

64 희령(豨苓)이……모른다오 : 말똥으로 만든 약물이 병을 낫게 할지도 모른다는 말이다. 희령은 버섯 종류의 식물인데, 돼지 똥처럼 생겨서 붙여진 이름이다. 여기서는 말똥을 의미한다.

오생[65] 만사

吳生挽詞

그의 부친은 연경(燕京)에 사신으로 가 있다.

요하의 진흙탕 물 하늘에 닿을 듯 흐리고	遼河泥水拍天昏
나는 새와 가는 구름 계문에 끊겼네	飛鳥行雲斷薊門
아마도 오만관의 긴 이별의 꿈이	遙想烏蠻長別夢
길이 황천으로 돌아가는 혼 부르기 어려웠으리[66]	難招黃壤永歸魂
봉인은 사내 많은 것이 좋다고 했지만	封人枉說多男好
자하가 어찌 자식 곡하는 원통함 없었으랴[67]	商也寧消哭子冤

65 오생(吳生) : 오정일(吳挺一, 1610~1670)의 셋째아들 오시정(吳始鼎)으로 보인다. 오정일은 7남을 두었는데, 모두 벼슬을 하였으나 오시정은 벼슬한 사실이 없는 것으로 보아 요절한 것으로 추측된다. 오정일의 본관은 동복(同福), 자는 두원(斗元), 호는 구사(龜沙)이다.《記言 別集 卷16 吳判書神道碑銘》 1655년(효종6) 사은사(謝恩使) 전창군(全昌君) 유정량(柳廷亮), 부사(副使) 오정일이 연경에 사신으로 갔다는 기록이 보인다.《承政院日記 孝宗 6年 4月 12日》

66 요하(遼河)의……어려웠으리 : 오시정의 부친 오정일이 연경에 사신으로 가 있어서 아들의 혼을 부르지 못했다는 말이다. 계문(薊門)은 북경의 서북쪽 연경 일대를 가리킨다. 오만관(烏蠻館)은 중국 남쪽 지방의 오랑캐인 오만(烏蠻)의 사신들이 북경(北京)에 왔을 적에 묵던 관소(館所)인데, 이 당시에 오랑캐들의 침입으로 인하여 우리나라 사신들의 숙소였던 옥하관(玉河館)이 불에 타 없어져서 임시로 이곳에 묵었던 듯하다.

67 봉인(封人)은……없었으랴 : 오정일에게 아들이 많아도 죽은 아들에 대한 슬픔이 없을 수 없다는 말이다. 화(華) 땅의 봉인이 수(壽), 부(富), 다남자(多男子)라고 하는 세 가지로 요(堯) 임금을 축도(祝禱)했던 고사가 있다.《莊子 天地》 또한 자하(子夏)가

이 늙은이 지난날 창자가 다 끊어졌으니	此老向來腸已盡
옷 적시며 골짜기의 원숭이 기다리리[68]	霑衣可待峽中猿

아들을 여의고 상심하여 실명(失明)하였을 때, 하늘이 죄 없는 자신에게 불행을 주었다고 원망한 기록이 있다. 《禮記 檀弓上》

68 이 늙은이……기다리리 : 이민구 자신이 자식을 잃은 슬픔을 경험했기에 자식을 잃은 오정일이 귀국할 때를 기다려 위로하겠다는 말이다. 동진(東晉) 때 환온(桓溫)이 촉(蜀) 땅을 정벌하기 위해 여러 척의 배에 군사를 나누어 싣고 양자강 중류의 협곡인 삼협(三峽)을 통과할 때 부하 한 사람이 원숭이 새끼 한 마리를 붙잡아서 배에 실었다. 이에 어미 원숭이가 뒤따라왔으나 물 때문에 배에는 오르지 못하고 강가에서 슬피 울부짖었다. 이윽고 배가 출발하자 어미 원숭이는 병풍처럼 펼쳐진 벼랑에도 아랑곳하지 않고 필사적으로 배를 쫓아왔다. 배가 100여 리쯤 간 뒤 강기슭에 닿자 어미 원숭이는 서슴없이 배에 뛰어올랐으나 곧 죽고 말았다. 그 어미 원숭이의 배를 갈라 보니 너무나 애통한 나머지 창자가 토막토막 끊어져 있었다고 한다. 《世說新語 黜免》

을미년(1655, 효종6) 6월 22일 밤에 추포 황공[69]이 내 선친을 방문하는 꿈을 꾸었는데 선친께서 함께 나왔다. 추포공이 나를 불러 소매 속에서 작은 원고지를 보여 주셨는데, 가느다란 대나무 하나를 그리고 칠언절구를 쓴 것이었다. 끝에는 호를 우타라고 썼다. 내가 공에게 이르기를 "공은 진실로 비바람이 치는 시대를 만났습니다. 그러나 이렇게 우타라고 호를 짓는 것은 흔들림 없이 곧게 서려는 뜻이 부족한 것 같은데 어떻게 생각하십니까?"라고 하였다. 공이 말씀하기를 "그렇다. 마땅히 고쳐서 다시 오겠네."라고 하였다. 공이 나간 뒤에 우리 선친과 상촌공[70]이 자리에 앉아 계시기에 내가 그 일을 자세히 말씀드렸더니 두 분이 웃으시며 고개를 끄덕이셨다. 공의 시는 "괴롭게도 비를 맞아 심히 흔들려, 누런 띠와 흰 갈대 가운데 대나무 잎이 졌네."라는 낙구만 기억이 났다. 대개 공이 옹진으로 귀양 가서 돌아가셨으니, 그곳이 바로 누런 띠와 흰 갈대가 나는 고장이다. 인하여 삼가 차운하여 기록한다.

乙未六月二十二日夜 夢秋浦黃公來訪先公 先公偶出 秋浦公呼余示袖中小藁紙 畫細竹一枝 書七言絶句 末書號曰雨打 余謂公 公信遭雨打

69 추포(秋浦) 황공(黃公) : 황신(黃愼, 1560~1617)으로, 본관은 창원(昌原), 자는 사숙(思叔), 호는 추포, 시호는 문민(文敏)이다. 《象村稿 卷26 秋浦黃公神道碑銘》

70 상촌공(象村公) : 신흠(申欽, 1566~1628)으로, 본관은 평산(平山), 자는 경숙(敬叔), 호는 상촌·현헌(玄軒)·현옹(玄翁)·방옹(放翁), 시호는 문정(文貞)이다. 《象村稿 領議政申文貞公年譜》

矣 然以是爲號 欠挺立不撓之意 何如 公曰然 當改是而復來 旣出 先公與象村公在坐 余具奏其說 二公笑而首肯之 公詩只記落句 苦遭雨打離披甚 零落黃茅白葦中 蓋公謫甕津以卒 卽黃茅白葦之鄕也 因敬次以識之

바닷가 누런 띠와 흰 갈대 떨기 속에서	海上黃茅白葦叢
꼿꼿한 곧은 절개로 풍상 견디었네	亭亭直節傲霜風
비록 비바람에 심히 흔들리지만	縱然雨打離披甚
참된 강직함이 이 속에 있음을 알아야지	須識眞剛在此中

7월 6일에 큰 배에 올라 더위를 식혔다

七月六日 登巨艑滌暑

햇볕 열기 맑은 하늘에 넘치고	日氣泛空明
잔잔한 조수 가을 물가에 가득하네	潮平秋渚盈
배에 올라 불볕더위 식히며	登艦洗炎熱
맑고 깊은 물에 구부려 발을 닦노라	濯足俯澄泓
싱싱한 생선회 은실처럼 잘게 썰어 준비하고	鮮鱠供銀縷
물에 띄웠던 참외 얼음에 담아 올리네	浮瓜薦水精
아름다운 기약 은하에 가까워[71]	佳期近河漢
술자리는 저물녘에 더욱 맑네	尊俎晩彌淸

71 아름다운……가까워 : 견우와 직녀가 만나는 칠월 칠석이 다 되었다는 말이다.

육일 까치

六日鵲

뜨락 오동나무에 잎새 맑아	庭畔梧桐片葉淸
가지 사이에 아직도 까치가 울며 나는구나	枝間尙有鵲飛鳴
내일 아침 신령한 다리 만들러 가리니	明朝定赴靈橋役
여기서 은하수까지는 하룻길일세[72]	此去銀河一日程

72 내일……하룻길일세 : 칠석날이 되면 까치가 오작교를 만들러 갈 것인데 7월 6일까지도 마당의 오동나무에서 울고 있는 것을 미루어 볼 때 은하수까지 하루면 갈 것이라는 해학적 표현이다.

칠일 까치
七日鵲

까치가 처마 밑 가지에서 시끄럽게 아침 알리니	鵲噪簷枝報早朝
한밤중 푸른 하늘의 아름다운 약속 가까워 오네	佳期碧落近中宵
새로 태을의 능파술 전해지면	新傳太乙凌波術
금년엔 다리 없어도 은하수 건너리[73]	今歲過河不用橋

73 새로……건너리 : 물 위를 걷는 기술이 전해지면 견우와 직녀는 다리를 이용하지 않고 은하수를 건너 서로 만날 수 있다는 말이다. 태을(太乙)은 태을진인(太乙眞人)과 같은 말로 천신(天神)의 이름이다. 능파술(凌波術)은 물 위를 걷는 재주이다. 위(魏)나라 조식(曹植)의 〈낙신부(洛神賦)〉에 "물결을 타고 사뿐사뿐 걸으니, 비단 버선에 먼지 튀어오르네.〔凌波微步, 羅襪生塵.〕"라고 하였다.

25일에 큰 비가 내리다

二十五日大雨

구름이 사방에 가득 차더니	雲物崩騰莽四圍
먼저 우레와 번개 치며 위세 떨치네	先驅雷電走轟威
홀연 무수히 비끼는 은죽에 놀라는데	忽驚銀竹橫無數
곧장 빼곡히 쏟아지는 주하인가 의심하네[74]	直訝珠荷瀉不稀
강과 바다는 기운 강해 큰 파도 삼키는데	江海氣雄呑巨浪
하늘과 땅은 힘 약해 음기와 싸우네	乾坤力弱戰陰機
옥초산 위 천 길 바위도	沃焦山上千尋石
오늘은 가을 터럭만큼 작아 보이리라[75]	今日秋毫望轉微

74 홀연……의심하네 : 굵은 빗줄기가 쏟아지는 모습을 비유한 말이다. 은죽(銀竹)은 소나기를 비유하는 말이다. 이백(李白)의 〈숙하호(宿蝦湖)〉에 "하얀 비가 찬 산에 비치니, 빽빽하기가 은죽 같구나.〔白雨映寒山, 森森似銀竹.〕"라고 하였다. 주하(珠荷)는 연잎에 구슬처럼 쏟아지는 빗방울을 말한다.

75 옥초산(沃焦山)……보이리라 : 비가 많이 내려 옥초산의 커다란 바위도 물에 잠겨 작게 보일 것이라는 말이다. 옥초산은 동해에 있는 거대한 바위산의 이름이다. 《장자소(莊子疏)》에 "옥초는 푸른 바다 동쪽에 있는데, 바위 하나의 둘레가 4만 리이고 두께가 4만 리이며 바닷물을 빨아들여 다 증발시키기 때문에 옥초산이라고 이름지었다.〔沃焦在碧海之東, 一石方圓四萬里, 厚四萬里, 海水注者, 無不焦盡, 故名沃焦山.〕"라고 하였고, 《산해경(山海經)》에 "요 임금 때 열 개의 해가 나오자 요 임금이 예로 하여금 아홉 개를 쏘아 떨어뜨리게 했는데, 이들이 떨어져 옥초가 되었다.〔堯時十日竝出, 堯使羿射九日, 落爲沃焦.〕"라고 하였다. 《天中記 卷9 海》

추봉[76]과 죽소[77] 두 공이 술을 가지고 들러 준 것에 사례하다

謝秋峯竹所二公携酒相過

기인이 세상 피해 골짝으로 달아나니	畸人避世逃空虛
문밖 나가도 경상의 수레 만나지 못하는데[78]	出門不逢卿相輿
문 두드리며 한낮의 꿈 깨우는 이 누구신가	誰歟剝剝驚午夢
금빛 옥빛 자리 비추는 두 판서일세	金玉映座二尙書
두 공은 일흔일곱과 일흔여섯이신데	二公七十七與六
형제 같은 우정 나누시니 쇠한 풍속 감동시키네[79]	氣感壎篪動衰俗
어느새 한 번 웃으며 네 늙은이 모였으니	居然一笑成四老
나와 허군도 모두 늙었구나[80]	我共許君俱病禿

76 추봉(秋峯) : 윤이지(尹履之, 1579~1668)로, 본관은 해평(海平), 자는 중소(仲素), 호는 추봉, 시호는 정효(靖孝)이다. 《丈巖集 卷19 判敦寧府事海恩君尹公諡狀》

77 죽소(竹所) : 김광욱(金光煜, 1580~1656)으로, 본관은 안동(安東), 자는 회이(晦而), 호는 죽소, 시호는 문정(文貞)이다. 《退憂堂集 卷10 左參贊金公墓誌銘》

78 기인(畸人)이……못하는데 : 이민구가 서호에 살면서 귀한 사람을 만나지 못했다는 말이다. 기인은 속세를 벗어난 사람을 가리킨다. 《장자(莊子)》 〈대종사(大宗師)〉에 "기인이란 인간 세상에는 어긋나지만 하늘과는 합하는 사람이다.〔畸人者, 畸於人而侔於天.〕"라고 하였다.

79 두 공은……감동시키네 : 윤이지와 김광욱이 늙어서도 형제처럼 돈독한 우정을 나누니 세상 사람들에게 감동을 준다는 말이다. 이 시가 쓰인 당시 윤이지는 77세, 김광욱은 76세였다. 훈지(壎篪)는 가락이 잘 맞는 두 관악기로, 《시경》 〈하인사(何人斯)〉에 "백씨가 질나팔을 불거든 중씨는 젓대를 분다.〔伯氏吹壎, 仲氏吹篪.〕"라고 한 데서 유래하여 대개 형제간의 우애를 뜻한다.

80 어느새……늙었구나 : 윤이지, 김광욱, 이민구, 그리고 허군(許君)을 합하여 네

살진 고기와 많은 술 가져와　　仍携肥肉兼大酒
내 초췌한 몰골 윤기 나게 하시네　　令我形容潤枯朽
부엌에 먼지 쌓인 지 오래이니　　井竈塵埃久埋沒
기어코 주린 배 채우리라　　饞腹得飽良不負
늘그막에 빠른 세월을 어찌 근심하랴　　晩景寧愁日月疾
처음부터 술 떨어질까 미리 염려하네　　初筵預恐壺觴竭
이때에 서풍 불어 귀밑머리 날리니　　是時西風吹鬢髮
강포의 맑은 놀이도 쓸쓸하기만　　江浦淸遊亦蕭瑟
높은 구름이 비 뿌려 날도 쌀쌀한데　　高雲送雨涼凄凄
돌아가는 행차 가을 진창이 싫었지　　軒騎欲返嫌秋泥
늙은이의 외로운 거처 다시 적막해져　　野老索居還寂莫
저문 숲에서 홀로 추운 까마귀와 짝했네　　暮林獨伴寒鴉棲

명의 노인들이 모였다는 말인데, 허군은 허보(許寚)로 추측된다.

조 찰방을 전송하다

送趙察訪

명망 있어 등용은 빨랐는데	譽望登龍早
공명은 말이나 기록하는 하급 관리[81]	功名記馬卑
풍진세상에서 하찮은 벼슬에 종사하지만	塵埃從薄宦
천지간에 촉망한 장래를 기약하네	天地付前期
즐거운 일은 가을에 도리어 줄고	樂事秋還減
이별하는 마음 늙은이라 더욱 서글프네	離情老更悲
그대는 보았는가 갈림길에서	君看岐路側
센 머리카락 실처럼 흰 것을	衰鬢白如絲

81 명망(名望)……관리 : 조 찰방이 과거에는 일찍 합격했지만 현재 관직은 말을 다루는 하급직에 머물고 있다는 말이다. 찰방은 조선 시대 각 도의 역참(驛站)을 관리하던 종6품의 외관직으로 일명 마관(馬官)이라고도 한다.

죽소[82]가 남겨 준 율시 한 수와 절구 한 수에 맞춰 짓다
次竹所留贈一律一絶

부끄럽게도 자주 찾아 주시니	每愧追尋慣
베풀어 준 관심 퍽 많이 받았네	偏蒙意氣傾
가을 해가 겨우 한낮을 지나자	秋陽纔轉午
삼복더위는 벌써 한풀 꺾였네	伏火已辭庚
술 마시며 늙고 병든 몸 버티고	杯酒扶衰病
문장은 성대한 이름 우러르네	文章仰盛名
서늘한 구름이 비 뿌리고 가니	涼雲吹過雨
조금 더 머물다가 천천히 돌아가오	少駐緩歸程

절구 絶句

얻고 잃음과 차고 비는 이치 잘 아노니	得喪盈虛判自知
근심에 걸려 어찌 초인의 행적 배우랴[83]	離騷肯學楚人爲
무단히 강가에서 한 번 취하노니	無端一醉江潭上
초췌한 몰골 알아주는 이 누구였던가	枯槁形容識者誰

82 죽소(竹所) : 김광욱(金光煜, 1580~1656)으로, 본관은 안동(安東), 자는 회이(晦而), 호는 죽소, 시호는 문정(文貞)이다. 《退憂堂集 卷10 左參贊金公墓誌銘》

83 얻고……배우랴 : 얻고 잃음과 차고 비는 것이 반복되는 세상의 이치를 잘 알고 있으므로 방축되어서도 홀로 근심했던 굴원의 행적을 본받지는 않을 것이란 말이다. 이소(離騷)는 굴원이 지은 〈이소경(離騷經)〉을 가리키는데 여기서는 유배 갔다가 다시 등용되지 못하고 있는 이민구의 상황을 말하는 뜻으로 풀이하였다.

거듭 경 자 운에 맞춰 짓다

再次庚韻

늙어 해는 자주 바뀌는데	老覺年頻換
가난하여 술 마실 일 드물구나	貧稀酒細傾
달이 부질없이 서쪽 하늘에 있는데	太陰空在西
남은 해가 또 서쪽으로 기우네	殘日又斜庚
야박한 풍속은 사람들 얼굴 따르지만	薄俗從人面
덧없는 영화가 어찌 내 명예이랴[84]	浮榮豈我名
주나라 주하사에게	欲憑周柱史
양졸의 공정을 묻고자 하노라[85]	養拙問工程

84 야박한……명예이랴 : 세상 사람들은 인맥을 이용하여 부귀영화를 추구하지만 자신은 덧없는 영화를 명예롭게 여기지 않는다는 말이다.

85 주(周)나라……하노라 : 노자(老子)에게 타고난 본성을 지키는 방법을 묻고 싶다는 말이다. 주주사(周柱史)는 노자를 가리킨다. 노자가 주(周)나라 장서실(藏書室)의 주하사(柱下史) 벼슬을 지냈기 때문에 이렇게 부른다. 양졸(養拙)은 졸렬함을 기른다는 말로, 타고난 성명(性命)을 함부로 쓰지 않고 보존하는 것을 말한다. 진(晉)나라 반악(潘岳)의 〈한거부(閑居賦)〉에 "온갖 묘한 이치를 누르고 생각을 끊어 마침내 한가로이 노닐며 졸렬함을 기른다.〔抑衆妙而絶思, 終優游以養拙.〕"라고 하였다.

석호옹이 보내 준 시에 맞춰 짓다
次石湖翁寄詩

한 칸 방에는 늘 먼지 가득하고 一室塵恒滿
가을도 다 저물어 가네 三秋序向窮
차가운 꽃에는 비로소 이슬 맺히는데 寒花初帶露
시든 잎은 바람 따라 지려 하네 病葉欲隨風
늙은이라 흐르는 계절에 상심하는데 抵老傷年事
농사에서 일 년의 공을 아노라 爲農感歲功
어찌하면 말 술 빚어 何當營斗酒
북쪽 이웃 늙은이와 즐길까 取適北隣翁

2

도성 가까이 걸음하지 않은 채 跡阻重城比
작은 저자 서쪽에 살아가노라 居隣小市西
변방 소리 또 가을 기러기가 울어대니 邊聲又秋雁
세상에서 새벽닭 울음소리 몇 번이나 들을까 人世幾晨鷄
풀 자란 오솔길 헤치고 와도 가늘겠지만 草徑披還細
숲 사이 사립문 뚜렷이 보이는데 林扉望不迷
한갓 산야의 흥취를 徒將山野興
글에 담아 그윽한 거처에 보내왔네 詞翰及幽棲

장령 조속이 필사한 《사숙재집》을 보여 주었는데 필법이 정밀하고 오묘하였다[86]

趙掌令涑手寫私淑齋集見視 筆法精妙

강은 동으로 흐르고 해는 서쪽으로 달리는데	江河東注日西馳
두 눈은 세상에서 누구를 향해야 하나	雙眼人間欲向誰
빼어난 글씨 새로 《청리첩》을 전하는데[87]	墨妙新傳青李帖
풍류는 홀로 자지미 막혔어라[88]	風流獨阻紫芝眉
뛰어난 솜씨 선배들 능가하니	從知藝絶傾前輩
인재 드물어 후대를 아파하네	轉見才難愴後時
가난하고 병든 늙은이 자리에 누워	貧病暮年淹伏枕

86 장령(掌令)……오묘하였다 : 조속(趙涑, 1595~1668)의 본관은 풍양(豐壤), 자는 희온(希溫), 호는 창강(滄江)·창추(滄醜)이다. 음보(蔭補)로 기용되어 장령과 진선(進善)을 지냈다. 경학(經學)과 서화(書畫)에 전념하여 당시에 이미 명성이 높았다. 《임하필기(林下筆記)》에 "조속이 필법(筆法)에 정밀하다."라고 하였다. 《사숙재집(私淑齋集)》은 사숙재 강희맹(姜希孟, 1424~1483)의 시문집이다.

87 빼어난……전하는데 : 조속의 훌륭한 필체를 찬미한 말이다. 《청리첩(青李帖)》은 진(晉)나라의 명필 왕희지(王羲之)가 쓴 《내금청리첩(來禽青李帖)》으로, 여기서는 《사숙재집》을 가리킨다.

88 풍류(風流)는……막혔어라 : 풍류가 뛰어난 조속을 만나지 못하는 마음을 읊은 것이다. 자지미(紫芝眉)는 매우 아름다운 행실을 표현하는 말이다. 자지는 당(唐)나라 원덕수(元德秀)의 자(字)로 행실이 매우 훌륭하여 당시 재상 방관(房琯)이 "자지의 아름다운 눈썹을 보면 명리를 추구하는 마음이 모두 사라진다.〔見紫芝眉宇, 使人名利之心都盡.〕"라고 칭송하였다는 고사가 전한다. 《新唐書 卷194 卓行》

부끄럽게도 차서치에게 보답할 길 없어라[89] 愧無堪報借書癡

89 부끄럽게도……없어라 : 조속이 《사숙재집》을 보여 주었지만 그에게 답례할 방법이 없다는 겸사이다. 차서치(借書癡)는 책을 빌려 주는 어리석은 사람이라는 뜻이다. 당(唐)나라 이광문(李匡文)의 《자가집(資暇集)》에 "책을 아껴 빌려 주지 않는 것도 한 어리석음이요, 빌려 주는 것도 한 어리석음이요, 빌려준 책을 찾으려는 것도 한 어리석음이요, 빌린 책을 돌려주는 것도 한 어리석음이다.〔惜一癡, 借二癡, 索三癡, 還四癡.〕"라고 한데서 유래하였다. 《古今事文類聚 別集 卷3》 여기서는 조속을 가리킨다.

소한당[90]에게 부치다

寄素閑堂

한대의 유 중루여	漢代劉中壘
상담의 굴 대부여	湘潭屈大夫
문장은 뛰어났건만	文章且餘力
세상에 홀로 위태했지[91]	天地獨危塗
사돈께서 편지 자주 보내 주시는데[92]	親懿煩書札

90 소한당(素閒堂) : 유정량(柳廷亮, 1591~1663)으로 본관은 전주(全州), 자는 자룡(子龍), 호는 소한당, 시호는 효정(孝貞)이다.《東州集 文集 卷10 全昌君柳公墓碣銘幷序》

91 한대(漢代)의……위태했지 : 한나라의 유흠(劉歆)과 초(楚)나라의 굴원(屈原)에 비유하여 유정량의 문장력과 고난을 읊은 것이다. 유 중루(劉中壘)는 중루 교위(中壘校尉)를 지낸 유흠을 가리킨다. 유흠은 육예(六藝)의 모든 책을 분류한《칠략(七略)》을 지었는데, 왕망(王莽)에 반대하여 모반을 기도하였다가 실패하자 자살로 생을 마감하였다. 굴 대부(屈大夫)는 초나라의 삼려대부(三閭大夫) 굴원을 가리키며, 상담(湘潭)은 그가 쫓겨나 자살한 곳이다. 굴원은 유배지에서 〈이소(離騷)〉와 〈어부사(漁父辭)〉 등을 남겼다. 유정량은 1604년(선조37) 14세 때 선조의 딸 정휘옹주(貞徽翁主)와 혼인하여 전창위(全昌尉)에 봉해졌지만, 소북(小北)의 영수였던 할아버지 영의정 유영경(柳永慶, 1550~1608)이 1608년 광해군이 즉위하면서 대북(大北) 일파의 탄핵으로 경흥(慶興)에 유배되었다가 사사되고, 이어 1612년(광해군4)에는 멸족되는 화를 당하였다. 유정량은 홀로 유배된 채 1623년 인조반정으로 풀려나기까지 실명 위기에 처하는 등의 고난을 겪었다.

92 사돈께서……주시는데 : 유정량이 이민구에게 편지를 자주 보내 준다는 말인데, 이민구의 둘째아들이 유정량의 사위이다.

떨어져 지내 주막에 가지 못하네　　離居曠酒壚

붉은 대문에서 놀던 옛 자취　　朱門舊遊跡

가을에 더욱 쓸쓸하여라　　秋日轉疏蕪

윤생 만사

尹生挽詞

화복의 이치 아득하여 알 수 없어	禍福茫茫不可知
인간 세상 노래와 통곡 서로 따르네	人間歌哭遞相隨
어이할까 조부모와 부모님 눈물	那將兩世爺孃淚
죽는 날까지 골수에 슬픔 맺히지	永結重泉骨髓悲
시월 차가운 강은 물결도 잔잔하지 않아	十月寒江流未穩
천 년 저 땅속에서 돌아올 기약 없네	千年窮壤返無期
정 깊은 나는 오래도록 단장의 한 품었는데[93]	情鍾久抱摧腸恨
〈해로사〉[94]에 다시금 마음 아파하노라	更覺神傷薤露詞

93 정(情)……품었는데 : 이민구가 아들을 잃은 슬픔을 오래도록 겪었다는 말이다. 정종(情鍾)은 정이 모인다는 뜻이다. 진(晉)나라 왕연(王衍)이 아들을 잃고 매우 비통해하니, 산간(山簡)이 "어린애는 품 안의 물건이거늘, 어찌 이토록 슬퍼한단 말인가.〔孩抱中物, 何至於此.〕"라고 하였다. 왕연이 "성인은 정을 잊고, 가장 낮은 사람은 정을 다하지 못한다. 그러므로 정을 다 쏟을 수 있는 사람은 바로 우리 같은 사람이다.〔聖人忘情, 最下不及於情. 然則情之所鍾, 正在我輩.〕"라고 하였다. 《晉書 卷43 王戎列傳 王衍》

94 해로사(薤露詞) : 만가(挽歌)로 부추 잎에 맺힌 이슬처럼 쉽게 사라지는 인생의 덧없음을 읊은 것이다. 한 고조(漢高祖)에게 반기를 들다 패망한 전횡(田橫)의 죽음을 두고 그 무리가 지은 만가에 "부추 위에 맺힌 이슬 어이 쉽게 마르나. 이슬은 말라도 내일이면 다시 내리지만, 사람은 죽어 한 번 가면 언제나 돌아오나.〔薤上朝露何易晞, 露晞明朝更復落, 人死一去何時歸.〕"라고 하였다. 《古今注 音樂》

참판 홍영의 부인[95] 만사

洪參判夫人挽詞

영안위(永安尉)[96]의 어머니이다.

봉황 점치고 용 올라탔으며 부인의 도 빛나니[97] 占鳳乘龍婦道光
집안이 척오에 이어져 꽃다운 향기 드날렸네[98] 家連尺五擅芬芳

95 참판(參判) 홍영(洪霙)의 부인 : 홍영(1584~1645)의 본관은 풍산(豐山), 자는 택방(澤芳), 호는 추만(楸巒)이다. 예조 참판을 역임하였다.《澤堂集 別集 卷7 禮曹參判贈領議政洪公墓表》 홍영의 부인은 정경부인(貞敬夫人) 연안 이씨(延安李氏)로 이정귀(李廷龜)의 딸이다. 1585년(선조18)에 태어나 1655년(효종6) 7월 5일에 별세하였다.《白軒集 卷49 貞敬夫人延安李氏墓誌銘》

96 영안위(永安尉) : 홍주원(洪柱元, 1606~1672)으로, 본관은 풍산(豐山), 자는 건중(建中), 호는 무하당(無何堂)이다. 홍영의 맏아들로, 선조의 딸 정명공주(貞明公主)와 혼인하여 영안위에 봉해졌다.

97 봉황……빛나니 : 연안 이씨 부인의 아들 홍주원이 선조(宣祖)의 사위가 되고, 부인은 부덕(婦德)을 지녔다는 말이다. 점봉(占鳳)은 사위를 택하는 일을 말한다. 춘추 시대 제(齊)나라 의중(懿仲)이 자기 딸을 진경중(陳敬仲)에게 출가시키려 할 때 점을 쳐서 "봉황새가 날아오르며 서로 어울려 운다.〔鳳凰于飛, 和鳴鏘鏘.〕"라는 등의 길한 괘를 얻었던 고사가 있다.《春秋左氏傳 莊公22年》 승룡(乘龍) 역시 사위를 가리킨다. 후한(後漢)의 손준(孫雋)과 이응(李膺)이 함께 태위(太尉) 환현(桓玄)의 딸을 아내로 맞으니, 당시 사람들이 "환숙원의 두 따님이 모두 용을 탔다.〔桓叔元兩女, 俱乘龍.〕"라고 하였다.《海錄碎事 卷7上 人事》

98 집안이……드날렸네 : 훌륭한 가문을 이루었다는 말이다. 척오(尺五)는 하늘과의 거리가 1척 5촌이라는 말로, 영달(榮達)을 의미한다. 당(唐)나라 때 위씨(韋氏)와 두씨(杜氏)가 매우 영달하였으므로 그들을 일러 거천척오(去天尺五)라고 했던 데서 온 말이다.《陝西通志 卷73 古蹟第二》

가정에서 오래도록 세 짐승의 봉양 받았고[99]	庭闈舊擁三牲奉
집안은 아홉 자녀의 상서로움 추앙되었네[100]	門戶仍推九子祥
가없는 복록을 하늘이 기약했을 텐데	福祿無涯天可必
장수 누리지 못하시니 이치란 알 수 없어라	頤期不到理難詳
가슴 아파하며 산도의 객만 홀로 남아	傷心獨有山濤客
생사 갈린 지금 더욱 아득하오[101]	存沒于今益渺茫

99 가정에서……받았고 : 부인이 자녀들의 지극한 봉양을 받았다는 말이다. 삼생(三牲)은 소와 양과 돼지의 고기를 말한다.

100 집안은……추앙되었네 : 부인이 5남 4녀를 두었는데, 모두 훌륭하게 성장했다는 말이다.《白軒集 卷49 貞敬夫人延安李氏墓誌銘》

101 가슴……아득하오 : 홍영의 부인이 별세하므로 이전에 고인(故人)이 된 홍영에 대한 생각이 아련하게 떠오른다는 말이다. 산도(山濤)는 진(晉)나라 사람으로 죽림칠현(竹林七賢) 가운데 한 사람이다. 혜강(嵇康)이 종회(鍾會)의 무함에 걸려 죽자 그의 아들 혜소(嵇紹)를 산도가 추천하여 비서승(祕書丞)으로 삼게 하였다.《晉書 卷43》 여기서는 이민구 자신을 가리키는 말로 사용되었다.

홍주로 돌아가는 최 참봉을 전송하다

送崔參奉還洪州

늙은 기러기 게을리 날아 老雁懶飛翔
겨울과 여름에 오가네[102] 來往在冬夏
얼음과 서리를 어찌 걱정하지 않으랴 氷霜豈不虞
더위와 비도 두렵구나 炎雨亦可怕
추위와 더위 무릅쓰고 오가느라 跋涉冒寒暑
깃털이 닳았어라 毛羽覺彫鎩
비록 먹이 구하는 꾀가 없다지만 雖無稻粱謀
은정 저버리기란 실로 어렵지 實難恩情捨
피차 짝 잃은 새 그리워하는데 彼此戀覊雌
떠나는 길 멀리 가는 수레 가볍게 가네 征行輕遠駕
먹고 마시기는 편의대로 한다지만 飮啄隨所便
거센 바람 속에 어찌 한가할 틈 있으랴 飄戾寧自暇
인생살이 안주할 곳이 중요하지만 生涯重棲息
헤어지려니 서글프네 離別足悲吒
처량하다 짝 잃은 새 凄涼失侶禽
고달프게도 올빼미의 비방 만났네[103] 偪側遭鴟嚇

102 늙은……오가네 : 이 시는 최 참봉을 기러기에 비유하여 읊고 있으므로 여기서 노안(老雁)은 최 참봉을 가리킨다.

103 고달프게도……만났네 : 최 참봉의 생애를 고증할 수 없어 자세하지 않지만 그가

가여워라 구고의 소리	須憐九皐音
밝은 달 아래 목 빼고 울겠지[104]	引頸明月下

누군가에게 비방을 당한 것으로 보인다.

104 가여워라……울겠지 : 재덕(才德)을 갖춘 최 참봉이 홍주로 돌아가는 것이 안타깝다는 말이다. 구고(九皐)는 수택(水澤)의 깊은 곳을 말하는데, 《시경》〈학명(鶴鳴)〉에 "학이 구고에서 울면 소리가 하늘에까지 들린다.〔鶴鳴于九皐, 聲聞于天.〕"라고 한 데서 유래하였다. 이는 은거하는 군자의 덕이 멀리까지 알려짐을 비유한 말인데, 최 참봉이 지방으로 돌아가기 때문에 안타까워하면서 동시에 그의 재덕을 기린 것이다.

〈와룡초당도〉

臥龍草堂圖

촉 땅 민산에서 셋으로 나라 나누고	岷蜀三分國
기산에서 여섯 번 출정하였네[105]	祁山六出師
우러러 신야의 뜻 생각하니	仰懷莘野意
차마 초당에 누워 있을 수 없었지[106]	未肯臥茅茨

105 촉(蜀)……출정하였네 : 제갈량(諸葛亮)의 공적을 읊은 것이다. 민촉(岷蜀)은 촉나라 민산(岷山)을 가리킨다. 이백(李白)의 시에 "제갈무후가 촉 땅의 민산에 우뚝 서서는, 장안을 집어 삼킬 장한 뜻을 품었도다.〔武侯立岷蜀, 壯志呑咸京.〕"라고 하였다. 《李太白集 卷7 讀諸葛武侯傳……》 삼분국(三分國)은 제갈량이 천하를 위(魏), 촉(蜀), 오(吳)의 삼국(三國)으로 만든 것을 가리킨다. 소열(昭烈)이 죽은 후에 제갈량이 위를 정벌하기 위해 전후 여섯 차례나 기산(祁山)을 넘어 출전하였다고 한다. 기산은 중국 감숙성(甘肅省) 서화현(西和縣)의 서북쪽에 있는 산 이름이다.

106 우러러……없었지 : 제갈량이 초당(草堂)에 은거하지 않고 유비(劉備)의 초빙에 응해 세상에 나갔다는 말이다. 신야(莘野)는 유신국(有莘國)의 들로, 이윤(伊尹)이 이곳에서 농사짓다가 탕왕(湯王)이 세 차례 정중하게 초빙하자 세상에 나와 상(商)나라를 일으켰다. 제갈량도 유비의 삼고초려를 받았기에 이렇게 읊은 것이다.

찰 상인이 그의 스승 덕인의 책을 가지고 와서 보여 주었는데 그 속에 선친의 율시 두 수가 있으므로 눈물을 닦으며 화운하다

察上人以其師德仁卷來示 內有先人二律 乃抆涕攀和

지나는 세월 익숙히 겪으며	慣閱流光盡
호겁의 재앙에 자주 상심하네[107]	頻傷浩劫災
상전벽해처럼 오늘 변했는데	滄桑今日變
풍수의 감회 몇 해 만에 찾아왔나[108]	風樹幾年來
옛 자취를 승려가 오히려 말하니	舊跡僧猶說
남은 글에 눈이 문득 크게 떠지네	遺篇眼忽開
평소 가졌던 〈육아〉의 감회	平生蓼莪感
마음속에 맺힘을 거듭 아노라[109]	重覺寸腸回

107 지나는……상심하네 : 인생살이 속에 많은 고초를 겪는다는 말이다. 호겁(浩劫)은 불교에서 말하는 인간 세상의 큰 재앙인데, 여기서는 아버지 이수광(李睟光)의 죽음을 의미한다.

108 상전벽해(桑田碧海)처럼……찾아왔나 : 선친(先親)의 생전과 현재는 상전벽해처럼 달라져 선친이 교류하던 사람들도 다 고인이 되었는데, 선친이 남긴 시를 보게 되니 그립고 슬픈 마음이 생긴다는 말이다. 풍수(風樹)는 세상을 떠난 부모를 생각하는 슬픈 마음을 의미한다. 공자(孔子)가 길을 가는데 고어(皐魚)란 사람이 슬피 울고 있기에 까닭을 물었더니 "나무는 고요하고자 하여도 바람이 그치지 않고 자식이 봉양하고 싶어도 어버이는 기다려 주지 않는다.〔樹欲靜而風不止, 子欲養而親不待.〕"라고 하였다 한다.《韓詩外傳 卷9》

109 평소……아노라 : 선친이 남긴 시를 보면서 그리움이 사무친다는 말이다.《시경》

2

외롭게 남은 신세 삼천 일 지나　孤露三千日

노쇠한 칠십 늙은이 되었구나　衰遲七十翁

몸은 사물 따라 변하고　身應隨物化

한은 하늘에 닿아 끝났네　恨已極天終

오랜 세월 뒤에 유묵 펼쳐 보니　隔世披遺墨

가문에 전해지는 소박한 기풍 부끄럽네　傳家愧素風

산문도 초라하게 변했으니　山門亦凋換

어디에서 인공을 찾을까[110]　何處覓仁公

〈육아(蓼莪)〉에 "길고 큰 아름다운 쑥이라 여겼더니, 아름다운 쑥이 아니라 제비쑥이로다. 슬프고 슬프다 부모여, 나를 낳으시느라 몹시 수고롭고 병드셨도다.〔蓼蓼者莪, 匪莪伊蔚. 哀哀父母, 生我勞瘁.〕"라고 하였는데, 이는 부모가 세상을 떠난 뒤 생전에 효도하지 못한 슬픔을 노래한 것이다.

110 산문(山門)도……찾을까 : 승려 덕인(德仁)도 고인(故人)이 되어 볼 수 없다는 말이다. 인공(仁公)은 덕인을 가리킨다.

선달 그믐밤

除夜

창 어둡고 등불 흐려 잠 더디 깨는데　　窓暗燈昏睡覺遲
은하 비끼고 북두성 돌아가니 밤 얼마나 남았나　　河橫斗轉夜何其
강촌 적막하여 경고 소리도 없건만　　江村寂寂無更鼓
처마 밖 추위 속의 닭은 잘도 아는구나[111]　　簷外寒鷄强自知

111 강촌……아는구나 : 조용한 마을에 시간을 알리는 북소리가 없어도 닭은 날이 밝는 것을 잘도 알아서 운다는 말이다. 경고(更鼓)는 밤에 시각을 알리기 위해 치는 북이다.

동주집

시집 제21권

詩 시

병신년(1656, 효종7) 설날 아침
丙申元朝

어제는 예순일곱	昨日六十七
오늘은 예순여덟	今日六十八
어이할까 하루 사이	奈何一日間
가는 세월에 얻고 또 잃었네	徂歲得又失
동쪽 이웃과 서쪽 집에	東隣與西舍
자식 낳아 늙은 부부 기뻐하네	生子翁嫗悅
이미 사사로운 몸 받았으니	旣受形氣私
오고 가는 것도 잠깐이지	來往亦芒忽
생로병사의 고통 번갈아 만나니	四苦遞相纏
뉘라서 홀로 벗어날까	誰歟獨解脫
서쪽 사는 누런 얼굴의 늙은이	西有黃面老
날 꾀어 생사가 없다 하고[1]	誘我無生滅

1 서쪽……하고 : 불가(佛家)의 사람들이 적멸(寂滅)을 주장한다는 말이다. 황면로(黃面老)는 얼굴에 도금한 불상(佛像)을 말한다.

동쪽 사는 선문의 무리　　東有羨門徒
나에게 비상하는 신선술 배우라네[2]　　要我飛昇術
끝내 머잖아 죽을 때 찾아오면　　終然晝夜期
만고의 한 해골 되는 법　　萬古一骸骨
큰소리치는 두 사람　　乃知二夸人
짐짓 하한의 말 하는 줄을 알겠네[3]　　故爲河漢說
차라리 천지조화에 맡기고　　不如任大造
길게 노래하며 정월에 취하는 것만 못하지　　長歌醉正月

2 동쪽……배우라네 : 선가(仙家)의 사람들이 신선술을 배우라고 한다는 말이다. 선문도(羨門徒)는 선문의 무리라는 말이다. 진 시황(秦始皇) 32년에 갈석(碣石)에 순수(巡狩)하여 연(燕)나라 사람 노생(盧生)을 시켜 선문(羨門)과 고서(高誓)라는 신선을 찾게 한 일이 있다.《史記 卷6 秦始皇本紀》

3 큰소리치는……알겠네 : 불가(佛家)의 사람이나 도가(道家)의 사람이나 허황된 말을 한다는 뜻이다. 하한(河漢)은 은하를 말하는데, 여기서는 은하가 아득한 하늘에 있어서 분명하게 보이지 않듯이 말하는 바가 막연하여 그 뜻을 알기 어렵다는 의미이다.《장자(莊子)》〈소요유(逍遙遊)〉에 "나는 그 말이 은하수처럼 한없이 계속되는 것 같아 놀라고 두렵다.〔吾驚怖其言猶河漢而無極也.〕"라는 말이 있다.

우윤 한회일[4]을 개장할 때의 만사

韓右尹會一改葬挽詞

덕 쌓은 서원의 자손	積德西原胄
탁월하게 가문의 전통 이었지[5]	承家必絶倫
기질 호방하여 습속 벗어났고	氣豪從脫略
뜻이 활달하여 금세 친해졌지	意豁卽情親
나의 광적인 성격 누가 아낄까만	此物狂誰惜
공과는 참 잘 맞았지	於公契甚眞
흉금 펼쳐 정분이 친밀하였고	披丹輸分密
술 마시며 마음 자주 나누었지	擧白款懷頻
지난번 거친 땅으로 쫓겨나는 명령 받아	頃受投荒玦
부끄럽게도 변방 나가는 수레 탔는데[6]	慙紆出塞輪
진흙길에서도 돌보아 주었으니	泥塗猶顧遇
생사 갈린들 변할 수 있으랴[7]	生死肯緇磷

4 한회일(韓會一) : 1580~1642. 본관은 청주(淸州), 자는 형보(亨甫), 호는 협소(愜素)이다.

5 덕(德)……이었지 : 한회일이 가문의 전통을 잘 이었다는 말이다. 서원(西原)은 한회일의 본관인 청주의 옛 이름이다.

6 지난번……탔는데 : 이민구가 영변으로 유배 갔던 때를 말한 것이다. 결(玦)은 둥근 고리의 한 쪽이 트인 것을 말한다. 옛날에 신하가 죄를 지으면 변경에 방치해 놓고, 3년 동안 움직이지 못하게 하다가 환(環)을 보내면 돌아오라는 뜻이고, 결을 보내면 쫓는다는 뜻이었다고 한다.

짧은 인생에 풍류 다하였는데	短局風流盡
궁도에 세월은 새로웠지	窮途歲月新
성 무너져 일찍이 슬펐는데[8]	城崩曾慘慼
검이 만나 또 잠기는구나[9]	劍會又沈淪
합장을 중고의 예에 따라	合葬依中古
정월에 무덤 옮겨 모시네	移封接上春
이승과 저승 마땅히 다르지 않으리니	幽明當不間
부자가 길이 이웃하게 되었네	父子永爲隣
웃고 말하는 모습 생생하게 남았는데	笑語森如在

7 진흙길에서도……있으랴 : 이민구가 유배지에 있을 때도 한회일이 외면하지 않고 돌보아 주었으므로 지금 비록 유명을 달리했지만 평소의 마음이 변하지 않는다는 말이다. 치린(緇磷)은 "단단하다 하지 않겠는가? 갈아도 얇아지지 않는다. 희다 하지 않겠는가? 물들여도 검어지지 않는다.〔不曰堅乎, 磨而不磷. 不曰白乎, 涅而不緇.〕"라는 공자의 말에서 유래하였다. 《論語 陽貨》

8 성(城)……슬펐는데 : 한회일이 별세했을 때 그의 부인이 대단히 슬퍼했다는 말이다. 전국 시대 제(齊)나라 사람인 기량(杞梁)이 전쟁에 나가서 죽어 돌아왔는데, 그의 아내가 그 시체를 성 아래에다 놓고 열흘 동안 슬피 통곡하자 그 성이 무너졌다는 고사가 전한다. 《春秋左氏傳 襄公23年》

9 검(劍)이……잠기는구나 : 한회일을 부인과 합장하게 되었다는 말이다. 진(晉)나라 때 뇌환(雷煥)이 용천(龍泉)과 태아(太阿)라는 두 보검을 얻어 그중 하나를 장화(張華)에게 주었는데, 후에 장화가 주살(誅殺)되자 그 칼의 소재를 알 수 없게 되었다. 뇌환이 죽은 뒤 그 아들이 칼을 가지고 연평진(延平津)을 지날 때 칼이 갑자기 손에서 벗어나 물에 떨어졌다. 사람을 시켜 물속을 찾게 하였더니, 두 마리 용이 서리어 있을 뿐이고 보검은 보이지 않았다고 한다. 이것을 연진검합(延津劍合) 또는 연진지합(延津之合)이라 하여 다시 합하게 되는 인연이나 부부가 죽은 뒤에 합장하는 것을 비유하게 되었다. 《晉書 卷36 張華列傳》

함께 기뻐할 방법 아득히 없구나 歡娛杳莫因

예전에 준 은 술잔 남아 있어 銀杯餘舊贈

한 번 마실 때마다 한 번 마음 아프오 一飮一傷神

병석에서 일어나다

病起

가만히 문 닫은 채 홀로 열흘 지냈는데　端居閉戶獨經旬
오늘은 진정 물에 노니는 물고기 같구나　今日眞如縱壑鱗
늘 세월이 오랜 나그네 지치게 한다 근심했는데　每患陰陽疲久客
도리어 천지가 묵은 사람 살게 해 주네　還從天地貸陳人
잔에 따른 술 입술 적셔 좋고　杯中麴櫱霑唇好
시렁 위의 시서는 새로운 뜻 알겠네　架上詩書觸指新
갠 창 열어 풍경 맞아들이니　試拓晴窓延氣色
처마 근처 매화와 버들 정겨워라　近簷梅柳欲相親

감사 유석[10] 만사

柳監司碩挽詞

기량과 덕업 사라지는 기박한 운수 만났지만	器業銷沈坐數奇
높은 재주로 당대를 오시했지	高才亦自傲當時
수레에 오르면 모두들 탐관이 제거된다 했고[11]	登車共說貪官去
비단옷 짓는 것이 말속에 맞지 않았네[12]	製錦還非末俗宜
궁벽한 땅에 무정하게 빼어난 선비 묻으니	窮壤無情埋俊士
늙은이 어디에서 새 벗 찾을까	老夫何處覓新知
아득한 흰 눈 속에 봄 일찍 찾아왔건만	茫茫白雪陽春早

10 유석(柳碩) : 1595~1655. 본관은 진주(晉州), 자는 덕보(德甫), 호는 개산(皆山)이다. 강원 감사(江原監司)를 역임하였다. 《龍洲遺稿 卷19 江原監司皆山柳公神道碑銘 幷序》

11 수레에……했고 : 유석이 지방관으로 부임하면 사람들은 탐관을 대신해서 부임하는 것으로 여겼다는 말이다. 등거(登車)는 수레에 오른다는 말로, 후한(後漢) 때에 범방(范滂)이 기주(冀州)의 청조사(請詔使)로 안찰(按察)하러 떠날 때 "수레에 올라 고삐를 잡음에 개연히 천하를 맑힐 뜻이 솟구쳐 올랐다.〔登車攬轡, 慨然有澄淸天下之志.〕"라고 하였다. 《後漢書 卷97 黨錮列傳 范滂》

12 비단옷……않았네 : 지방관으로 나가 행한 정치가 세속에 부합하지 않았다는 말이다. 제금(製錦)은 비단옷을 만든다는 말로, 고을을 다스린다는 뜻이다. 《춘추좌씨전》 양공(襄公) 31년 기사에 "그대에게 아름다운 비단이 있으면 초보자에게 옷을 만들도록 하지는 않을 것이다. 큰 관직이나 큰 고을은 백성의 몸을 감싸 주는 것인데 초보자에게 다스리게 한단 말인가. 그 비중으로 말하면 아름다운 비단보다도 더하지 않겠는가.〔子有美錦, 不使人學製焉. 大官大邑, 身之所庇也, 而使學者製焉, 其爲美錦, 不亦多乎.〕"라고 하였다.

뛰어난 곡조를 이제 누가 화답할까[13] 絶調于今和者誰

13 아득한……화답할까 : 유석이 죽었으므로 좋은 시를 지어도 화답할 사람이 없다는 말이다. 백설(白雪)과 양춘(陽春)은 유석이 운명한 때의 실제적 풍경을 말함과 동시에 〈백설곡(白雪曲)〉과 〈양춘곡(陽春曲)〉을 의미하기도 한다. 두 노래는 따라 부르기 어렵기로 유명한 옛날 초나라의 고아(高雅)한 가곡이다. 송옥(宋玉)의 〈대초왕문(對楚王問)〉에 "영중에서 노래하는 나그네가 맨 처음 〈하리곡〉·〈파인곡〉을 노래했을 때는 국중에서 화답하는 자가 수천 명이요, 〈양아곡〉·〈해로곡〉을 노래했을 때는 국중에서 화답하는 자가 수백 명이었다. 그러다 〈양춘곡〉·〈백설곡〉을 노래하자 그에 화답하는 자가 수십 명에 불과했으니, …… 이는 곧 곡조가 고상할수록 화답하는 자가 더욱 적기 때문이다.〔客有歌于郢中者, 其始曰下里巴人, 國中屬而和者數千人, 其爲陽阿薤露, 國中屬而和者數百人, 其爲陽春白雪, 國中屬而和者不過數十人,……是其曲彌高, 其和彌寡.〕"라고 하였다.《文選 卷45》

많은 병

多病

병 많아 날마다 한산하고　多病日疏散
그윽한 집 늘 편안하네　幽居常晏如
황무지 헤쳐 작은 집 짓고　荒榛披小築
백발로 외진 마을에 누웠어라　白髮臥窮閭
탁 트인 들판에 봄 그늘 엷고　野曠春陰薄
밝은 백사장 위로 저녁 경치 깨끗하다　沙明暮景虛
인가의 연기 가까운 저자로 통하니　人煙通近市
지팡이 짚고 마을 굽어보노라　倚杖俯村墟

2

집이 높은 언덕에 있어　卜宅臨皐逈
오솔길이 골짜기 옆으로 비껴 났네　穿蹊傍壑斜
세월이 늘그막 재촉하는데　年光催暮齒
풍광은 봄빛을 다투네　物態競春華
강가 버들에 푸른빛 일렁이고　翠動緣江柳
섬돌 주위 꽃은 향기 머금었네　香含近砌花
한가한 삶 한 가지 일도 없어　閑居無一事
마음 내키는 대로 연기 노을 바라본다　隨意望煙霞

경현[14] 김공이 늙어 귀가 들리지 않자 그의 조카 고령군이 술을 끊으라고 권하였다. 삼 개월이 지나 더욱 들리지 않게 되자 시를 지어 보내 주었다. 그 운자에 맞춰 지어 보내서 이야깃거리로 삼다

警弦金公老病聾 其兄子高靈君勸令止酒 三月而聾益甚 有詩見寄 和韻却酬 以資談柄

세상 시끄러운 소리 듣는 데 방해되겠지만	須妨俗累聽紛紛
차마 향기로운 술 마주하고 취하지 않을까	忍對芳尊斷醉醺
사일에 귀 치료한다는 고사 전해지고[15]	社日治聾傳故事
신선이 늙음 물리친다는 말 전에 들었네	仙人却老認前聞
백륜의 옛 맹서는 진실로 거짓이었고[16]	伯倫舊誓眞成誕

14 경현(警弦) : 김효건(金孝建, 1584~1666)으로, 본관은 안동(安東), 자는 선술(善述), 호는 경현옹 또는 경옹(警翁)이다.《海隱遺稿 卷18 贈大冢宰金公墓碑銘》

15 사일(社日)에……전해지고 : 춘사일(春社日)이나 추사일(秋社日)에 마시는 술을 치롱주(治聾酒)라고 하는데, 이 술을 마시면 어두운 귀가 밝아진다고 한다.

16 백륜(伯倫)의……거짓이었고 : 유령(劉伶)이 술을 끊지 못했다는 말이다. 백륜은 진(晉)나라 죽림칠현(竹林七賢)의 한 사람이었던 유령의 자이다. 그는 술을 좋아하여 언제나 술병을 차고 다니면서 종자(從者)에게 삽을 메고 자기 뒤를 따라오게 하며 자기가 죽으면 바로 묻어 달라고 부탁하기도 하였다. 그러던 어느 날 갈증이 심해서 아내에게 술을 달라고 청하자, 아내가 술을 버리고 그릇을 깨면서 울며 간하기를 "당신은 술을 너무 과하게 마십니다. 이는 섭생하는 도가 아니니, 반드시 끊어야 할 것입니다.〔君酒太過, 非攝生之道, 必宜斷之.〕"라고 하였다. 유령이 "좋은 말씀이오. 하지만 나는 스스로 금주할 수가 없으니, 귀신에게 축원하며 맹세를 해야겠소. 지금 당장

원량의 새 시는 글로만 남았을 뿐[17] 元亮新詩只寓文
조카의 좋은 처방 잘못되어 가지만 令姪良方欲相誤
사종의 조카 그대 조카만 못하구나[18] 嗣宗兒子不如君

술과 고기를 차려 오시오.〔善. 吾不能自禁, 惟當祝鬼神自誓耳, 便可具酒肉.〕"라고 하였다. 이에 처가 그 말대로 따르니, 유령이 무릎을 꿇고 기도하기를 "하늘이 유령을 낸 것은 술로 이름을 내라는 뜻이니, 한꺼번에 한 섬의 술을 마시고 다섯 말로 해장을 하게 하실 것이요, 부녀자의 말은 부디 듣지 마시기를.〔天生劉伶, 以酒爲名, 一飮一斛, 五斗解酲, 婦兒之言, 愼不可聽.〕"라고 하고는 다시 대취했다고 한다.《晉書 卷49 劉伶列傳》

17 원량(元亮)의……뿐 : 도잠(陶潛)이 술을 끊겠다는 시를 지었을 뿐 실제로는 끊지 못했다는 말이다. 원량은 진(晉)나라의 은사(隱士)인 도잠의 자이다. 그는 "이제야 금주가 좋은 줄 알았으니 오늘 아침부터 진정 끊으리라.〔始覺止爲善, 今朝眞止矣.〕"라는 시를 지었지만 평생 술을 즐겼다.《陶淵明集 卷3 止酒》

18 사종(嗣宗)의……못하구나 : 김효건의 조카가 김효건에게 술을 끊으라고 권한 것이 기특하다는 말이다. 사종은 진(晉)나라 완적(阮籍)의 자(字)이다. 그는 술을 매우 좋아한 인물인데, 그의 조카 완함(阮咸) 역시 술을 즐겼다.

기이한 모양의 용향 어묵[19] 십영 응제

異樣龍香御墨十詠 應製

신령한 백화향 은은하게 피어나고　百和靈香煖
쌍을 이룬 뿔과 꼬리 길게 뻗었네　雙挐角尾長
도리어 군옥부에서　還從群玉府
다시 칠서의 빛을 보겠네[20]　更覩漆書光

위는 천부(天府)의 어향(御香)이다. 위쪽은 전자(篆字)가 쓰여 있고 아래쪽은 두 마리의 용이 있다.

치수 사업이 이루어진 뒤에　水土功成後
구주에서 현규를 바쳤네[21]　玄圭奠九州
용문의 세 단계 물결에서[22]　龍門三級浪

19 용향(龍香) 어묵 : 용향은 중국 당 현종(唐玄宗)이 사용했다는 명묵(名墨)으로 용뇌(龍腦)와 사향(麝香) 등을 넣어서 제조하였다.

20 도리어……보겠네 : 좋은 먹빛의 글씨를 볼 수 있겠다는 말이다. 군옥부(群玉府)는 주(周)나라 역대 제왕(帝王)의 서책(書冊)을 소장했던 곳으로, 전하여 왕가(王家)의 도서실(圖書室)을 의미한다. 칠서(漆書)는 칠간(漆簡)과 같은 말로, 나무판에 옻칠로 쓴 글씨를 말한다.

21 치수(治水)……바쳤네 : 현규(玄圭)는 검은 옥으로 만든 홀이다. 《서경》 〈우공(禹貢)〉에 "우가 검은 규를 올려 순에게 성공을 아뢰었다.〔禹錫玄圭, 告厥成功.〕"라고 하였는데, 채침(蔡沈)은 "수토가 이미 평정되자 우는 현규로 폐백을 삼아 순에게 공을 이룬 것을 보고하였다.〔水土旣平, 禹以玄圭爲贄, 而告成功于舜也.〕"라고 풀이하였다. 먹이 검고 모양이 규와 비슷하게 생겼으므로 여기서는 먹의 별칭으로 쓰였다.

감히 임금의 배를 뒤집지 못하네[23] 不敢負王舟

위는 뜻을 이룬 현규(玄圭)이다. 위쪽 전자는 "검은 규가 물속에서 나오니 금빛 잉어가 물결을 뛰어오르네."라는 내용이다.

혹 뛰어올라 양기를 타니 或躍乘陽氣

날아오르는 것은 구삼의 처음에 달렸네[24] 飛騰九三初

묵지 안에서 거만하지 마라 休誇墨池內

다만 북명의 물고기 나올 뿐이네[25] 但出北溟魚

위는 승천하는 용이다. 안쪽에 전자가 쓰여 있고, 뒤쪽에는 금빛 용이 허공

22 용문(龍門)의……물결에서 : 용문은 중국 황하 상류에 세 계단으로 된 폭포를 가리킨다. 수많은 물고기 중에 그 위로 뛰어 오르면 용이 된다는 고사에서 온 말로, 전하여 과거에 급제하는 것을 뜻한다. 옛날 대홍수 시대에 우(禹)가 도끼로 쪼개어서 물을 통하게 만들었다고 전하므로 우문(禹門)이라고도 한다.

23 감히……못하네 : 하(夏)나라 우 임금이 남쪽을 순시하려고 강을 건너갈 적에 황룡이 등으로 배를 떠밀자 배 안에 있는 사람들이 사색이 되었다. 우 임금이 하늘을 우러러보고 탄식하기를 "내가 하늘의 명을 받아 힘을 다 쏟아 백성을 기르고 있다. 죽고 사는 것은 천명에 달려 있으니, 내가 어찌 용을 걱정하겠는가.〔吾受命於天, 竭力以養人, 生性也死命也, 余何憂於龍焉.〕"라고 하니, 용이 귀를 접고 꼬리를 낮추고서 떠났다는 고사가 있다.《呂氏春秋 卷20 知分》

24 혹……달렸네 : 항상 두려워하고 근심하라는 말이다.《주역》〈건괘(乾卦) 구삼(九三)〉에 "군자가 종일토록 힘쓰고 힘써 저녁까지 두려워하면 위태로우나 허물이 없으리라.〔君子終日乾乾, 夕惕若, 厲無咎.〕"라고 하였고, 〈건괘 구사(九四)〉에 "혹 뛰어오르거나 못에 있으면 허물이 없으리라.〔或躍在淵, 無咎.〕"라고 하였다. 여기서는 두려워하는 자세를 견지해야 날아오를 수 있다고 말한 것이다.

25 묵지(墨池)……뿐이네 : 이백(李白)의 〈초서가행(草書歌行)〉에 "먹물로 이루어진 못에서는 북명의 물고기도 튀어나올 만하고, 붓털은 하도 닳아서 중산의 토끼를 모두 잡아올 정도였네.〔墨池飛出北溟魚, 筆鋒殺盡中山兎.〕"라는 표현이 나온다.

을 잡아당기며 승천하는 모습이다.

군은 마디 본디 곧고 바르니　　勁節本貞直
푸르고 푸르러 그 빛 바뀌지 않네　　蒼蒼不改色
꼭 알아야지 고죽군이　　須知孤竹君
묵이라는 성씨 얻을 줄을[26]　　得姓乃爲墨

위는 현지죽(玄池竹)이다. 안쪽 전자는 "늙은 대나무를 뿌리까지 한 마디를 자른다."라는 내용이다.

이미 용의 기운이 풍기는데　　已將龍氣熏
난초 향기까지 빌렸어라　　兼挹蘭芳假
세밑에 누구에게 주려는가　　歲暮欲貽誰
여린 줄기 부질없이 윤기 흐르네　　柔莖空沃若

위는 동심결(同心結)[27]에 대한 말이다. 난을 그리고 뒤쪽에는 4자구의 시가 있다.

청사에 봉해진 뒤로[28]　　青社分封後

26 고죽군(孤竹君)이……줄을 : 은(殷)나라의 속국이었던 고죽국(孤竹國) 임금의 성이 묵태(墨胎)이다. 주나라 무왕(武王)이 은나라를 정벌하자 고죽국 임금의 두 아들 백이(伯夷)와 숙제(叔齊)가 주나라 곡식을 먹지 않고 수양산에 숨어 고사리를 캐서 먹다가 굶어 죽었다. 《史記 卷61 伯夷列傳》

27 동심결(同心結) : 《주역》 〈계사전 상(繫辭傳上)〉에 "두 사람이 마음을 함께하면 그 예리함이 쇠를 자를 만하고 마음을 함께 한 말은 그 향기가 난초와 같다.〔二人同心, 其利斷金. 同心之言, 其臭如蘭.〕"라고 하였다.

28 청사(青社)에 봉해진 뒤로 : 주 성왕(周成王)이 아우 숙우(叔虞)를 당(唐)의 제

홀을 나누어 옛 법을 이어받았네 班圭襲舊章

오동잎 잘라 주기를 어찌 기다리랴[29] 那須翦桐葉

푸른빛이 용의 광채를 둘렀도다 翠色帶龍光

위는 청규(靑圭)이다. 홀의 모양과 비슷하고 전자(篆字)가 있다.

계설[30]의 짙은 향기 鷄舌氣氤氳

기이해 멀리서도 맡을 수 있네 奇芬宜遠聞

시중이 늙었다고 꺼리지 마라 休嫌侍中老

왕포와 양웅처럼 글씨 빼어나네[31] 墨妙是淵雲

위는 계설향(鷄舌香)이다. 모양이 닭의 혀처럼 생겼고 뒤에는 4자구의 시가 있다.

후로 봉해 준 일을 가리킨다. 옛적에 사방의 제후를 봉할 때에 각각 그 방위의 색에 해당하는 흙을 주어서 사(社)를 세우게 하였는데, 청색은 동쪽을 가리키므로 청사는 동방(東邦)이다.

29 오동잎……기다리랴 : 주 성왕이 어린 아우 숙우(叔虞)에게 장난으로 오동잎을 주며 "이것으로 너를 봉해 주리라."라고 하였다. 그러자 주공(周公)이 들어와서 말하기를 "천자(天子)는 장난해서는 안 됩니다."라고 하였고, 성왕은 결국 어린 숙우를 당(唐)에 봉하였다. 《柳河東集 卷4 桐葉封弟辯》

30 계설(鷄舌) : 정향(丁香)나무의 꽃봉오리를 따서 말린 약재로, 한(漢)나라 때 상서랑(尙書郎)이 임금에게 가까이 가서 아뢸 때는 입 냄새를 제거하기 위해 입에 물었다고 한다. 《通典 職官4》

31 왕포(王褒)와……빼어나네 : 연운(淵雲)은 한(漢)나라 왕포와 양웅(揚雄)의 병칭이다. 왕포의 자는 자연(子淵)이고 양웅의 자는 자운(子雲)으로, 모두 부(賦)를 잘 짓기로 유명하였다. 남조 양(南朝梁)의 강엄(江淹)이 〈별부(別賦)〉에서 "왕포와 양웅의 신묘한 글재주, 엄안과 서락의 훌륭한 글씨.〔淵雲之墨妙, 嚴樂之筆精.〕"라고 하였다.

효로 다스려 나라를 교화시키니 孝理垂邦敎
빗돌에 보전으로 새겼네 貞珉寶篆開
그리하여 황견의 말[32]을 쓰니 仍題黃絹語
규벽의 문채가 두루 빛나도다 奎璧動昭回

위는 절묘호사(絶妙好辭)이다. 안쪽은 전서로 쓰여 있고 뒤에는 "황견유부외손제구(黃絹幼婦外孫虀臼)" 여덟 자가 쓰여 있다.

옥토끼가 서둘러 찬 방아 찧으니 玉兎催寒杵
향기로운 먼지가 붉은 연기처럼 흩어지네 香塵散紫煙
계수나무 열매가 따라 떨어질 테니 應隨桂子落
때로 벽운편[33]을 물들이리라 時染碧雲篇

위는 "계수나무 열매 달 속에서 떨어지고, 하늘 향기가 구름 밖에 퍼지네."[34]이다. 계수나무 그림에 열 글자가 쓰여 있다.

32 황견(黃絹)의 말 : 후한(後漢)의 채옹(蔡邕)이 〈조아비(曹娥碑)〉에 '황견유부외손제구(黃絹幼婦外孫虀臼)'라고 썼다. 삼국 시대 조조(曹操)의 주부(主簿) 양수(楊脩)가 이를 보고 파자(破字)하여 "황견은 색이 있는 실〔色絲〕이므로 절(絶) 자가 되고, 유부는 소녀(少女)이므로 묘(妙) 자가 되고, 외손은 딸의 아들〔女子〕이므로 호(好) 자가 되고, 제구(虀臼)는 매운 것을 받아들이는〔受辛〕 것이므로 사(辭)가 된다. 따라서 절묘호사는 절묘한 좋은 글이란 뜻이 된다."라고 풀이하였다. 《世說新語 捷悟》

33 벽운편(碧雲篇) : 남조 양(南朝梁) 때 강엄(江淹)이 탕혜휴(湯惠休)에게 보낸 시 〈휴상인원별(休上人怨別)〉에 "저물녘 푸른 구름 뭉쳐 있는데, 고운 사람 오히려 오지 않는구나.〔日暮碧雲合, 佳人殊未來.〕"라고 한 데서 유래한 말로, 멀리 헤어져 있는 정겨운 사람을 그리는 뜻을 나타낸다.

34 계수나무……퍼지네 : 이 구절은 당나라 때 송지문(宋之問)이 지은 시 〈영은사(靈隱寺)〉로, 시구가 아름다워 많은 사람들에게 회자되었다. 《唐才子傳 卷1》

춤추는 나비 두 날개 가지런하고 蝶舞齊雙翼
연꽃은 나란히 한 가지에 피었네 蓮開竝一枝
임금께서 봄 경치 기뻐하여 宸心感春物
묵경[35]에세 알게 하시네 付與墨卿知

위는 호랑나비와 연꽃을 그리고 두보(杜甫)의 율시 한 연[36]을 적었다.

35 묵경(墨卿) : 먹의 이칭이다. 송나라 소식(蘇軾)의 〈만석군나문전(萬石君羅文傳)〉에 "이때에 묵경과 저 선생이 모두 문장에 능하여 총애를 받았는데, 네 사람이 마음이 맞아 서로 잘 지내니 당시 사람들이 '문원의 사귀'라고 하였다.〔是時, 墨卿楮先生皆以能文得幸, 而四人同心, 相得歡甚, 時人以爲文苑四貴.〕"라는 말이 있다. 문원의 사귀는 모순(毛純), 나문(羅文), 묵경, 저자(楮子)로 붓, 벼루, 먹, 종이를 가리킨다.

36 두보(杜甫)의 율시 한 연 : 당(唐)나라 두보가 지은 〈진정(進艇)〉의 경련(頸聯)에 "함께 나는 호랑나비는 원래 서로 쫓고, 나란히 핀 연꽃은 본래 한 쌍이네.〔俱飛蛺蝶元相逐, 竝蒂芙蓉本自雙.〕"라고 하였다. 《杜詩詳註 卷10》

삼재 김광욱[37] 만사

金三宰光煜挽詞

출중하다 밝은 시대의 호걸이며　犖犖光時傑
훌륭하다 말세의 모범이었지　英英末俗標
시는 청아하여 포사를 능가하고[38]　詩淸凌鮑謝
풍채 빼어나 송교와 닮았어라[39]　骨秀得松喬
흰 구슬처럼 높은 가치 내걸리고　白璧懸高價
푸른 솔처럼 뒤에 시드는 지조 빼어났지[40]　靑松擢後凋
세상일 따라 부침했지만　參差從世路
높은 하늘에 뛰어올랐지[41]　騰躍必雲霄

37 김광욱(金光煜) : 1580~1656. 본관은 안동(安東), 자는 회이(晦而), 호는 죽소(竹所)이다.《退憂堂集 卷10 左參贊金公墓誌銘》삼재(三宰)는 좌참찬(左參贊)의 이칭(異稱)인데,《승정원일기》효종 6년 5월 11일 기사에 김광욱을 좌참찬에 임명한 기록이 있다.

38 시는……능가하고 : 김광욱의 시가 포사(鮑謝)의 시처럼 뛰어났다는 말이다. 포사는 남조 송(南朝宋)의 포조(鮑照)와 사영운(謝靈運)의 병칭이다.

39 풍채……닮았어라 : 김광욱이 신선 같은 풍모를 지녔다는 말이다. 송교(松喬)는 전설상의 선인(仙人)인 적송자(赤松子)와 왕자교(王子喬)의 병칭이다.

40 흰……빼어났지 : 김광욱의 인품이 높이 평가되고, 굳은 지조를 지녔다는 말이다.《논어》〈자한(子罕)〉에 "한 해가 다하여 날씨가 추워진 뒤에야 소나무와 잣나무가 늦게 시드는 것을 안다.〔歲寒然後, 知松柏之後凋也.〕"라고 하였다.

41 세상일……뛰어올랐지 : 김광욱의 생애에 부침의 굴곡이 있었지만 끝내 높은 관직에 올랐다는 말이다. 김광욱은 1613년(광해군5) 계축옥사(癸丑獄事)에 연루되어 아버지와 함께 국문을 받았고, 1617년 폐모 논의를 위한 정청(庭請)에 불참하여 삭직

문단에서 명성이 대단하였고 冊府聲名大
조정에서 인망 두터웠지 公庭望實饒
지위가 팔좌의 반열에 올라 班聯躋八座
소성에 드나들며 두 임금 모셨네[42] 出入歷二朝
풍도와 의리는 선배들 못지않았는데 風義推前輩
늙고 용렬한 이 사람도 오랜 벗으로 삼아 주었네 衰慵列久要
깊은 관심으로 뭇사람이 버린 나를 거두고 顧深收衆棄
나를 잘 알아 남들의 비방 씻어 주었네[43] 知厚洗群囂
궁벽한 마포에 수레 타고 왔다가 命駕麻湖僻
멀리 율리로 배 타고 돌아갔지[44] 回船栗里遙
검이 부딪쳐 두 갑이 흔들리고 劍衝雙匣動

되었다가 인조반정 후 복관되었다. 《退憂堂集 卷10 左參贊金公墓誌銘》

42 지위가……모셨네 : 팔좌(八座)는 재신급(宰臣級)의 8명의 고위 관료로, 동한 시대에는 육조(六曹)의 상서와 영(令), 복야(僕射)를 말하였다. 우리나라에서는 정2품 관직인 육조의 판서와 좌참찬, 우참찬을 의미한다. 이조(二朝)는 김광욱이 출사했던 인조(仁祖)와 효종(孝宗) 때를 가리킨다.

43 깊은……주었네 : 김광욱이 이민구를 감싸주었다는 말이다. 김광욱이 특진관(特進官)으로 입시(入侍)하였다가 제학(提學)의 해임을 청하는 자리에서 "이민구의 죄가 비록 무겁기는 하나 이미 직첩을 내렸으니 대신에게 물어 흠은 씻어버리고 거두어 쓰도록 하소서.〔陳李敏求罪犯雖重, 旣下職牒, 請詢大臣滌瑕收用.〕"라고 아뢴 사실이 있다. 《竹所集 附錄 墓誌銘》

44 궁벽한……돌아갔지 : 김광욱이 벼슬에서 물러나 낙향(落鄕)할 때, 이민구에게 들러 주었던 사실을 읊은 것이다. 마호(麻湖)는 이민구가 거처하는 마포를 가리킨다. 율리(栗里)는 원래 진(晉)나라 도잠(陶潛)이 은거하였던 곳인데, 여기서는 김광욱이 거처하던 고양시 행주(幸州) 일대를 가리킨다. 김광욱이 율리에서 지은 연시조 〈율리유곡(栗里遺曲)〉이 전한다.

거문고 타면 칠현이 고르게 연주되었지[45] 琴奏七絃調
당신과 흉금 열고 대화하니 大雅傾輸寫
궁한 시름에 시달리던 사람 쓸쓸함 사라졌지 窮愁破寂寥
인생은 끝내 잠깐 스쳐가는 것 人生終奄忽
이 사람 더욱 쓸쓸해지네 此物益蕭條
지난날의 자취 눈에 선한데 曩跡森猶在
위태한 넋 암담하여 스스로 녹는구나 危魂黯自銷
몸은 외로이 남아 도리어 허물 있는데 身孤還有累
마음 다하니 문득 무료해지네 意盡却無憀
옥을 묻으니 이 슬픔 어찌 견디랴[46] 埋玉情何忍
끈끈한 우정도 이젠 모두 멀어졌네[47] 投膠事已遼
동쪽 성에서 상여 떠난다는 소식 듣고는 東城聞祖發
눈물 흘리며 봄밤을 앉아 지새우네 瀝涕坐春宵

45 검이……연주되었지 : 두 사람이 의기투합했다는 말이다.

46 옥을……견디랴 : 김광욱과 영결하는 슬픔을 견디기 어렵다는 말이다. 매옥(埋玉)은 재주 있는 사람을 묻는다는 뜻이다. 진(晉)나라 유량(庾亮)이 죽어 땅에 묻힐 즈음에 하충(何充)이 "옥수를 땅속에 묻으니, 사람의 슬픈 정을 어찌 억제할 수 있으리오.〔埋玉樹箸土中, 使人情何能已已.〕"라고 하였다. 《世說新語 傷逝》

47 끈끈한……멀어졌네 : 김광욱과의 우의(友誼)를 더 이상 나눌 수 없다는 말이다. 투교(投膠)는 아교와 옻을 섞는 일을 말하는데, 이 두 가지는 다 물건을 접착시키는 것이므로 교제(交際)의 친밀함을 비유하는 말로 쓰인다. 〈고악부(古樂府)〉에 "아교를 옻칠 가운데 던져 놓으면, 누가 능히 이것을 떼어놓겠는가.〔以膠投漆中, 誰能別離此.〕"라고 하였다. 《古今事文類聚 續集 卷21 古詩》

강도의 석 교관이 들러 주었다

江都石教官見過

삼월이라 강호의 날씨 따뜻하니	三月江湖暖
맑은 물결이 언덕에 부딪치며 흘러가네	晴波拍岸流
그대 만나 한바탕 웃고	逢君開一笑
술 마시며 온갖 근심 털어내네	把酒散千憂
너른 들판에 먹구름 지나고	野闊雲陰度
빈 모래톱에 물안개 떠 있는데	洲虛水氣浮
봄 제방에 버드나무 여리고 여려	春堤楊柳弱
돌아가는 배 붙들어 맬 수 없구나	未可纜歸舟

승지 최유연[48] 만사

崔承旨有淵挽詞

나란히 급제하여[49] 오랫동안 교분 맺었는데	聯登嵬榜託交長
순식간에 흐르는 세월 바삐도 살아왔네	轉眄流年閱世忙
동병상련의 처지로 함께 불우하더니	同病乾坤俱落拓
강한에서 애통해하며 홀로 처량하네	一哀江漢獨凄涼
시서 익힌 옛 학업은 시문 남겼는데	詩書舊業餘篇翰
임금 가까이 모시던 영예는 아득히 떨어졌네	近侍榮名墮眇茫
황천길 먼저 간 그대는 오히려 신선되었는데[50]	泉路先歸猶羽化
진흙탕에 남은 이 늙은이는 아직도 방황한다네	泥塗此老尙棲遑

48 최유연(崔有淵) : 1587～? 본관은 해주(海州), 자는 성지(聖止)·성지(聖之)·지숙(止叔), 호는 현암(玄巖)·현석(玄石)이다. 인조조(仁祖朝)에 승지(承旨)를 지냈다. 저서로 《현암유고(玄巖遺稿)》가 있다.

49 나란히 급제(及第)하여 : 최유연은 1609년(광해군1) 증광시(增廣試)에서 3위로, 이민구는 장원으로 진사(進士)가 되었다.

50 황천길……신선되었는데 : 우화(羽化)는 선도(仙道)를 터득한 사람은 몸에 깃털이 돋아나 신선이 된다는 뜻에서 보통 선인(仙人)을 가리킨다. 여기서는 최유연이 죽어서 신선이 되었다는 말이다.

봄일

春事

부슬부슬 가랑비에 화초 뿌리 자라고	霏微細雨養花根
붉은 살구꽃 연분홍 복사꽃 피어 봄 풍경 멋지네	紅杏緗桃春事繁
향리의 인정 세월 따라 변하고	鄕里人情隨歲月
동산 숲의 경치 아침저녁 다르구나	園林物態改朝昏
발 드리운 복도에 거미줄 고요한데	簾垂閣道蟲絲靜
문 닫힌 섬돌에 모이 쪼는 참새 시끄럽네	門掩階除雀啄喧
저물녘 고깃배가 먼 포구로 돌아가니	日暮漁舟歸浦遠
구름 속 등불이 물가 서쪽 마을에서 반짝인다	雲中燈火水西村

안질을 앓으면서도 술 마시기를 그치지 않았는데 열흘 뒤에 병이 나았으므로 재미삼아 짓다

眼病未嘗廢飮 十日眼病瘥 戲書

눈아 너는 밝게 보는 것을 담당하였으니	眼汝職司明
입을 위해 먹거리 보고서	爲口視食品
먹을 수 있는 것과 없는 것을	可食不可食
선택할 때 반드시 먼저 살폈지	取舍必先審
눈병 걸려 시야 흐려지자	及眼病昏翳
입도 타고난 기능을 잃었지	口亦失所稟
어찌 눈을 위해 도모하랴	何嘗爲眼謀
술 마시기를 그만두지 않았네	未肯廢湛飮
석 잔에 열이 나서 눈이 침침하고[51]	三杯熱生花
눈물 흘러 베개를 흥건히 적셨지	眵淚流滿枕
장님이 될까 염려되어	懼其瞽疾成
혼자 마음으로 늘 두려웠는데	獨心恒懍懍
열흘 지나자 비로소 눈에 생기 도니	十日眼方蘇
술[52]을 어찌 잠시라도 버려두랴	美祿寧少寢

51 눈이 침침하고 : 생화(生花)는 꽃이 핀다는 말인데, 여기서는 안질(眼疾)을 읊고 있으므로, 안화(眼花) 즉 눈이 어른어른하는 것을 말한다.

52 술 : 미록(美祿)은 천지미록(天之美祿), 즉 세상에서 가장 아름다운 식록(食祿)이라는 말로, 술의 별칭이다.

서로 의지하다가 도리어 서로 저버린 채　相資却相負
뻔뻔하게도 맛난 음식 실컷 먹었으니[53]　靦然飫豐飪
눈은 군자의 풍도가 있건만　眼有君子度
입은 소인의 작태 심하구나　口乃小人甚
문의 역할을 눈이 맡아 한다면　牖戶眼爲官
입은 실로 창고와 같다네　口實猶倉廩
옛사람이 주고받을 때에　古人於辭受
국은 받고 비단은 돌려주었지[54]　受羹而反錦
입이 하는 일 진실로 이와 같으니　口業固如此
술병 기울여 추위나 이겨보자　傾壺破寒凜

53 서로……먹었으니 : 눈과 입이 서로 협조하며 지내다가 지금은 눈이 아픈데도 입은 먹는 것을 멈추지 않았음을 해학적으로 표현한 말이다.

54 옛사람이……돌려주었지 : 옛사람이 남에게서 물건을 받을 때 뇌물은 사양하고 뇌물이 아니면 받았다는 말이다. 《춘추좌전주소(春秋左傳注疏)》 권46에 "위나라 사람이 도백을 시켜 숙향에게 국과 비단 한 상자를 주며 말하기를 '제후들이 진나라를 섬김에 감히 다른 마음을 먹지 못하는데, 하물며 위나라가 군의 보살핌을 받으면서 감히 다른 뜻을 품겠습니까.'라고 하였다. 추요자가 다른 날과 다르다며 감히 받지 말기를 청하자, 숙향이 국은 받고 비단은 돌려주며 말하기를 '진나라에 양설부라는 자가 재물을 몹시 탐내어 또한 장차 화가 미치게 된 것은 이 일 때문이었다.'라고 하였다.〔衛人使屠伯饋叔向羹與一篋錦曰, 諸侯事晉, 未敢攜貳, 況衛在君之宇下, 而敢有異志. 芻蕘者異於他日, 敢請之, 叔向受羹反錦曰, 晉有羊舌鮒者, 瀆貨無厭, 亦將及矣, 爲此役也.〕" 라는 고사가 있다.

홍주 목사 황호[55] 만사

黃洪州杲挽詞

된서리가 정월에 내려 지란을 시들게 하니	繁霜正月悴芝蘭
강하의 영재 이미 관속에 들어갔네[56]	江夏英姿已蓋棺
감히 조정 위해 도가 쇠퇴함을 아파하랴	敢爲朝廷傷道屈
세상에 인재 얻기 어려움 안타까울 뿐이지	秖從世路惜才難
가정에서는 삼생의 봉양 썰렁하고[57]	庭闈舊養三牲冷
무덤으로 길이 돌아가니 오마 차갑구나[58]	丘壟長歸五馬寒

55 황호(黃杲) : 1604~1656. 본관은 창원(昌原), 자는 자유(子由), 호는 만랑(漫浪)이다. 저서로 《만랑집(漫浪集)》이 있다. 《星湖全集 卷62 漫浪黃公墓碣銘》 황호는 1655년(효종6) 홍주 목사(洪州牧使)에 임명되었다. 《承政院日記 孝宗 6年 7月 12日》

56 강하(江夏)의……들어갔네 : 탁월한 자질을 지닌 황호가 죽었다는 말이다. 강하는 후한(後漢)의 황향(黃香)을 지칭한 것으로 보이는데, 성이 같고 인품이 훌륭하므로 황호를 황향에 비유하였다. 황향의 자는 문강(文强)으로 강하 안륙(安陸) 사람인데, 어릴 적부터 효성으로 이름나고 경전에 박학하여 "천하에 둘도 없는 강하의 황동〔天下無雙江夏黃童〕"이라 일컬어졌다. 《後漢書 卷80上 文苑列傳 黃香》

57 가정에서는……썰렁하고 : 황호가 죽었기 때문에 어버이를 더 이상 모실 수 없다는 말이다. 정위(庭闈)는 어버이가 계신 고향 집을 말한다. 진(晉)나라 속석(束晳)의 〈남해(南陔)〉에 "남쪽 섬돌을 따라 올라가, 난초 캐어 어버이께 바쳐 올리리. 어버이 계신 곳 돌아보며 생각하느라, 마음이 편안할 틈이 없다오.〔循彼南陔, 言采其蘭, 眷戀庭闈, 心不遑安.〕"라는 말이 있다. 삼생(三牲)은 소, 양, 돼지의 세 희생인데, 좋은 음식으로 부모를 봉양한다는 의미로 사용된다.

58 무덤으로……차갑구나 : 황호가 죽어서 더 이상 태수의 직책을 수행할 수 없다는 말이다. 오마(五馬)는 태수(太守)의 별칭이다. 한나라 때 태수의 수레를 다섯 필의

늙어서 다정한 벗들 장례 소식 자주 듣는구나　　老罷數聞親懿葬
다시 맑은 눈물을 문단에 떨구노라　　更堪淸淚落騷壇

말이 끊었던 데서 온 말이다. 황호는 홍주 목사로 나갔다가 1년 뒤에 공관에서 운명하였다.

수경당 팔영
水鏡堂八詠

수많은 소나무들이 푸르다 萬松交翠

그윽한 집 숲 그늘에 가까워　　幽簷近樹陰
겹겹 푸른빛 들창에 들지만　　疊翠堆軒牖
유독 세한의 자태 아끼노니　　獨愛歲寒姿
눈서리 뒤에도 푸르고 푸르구나[59]　　靑靑霜雪後

온갖 꽃들이 아름다움을 다투다 百花爭姸

빼어난 꽃 숲이 집을 빙 둘러　　繞屋芳林秀
맑은 꽃향기 골짝에 진동하지만　　晴花一壑香
오직 어여뻐라 울 밑의 국화꽃　　唯憐籬下菊
홀로 풍상 견디누나　　獨自過風霜

흰구름이 산굴에서 피어오르다 白雲出岫

밤낮으로 산 구름 피어나　　日夜山雲出
한가로이 떠다니며 돌아가지 않네　　溶溶每不歸
무심하기는 내가 더 심하니　　無心吾更甚

59 유독……푸르구나 : 날씨가 추운 뒤에도 푸름을 잃지 않는 소나무를 유독 좋아한다는 말이다. 《논어》 〈자한(子罕)〉에 "날씨가 추워진 뒤에야 소나무와 측백나무가 늦게 시드는 것을 알 수 있다.〔歲寒然後, 知松柏之後凋也.〕"라고 하였다.

오래도록 사립문 지키노라　　長自守衡扉

밝은 달빛이 문으로 들어오다 明月入戶

한음의 기심 이미 사라졌으니　　已息漢陰機
어찌 장자의 수레가 오랴만[60]　　寧紆長者轍
발 걷고 벗이 왔나 내다보니　　開簾見故人
동쪽 봉우리에 달만 떠올랐네　　秪有東峯月

버들가지가 봄바람에 나부끼다 楊柳春風

산뜻한 봄버들　　濯濯方春柳
못가에 푸른 실가지 하늘하늘　　臨池弄翠絲
풍류만은 전혀 줄지 않아　　風流都不減

60 한음(漢陰)의……오랴만 : 세상에 대한 관심을 끊었으므로 찾아오는 사람이 없다는 말이다. 자공(子貢)이 초나라에서 진(晉)나라로 돌아오는 길에 한음 땅을 지나는데, 한 노인이 우물을 파더니 항아리를 안고 그 속으로 들어가 물을 퍼서 밭에 붓고 있었다. 이에 자공이 "기계를 사용하면 하루에 백 이랑의 밭에 물을 댈 수 있어 힘은 덜 들고 효과는 크니 해 보고 싶지 않습니까?〔有械於此, 一日浸百畦, 用力甚寡, 而見功多, 夫子不欲乎.〕"라고 하였다. 그 노인이 성난 기색으로 비웃으며 "내가 내 스승에게서 들으니 '기계가 있는 자는 반드시 기사가 있고 기사가 있는 자는 반드시 기심이 있는 법이다. 기심이 가슴속에 있으면 순백이 갖추어지지 않고, 순백이 갖추어지지 않으면 신생이 안정되지 않고, 신생이 안정되지 않으면 도가 실리지 않는다.'라고 하였다. 내가 모르는 것이 아니라 부끄러워서 사용하지 않을 뿐이다.〔吾聞之吾師, 有機械者必有機事, 有機事者必有機心, 機心存於胸中, 則純白不備, 純白不備, 則神生不定, 神生不定者, 道之所不載也. 吾非不知, 羞而不爲也.〕"라고 하였다. 《莊子 天地》 두보(杜甫)의 〈증비부소낭중십형(贈比部蕭郎中十兄)〉에 "어찌 장자의 수레가 오겠는가. 산림에 돌아가 늙으며 건곤에 맡겨 두리.〔寧紆長者轍, 歸老任乾坤.〕"라고 하였다.

오히려 소년 시절 떠오르네　　猶憶少年時

연꽃이 가을 이슬에 젖다 芙蓉秋露

푸른 못에 붉은 연꽃 떨어지고　　碧沼朱華隕
파란 연잎에 옥 이슬 동글동글　　青荷玉露團
알겠다 구고[61]의 밤에　　應知九皐夜
외로운 학이 가을 추위에 놀라는 줄을　　獨鶴警秋寒

물고기가 거울같이 맑은 수면에서 놀다 魚游鏡面

꽃 비치는 봄 연못 깨끗한데　　花映春池淨
곡우 내리자 물고기 헤엄치네　　游鱗穀雨初
그윽한 집에서 만물 바라보는 마음　　幽居觀物意
나를 잊고 물고기마저 잊었네[62]　　忘我又忘魚

새들이 숲 속에서 지저귀다 鳥哢林間

갖가지 숲 속의 새들　　百種林中鳥
봄 오자 여기저기 울어대네　　春來鳴未稀
그 중에 사연이 많은 새는　　此間饒意緒

61 구고(九皐) : 구고는 수택(水澤)의 깊은 곳을 말한다. 《시경》 〈학명(鶴鳴)〉에 "학이 구고에서 울면 소리가 하늘에까지 들린다.〔鶴鳴于九皐, 聲聞于天.〕"라고 하였다.

62 나를……잊었네 : 기심(機心)이 전혀 없다는 말이다. 소식(蘇軾)의 시에 "낚시만 생각하고 고기는 잊어, 이 낚싯대와 줄만 즐기노라. 조용하고도 한가로이, 사물의 변화를 완상하네.〔意釣忘魚, 樂此竿線. 優哉悠哉, 玩物之變.〕"라고 하였다. 《東坡全集 卷23 江郊》

무엇보다 두견새[63]라네 最是不如歸

63 두견새 : 불여귀(不如歸)는 두견새를 가리킨다. 촉(蜀)나라 망제(望帝)가 신하 별영(鱉靈)의 아내를 간음한 뒤 왕위를 버리고 도망갈 때 두견새의 울음소리가 불여귀거(不如歸去)처럼 들렸다 하여 두견새의 별칭으로 쓰인다. 《蜀王本紀》

옥계정사 팔영

玉溪精舍八詠

오악에 돌아가는 구름 烏嶽歸雲

날마다 오서산에서	日日烏棲山
맑은 빛 마루와 창문에 어리지	晴光在軒戶
한가로이 바라보니 한 골짝의 구름이	閑看一壑雲
비로 변해 천 봉우리에 내리네	化作千峯雨

용담의 묵은 비 龍潭宿雨

오월에도 가뭄 극심하여	五月旱猶劇
논에 벼가 타들어갔지	田禾焦欲然
용담에 지난밤 비 내렸으니	潭心前夜雨
늙은 용이 잠에서 깨어난 듯	一起老龍眠

도원의 고운 노을 桃源綺霞

자동에 안개와 노을 고요한데	紫洞煙霞靜
봄물에 복사꽃 떠내려오네	桃花一水春
수역 찾아갈 길 알면 그 뿐	只知躋壽域
어찌 진나라 피한 사람들을 물으랴[64]	那問避秦人

64 수역(壽域)……물으랴 : 무릉도원에 가는 길을 찾아서 그곳에서 장수를 누리면 그만이지 학정(虐政)을 물을 필요는 없다는 말이다. 수역은 인수지역(仁壽之域)의

송정의 푸른 그늘 松亭翠陰

고즈넉한 노송의 그늘　蕭蕭古松陰
세상의 더운 날씨 아랑곳 않네　不受人間暑
유월의 무더위에도　六月炎大時
시원한 바람이 이토록 분다네　涼颸遽如許

꽃핀 언덕의 새벽 풍경 花崖曙色

안개가 저물녘에 짙어　香霧晩猶濃
아름다운 꽃 알아볼 수 없지만　芳華都不識
오직 어여빠라 바위 가의 꽃　唯憐岩際花
화사하게 봄빛 남았구나　粧點餘春色

나동의 저녁연기 蘿洞暮煙

밥 짓는 연기 피어나는 청라동　煙火青蘿洞
벼슬하는 선대의 유업 잘 계승하여　簪裾緖業餘

준말로, 일반적으로 태평성대를 뜻한다.《한서(漢書)》권22〈예악지(禮樂志)〉에 "구례를 찬술하고 왕제를 밝혀서 온 세상의 백성들을 이끌어 인수의 지역에 오르게 하면, 풍속이 어찌 주나라 성왕과 강왕 때의 태평 시절 같지 않겠으며 수명이 어찌 은나라 고종 때와 같지 않겠습니까.〔述舊禮明王制, 驅一世之民, 躋之仁壽之域, 則俗何以不若成康, 壽何以不若高宗.〕"라고 하였다. 한편 동진(東晉) 태원(太元) 연간에 무릉(武陵)의 한 어부(漁父)가 일찍이 시내를 따라 한없이 올라가다가 갑자기 도화림(桃花林)이 찬란한 선경을 만났다. 그곳에는 일찍이 선대(先代)에 진(秦)나라 때의 난리를 피해 처자(妻子)를 거느리고 들어와 대대로 살고 있는 사람들이 있었다. 어부는 그 사람들로부터 극진한 대접을 받았고, 며칠 뒤에 배를 타고 되돌아왔다. 그 후로는 다시 그 도화림을 찾을 수 없었다는 이야기가 있다.《陶淵明集 卷6 桃花源記》

지금까지도 주옥의 기운이　至今珠玉氣
오히려 고을에 진동하네　猶自動鄕閭

석교의 잔설 石橋殘雪

들판 기슭에 잔설 내려　野岸初殘雪
산천이 찬 기운 머금었네　溪山冷色含
나무꾼의 노래 저물녘에 들려오니　樵歌日暮起
석교 남쪽에 오솔길 났구나　細路石橋南

옥봉의 갠 달 玉峯霽月

서쪽 산의 맑은 가을 달　西嶽淸秋月
달빛에 상서로운 기운 엉겼어라　金波瑞氣凝
맑고 밝은 광채 어디에 쌓을까　淸光何所貯
옥호의 얼음이 있을 뿐이라네　秖有玉壺氷

교리 신혼[65] 만사

申校理混挽詞

하늘이 재주만 주고 장수를 허락하지 않으니　天與才明不與年
안회의 기박한 운명 고금이 애석해하네[66]　顔回薄命古今憐
풍속을 비추는 깨끗한 문장 빙호처럼 맑고　淸文映俗氷壺澈
조정에서 고아한 의론 옥거울이 걸린 듯[67]　雅論當朝玉鑑懸
이미 청산에서 맑은 기운 거두었는데　已遣靑山收爽氣
부질없이 밝은 해가 무덤 비추네　空留白日照窮泉
깊이 옥 묻으며 친지들 아파하는데　深深瘞璧親知慟
더없이 정 많은 늙은 부모님이야 말해 뭐 하랴[68]　況說情鍾鶴髮偏

65 신혼(申混) : 1624~1656. 본관은 고령(高靈), 자는 원택(元澤), 호는 초암(初庵)이다.

66 하늘이……애석해하네 : 신혼이 뛰어난 재주를 타고 났지만 안회(顔回)처럼 일찍 죽었다는 말이다. 안회는 공자의 제자로 29세에 머리칼이 온통 백발이 되고 31세에 죽었다고 한다. 《孔子家語 卷9 七十二弟子解 第38》

67 풍속을……듯 : 신혼의 문장과 의론이 고결하였다는 말이다. 두보(杜甫)가 지은 〈기배시주(寄裵施州)〉에 "금종과 대용이 동서에 있고, 빙호와 옥형이 맑은 가을 하늘에 걸려 있는 듯하네.〔金鍾大鏞在東序, 氷壺玉衡懸淸秋.〕"라고 하였다. 《杜詩詳註 卷20》

68 깊이……하랴 : 신혼의 죽음에 늙은 부모님의 상심이 크다는 말이다. 예벽(瘞璧)은 옥을 묻는다는 말로, 신혼을 장사한다는 말이다. 정종(情鍾)은 정(情)이 모여 있다는 의미이다. 진(晉)나라 왕연(王衍)이 일찍이 아들을 잃었는데, 산간(山簡)이 찾아가 보니 왕연은 매우 비통해하고 있었다. 산간이 "어린애는 품 안의 물건이거늘, 어찌 이 지경에까지 이른단 말인가.〔孩抱中物, 何至於此.〕"라고 하자, 왕연이 "성인은 정을

잊고, 가장 낮은 사람은 정에 미치지 못한다. 그런즉 정이 모여 있는 곳은 바로 우리 같은 무리들이다.〔聖人忘情, 最下不及於情. 然則情之所鍾, 正在我輩.〕"라고 말한 고사가 전한다.《晉書 卷43 王戎列傳 王衍》

강가에 여름비 내릴 때 산에 살고 있는 조용주[69]를 생각하다

江上暑雨 懷趙龍洲山居

긴긴 여름 어둑어둑 비 내려	長夏冥冥雨
그윽한 집에 낮에도 모기만 윙윙	幽居閉晝蚊
정히 바뀌는 풍경 대하며	正當乘貿景
다시 외로운 신세 한하노라	復此恨離群
골짝 가득 어룡이 노는 물 불어나고	滿壑魚龍水
이어진 산에는 초목이 구름에 덮이네	連山草木雲
방초 이미 시들었는데	芳菲已凋歇
부질없이 난향 맡을 상상하네[70]	空想挹蘭薰

69 조용주(趙龍洲) : 조경(趙絅, 1586~1669)으로, 본관은 한양(漢陽), 자는 일장(日章), 호는 용주·주봉(柱峯), 시호는 문간(文簡)이다. 《記言 卷40 龍洲神道碑》

70 부질없이……상상하네 : 조경을 만나고 싶다는 말이다. 《공자가어(孔子家語)》 〈육본(六本)〉에 "선인과 거처하는 것은 난초 향기 가득한 방에 들어가는 것과도 같다.〔與善人居, 如入芝蘭之室.〕"라고 하였는데, 여기서는 조경의 인품을 난향에 비유하여 읊은 것이다.

용주[71]가 화운하여 시 세 편을 보내 주므로 바로 화답하다

龍洲和寄三篇 牽率却酬

높은 버드나무에 이제 씽씽매미 우는데	高柳初鳴蜇
텅 빈 휘장엔 모기 윙윙대누나	虛幬正鬧蚊
새 시는 절창이라 놀랍고	新詩驚絶調
빠른 발은 그 출중함 우러르네[72]	逸足仰超群
기운은 삼위의 이슬 안았고	氣挾三危露
광채는 오타의 구름 드리웠네[73]	光垂五朶雲
지난날 순령의 자리에는	向來荀令座
세월 지나도 향기 남았네[74]	歲月有餘薰

71 용주(龍洲) : 조경(趙絅, 1586~1669)으로, 본관은 한양(漢陽), 자는 일장(日章), 호는 용주・주봉(柱峯), 시호는 문간(文簡)이다. 《記言 卷40 龍洲神道碑》

72 새……우러르네 : 조경이 훌륭한 시를 지어 금세 보내왔다는 말이다.

73 기운은……드리웠네 : 조경의 시는 맑은 기상을 띠었고 그의 글씨는 아름답다는 말이다. 삼위로(三危露)는 삼위산의 이슬로, 가장 맛좋은 물을 가리킨다. 《여씨춘추(呂氏春秋)》 〈본미(本味)〉에 이윤이 탕 임금에게 "맛좋은 물로는 삼위산의 이슬이 있습니다.〔水之美者, 有三危之露.〕"라고 하였다는 고사가 전한다. 오타운(五朶雲)은 다섯 송이 꽃처럼 아름다운 구름이라는 뜻으로, 매우 아름다운 글씨를 가리킨다. 당(唐)나라의 명필 위척(韋陟)이 오채(五彩)의 종이를 사용해 편지를 썼는데 답장할 때 시첩(侍妾)에게 쓰도록 하고 자신은 마지막에 서명만 하였다. 그러면서 "내가 쓴 척 자가 마치 다섯 송이 꽃의 구름 같다.〔所書陟字, 若五朶雲.〕"라고 하니 당시 사람들이 순공오운체(郇公五雲體)라고 했다는 고사가 있다. 《新唐書 卷122 魏韋郭列傳》

74 지난날……남았네 : 조경이 있던 자리에 여전히 조경의 향기가 남아 있는 듯하다는 말이다. 순령(荀令)은 후한(後漢)의 순욱(荀彧)으로, 계화(季和)가 "순령군이 다

2

짧은 생애 어지러이 나는 하루살이 같고　短局隨飛蠛
덧없는 즐거움 모여든 모기 같네　浮歡等聚蚊
원홍과 나란히 하지 못하지만　鵷鴻難竝列
연작과는 본래 한 무리이지[75]　燕雀本同群
베개 높이 베고 가을 물결 바라보고　高枕看秋浪
텅 빈 마음으로 저녁 구름 마주하네　虛襟對暮雲
어찌 한 노래를 더 부르랴　豈堪煩一倡
세 향기에 공연히 부끄럽구나[76]　空自愧三薰

른 사람의 집에 가면 앉은 자리에 사흘 동안 향기가 났다.〔荀令君至人家, 坐處三日香.〕"라고 말한 고사가 전한다.《藝文類聚 卷70 襄陽記》

75 원홍(鵷鴻)과……무리이지 : 조경의 높은 경지를 원홍에, 이민구 자신을 연작에 비유하여 겸사한 것이다. 원홍은 원추와 기러기로, 날아갈 때 순서가 있으므로 조정의 반열에 비유한다. 소식(蘇軾)의 〈답방직자유(答方直子由)〉에 "듣건대 원홍이 대각에 가득하다는데, 백사장의 백구까지 망라하지 않았겠지.〔聞道鵷鴻滿臺閣, 網羅應不到沙鷗.〕"라고 하였다. 연작(燕雀)은 제비와 참새로 하찮은 것을 가리킨다. 진(秦)나라 말기에 진승(陳勝)이 젊었을 때 "연작이 어찌 홍곡의 뜻을 알겠는가.〔燕雀安知鴻鵠之志哉〕"라고 말한 고사가 있다.《史記 卷48 陳涉世家》

76 어찌……부끄럽구나 : 조경이 화운하여 세 수를 보내 주었는데 이민구는 두 수밖에 수창하지 못한다는 말이다. 삼훈(三薰)은 조경이 보내 준 화운시 세 수를 가리킨다.

북막에 부임하는 도사 신최[77]를 전송하다

送申都事最赴北幕

젊어서부터 방탄한 성격이라	少來性放誕
만사를 전혀 다스리지 않았지	萬事都不理
서글피 두릉의 늙은이 바라보니	悵望杜陵翁
술 좋아하는 습관 우연히 닮았지[78]	嗜酒偶相似
기운 넘치고 몸 건강하여	氣豪仗身健
한 번에 백 갈래 물줄기 마시듯 하였네[79]	一吸百川水
비록 그렇지만 닷 말의 주량으로도	雖然五斗量
만취하면 문득 그칠 걸 생각하고	旣滿輒思止
해장술과 아침술은	酲飮與卯酌

77 신최(申最) : 1619~1658. 본관은 평산(平山), 자는 계량(季良), 호는 춘소(春沼)이다. 동양위(東陽尉) 신익성(申翊聖)의 아들로, 1656년(효종7) 함경도 도사로 나갔다가 병을 얻어 이듬해 죽었다. 이 시는 그가 함경도 도사로 나갈 때 지어준 것으로 보인다. 《東州集 文集 卷9 咸鏡道都事申君墓碣銘 幷序》

78 서글피……닮았지 : 이민구의 음주 습관이 두보(杜甫)와 비슷했다는 말이다. 두릉옹(杜陵翁)은 두보를 가리킨다. 그의 〈취시가(醉時歌)〉에 "형체 잊고서 너니 나니 하는 데 이르니, 통음이 나의 진정한 스승일세.〔忘形到爾汝, 痛飮眞吾師.〕"라고 하였다. 《杜詩詳註 卷3》

79 한 번에……하였네 : 한 번에 많은 술을 마셨다는 말이다. 두보(杜甫)의 〈음중팔선가(飮中八仙歌)〉에 "좌상은 날마다 주흥으로 만전을 허비하여, 술 마시기를 큰 고래가 백천을 들이마시듯 하네.〔左相日興費萬錢, 飮如長鯨吸百川.〕"라고 하였는데, 이 구를 원용한 것이다. 《杜詩詳註 卷2》

죽을 때까지 입에 대지 않기로 했지	絶口抵沒齒
이렇게 백발에 이르렀기에	以玆到白首
창자가 썩어 죽는 신세 면했어라	得免爛腸死
신군은 이런 기호 나와 같이	申君同此好
많은 술 맛난 술 마다하지 않는구나	不厭多且旨
목 칼칼하고 폐 마를 때	乾喉兼渴肺
들이키면 시원해지기에	浸灌覺淸美
언제나 술 떨어지는 걸 싫어하고	常嫌麴糵乏
매번 술동이 빌까 염려하니[80]	每恤尊罍恥
오랜 세월 지나	所畏積日月
마침내 골수까지 깊이 병들까 걱정일세	遂至沈骨髓
이제 북주의 방어 명령 받들어	今承北州役
병란의 먼지 속으로 들어가는데	屈跡兵塵裏
막부에는 격문 드물고	幕府簡文檄
관아 부엌에는 술 많으리	官廚富蛆蟻
누대 올라 고향을 생각하노라면	登樓鄕思集
변방 피리 소리에 시름겨우리니	塞笛感愁耳
만약 다부진 절제력 없다면	倘微剛制力
혹 구업의 허물에 떨어지리[81]	或墮口業累

80 매번……염려하니 : 신최가 술이 떨어질까 염려했다는 말이다. 《시경》 〈육아(蓼莪)〉에 "작은 병이 텅 빔이여, 큰 항아리의 수치로다.〔甁之罄矣, 維罍之恥.〕"라고 하였다.

81 만약……떨어지리 : 신최가 술을 절제하지 않는다면 낭패를 볼 수 있다는 말이다. 구업(口業)은 불교에서 입으로 짓는 모든 업을 가리킨다.

마음 달래기를 어찌 외물에 의지하랴 曠懷寧外物
자신을 이겨야 곧 군자라네 克己乃君子
마땅히 훌륭한 자질 갈고 닦아야 하니 況當厲良器
공 세움을 어찌 그만두랴 樹立何但已
저녁에도 두려워하며 때에 맞게 노력해야지[82] 夕惕勉及時
흐르는 세월 화살처럼 빠르다네 流景疾如矢
서늘한 가을에 골짜기 비도 그쳐 涼秋峽雨乾
문 나서서 만 리 먼 길 바라보네 出門見萬里
인인의 이름 빌려 전별의 말 주는데[83] 離贈借仁人
이별의 한에 장사의 마음 상하네 別恨傷壯士
쓸쓸히 강담에 누워 寂寞臥江潭
홀로 깬 이 몸 늙었구나 獨醒吾老矣

82 저녁에도……노력해야지 : 항상 삼가는 자세로 부지런히 노력하라는 말이다. 석척(夕惕)은 군자가 온종일 덕을 쌓고 저녁에도 더욱 두려워함을 말한다. 《주역》 〈건괘(乾卦) 구삼(九三)〉에 "군자가 종일 부지런히 힘쓰고 저녁에도 두려워하면 위태로우나 허물이 없으리라.〔君子終日乾乾, 夕惕若, 厲無咎.〕"라고 하였다.

83 인인(仁人)의……주는데 : 신최에게 전별의 시를 준다는 말이다. 노자(老子)가 공자(孔子)에게 "내가 들으니 부귀한 사람은 사람에게 재물을 주어 보내고 어진 사람은 사람에게 말을 주어 보낸다 하는데, 나는 부귀하지 못한 사람이니 어진 사람의 호칭을 훔쳐서 그대에게 말을 주어 보내노라.〔吾聞富貴者送人以財, 仁人者送人以言, 吾不能富貴, 竊仁人之號, 送子以言.〕"라고 하였다는 고사가 전한다. 《史記 卷47 孔子世家》

선달 한오상[84]을 곡하다

哭韓先達五相

내가 자네를 곡하느라　　自我哭君來
망연자실 몸이 절반은 없어진 듯　　惘若身半無
눈물 흘리지 않음을 괴이하다 마라　　莫怪聲淚渴
두 눈이 이미 다 말랐어라　　兩眼已全枯
늙은이나 젊은이나 저마다 한 번 죽어　　老少各一死
선후의 차례 반드시 다르지만　　後先必異途
대운이 어찌 잘못되어　　大運胡錯迕
장수와 요절이 이처럼 달라진단 말인가　　夭壽乃爾殊
서리 내려 균계 시들고　　零霜悴菌桂
남은 해는 상유에 걸렸네[85]　　餘景棲桑榆
하늘의 이치 헤아리기 어려우니　　昊穹故難測
어진 그대가 또한 무슨 허물 있으랴　　賢者亦何辜
비록 백 년 인생의 계획 있어도　　雖存百年計

84 한오상(韓五相) : 1620~1656. 본관은 청주(淸州), 자는 세익(世翊)이다. 이민구의 형 이성구(李聖求)의 사위이다. 《記言 別集 卷23 贈注書韓君墓碣銘》

85 서리……걸렸네 : 한오상은 병으로 죽고, 이민구는 늙었다는 말이다. 균계(菌桂)는 계수나무의 일종으로 향나무인데 한오상을 비유한다. 한오상의 어머니와 누이, 그리고 어린 아들이 전염병으로 죽었는데, 한오상도 아들을 간호하다가 전염병에 걸려 37세에 죽었다. 《記言 別集 卷23 贈注書韓君墓碣銘》 상유(桑榆)는 전설상의 해가 지는 곳인데, 인생의 만년(晩年)을 비유한다.

일곱 척 몸에 달려 있는데	所賴七尺軀
큰 뜻을 하나도 펼치지 못하고	長懷一不展
짧은 인생 별안간 끝났어라	短局忽斯須
높은 수레에 좋은 말 매어	高車駕良驥
길 재촉하는데 준마가 멈췄어라	促路輟駿驅
부질없는 이름 빈 골짝에 이르고	浮名抵虛牝
탁수에 검은 진주 떨어졌네[86]	濁水隕玄珠
우주는 날로 참혹해지고	宇宙日慘沮
인물은 갈수록 거칠어지네	人物轉疏蕪
늙은 나는 외로운 신세 괴로워하며	吾衰苦離索
병든 몸으로 강호에 누웠으니	抱疾臥江湖
죽을 날 머지않은데	骨萎且朝暮
몸이 남아 서글피 곡하노라	形在却嗚呼
맑은 가을에 무덤 바라보니	淸秋望窀穸
백발 늙은이 끝내 울적하구나	白首終鬱紆

86 부질없는……떨어졌네 : 한오상이 죽었다는 말이다. 현주(玄珠)는 검은 구슬로, 여기서는 한오상을 가리킨다.

가을장마 노래

秋霖行

성주 목사(星州牧使) 최계훈(崔繼勳)[87]을 전송하였다.

팔월 갈대에 서리 이슬 맺히는 계절	八月蒹葭霜露節
거리에 가을장마로 진흙이 무릎까지 빠지네	街上秋霖泥沒膝
강물 넘쳐나 기러기 주리고	江湖滿地鴻雁飢
하늘 시커멓게 구름 피어나네	天宇闇慘雲蓊浡
큰 물결이 언덕 때리고 바람이 골짝에 진동하며	洪濤拍岸風振壑
벼락이 한밤중에 교룡의 집 흔드네	霹靂夜撼蛟龍宅
충실한 난초 죽고 고운 국화도 시드는데	崇蘭蕪沒佳菊萎
꺾인 갈대 마른 연을 아까워하랴	折葦枯荷敢自惜
최 목사가 이런 때에 멀리 떠나려	崔侯是時方遠遊
오마로 문 나서니 갈 길 멀구나	五馬出門征路脩
짧은 해 한 달 넘게 침침하니	短景長陰沈晦朔
상산[88]과 낙동강 아득히 차갑구나	商山洛水寒悠悠
풍진세상에 관리 되어 속류와 뒤섞이니	塵埃作吏混流輩
곧은 고삐로 잠시 험한 길 지나가네	直轡暫局通都隘

87 최계훈(崔繼勳) : 1601~1657. 본관은 전주(全州), 자는 덕회(德會)이다. 《승정원일기》 효종 7년 7월 20일 기사에 "최계훈을 성주 목사로 삼았다.〔崔繼勳爲星州牧使〕"라고 하였다.

88 상산(商山) : 경상북도 상주시(尙州市)의 옛 이름이다.

까마귀가 어사대에 모이지 않고　　棲烏不集御史臺
신작이 비로소 영천으로 돌아가네[89]　　神爵初歸穎川界
남쪽 지방의 서류 쇠털처럼 많을 테니　　南州簿書如牛毛
머리 숙이고 허리 꺾는 수고 없겠는가[90]　　俛眉折腰無乃勞
백성은 징세에 매 맞아 죽어 가는데　　小民徵租死鞭撻
관리들 목 뻣뻣이 세우고 뻐기네　　使者項領多賢豪
자고로 밝은 선비는 도를 통달해야 하니　　自古哲士須達道
쌀과 소금이 어찌 사람을 늙게 할까[91]　　米鹽豈必催人老
촌 늙은이의 울타리엔 쑥대 길게 자랐는데　　野夫環堵長蓬蒿

89 까마귀가……돌아가네 : 최계훈이 사헌부(司憲府)에 있다가 성주 목사로 나간다는 말이다. 어사대(御史臺)는 사헌부의 별칭이다. 한(漢)나라 때 어사대에는 측백나무가 매우 무성하여 항상 까마귀 수천 마리가 그 위에 서식했다고 한다.《漢書 卷83 朱博傳》 신작(神爵)은 신령스러운 새로, 여기서는 최계훈이 지방관으로서 훌륭한 업적을 쌓아 명성이 높아지기를 바란다는 축원을 담고 있는 말이다.《자치통감(資治通鑑)》 권27 〈중종효선황제 하(中宗孝宣皇帝下)〉에 "영천 태수 황패가 고을에 있은 지 전후 8년에 정사가 더욱 잘 다스려졌다. 이때에 봉황과 신작이 자주 고을에 내려앉았는데, 특히 영천이 더 많았다.〔潁川太守黃霸, 在郡前後八年, 政事愈治. 是時鳳皇神爵數集郡國, 潁川尤多.〕"라고 하였다.

90 남쪽……없겠는가 : 성주에 공무가 많아서 목사의 임무를 수행하다 보면 자존심을 꺾어야 할 경우도 발생할 것이라는 말이다. 면미절요(俛眉折腰)는 굽실거리는 모양을 표현한 말이다. 한유(韓愈)의 〈응과목여시인서(應科目與時人書)〉에 "머리를 조아리고 귀를 늘어뜨린 채 꼬리치며 애걸하는 것은 나의 뜻이 아니다.〔若俛首帖耳, 搖尾而乞憐者, 非我之志也.〕"라고 하였고, 진(晉)나라의 도잠(陶潛)이 "내가 쌀 다섯 말 때문에 허리를 구부려 향리의 어린아이에게 굽실거릴 수는 없다.〔吾不能爲五斗米折腰, 拳拳事鄕里小人邪.〕"라고 하였다는 고사가 전한다.《晉書 卷94 隱逸列傳 陶潛》

91 자고로……할까 : 최계훈이 임지로 가서 자잘한 일들을 쉽게 해결할 것이라는 말이다. 미염(米鹽)은 자질구레한 이익을 가리킨다.

만남과 이별에 세 번 탄식하니 도리어 쓸쓸하네 三歎聚散還草草
궁도의 신세 늘그막에 아득히 쓸쓸한데 窮途暮境莽牢落
병든 몸 이별의 한 모두 적막하구나 病抱別恨俱寂寞
그대는 보병이요 나는 서쪽 이웃이니 君家步兵我西隣
내일이면 죽림이 모두 쓸쓸하리[92] 明日竹林共蕭索

92 그대는……쓸쓸하리 : 최계훈이 떠나고 이민구만 외로이 남게 될 것이라는 말이다. 보병(步兵)은 진(晉)나라 때 죽림칠현의 한 사람으로 보병 교위(步兵校尉)를 지낸 완적(阮籍)을 가리킨다.《晉書 卷49 阮籍列傳》서린(西隣)은 서쪽 이웃에 사는 사람이라는 의미로, 여기서는 이민구를 가리킨다.

경현[93]이 동과와 율시를 보내오므로 그 운에 맞춰 짓다
警弦送東瓜律詩 次韻

가난한 늙은이 팔진미 사모하는 마음 없지만	窮老無心慕八珍
오직 가장 입에 맞는 동과 좋아하노라[94]	唯憐瓜白最宜人
밥상의 반찬 오래도록 야채를 고기라 믿었으니	盤飱久信蔬當肉
흔하고 드문 것으로 어찌 옥과 옥돌을 나누랴[95]	賤貴那分玉與珉
서리 내린 넝쿨에서 따오니 연한 맛을 알고	霜蔓摘來知脆美
차가운 부엌에 부쳐오니 참된 마음 볼 수 있네	寒廚寄到見情眞
숙취에 목 적셔주기 좋은 동과는 많은데	空多宿醉濡喉好
맑은 술 마주하고 먹을 친구는 적구나[96]	只少淸尊對嚼親

93 경현(警弦) : 김효건(金孝建, 1584~1666)으로, 본관은 안동(安東), 자는 선술(善述), 호는 경현・경옹(警翁)이다. 《海隱遺稿 卷18 贈大冢宰金公墓碑銘》

94 가난한……좋아하노라 : 이민구 스스로 산해진미를 욕심내지 않지만 동과(東瓜)가 본인의 입맛에 가장 잘 맞는다는 의미이다. 동과는 동아라고도 하는 박과의 일년생 식물이다.

95 밥상의……나누랴 : 이민구가 오랫동안 고기반찬은 먹지 못하고 채소반찬만 먹었지만, 귀한 팔진미보다 흔해도 자신의 입맛에 맞는 동과가 옥처럼 귀하게 여겨진다는 말이다.

96 숙취에……적구나 : 동과는 많은데 동과를 먹으며 대작할 친구는 적다는 말로, 김효건과 함께 술 마실 기회가 있기를 바란다는 말이다.

교리 오전[97]을 개장할 때의 만사

吳校理 竱 改窆挽詞

굳기는 좋은 옥 같고 깨끗하기는 얼음 같은데	貞如良玉潔如氷
옥 깨지고 얼음 부서지니 지금도 한스럽네	玉折氷摧恨已仍
서글프다 구원에 준재를 묻으니	悵望九原埋俊哲
쓸쓸하다 일대에 비등할 인재 쓰러졌도다	蕭條一代偃飛騰
방묘를 이장하니 송오가 차고	封移防墓松梧冷
검이 연진에서 만나니 세월이 더했구나[98]	劍會延津歲月增
평소 교유하던 늙은이의 두 눈 홀로 남아 있어	獨有素交雙老眼
침문에서 남은 눈물로 다시 가슴 적시네	寢門餘淚再霑膺

97 오전(吳竱) : 1588~1634. 본관은 동복(同福), 자는 경보(敬甫), 호는 인주(麟洲)이다. 《東州集 文集 卷8 弘文館校理吳公墓誌銘 幷序》

98 방묘(防墓)를……더했구나 : 세월이 지나 오전 부부의 묘를 합장한다는 말이다. 방묘는 부모의 묘를 가리킨다. 공자가 방(防)이라는 곳에 부모를 합장하였다는 고사에서 유래하였다. 《禮記 檀弓上》 검이 연진(延津)에서 만난다는 말은 부부가 죽어 합장한다는 의미이다. 진(晉)나라 때 뇌환(雷煥)이 용천(龍泉)과 태아(太阿)라는 두 보검을 얻어 그 중 하나를 장화(張華)에게 주었는데, 장화가 주살되자 그 칼의 소재를 알 수 없게 되었다. 뇌환이 죽은 뒤 그의 아들이 칼을 가지고 연평진(延平津)을 지날 때 칼이 갑자기 손에서 벗어나 물에 떨어졌다. 사람을 시켜 물속을 찾아보니 보검은 보이지 않고 두 마리 용이 서리어 있었다고 한다. 이로부터 연진에서 검이 만난다는 말은 부부가 죽은 뒤의 합장을 의미하는 말로 사용되었다. 《晉書 卷36 張華列傳》

벗을 그리워하는 노래 후편[99]

後感友篇

지난 병술년(1646, 인조24)에서 그 이전으로 정축년(1637)까지 10년 동안 친구들 69명 가운데 죽은 사람이 32명이었다. 이에 〈감우편(感友篇)〉을 지은 바 있다. 정해년(1647)부터 올해 병신년(1656, 효종7)까지 또 10년 세월이 흘렀는데, 살아남은 이가 고작 아홉 명뿐이니 사람이 이 세상에 살다가 훌쩍 떠나는 것이 어떠한가. 이전 작품의 운자를 그대로 사용하여 〈후감우편〉을 지어서 나의 마음을 부친다.

세월은 빙빙 도는 고리와 같아	歲月如循環
순식간에 한 세대 쉬 이루지만	飄忽易成世
내 열 손가락 두 번 굽혔다 펼 기간이니	我指再屈伸
그 세월 오히려 헤아릴 수 있지	炎涼猶可計
생각해 보니 옛날 마음 같던 친구들	念昔同心友
매양 소매 나란히 하고 어울려 지냈는데	群遊每聯袂
돌아간 친구들 차마 입에 올릴 수 없어	彫喪不忍言
늙은 이 몸 눈물만 자주 뿌리네	衰老頻灑涕
나약한 몸으로 기울어가는 운수 만나	弱植値徂運

99 벗을……후편 : 《동주집(東州集)》 시집(詩集) 권10에 〈감우편(感友篇)〉이 있으므로, 여기서는 후편이라고 한 것이다.

풍상 속에 시들어 떨어졌네　零落風霜際

차례차례 머물 기약 없이 떠나가니　次第無淹期

세금 독촉과 무엇이 다르랴　何殊催井稅

지난 십 년 전에　往在十年前

반쯤 세상 떠나 슬펐는데　曾悲半淪逝

지금 또 십 년 지나는 동안　到今又十年

나쁜 소식이 날로 이어져　凶問日相繼

살아남은 이는 고작 아홉뿐이고　存者只九人

죽은 이는 길이 자취 사라졌으니　死者永幽翳

비유하자면 저 다섯 봉우리 위에　譬彼五嶺上

무성하게 여덟 계수 남은 것 같네[100]　森挺餘八桂

쇠와 돌도 끝내 녹고 부서지니　金石竟銷毁

뜬 인생 본래 매달린 꼭지도 없지[101]　浮生本無蔕

천지의 조화에 끝과 시작 있으니　大化有終始

보잘것없는 목숨을 과연 누가 도울까　末命果誰濟

서글프다 천지의 안에　惻愴天壤內

100 비유하자면……같네 : 살아 있는 친구들을 계수나무에 비유하여 읊은 것이다. 오령(五嶺)은 중국 강서(江西), 호남(湖南), 광동(廣東), 광서(廣西) 등 네 성(省)의 접경에 위치한 다섯 산으로, 대유령(大庾嶺), 월성령(越城嶺), 기전령(騎田嶺), 맹저령(萌渚嶺), 도방령(都龐嶺)을 가리킨다. 진(晉)나라 손작(孫綽)의 〈유천태산부(遊天台山賦)〉에 "여덟 계수가 무성하게 서리에도 끄떡없네.〔八桂森挺以凌霜〕"라고 하였다. 《文選 卷11》

101 뜬……없지 : 인생의 무상함을 읊은 것이다. 도잠(陶潛)의 시에 "인생은 꼭지도 없고 뿌리도 없어 길 위에 먼지처럼 날아다니는 것이지.〔人生無根蔕, 飄如陌上塵.〕"라고 하였다. 《陶淵明集 卷4 雜詩》

쓸쓸히 형제 드물구나	蕭條鮮兄弟
신농씨가 처방 잘못하였으니	神農謬爲方
좋은 약재도 훌륭한 약이 아니고	上藥非珍劑
실컷 술 마시고 순리에 맡기는 것도	飮酣且委順
이 일이 또한 작은 것이네	此事嗟亦細
마음 느긋하게 먹어 근심 풀어야지	曠懷豁憂端
어찌 오래도록 답답해할까	胡乃久蒙蔽

〈목우도〉에서 차운하다

牧牛圖次韻

봄풀과 안개비 평온하게 시야에 들어오고　　春蕪煙雨望中平

마을 곳곳 보리 싹 속에 어린 꿩 놀라네　　麥秀連村乳雉驚

누가 알았으랴 두 마리 소 그릴 줄을　　誰識二牛堪遣畫

다섯 양을 마음에 두지 않은 줄을 알겠네[102]　　從知五羖本忘情

제물로 산천 제사에 쓰임을 어찌 사모하랴[103]　　登牢肯慕山川用

언덕 헤아려 한가롭게 물과 풀 따라 가는구나　　度壟閑隨水草行

102 누가……알겠네 : 〈목우도(牧牛圖)〉를 그린 사람이 은거에 뜻이 있을 뿐 벼슬에는 뜻이 없었다는 말이다. 양(梁)나라 도홍경(陶弘景)이 산중에 머물 때 양 무제(梁武帝)가 벼슬을 주겠다고 부르니, 도홍경이 소 두 마리를 그려서 바쳤는데, 한 마리는 화려한 굴레와 고삐로 꾸며 한 사람이 채찍을 들고서 몰고 있고, 한 마리는 굴레도 고삐도 없이 자유롭게 풀밭에 있었다. 그것은 부귀영화에 구속받지 않고 자유롭게 산중에 살겠다는 뜻이었으므로 무제가 그 그림을 보고 도홍경이 조정에 나오지 않을 것을 알았다고 한다. 오고(五羖)는 다섯 마리 양의 가죽을 말하는데, 춘추 시대 진 목공(秦穆公)이 다섯 장의 양가죽을 속죄(贖罪) 대금으로 주고 포로가 된 현인 백리해(百里奚)를 데려와서 재상으로 삼은 뒤에 그의 도움을 받아 패업(覇業)을 달성한 고사가 있다. 《史記 卷5 秦本紀》

103 제물(祭物)로……사모하랴 : 소가 제사의 희생(犧牲)으로 쓰이기를 바라지 않는다는 말인데, 여기서는 세상에 나아가 관직 생활을 하다가 잘못되어 죄인이 되기를 원하지 않는다는 말이다. 제사(祭祀)에 쓰는 희생은 차등이 있다. 태뢰(太牢)는 소와 양과 돼지를 갖추는 것으로 제후(諸侯)의 제사에 쓰며, 소뢰(小牢)는 양만을 쓰는 것으로 대부(大夫)의 제사에 쓴다. 또는 소만 쓰는 것을 태뢰라고도 하고, 양과 돼지를 쓰는 것을 소뢰라고도 한다.

너 목동에 의지하여 목마의 방법 미루어 나가면　憑汝牧童推牧馬
들사람도 자신의 삶을 기를 수 있으리[104]　野人兼得養吾生

104 너……있으리 : 세상에 나가려는 뜻을 품지 않고, 위정자가 좋은 정치를 펼친다면 사람들이 각자의 만족스런 삶을 살 수 있을 것이라는 말이다. 목마(牧馬)는 말을 기른다는 말인데, 황제(黃帝)가 양성(襄城) 들판에서 말을 기르는 동자를 만나 대화를 나누다가 정치에 대해서 묻자, 그 동자가 "천하를 다스리는 것도 말을 기르는 것과 무엇이 다르겠습니까. 역시 말을 해치는 것만 없애면 될 것입니다.〔夫爲天下者, 亦奚以異乎牧馬者哉. 亦去其害馬者而已矣.〕"라고 대답하니, 황제가 재배(再拜) 계수(稽首)하며 천사(天師)라고 칭하고 물러났다고 한다.《莊子 徐无鬼》

천첩이 나의 글 쓰는 모습을 보더니 마땅히 기운이 떨어진다고 염려할 필요는 없겠다고 하였다. 그 말도 일리가 있기에 재미삼아 쓰다

賤妾規我著述 當不虞損氣 其言亦有理 戲書

사마상여가 무릉원에 돌아와 누워	相如歸臥茂陵園
문장 지으며 폐갈증 심했지[105]	翰墨功成肺渴煩
다만 의아하게도 탁문군은 적막함 감수하면서도	但訝文君甘寂寞
힘들게 〈장문부〉 짓게 하였지[106]	獨教辛苦賦長門

105 사마상여(司馬相如)가……심했지 : 늙고 병든 자신의 처지를 사마상여에 비유하여 읊은 것이다. 사마상여는 평소 소갈증을 앓았는데, 병이 심해지자 벼슬을 그만두고 섬서성(陝西省) 무릉(茂陵)으로 돌아가 지내다가 그곳에서 운명하였다.《史記 卷117 司馬相如列傳》

106 다만……하였지 : 늙어서도 글을 쓰는 자신의 생활을 사마상여에 비유하여 읊은 것이다. 장문(長門)은 사마상여의 〈장문부(長門賦)〉를 가리킨다. 한 무제(漢武帝) 때 총애를 잃은 진 황후(陳皇后)가 황금 백 근(斤)을 가지고 사마상여에게 글을 지어 주도록 간청하여 다시금 총애를 받게 되었다는 이야기가 이 글의 서문에 실려 있다.《文選 卷8》 문군(文君)은 탁왕손(卓王孫)의 딸인 탁문군(卓文君)으로, 사마상여의 부인이 되었다.

열흘 뒤인 11월 24일에 첩이 운명하므로 슬픔을 기술하다
後十日至月二十四日妾亡 述哀

아아 동파 노인아	歎息東坡老
기박하고 곤궁한 삶 우연히 그대와 같구나	奇窮偶似君
어이해 늘그막에	如何臨暮景
또다시 조운을 곡한단 말인가[107]	又復哭朝雲
정은 삶과 죽음에서 나뉘는데	情割存亡地
슬픔은 아들과 어미의 무덤에 이어지네[108]	悲連子母墳
다만 가련하게도 외모 고왔지만	獨憐明艶質
경문 욀 줄 몰랐지[109]	未解誦經文

107 어이해……말인가 : 다시 부인을 잃었다는 말이다. 이민구는 병자호란 때 부인을 잃은 바 있다. 조운(朝雲)은 소식(蘇軾)의 애첩(愛妾) 이름이다. 조운이 죽었을 때 소식은 그녀를 애도하여 〈도조운시(悼朝雲詩)〉를 지었다. 《東坡全集 卷23》

108 정은……이어지네 : 《동주집(東州集)》 시집(詩集) 권19에 〈염만아(殮萬兒)〉라는 작품이 있는데, 이 시에서 말하고 있는 이민구의 첩이 그 아이의 생모인 것으로 추정된다.

109 다만……몰랐지 : 소식의 애첩 조운은 《금강경(金剛經)》을 외우고 죽었는데 이민구의 부인은 그렇지 못했다는 말이다. 〈도조운시〉 서문에 "대개 일찍이 사상의 비구니 의충에게서 불가의 학문을 배워서 대략 대의를 들었다. 또 죽을 때 《금강경》의 4구 게송을 외고 절명하였다.〔蓋嘗從泗上比丘尼義冲學佛, 亦略聞大義. 且死誦金剛經四句偈而絶.〕"라고 하였다. 《東坡全集 卷23》

지난 시월 꿈속에서 병신년 제야와 정유년 설날을 읊은 절구 한 수씩을 지었는데 말의 뜻이 서글펐다. 그 뒤 한 달이 지나 첩이 운명하였으니 그 조짐이 먼저 나타나는 것이 이와 같나

前十月 夢作丙申除夜丁酉元日詩各一絶 語意悽惋 後踰月而妾亡 其幾兆先發如此

올해 섣달 그믐도 무정하여	今年除日又無情
어느새 남은 밤 고작 이경뿐이네	忽忽殘宵只二更
애써 큰 술잔 들고 먼 길손 잡았는데	强把深杯留遠客
주렴 너머 은하수는 벌써 서쪽으로 기운다	隔簾銀漢已西傾

이상은 병신년 섣달 그믐밤을 읊은 시이다.

친구들 볼 때마다 다정하였으니	故人相見每多情
전송하고 마중하며 얼마나 많은 시간 보냈던가	送往迎來幾飽更
오늘 다시 정유년 돌아오니	今日重逢丁酉歲
서글픔 속에 눈물만 하염없이 흐른다	悽悽只有淚河傾

이상은 정유년(1657, 효종8) 정월 초하루를 읊은 시이다.

동주집

시집 제22권

詩 시

정유년(1657, 효종8) 설날에 용주[1]의 두 율시에 맞춰 짓다
丁酉元日 次龍洲二律

동파(東坡)가 조운(朝雲)을 곡한 일[2]로 용주가 나를 위로하며 말하기를 "자고로 문장력이 있는 사람은 조물주의 시기를 많이 받아 반드시 곤궁한 신세에 놓이게 되니 무슨 이치란 말인가."라고 하였다.

다만 동오가 《태현경》 짓는 데 참여할 뿐	秖有童烏預我玄
단장한 첩은 까마득히 저승 사람 되었네[3]	鉛華冥寞已重泉

1 용주(龍洲) : 조경(趙絅, 1586~1669)으로, 본관은 한양(漢陽), 자는 일장(日章), 호는 용주·주봉(柱峯), 시호는 문간(文簡)이다. 《記言 卷40 輔國崇祿大夫行判中樞府事趙龍洲謚狀》

2 동파(東坡)가……일 : 소식(蘇軾)이 자신의 애첩(愛妾) 조운(朝雲)이 운명하자 〈도조운시(悼朝雲詩)〉를 지어 애도한 일을 말한다. 《東坡全集 卷23》

3 다만……되었네 : 어린 아들만 남았을 뿐 첩은 이미 운명하였다는 말이다. 동오(童烏)는 한(漢)나라 양웅(揚雄)의 아들로, 양웅이 《태현경(太玄經)》을 저술할 때 겨우 아홉 살이었지만 함께 토론할 정도로 자질이 우수하였는데 일찍 죽었다고 한다. 《法言 問神》 여기서는 이민구가 노년에 얻은 아들 말규(末揆)를 가리킨다. 《동주집(東州集)》 시집(詩集) 권23에 〈막내아들이 올봄에 느닷없이 "하늘은 본래 형체가 없었고 연기가

푸른 봄빛은 또 규방 창에 조용히 들어오는데　青春又入房抳靜
하얀 눈이 새로 머리칼에 선명히 더해지네　白雪新添鬢髮鮮
그윽한 꿈 찬 잠자리에 생생하여　幽夢依依寒寢下
외로운 마음 새벽 등불 앞에 시름겹네　孤懷悄悄曉燈前
거문고 갑 오래도록 먼지 덮인 채 닫혔으니　凝塵久閉枯桐匣
상성을 끊어진 줄에 감돌게 할 수 없네[4]　莫遣商聲繞斷絃

정령이 한 번 가서 일 년처럼 아득하니　精魂一往渺如年
양대의 꿈속 신선이 아닐까[5]　不是陽臺夢裏仙
우환거리가 이 사람에게 더 많을 뿐　憂患只應偏此物
문장을 어찌 감히 옛 현인과 비교하랴　文章豈敢比前賢
설날 맞아 음식 차려 주던 그대 떠오르니　元朝憶爾供湯餠
다른 날 누가 술값 대줄까　他日憑誰給酒錢

쌓여 생긴 것입니다."라고 말하였다.……〔最少今年春 忽言天本無形 乃煙氣所積……〕〉라는 작품이 있는데, 이 시도 말규를 대상으로 한 것으로 추정된다.

4 거문고……없네 : 첩이 죽었다는 말이다. 단현(斷絃)은 아내가 죽은 슬픔을 뜻하는데, 금슬(琴瑟)의 줄이 끊어진 것과 같다는 데서 온 말이다.

5 정령(精靈)이……아닐까 : 죽은 첩을 무산(巫山)의 신녀(神女) 고사를 인용하여 읊은 것이다. 양대(陽臺)는 무산에 있는 누대의 이름이다. 춘추 시대 초(楚)나라 회왕(懷王)이 고당(高唐)에 노닐다가 꿈속에 신녀를 만나 동침하였는데, 신녀가 떠나면서 "첩은 무산 남쪽 높은 봉우리에 사는데, 아침에는 구름이 되고 저녁에는 비가 되어 매일 아침저녁에 양대 아래에 있습니다."라고 하였다는 고사가 전한다. 《文選 卷19 高唐賦》 또 소식도 애첩 조운을 두고 "단약 이루러 나를 따라 삼산으로 가서 무양의 운우 선녀가 되지 않았네.〔丹成逐我三山去, 不作巫陽雲雨仙.〕"라고 읊은 바 있다. 《東坡全集 卷22 朝雲詩》

적막한 상여처럼 사방 벽만 남았으니[6]	寂寞相如徒四壁
늙은이 생활 비쩍 마른 승려 같구나	老人生活類枯禪

6 적막한……남았으니 : 아내를 잃고 홀로 남은 자신의 곤궁한 처지를 사마상여(司馬相如)에 비유하여 읊은 것이다. 탁왕손(卓王孫)의 딸 탁문군(卓文君)이 사마상여에게 반하여 도망 나와 사마상여에게로 가자 사마상여는 그를 데리고 자기 고향인 촉군(蜀郡) 성도(成都)로 갔는데 사마상여의 집에는 물건 하나 없고 사면에 벽뿐이었다고 한다.《史記 卷117 司馬相如列傳》

남 감사 만사
南監司挽詞

해맑던 더벅머리 그 시절 떠오르는데	淸韶鬙髮憶當時
어느덧 실 같은 양쪽 귀밑머리에 놀라네	轉眄驚看兩鬢絲
술로 일찍 죽었다고 함부로 말하지만	枉說杯觴催夙殞
응당 초토 때문에 먼저 쇠한 게지[7]	應緣草土致前衰
청춘의 감당나무 그늘은 변하지 않았는데[8]	靑春不改棠陰色
밝은 날 덧없이 만사 지어 아파하노라[9]	白日空傷薤露詞
오직 이 늙은이 남은 눈물 있어	唯有老夫餘涕淚
한 해 흉한 소식에 거듭 흘리노라[10]	一年凶問再漣洏

7 응당……게지 : 망자(亡者)가 부모상을 치르다가 건강이 나빠졌다는 말이다. 초토(草土)는 상중(喪中)에 있는 것을 가리킨다.

8 청춘(靑春)의……않았는데 : 망자가 감사(監司)로 재직하면서 남긴 선정(善政)의 자취가 그대로 있다는 말이다. 당음(棠陰)은 감당나무 그늘이라는 말로, 선정을 베푼 지방관을 의미한다. 주(周)나라 소공(召公)이 서백(西伯)으로 정사를 베풀다가 감당나무 그늘 아래에서 휴식을 취했다는 고사에서 유래하였다. 《春秋左氏傳 昭公2年》

9 밝은……아파하노라 : 망자를 애도(哀悼)한다는 말이다. 해로사(薤露詞)는 일종의 만가(輓歌)이다. 한 고조(漢高祖)에게 반기를 들다 패망한 전횡(田橫)의 죽음을 두고 그 무리가 지은 만가에 "부추 위에 맺힌 이슬 어이 쉽게 마르나. 이슬은 말라도 내일이면 다시 내리지만, 사람은 죽어 한 번 가면 언제나 돌아오나.〔薤上朝露何易晞, 露晞明朝更復落, 人死一去何時歸.〕"라고 하였다. 《古今注 音樂》

10 오직……흘리노라 : 남 감사의 생애를 고증할 자료가 없어서 자세하지 않지만 시의 내용으로 보아 남 감사가 부모상을 당한 해에 자신도 운명한 것으로 보인다.

신천 군수 김씨 만사
金信川挽詞

총총한 꿈처럼 유명 달리하니	悤悤一夢間幽明
병 앓는 이별의 혼 남몰래 놀라네	病抱離魂暗自驚
평생 다정했던 친구들 반도 남지 않았는데	親懿百年無半在
티끌세상에 눈물 흘리며 홀로 여생 살아가네	塵埃雙淚獨餘生
새로 군수 인끈 던지고 삼경에 의지했고[11]	新抛郡紱依三逕
예전에 정한 집안 무덤 구경에 가깝지[12]	舊卜家塋近九京
눈 녹고 봄 돌아온 푸른 바닷가	雪盡春回滄海畔
빈 산과 푸른 풀도 모두 서글픔 머금었네	空山碧草摠含情

11 새로……의지했고 : 망자(亡者)가 신천 군수를 그만두고 초야에 돌아와 지냈다는 말이다. 삼경(三徑)은 세 갈래 오솔길이라는 뜻으로 은거(隱居)를 의미한다. 한(漢)나라 때 왕망(王莽)이 집권하자 장후(蔣詡)는 벼슬에서 물러나 향리인 두릉(杜陵)에 은거하였다. 그 뒤로 집의 대밭 아래에 세 개의 오솔길을 내고 벗 구중(求仲)과 양중(羊仲) 두 사람하고만 교유하였다고 한다. 《蒙求 蔣詡三逕》

12 예전에……가깝지 : 망자가 선영(先塋) 가까운 곳에 묻히게 되었다는 말이다. 구경(九京)은 구원(九原)과 같은 말로 저승을 의미하는데, 조상의 묘지(墓地)를 일컫기도 한다. 《書言古事 墳墓類》

경현옹[13]이 술을 보내 준 것에 감사하며 운자에 맞춰 짓다
謝弦翁惠紫露次韻

술 읊는 시 멈추고 술 빚으니	麴米句停作酒漿
샘물 달고 불 뜨거워 절로 향기 나네	泉甘火烈自生香
술병 속에는 따뜻하게 훈훈한 기운 담겼고	壺心煖擁氤氳氣
술잔 위에는 봄날 넘실대는 빛 떴구나	杯面春浮瀲灩光
누가 유하[14] 마주하여 혼자 마심 아파해서	誰對流霞傷獨飮
기꺼이 신령한 액체 나누어 맛보게 하였나	肯分靈液許同嘗
가슴속에 씻어낼 근심거리 적어도	胸中倘少澆愁物
오나라 소년처럼 석장은 아니리[15]	未必吳兒是石腸

13 경현옹(警弦翁) : 김효건(金孝建, 1584~1666)으로, 본관은 안동(安東), 자는 선술(善述), 호는 경현옹이다. 《海隱遺稿 卷18 贈大冢宰金公墓碑銘》

14 유하(流霞) : 신선이 마시는 좋은 술을 말한다. 두보(杜甫)의 시에 "유하를 조각조각 나누어서, 방울방울 천천히 기울이노라.〔流霞分片片, 涓滴就徐傾.〕"라고 하였다. 《杜少陵集 卷17 宗武生日》

15 가슴속에……아니리 : 김효건이 술을 보내 주어 이민구의 시름을 덜게 해 주었지만 김효건도 근심거리가 아주 없지는 않을 것이라는 말이다. 오아(吳兒)는 중국 진(晉)나라 때 오(吳) 땅에 살던 은사(隱士)인 하통(夏統)을 가리키는데, 흔히 목석같은 사람을 가리키는 말로 쓰인다. 하통이 일찍이 낙양(洛陽)의 물 위에서 가충(賈充)과 어울려 노닐 적에, 가충이 미녀들을 실은 배를 하통의 배 주위로 세 겹이나 둘러싸게 하였다. 그런데도 하통이 여전히 단정하게 앉아 미동(微動)도 하지 않자, 가충이 "이 오아는 정말 목인이요, 석심이다.〔此吳兒, 是木人石心也.〕" 하면서 탄복했다는 고사가 전한다. 《晉書 卷94 隱逸列傳 夏統》

판중추부사 김신국[16] 만사

金判府藎國挽詞

여든여섯 살에 죽었다.

중추부사의 걸음을 예전에 따랐으니	樞司步武昔追隨
선배의 풍류 후세에 비추리	先輩風流映後時
이십 년 동안 못 만나 오래도록 한이 되었는데	廿載相違長寄恨
백 세 채우지 못하니 또 슬픔 남네	百齡未滿且餘悲
흐르는 세월 살아가며 생사에 놀라고	陰陽閱世驚存沒
세상 인재 논하며 성쇠를 아파하노라	天地論才感盛衰
문득 평양에서 헤어지던 날 떠올려 보니	却憶西京分手日
해 넘기는 이별에도 오히려 탄식했었지	隔年離別尙嗟咨

16 김신국(金藎國) : 1572~1657. 본관은 청풍(淸風), 자는 경진(景進), 호는 후추(後瘳)이다. 《승정원일기》 효종 1년 3월 25일 기사에 김신국을 판중추부사에 임명한 내용이 보인다.

여름밤에 일어나 앉아 달을 바라보는데 마침 삼경이었다
夏夜起坐望月 適三鼓矣

나는 평생토록 스스로를 다스리는 공부가 없었으나 유독 마음만은 대단히 치달리는 데까지 이르지는 않았다. 환란 이후에 비록 섭양(攝養)에 힘을 쏟기는 했으나 또한 어찌 옛 사람들의 독실함만 같겠는가. 그러나 낮에는 고요히 앉아 잡념으로 심하게 어수선하지 않고, 밤에 누우면 잠이 적어도 생각이 일어나지 않아 마음의 출입이 때에 맞게 조절되었다. 어려서부터 타고난 기운이 약하였으나 오랫동안 살아 지금에 이른 것은 아마도 이 때문인 듯하다. 한밤중에 우연히 서애(西厓)의 "마음 안정시키는 법을 배우려 하는데, 괜한 시름에 다시 젖어드네."[17]라는 시가 기억나므로 절구 한 수를 짓는다.

노년에 세상일 날마다 줄어드니	衰年人事日消沈
늙은이 평생토록 이런 마음이었네	舊物平生只此心
마음속에 어떤 잡념도 일지 않는데	萬念不交方寸地
창 밖 밝은 달이 외로운 잠자리 비추네	一窓明月照孤衾

17 마음 안정시키는……젖어드네 : 《서애집(西厓集)》 권2에 실린 〈5월 11일 밤에 비로소 풀벌레 소리를 듣다〔五月十一日夜始聞草蟲聲〕〉의 마지막 구절로, 《서애집》에는 "欲學安心法, 閒愁已復侵."으로 되어 있다.

봄 경치

春望

아득한 봄 경치가	漠漠三春望
강물 사이에 넘쳐나네	盈盈一水間
돌아가던 돛배는 죽리에 머무르고	歸帆依竹里
지는 해는 당산으로 저무누나	落日下棠山
고요한 숲으로 까마귀 깃들고	樹靜棲烏定
평평한 모래밭에서 말이 돌아오네	沙平牧馬還
호수의 구름 맑게 머무르니	湖雲晴自住
나도 너도 한가롭구나	吾與爾俱閑

윤 진사 만사

尹進士挽詞

그대의 형제들 어느덧 중년이라	君家兄弟已中年
쇠한 내 모습 생각하니 문득 서글퍼라	念我衰容却惘然
붉은 얼굴의 그대 젊은 날 죽을 줄 어찌 알았으랴	豈謂朱顏摧少壯
머리 허연 내가 살아 있음이 부끄러울 뿐이네	徒令白首愧生全
고아의 원통한 피는 하늘 끝까지 다하고	孤兒怨血終天極
어머니의 슬픈 마음은 늘그막에 깊어라[18]	慈母情鍾抵老偏
고양에서 모였던 날 생각해 보니	猶憶高陽聚星日
눈앞에 어린 시절 모습 지금도 선하네	眼前髫髮至今憐

18 고아(孤兒)의……깊어라 : 윤 진사의 어린 자식은 아버지를 일찍 여의어 원통해하고, 윤 진사의 어머니는 자식이 자신보다 앞서 죽어 애통해한다는 말이다. 진(晉)나라 때 왕연(王衍)이 일찍이 아들을 잃었을 때, 산간(山簡)이 찾아가 보니 왕연이 비통함을 감당하지 못하므로, 산간이 말하기를 "어린애는 품 안의 물건이거늘, 어찌 이 지경에 이른단 말인가.〔孩抱中物, 何至於此.〕"라고 하였다. 왕연이 말하기를 "성인은 정을 잊는 것이고, 가장 하등인은 정을 다하지 못하는 것이며, 정을 다 쏟을 수 있는 것은 바로 우리들에게 있다.〔聖人忘情, 最下不及於情, 然則情之所鍾, 正在我輩.〕"라고 하였다. 정이 모인다는 것은 곧 좋아하는 감정을 한껏 다 쏟을 수 있음을 의미한다.《晉書 卷43 王戎列傳 王衍》

오월에 다시 서용되었는데 다음 달에 환수되었다[19]

五月蒙復敍 既逾月還收

비와 이슬이 초목을 고루 적셔 주는데	草木均霑雨露繁
마른 뿌리는 끝내 천지를 저버렸네	枯荄終自負乾坤
험한 세상 위태로워 외로운 울분 떨쳐내고	危途震剝捐孤憤
말년에 온전하게 지내며 성은에 감격하네	末路周全感聖恩
삭아가지만 아직도 썩을 뼈 남았는데	銷去尚餘將朽骨
돌아왔어도 부르지 못한 혼이 있다네	歸來應有未招魂
조각배 타고 백사장 갈매기와 다정하게	扁舟獨與沙鷗狎
끝없는 맑은 파도에 실려 바다 어귀로 나간다	無限晴波近海門

19 오월에……환수되었다 : 1657년(효종8) 5월 25일 이민구의 서용을 환수할 것을 요청하는 홍문관의 차자(箚子)를 시작으로 사헌부와 사간원의 계(啓)가 6월 21일까지 계속되었고, 당일에 환수하라는 어명이 내려졌다. 《承政院日記 孝宗 8年 5月 25日·6月 1日·3日·4日·5日·7日·13日·14日·21日》

신씨 집의 말똥 땔감[20]

申家馬通薪

신씨 집에서 봄과 여름 동안 말똥을 모아 땔감을 만들었다. 후에 산곡(山谷) 시의 발문을 보니 "장중모(張仲謀)가 나를 위해 추위에 대비하여 고맙게도 기기원(騏驥院)의 말똥 땔감 이백 개를 보내 주었기에 보배로운 향 이십 개로 보답하였다."[21]라고 하였다. 여기서 옛사람들이 이미 말똥을 땔감으로 사용하였음을 알 수 있다.

도성의 십만 가구	城中十萬戶
걱정거리 땔감이라네[22]	所患在燃桂

20 신씨……땔감 : 신가(申家)는 이민구의 사위 신변(申昪, 1610~1664)의 집이며, 마통신(馬通薪)은 말똥을 말려서 만든 땔감이다. 사위의 집에서 이민구의 집에 겨울을 날 수 있도록 말린 말똥 땔감을 보내온 것으로 보인다. 이시진(李時珍)의 《본초강목(本草綱目)》 권50 〈마(馬)〉에 "말똥을 통이라 하고 소똥을 동이라 하며 돼지똥을 영이라 하니, 모두 그 이름을 감춘 것이다. 모든 똥은 반드시 대장에 도달해야 나오기 때문에 통이라고 한다.〔馬屎曰通, 牛屎曰洞, 猪屎曰零, 皆諱其名也. 凡屎必達胴腸乃出, 故曰通.〕"라고 하였다.

21 산곡(山谷)……보답하였다 : 산곡은 송(宋)나라 신종(神宗) 원풍(元豐) 때 사람인 황정견(黃庭堅)의 호이다. 이 내용은 《산곡집(山谷集)》 권25 〈발자서소위향시후(跋自書所爲香詩後)〉에 보인다.

22 걱정거리 땔감이라네 : 연계(燃桂)는 계수나무를 태운다는 뜻으로, 여기서는 땔감을 말한다. 전국 시대 소진(蘇秦)이 "초나라의 곡식은 옥보다 귀하고 땔나무는 계수나무보다 귀하다.〔楚國之食貴於玉, 薪貴於桂.〕"라고 하였다. 《戰國策 卷16 楚策3》

북풍이 차가운 계절에 불어오면 北風吹寒月
잠자리가 얼음과 서리처럼 매섭게 추워 枕席氷霜厲
쇠덕석 덮고[23] 차가운 방에서 牛衣室處冷
부녀와 아이들 벌벌 떨며 한 해를 미치지 婦子凍卒歲
교외의 산마다 나무 흔하지만 環郊四山木
저자에 들어오면 금과 비단처럼 비싸 入市抵金幣
매일 땔감 사느라 평소의 비축 축나니 日給闕素蓄
귀천이 반드시 어긋나지[24] 貴賤必相戾
그대가 말똥 땔감 준비하였으니 君家馬通薪
마음 씀이 세심하기도 하구나 用意嗟已細
마구간에서 긁어모아 收諸皁棧底
봄과 여름 동안 쌓아 두었겠지 積之春夏際
뉘 알았으랴 가뭄에 배를 만들어 대비하듯[25] 孰知旱資舟
겨울 대비에 이것이 좋은 계책일 줄을 御冬是良計
옛 사람이 실로 먼저 이 방법 썼으니 古人實先獲
사람마다 살 궁리한다네 凡情懷自濟

23 쇠덕석 덮고 : 우의(牛衣)는 추울 때 소 등에 덮어 주는 것으로 멍석처럼 생겼다. 한(漢)나라 왕장(王章)이 출사(出仕) 전에 덮을 이불도 없이 집안이 가난했는데, 큰 병에 걸려서 우의, 즉 거적을 덮고 누워 눈물을 흘리며 처자와 결별하다가, 처자로부터 나약하다고 배척을 당한 우의대읍(牛衣對泣)의 고사가 전한다. 《漢書 卷76 王章傳》

24 귀천이 반드시 어긋나지 : 평소에는 돈이 귀하고 나무는 흔했지만, 날이 추워 땔감의 값이 비싸므로 흔하던 나무의 가격이 비싸져서 귀천이 바뀌게 된다는 말이다.

25 가뭄에……대비하듯 : 《사기(史記)》 권129 〈화식열전(貨殖列傳)〉에 "가뭄에는 배를 마련하고, 홍수에는 수레를 마련한다.〔旱則資舟, 水則資車.〕"라고 하였다.

나라님 마구간인 기기원에서	天閑騏驥院
은혜롭게도 말똥 보내 주었는데	贈送作恩惠
다만 괴이하게도 태사 황정견은	獨怪黃太史
이름난 향으로 냄새나는 물건에 보답하였구나	名香酬臭穢
이 물건 비웃지 말라	此物莫嘲誚
하찮은 것도 때로는 임금처럼 귀하나니[26]	溲勃時爲帝

26 하찮은……귀하나니 : 땔감으로 쓸 말똥이 아주 귀하다는 말이다. 수발(溲勃)은 우수마발(牛溲馬勃)의 준말인데, 쇠오줌과 말똥버섯을 뜻한다. 쇠오줌은 질경이〔車前草〕의 별명이고, 말똥버섯은 담자균류(擔子菌類)에 속하는 식물로 매우 흔하고 값싼 약재이다. 한유(韓愈)의 〈진학해(進學解)〉에 "옥찰과 단사, 적전과 청지, 쇠오줌과 말똥버섯, 망가진 북의 가죽을 모두 거두고 아울러 쌓아 놓아, 쓰임에 대비해 버림이 없는 것은 의사의 어짊이다.〔玉札丹砂赤箭青芝牛溲馬勃敗鼓之皮, 俱收竝蓄, 待用無遺者, 醫師之良也.〕"라고 하였다.

초가을 비

新秋雨

우물가에 오동잎 떨어지는 계절 돌아오니	金井梧桐節序回
제비집과 거미줄에 먼지 피려 하네	燕巢蛛網欲生埃
숲 바람이 더운 기운 거두어 가고	林颸卷却炎氛去
산비가 상쾌한 기운 몰아오네	山雨驅將爽氣來
칠월 그윽한 집에 문 닫을 것 생각하니	七月幽居思閉戶
백 년의 쇠잔한 마음 누대 오르기 귀찮아라	百年衰意倦登臺
아이들은 서늘한 날씨 한껏 좋아할 뿐	兒童浪喜新涼動
세월이 나날이 바삐 가는 줄 모르네	未覺流光日日催

현주 해숭위[27]를 곡하다

哭玄洲海嵩尉

한 시대에 몇 안 되는 분	一代不數人
백 년 인생에 몇 번이나 볼까[28]	百年能幾見
서글픈 열 자의 시	悽然十字詠
반복해 읽으며 큰 관심에 고마웠지	三復荷深眷
나는 늙고 신세 어그러져	吾衰轗沈蹇
괴롭게도 진흙탕 만나	苦遭泥滓賤
유유히 말세에 섞여 살며	悠悠混末俗
고고하게 조정의 인재 사절했지	落落謝朝彦
하물며 공은 시비 가리는 자세 견지해	況公抱渭涇
평생 추천하는 일 드물었지[29]	平生鮮尉薦

27 현주(玄洲) 해숭위(海嵩尉) : 현주 도위(玄洲都尉) 윤신지(尹新之, 1582~1657)로, 본관은 해평(海平), 자는 중우(仲又), 호는 현주 또는 연초재(燕超齋), 시호는 문목(文穆)이다. 1596년(선조29) 선조의 딸 정혜옹주와 혼인하여 해숭위에 봉해졌다. 《畏齋集 卷10 海嵩尉尹公諡狀》

28 한……볼까 : 이 말은 진사도(陳師道, 1053~1101)의 《후산집(後山集)》 권1 〈송소공지항주(送蘇公知杭州)〉에 보이는 내용이며, 윤신지의 《현주집(玄洲集)》 권6 〈차운하여 삼가 동주옹의 시에 화답하다〔次韻奉和東州翁〕〉라는 시의 첫 구가 이민구의 이 시와 동일하다.

29 공은……드물었지 : 윤신지가 호불호(好不好)가 명확하여 함부로 교제하거나 추천하지 않았다는 말이다. 위경(渭涇)은 위수(渭水)와 경수(涇水)의 합칭으로, 위수는 맑고 경수는 흐리므로, 전하여 사물의 청탁시비를 비유하는 말로 사용되었다. 위천(尉

머리 숙여 교제를 허락하였는데 　　低顔許與地
부끄럽게도 우환이 먼저 닥쳐오니 　　憂患愧相先
고명한 당신께 누 될까 두려워 　　所畏累高明
돌아볼 때마나 후회스러웠시 　　悔吝在顧眄
늙고 게을러 각자 쓸쓸한 처지 되어 　　老懶各蕭條
서로 그리워하는 마음 전하지 못했지 　　乖違注中戀
어찌하여 빼어난 자태로 　　奈何絶世姿
문득 만물과 함께 변했는가 　　忽倂群物變
지리멸렬 반은 썩은 사람 　　支離半朽骨
슬픔과 즐거움 또한 두루 맛보았지 　　哀樂亦已遍
홀로 살아가며 늘그막을 설워하니 　　獨行悵暮途
이 마음 어찌 달래랴 　　此情安可遣
즐거웠던 나날 오히려 어제 같은데 　　爲懽猶昨日
눈에 번개처럼 스쳐가네 　　過眼若飛電
빈 하늘에 이슬 기운 차갑고 　　天虛露氣寒
산 저 멀리로 강물 줄기 돌아 흐르네 　　山遠江流轉
눈물 닦으며 서쪽 성 바라보니 　　雪涕望西城
아아 목숨이 한 가닥 실과 같구려 　　嗟嗟命如線

薦)은 뒤에서 밀어 주면서 추천하는 것을 말한다.

우연히 읊다

偶吟

졸렬한 사람 궁벽한 강호에서	懶拙江湖僻
병든 채 세월 깊어 가네[30]	膏肓歲月深
푸른 산만 눈에 들어오니	青山唯在眼
백발 늙은이 그 마음 또 어떠하랴	白首更何心
들판의 송골매 숲을 살펴 내려오고	野鶻窺林下
변방의 기러기 물가에 내려앉네	邊鴻傍磧沈
초가집에서 바람 부는 물가 내려다보며	茅軒俯風渚
만사를 한 번 길게 읊어보노라	萬事一長吟

30 병든……가네 : 병든 몸으로 세월만 보낸다는 말이다. 고황(膏肓)은 치료할 수 없는 깊은 병을 말한다. 춘추 시대 진 경공(晉景公)이 병이 들어 진(秦)나라의 명의를 불렀다. 의사가 도착하기 전에 경공이 꿈을 꾸니, 두 아이가 말하기를 "내일 명의가 우리를 처치할 것인데, 우리가 고(膏)의 밑과 황(肓)의 위로 들어가면 명의라도 어쩌지 못할 것이다."라고 하였다. 이튿날 명의가 진찰하고는 병이 고황에 깊이 숨어 고칠 수가 없다고 하였다. 《春秋左氏傳 成公10年》

뜰 앞에 작은 복숭아나무가 있는데 포도처럼 열매가 주렁주렁 열려 해마다 천 개를 수확한다

庭前小桃樹 結子纍纍如葡萄狀 歲收千顆

반도가 익으려면 구천 년 걸려	蟠桃一熟九千霜
한 무제의 무덤에는 초목만 무성하니[31]	武帝園陵草木荒
어찌 우리 집 뜰의 나무에서	何似吾家庭際樹
해마다 붉은 열매를 가을에 맛봄만 같으랴	每年紅顆及秋嘗

31 반도(蟠桃)가……무성하니 : 반도를 얻어 불로장생을 꿈꾼 한 무제(漢武帝)가 반도를 얻지 못해 죽었다는 말이다. 반도는 신화 속에 나오는 신선이 먹는다는 복숭아이다. 《한서(漢書)》 권25 〈교사지(郊祀志)〉에 의하면 한 무제는 신선술에 미혹된 나머지 승로반(承露盤)에 감로(甘露)를 받아 마셔 수명을 늘리려 하였다. 또 《태평광기(太平廣記)》 권3 〈한무제(漢武帝)〉에 의하면 "7월 7일 서왕모(西王母)가 내려와 선도(仙桃) 네 개를 무제에게 바쳤다. 무제가 세 개를 먹고 나서 그 씨앗을 챙기려 하기에 서왕모가 이유를 물으니, 무제가 '심으려 한다.'라고 하였다. 서왕모가 '이 복숭아는 3,000년에 한 번 열리는데 중국은 땅이 척박하여 심어도 나지 않습니다.'라고 하니, 무제가 그만두었다."라고 하였다.

북조의 부영은 자가 수기인데 진영에서 말 달리는 모습이 늙어서도 더욱 씩씩하였다. 나이 팔십에도 늘 육십구 세라고 하였으니 늙음을 감추려는 그 모습이 가소롭다.[32] 인하여 자조하다

北朝傅永字脩期 臨陣躍馬 老而彌壯 年八十 每言六十九歲 其人護老爲可笑 因以自嘲

사람들 늙는 게 두려워 쇠했다 말하지 않고	人皆畏老不言衰
애써 애들 찾아 흰머리 뽑게 하네	强逐群兒鑷白髭
예순아홉[33]이면 오히려 젊은 나이이니	六十九年猶少壯
그대 보았나 말 타고 질주하는 부영을	君看躍馬傅脩期

32 북조(北朝)의……가소롭다 : 이 내용은《위서(魏書)》권70〈유조부영부수안이신(劉藻傅永傅豎眼李神)〉에 보인다.

33 예순아홉 : 이 시는 이민구의 나이 69세였던 1657년(효종8)에 지어졌다.

중추절에 병을 무릅쓰고 서쪽 산으로 나아가 성묘하다
中秋日 力疾出西山 省墓

들판에 서리 내릴 때 늙은 몸 일으켜	霜露郊原起老身
이른 아침에 서쪽 이웃과 함께 대추 털었네	淸朝剝棗共西隣
오동과 가래 잎 지는 계절 지난날 슬퍼하고	梧楸節候悲他日
향화 올리는 인정 이 날에 안타까워하네	香火人情感此辰
야외의 비스듬한 오솔길에 풀이 무성하고	野外草迷斜徑細
시냇가 작은 가지에 꽃이 차갑게 피었네	澗邊花冷小枝新
산모퉁이에서의 이별 평생 한스러운데	山阿一別終天恨
늙고 병들어 다시는 못 올까 걱정이라오	衰病重來恐未因

삼 년 전 서쪽 교외에 모여 술을 마셨는데 지금 그곳을 지나며 최근 죽은 평산 부사 권제[34]를 애도하다

前三年會飮西郊 今過其地 悼權平山新亡

청산의 서쪽 아래 붉은 모래밭	靑山西下赤沙田
눈 속에서 정담 나누던 지난해 생생한데[35]	雪裏班荊憶去年
오늘 술 마시던 곳에 홀로 와서	今日獨來尊酒地
석양 아래 하염없이 눈물 흘리네	夕陽無限淚痕邊

34 권제(權躋) : 1604~1657. 이민구의 생질(甥姪)로, 1657년(효종8) 2월에 평산 부사(平山府使)로 부임하여 8월에 임지에서 사망하였다. 《동주집(東州集)》 문집(文集) 권4 〈생질권평산제제문(甥姪權平山躋祭文)〉에 "내가 열여섯 살이던 갑진년(1604, 선조37) 겨울에 그대가 태어났다.……금년 정유년(1657) 가을 이슬이 맺힐 무렵에 그대가 죽었다는 소식을 들었다.〔甲辰歲冬, 我年十六, 見君呱呱……今歲丁酉, 秋露始結, 我聞君歸.〕"라는 기록이 있다.

35 정담……생생한데 : 3년 전 생질 권제와 만나 정담을 나누던 기억이 생생하다는 말이다. 반형(班荊)은 길에서 옛 친구를 만나 싸리를 깔고 앉아 정담을 나누는 것을 뜻한다. 춘추 시대 초(楚)나라의 오거(伍擧)와 성자(聲子)가 정(鄭)나라 교외에서 서로 만나 싸리를 깔고 앉아 이야기를 나누었던 고사에서 유래하였다. 《春秋左氏傳 襄公26年》

도사 신계량의 운자에 맞춰 짓다[36]

次申都事季良韻

늙고 게을러져 마음먹은 일 아득히 추락했으니	慵衰志業墮茫茫
어찌 만 길 빛나는 문장 있으랴[37]	豈有文章萬丈光
훗날 창 잡고 방에 들어오게 한다면	他日操戈容入室
몇 사람이나 기예 익혀 당에 오를까[38]	幾人游藝得升堂
새 시 받고서 그 훌륭함에 놀라니	新詩落手驚投璧

36 도사(都事)……짓다 : 신계량(申季良)은 신최(申最, 1619~1658)로, 본관은 평산(平山), 자는 계량, 호는 춘소(春沼)이다. 신흠(申欽)의 손자이고, 동양위(東陽尉) 신익성(申翊聖)의 아들이다. 그는 1656년(효종7) 함경도 도사(咸鏡道都事)에 임명되었다. 《東州集 文集 卷9 咸鏡道都事申君墓碣銘 幷序》 이민구가 차운한 신최의 시는 《춘소자집(春沼子集)》 권2의 〈관해옹에게 받들어 올리다〔奉呈觀海翁〕〉이다.

37 어찌……있으랴 : 이민구 자신은 훌륭한 문장 실력이 없다는 말이다. 한유(韓愈)의 〈조장적(嘲張籍)〉에 "이백과 두보의 문장은 지금도 남아, 만 길 높이의 광염을 내뿜는다.〔李杜文章在, 光焰萬丈長.〕"라는 말이 있다. 《韓昌黎集 卷5》

38 훗날……오를까 : 신최가 문장의 종장(宗匠)이 되어 남의 글을 평가하는 날이 온다면, 문장이 경지에 올랐다는 평가를 받을 사람이 드물 것이라는 말이다. 《후한서(後漢書)》 권65〈정현열전(鄭玄列傳)〉에 의하면, 후한(後漢)의 하휴(何休)가 《춘추(春秋)》 삼전(三傳)에 대한 3책 《공양묵수(公羊墨守)》, 《좌씨고황(左氏膏肓)》, 《곡량폐질(穀梁廢疾)》을 저술하였는데, 정현(鄭玄)이 이를 읽고 논박하여 수정을 가하자, 하휴가 "나의 방에 들어와서는 나의 창을 잡고서 나를 치는구나."라고 탄식한 일이 있다. 《논어》〈선진(先進)〉에 공자가 제자 자로(子路)의 경지를 두고 "당에는 올랐고 아직 방에는 들어가지 못하였다.〔升堂矣, 未入於室也.〕"라고 말한 데서 유래하여 승당(升堂)은 높은 경지에 오름을 의미한다.

늘그막에 옷깃 열고서 그 경지 두려워하네[39]　　暮境披襟怯望洋
헤어져 살며[40] 세월 보낸 것 서글픈데　　惆悵離居消歲月
가을비에 젖은 벽라 덩굴이 빈 담장을 휘감았네　　薜蘿秋雨鎖空墻

39 새……두려워하네 : 신최의 시가 매우 훌륭하다는 말이다. 투벽(投璧)은 다른 사람의 훌륭한 시문을 의미하는데, 《사기(史記)》 권83 〈추양열전(鄒陽列傳)〉에 "명월주와 야광벽 같은 좋은 보배를 몰래 길 가는 사람에게 던지면 칼자루를 잡고 노려보지 않을 사람이 없으니, 그 까닭은 무엇인가? 이유 없이 자기 앞에 떨어졌기 때문이다.〔明月之珠夜光之璧, 以闇投人於道路, 人無不按劍相眄者, 何則. 無因而至前也.〕"라고 하였다. 망양(望洋)은 자신의 재주나 인품이 다른 사람만 못한 것을 탄식하는 말이다. 옛날에 장마철이 되어 모든 물이 황하로 흘러들자, 황하의 신 하백(河伯)이 천하의 아름다움이 모두 자기에게 갖추어져 있다면서 흐뭇해하였는데, 강물을 따라 동쪽으로 가 바다에 도착하여 바라보니 끝이 보이지 않을 만큼 아득하였다. 이에 바다의 신 해약(海若)을 우러러보며 자신의 좁은 소견을 탄식하자, 해약이 말하기를 "우물 안 개구리에게 바다에 대해 이야기하여도 알지 못하는 것은 공간의 제약을 받기 때문이고, 여름 벌레에게 겨울에 대해 이야기해도 이해하지 못하는 것은 시간의 제약을 받기 때문이다."라고 하였다. 《莊子 秋水》

40 헤어져 살며 : 이거(離居)는 이군삭거(離群索居)의 준말로, 친지나 벗들과 헤어져서 혼자 외로이 사는 생활을 가리킨다. 《禮記 檀弓上》

형님 의정공[41]이 최생의 운자에 맞춰 지은 율시 두 수를 추후에 화운하여 최생에게 주다

追和伯氏議政公次崔生韻二律 却贈崔

함께 덮던 이불 썰렁하여 잠 깨니　姜被虛涼警獨眠
다만 살쩍에는 눈서리만 내렸구나[42]　唯餘霜雪鬢絲邊
그대 집은 소 울음소리 들리는 곳에 있는데[43]　君居近接牛鳴地
내 마음 하늘 나는 기러기에 속절없이 슬프네[44]　吾服空悲雁序天
문장 속에 지금도 그 정신 밝게 남았으니　詞翰至今精不昧
유명 간에 몇 날 밤을 꿈에서 만났나　幽明幾夜夢相牽
밝은 창가에서 끝없는 한으로 눈물 흘리니　晴窓掩淚無窮恨
마른 창자 다 끊어진 지 십사 년이네[45]　斷盡枯腸十四年

41 의정공(議政公) : 이민구의 형 이성구(李聖求, 1584~1644)로, 본관은 전주(全州), 자는 자이(子異), 호는 분사(分沙)·동사(東沙), 시호는 정숙(貞肅)이다.

42 함께……내렸구나 : 이민구가 형 이성구와 우애 있게 지냈는데, 형이 죽고 홀로 남은 자신은 백발만 성성하다는 말이다. 강피(姜被)는 강굉공피(姜肱共被)의 준말로, 형제간의 우애를 뜻한다. 강굉은 후한(後漢) 사람으로 자가 백회(伯淮)인데, 두 아우인 중해(仲海)·계강(季江)과 우애가 돈독하여 항상 한 이불을 덮고 잤다고 한다. 《後漢書 卷83 姜肱列傳》

43 그대……있는데 : 최생의 집이 가까운 곳에 있다는 말이다. 우명(牛鳴)이란 소의 울음소리가 들릴 정도로 가까운 거리라는 뜻으로, 대략 5리(里)를 우명지(牛鳴地)라고 한다.

44 내……슬프네 : 고인이 된 형 이성구를 생각하니 슬프다는 말이다. 안서(雁序)는 기러기가 질서 정연하게 난다는 뜻의 안항(雁行)과 같은 말로 형제간을 의미한다.

진흙탕의 불행한 신세 그대의 돌봄 받으며	泥塗蹤跡荷相收
온종일 떠가는 구름에 맡기노라	一任行雲盡日浮
평생 친분 맺어 형제와 같은데[46]	交合百年仍棣萼
칠언으로 시 이루니 참으로 가업 이었네[47]	詩成七字信箕裘
흉금 터놓아 천금의 승낙[48] 저버리지 않았고	輸心不負千金諾
분수 지켜 만호후도 가벼이 여겼네	推分曾輕萬戶侯
지난 일의 흔적 한묵에 남았으니	往事雪鴻憑翰墨
저물녘 강가에서 몇 번이나 눈물 흘렸던가[49]	幾回垂淚暮江頭

45 마른……년이네 : 이성구가 1644년(인조22)에 죽어 14년이 흘렀으므로 이렇게 표현하였다.

46 평생……같은데 : 이민구와 최생이 형제처럼 우애가 깊다는 말이다. 체악(棣萼)은《시경》〈상체(常棣)〉에 "활짝 핀 아가위 꽃, 얼마나 곱고 아름다운가. 이 세상에 누구라 해도, 형제만 한 이가 없나니.〔常棣之華, 鄂不韡韡, 凡今之人, 莫如兄弟.〕"라고 한 데서 유래하여 형제의 우애를 뜻하는 말로 쓰이게 되었다.

47 칠언으로……이었네 : 최생의 시가 훌륭하다는 말이다. 기구(箕裘)는 선대(先代)의 훌륭한 가업(家業)을 계승하는 것을 말한다.《예기》〈학기(學記)〉에 "훌륭한 야공의 아들은 반드시 갖옷 만드는 것을 배우고, 훌륭한 궁인의 아들은 반드시 키 만드는 것을 배운다.〔良冶之子, 必學爲裘, 良弓之子, 必學爲箕.〕"라고 하였다.

48 천금의 승낙 : 말에 신용이 있음을 뜻한다. 초(楚)나라 장수 계포(季布)가 의협심이 아주 강하여 한 번 승낙한 일은 반드시 지켜 어김이 없었으므로, 초나라의 속담에 "황금 백 근을 얻는 것이 계포의 승낙 한 번 얻는 것만 못하다.〔得黃金百斤, 不如得季布一諾.〕"라고 한 데서 온 말이다.《史記 卷100 季布列傳》

49 지난……흘렸던가 : 형 이성구와 최생이 주고받은 시를 보면서 수없이 눈물을 흘렸다는 말이다. 설홍(雪鴻)은 눈 위의 기러기 발자국이라는 뜻으로, 곧 일이 지난 뒤에 남은 흔적을 비유한다. 소식(蘇軾)의 시에 "인생이 가는 곳마다 그 무엇과 같을까. 응당 눈 위에 발자국 남긴 기러기 같으리. 눈 진창에 우연히 발자국을 남겼지만, 기러기 날아가면 어찌 다시 동서를 알리오.〔人生到處知何似, 應似飛鴻蹈雪泥. 泥上偶然留指爪, 鴻飛那復計東西.〕"라고 하였다.《東坡全集 卷1 和子由澠池懷舊》

〈십미인도〉
十美人圖

동쪽 집과 남쪽 언덕에 사는 사람 모두 빼어나　　東家南陌竝殊倫
팔자의 두 눈썹이 열 가지로 새롭네　　八字雙眉十樣新
그 참모습 채색 따라 분명히 남았으니　　眞態分明隨粉繪
어여쁘다 수명 연장하는 그림 속 사람이여　　可憐延壽畫中人

계량의 중양절 운에 맞춰 짓다[50]

次季良九日韻

중양절 초가에 문 닫고	九日茅齋閉席門
쓸쓸히 홀로 앉아 술잔 마주하네	蕭然獨坐對淸尊
바위에 붉은 단풍 가을빛 곱고	岩籠赤葉秋光好
울 밑에 노란 국화 맑은 꽃잎 탐스럽다	籬擁黃花冷蕊繁
삼경 내고 거문고 뜯는 삶 이루지 못한 채	三徑絃歌身未去
백 년 삶 술과 차 즐기겠다는 계획도 공허하네[51]	百年壚鼎計空存
청컨대 이지러진 달 비낀 그림자에	請看缺月欹斜影
엷은 구름 살짝 엉긴 자욱 보시게[52]	已映微雲點綴痕

50 계량(季良)의……짓다 : 계량은 신최(申最, 1619~1658)로, 본관은 평산(平山), 자는 계량, 호는 춘소(春沼)이다. 《東州集 文集 卷9 咸鏡道都事申君墓碣銘 幷序》 이민구가 차운한 신최의 작품은 《춘소자집(春沼子集)》 권2의 〈구일감음(九日感吟)〉이다.

51 삼경(三徑)……공허하네 : 은퇴 이후 유유자적하며 살겠다는 계획이 어긋났다는 말이다. 삼경은 은자가 사는 집을 가리킨다. 한(漢)나라의 장후(蔣詡)가 벼슬에서 물러나 두릉(杜陵)에 은거하면서 대나무밭에 세 개의 오솔길을 내고 구중(求仲)과 양중(羊仲) 두 벗하고만 교유하며 살았다는 고사에서 유래하였다. 《蒙求 蔣詡三逕》

52 청컨대……보시게 : 이민구가 반달을 보며 이루지 못한 인생 계획에 대한 회한을 신최에게 드러낸 것이다. 진(晉)나라의 태부(太傅) 사마도자(司馬道子)가 밤하늘의 밝은 달을 보며 찬탄하자, 옆에 있던 사중(謝重)이 "엷은 구름이 살짝 엉겨 붙어 있는 것만 못하다.〔不如微雲點綴〕"라고 하였다. 《世說新語 言語》

영의정 이경여[53] 만사

李政丞 敬輿 挽詞

뛰어난 현인이 좋은 시절 만나면	高賢際昌運
뜻을 박시제중에 두어	得志在博施
살아서는 백성에게 은택 베풀고	生爲澤黎蒸
죽어서는 마땅히 정이에 새겨지지[54]	歿當開鼎彝
아아 백강공이여	嗚呼白江公
출처 따라 성쇠가 갈렸도다	出處卜盛衰
두 임금과의 지극한 만남	二聖極遭遇
태계에서 변치 않으리라[55]	太階不磷淄

53 이경여(李敬輿) : 1585~1657. 본관은 전주(全州), 자는 직부(直夫), 호는 백강(白江)·봉암(鳳巖), 시호는 문정(文貞)이다. 《宋子大全 卷157 白江李公神道碑銘 幷序》

54 뛰어난……새겨지지 : 훌륭한 자질과 인품을 갖춘 사람이 좋은 시절을 만나면 널리 베풀고 대중을 구제할 뜻을 품어 살아서는 은택을 베풀고 죽어서는 그 이름이 길이 빛난다는 말이다. 박시(博施)는 박시제중(博施濟衆)의 준말로, 《논어》 〈옹야(雍也)〉에 자공이 "만약 백성에게 널리 베풀고 대중을 구제한다면 어떻습니까? 인이라 할 수 있겠습니까?〔如有博施於民而能濟衆, 何如, 可謂仁乎.〕"라고 묻자, 공자가 "어찌 인뿐이겠느냐? 반드시 성인이라고 할 것이다. 요순도 그 일을 어렵게 여기셨다.〔何事於仁, 必也聖乎. 堯舜其猶病諸.〕"라고 대답한 내용이 보인다. 정이(鼎彝)는 종묘(宗廟)의 솥으로, 국가에 공이 있는 사람들의 사적을 여기에 새겨 그 공적을 기렸다.

55 두……않으리라 : 이경여가 인조와 효종 때에 우의정과 영의정에 올라 이룬 업적을 기린 말이다. 이성(二聖)은 인조와 효종을 가리킨다. 태계(太階)는 하늘의 별자리로 상계(上階)는 왕을, 중계(中階)는 제후(諸侯) 및 삼공(三公)을, 하계(下階)는 사서인(士庶人)을 가리키는데, 이 별자리의 간격이 균형을 이루면 천하가 태평해진다고

풍운의 만남 이미 특별하였으니 風雲旣特達
많은 업적 세워 태평한 시대 열기를 기다렸는데[56] 庶績佇康熙
나라가 위태로운 때를 만나 宗邦屬扤隉
늘그막에 어긋났도다[57] 晩途乃參差
나아가고 물러나는 중에 핍박받으니 偪側進退內
생사여탈은 누가 주재하나 予奪孰主持
호랑이 꼬리를 밟고도 태연했지만[58] 履虎獲心亨

한다.《文選 卷9 長楊賦》 인치(磷淄)는《논어》〈양화(陽貨)〉에 필힐(佛肹)을 찾아가려는 공자(孔子)를 자로(子路)가 만류하자, 공자가 "단단하다 하지 않겠는가? 갈아도 얇아지지 않는다. 희다 하지 않겠는가? 물들여도 검어지지 않는다.〔不曰堅乎, 磨而不磷. 不曰白乎, 涅而不緇.〕"라고 한 말에서 유래하였다.

56 풍운(風雲)의……기다렸는데 : 이경여가 임금의 신임을 받아 많은 공적을 쌓아 좋은 세상을 만들어 주기를 기다렸다는 말이다. 풍운은 임금과 신하의 만남을 가리킨다.《주역》〈건괘(乾卦) 문언(文言)〉에 "구름은 용을 따르고 바람은 범을 따르듯 성인이 나타나면 만물이 우러러본다.〔雲從龍, 風從虎, 聖人作而萬物覩.〕"라고 한 데서 유래하였다.

57 나라가……어긋났도다 : 나라가 어려운 때를 만나 이경여가 지향했던 것들이 어긋났다는 말이다. 병자호란 이후 이경여는 여러 차례 위기를 겪었다. 1642년(인조20) 이계(李烓)의 밀고로 심양(瀋陽)에 억류되었다가 이듬해에 세자와 함께 귀국해 대사헌에 임명되었다. 1644년 청나라에 사은사로 갔을 때 다시 억류되었다가 이듬해에 귀국하였다. 1646년에는 민회빈(愍懷嬪) 강씨(姜氏)의 사사(賜死)를 반대하다가 진도에 유배되고, 1648년에는 삼수(三水)에 위리안치되었다가 이듬해 효종이 즉위하면서 사면되어 영의정에 올랐다. 올날(扤隉)은 위태로운 모양을 형용하는 말이다.《서경》〈진서(秦誓)〉에 "나라의 위태로움도 한 사람으로 말미암으며, 나라의 영광도 거의 한 사람의 경사이다.〔邦之杌隉, 曰由一人, 邦之榮懷, 亦尙一人之慶.〕"라고 하였다.

58 호랑이……태연했지만 : 이경여가 위기에 처해서도 평정심을 잃지 않았다는 말이다. 이호(履虎)는 호랑이 꼬리를 밟는다는 말로,《주역》〈이괘(履卦) 단(彖)〉에 "범의

자취 감추자 시대 위태로웠네	屛迹委時危
초야에서 성품 따라 자적하니	丘樊適所性
우리 도는 실로 이와 같도다	吾道實如斯
비록 편안한 궤장 내려 주이 기뻤지만	雖忻几杖使
홀로 더딘 임우 한탄하였네[59]	獨恨霖雨遲
동산에서 보낸 세월 깊었으니	東山歲月深
무엇으로 백성의 여망을 풀리오[60]	曷以釋民思
하늘이시여 끝내 무심하도다	天乎竟無意
가시는구나 홀연 버리듯이	去矣忽若遺
누가 일세는 짧다고 말하는가	誰言一世短
천고에 그 명성 드리우리라	不誣千古垂
날아다니던 단혈의 봉황	翩翩丹穴羽
그림자 끊어지니 언제 오려는가[61]	影斷來何時

꼬리를 밟더라도 사람을 물지 않으니 형통하다.〔履虎尾, 不咥人, 亨.〕"라고 하였다. 여기서는 청나라에 억류되어 있던 상황을 가리키는 것으로 이해된다.

59 비록……한탄하였네 : 연로한 이경여에게 임금이 궤장을 내려 주고 조정에 나오도록 했지만 시기가 너무 늦었다는 말이다. 임우(霖雨)는 훌륭한 신하를 가리킨다. 은(殷)나라 고종(高宗)이 부열(傅說)을 얻고서 "만일 큰 강을 건너게 되면 그대를 배와 노로 삼을 것이요, 큰 가뭄을 만나게 되면 그대를 단비로 삼을 것이다.〔若濟巨川, 用汝作舟楫, 若歲大旱, 用汝作霖雨.〕"라고 한 데서 유래하였다. 《書經 說命上》

60 동산(東山)에서……풀리오 : 이경여가 은퇴한 지 오래되어 백성들이 여망을 풀지 못했다는 말이다. 동진(東晉)의 사안(謝安)이 조정의 부름에 응하지 않고 회계(會稽)의 동산에서 베개를 높이 베고 한가롭게 보내자 사람들이 서로 "안석이 나오려 하지 않으니 장차 창생은 어이하나.〔安石不肯出, 將如蒼生何.〕"라고 하였다고 한다. 안석은 사안의 자(字)이다. 《晉書 卷79 謝安列傳》

아직도 오색의 깃털 있어	尙有五色毛
옥수 사이에서 곱게 빛나네	玉樹間葳蕤
사람들 편안히 가셨다고 부러워하는데	人方羨佚歸
나는 어찌 망령되이 탄식하는가	我胡妄齎咨
젊은 날의 즐거움 아련히 떠올려 보니	長懷少年樂
늘그막의 슬픔 더욱 간절하네	益切暮景悲
아아 닭 한 마리 올리며	嗟哉隻鷄奠
병든 몸 세 번 탄식하네[62]	三歎疾病隨
세월이 덧없이 흘러	日夜遞相代
잎은 지고 서리 이슬 무성하니	木落霜露滋
울음 삼킬 날 얼마나 남았으랴	呑聲詎幾許
서글피 가슴 아파하노라	怛然傷肝脾

61 날아다니던……오려는가 : 이경여가 죽어 다시 볼 수 없다는 말이다. 단혈(丹穴)은 봉황이 산다는 전설상의 단산(丹山)을 가리킨다. 《산해경(山海經)》 〈남산경(南山經)〉에 "단혈의 산에……새가 사는데, 그 모양은 닭과 같고 오색 무늬가 있으니 봉황이라고 한다.〔丹穴之山……有鳥焉, 其狀如鷄, 五采而文, 名曰鳳皇.〕"라고 하였다.

62 아아……탄식하네 : 몸에 병이 있어 직접 조문하지 못하므로 변변찮은 제수로 영결한다는 말이다. 후한(後漢)의 서치(徐穉)가 먼 곳에 문상(問喪)을 갈 때에는 술에 적신 솜으로 구운 닭을 싸 가지고 가서, 빈소에 도착해서는 솜을 물에 적셔 술을 만들고 구운 닭과 함께 상에 올린 뒤에 조문했다고 한다. 《後漢書 卷83 徐穉列傳》

현옹[63]이 식초에 절인 동과를 보내 주며 함께 보내온 시의 운에 맞춰 짓다

次弦翁送醋淹冬瓜韻

향기로운 소엽에 늦가을 숲의 외 볶아 내어	香蘇熬出晩林瓜
마늘과 함께 식초에 절이니 맛이 더욱 좋아라	醋蒜和調氣味加
서리 맞은 껍질 벗기니 푸른빛 그릇에 떨어지고	削去霜皮靑落俎
반찬으로 내온 눈처럼 하얀 과육 이가 시리구나	餐來雪片冷侵牙
비록 이슬 받아 빚은 맛난 술 없지만	雖無旨酒杯迎露
다시 노을 띤 새 시구 있어라[64]	更有新詩句帶霞
동릉에게 멋진 일 많은 줄 알겠으니	知爾東陵多勝事
좋은 시에 보답하려는 게지 감히 자랑할까[65]	瓊瑤欲報敢相誇

63 현옹(弦翁) : 김효건(金孝建, 1584~1666)으로, 본관은 안동(安東), 자는 선술(善述), 호는 경현이다. 《海隱遺稿 卷18 贈大冢宰金公墓碑銘》

64 다시……있어라 : 김효건의 시가 매우 아름답다는 말이다. 소식(蘇軾)의 〈시승 도통에게 주다〔贈詩僧道通〕〉에 "말이 연하를 띤 것은 예부터 드물다.〔語帶煙霞從古少〕"라고 하였다. 한편 이백(李白)은 "다른 사람의 글은 산에 연하가 없고 봄에 초목이 없는 것과 같다.〔他人之文, 如山無烟霞, 春無草木.〕"라고 하였다. 《東坡全集 卷25》

65 동릉(東陵)에게……자랑할까 : 김효건이 보내 준 음식과 시에 감사를 표한다는 말이다. 동릉은 진(秦)나라의 동릉후 소평(邵平)으로, 나라가 망하자 장안성 동쪽에서 외를 심으며 가난하게 살았는데, 외 맛이 좋아 세상에서 동릉과라고 불렀다고 한다. 《史記 卷53 蕭相國世家》 경요(瓊瑤)는 좋은 시를 가리킨다. 《시경》 〈모과(木瓜)〉에 "내게 복숭아 던져 주길래 아름다운 구슬로 보답했네. 갚으려는 게 아니라 길이 좋게 지내고 싶어서지.〔投我以木桃, 報之以瓊瑤. 匪報也, 永以爲好也.〕"라고 하였다.

구월 보름 기유일에 함께 과거에 급제한 사람들의 모임에서 취한 후 입으로 불러 짓다

九月望日己酉 同年榜會 醉後口占

젊은 시절 대안탑에 나란히 이름 걸었는데	少日聯翩雁塔名
어느덧 까마득히 반백 년 세월 흘렀구나[66]	流年半百莽崢嶸
사람들은 입 열어 얻기 어려운 일이라 하는데	人生開口稱難得
세상사에 마음 두니 꿈에서도 놀라노라	世故關心夢亦驚
서호에 외로운 달 차기 기다려	直待西湖孤月滿
함께 동정의 밝은 오성 보노라[67]	共看東井五星明
십 리 찬 교외에 맑은 서리 짙어	寒郊十里淸霜重
손에 든 큰 술잔 애써 기울이노라	入手深杯强一傾

모인 사람이 다섯 명이었다.

66 젊은……흘렀구나 : 과거에 합격한 지 50여 년의 세월이 지났다는 말이다. 대안탑(大雁塔)은 장안(長安)의 자은사(慈恩寺)에 있는 탑으로, 당(唐)나라 때 과거에 급제하면 여기에 이름을 써서 걸었다고 한다. 이민구는 1609년(광해군1)에 진사시(進士試)에서 장원 급제하였고, 1612년에는 세 번 장원으로 합격하여 예조와 병조의 좌랑이 되었다. 《東州集 東州先生前集序》

67 서호에……보노라 : 과거에 함께 합격한 다섯 사람이 9월 15일에 모였다는 말이다. 동정(東井)은 28수의 하나로, 진(秦)나라가 속한 분야이다. 오성(五星)은 수(水)·화(火)·금(金)·목(木)·토(土) 다섯 행성(行星)을 가리키는데, 오성이 한 곳에 모이는 현상은 좋은 징조로 여겨졌다. 《한서(漢書)》 권32 〈장이진여전(張耳陳餘傳)〉에 "한왕이 진나라에 들어갔을 때 오성이 동정에 모였다.〔漢王之入關, 五星聚東井.〕"라고 하였다.

심문징이 명 자 운을 써서 지은 시를 보여 주었는데 칭송이 지나쳤다. 거듭 맞춰 지어 수답하다[68]

沈文徵用名字韻見示 稱謂過當 重次却酬

익히 휴문의 명성 지닌 줄 알았는데	久識休文負盛名
시평마저 종영을 가리려 하네[69]	評詩兼欲掩鍾嶸
부질없이 고아한 논평 받은들 그 누가 인정하랴	虛蒙雅論人誰許
사실 훌륭한 글 없으니 세상이 모두 놀라리	實乏雄辭世共驚
뜬 의론이 어찌 졸렬한 사람 받아 줄까	浮議豈容收薄劣
그 여파가 고명한 이에게 누가 될까 두렵도다	餘波每恐累高明
아침에 다시 풍류 읊은 시 받았으니	朝來更荷風流作
홀로 궁도 향해 마음 기울이네	獨向窮途意氣傾

68 심문징(沈文徵)이……수답하다 : 심문징은 심동귀(沈東龜, 1594~1660)로, 본관은 청송(青松), 자는 문징, 호는 청봉(晴峰)이다.《宋子大全 卷177 晴峯沈公墓碣銘》 심동귀의《청봉집(晴峰集)》 권4에 〈용동주운각기(用東州韻却寄)〉라는 시가 있고 그 아래 원운(原韻)이라 하여 이민구의 〈차문징삼첩겸화래의(次文徵三疊兼和來意)〉라는 시가 있다. 그러나 심동귀가 이민구에게 처음 보낸 다른 시는 찾을 수 없다.

69 익히……하네 : 심동귀의 문장력이 뛰어남은 오래전부터 알고 있었는데, 그의 시평마저 종영(鍾嶸)의 명성을 덮을 정도라는 말이다. 휴문(休文)은 남조(南朝) 양(梁)나라의 시인 심약(沈約)의 자(字)로, 여기서는 심동귀를 가리킨다. 종영은 심약과 같이 활동했던 문학 이론가로,《시품(詩品)》을 지어 시 평론가로 명성이 높았다.

꿈에서 깨어 빗소리를 듣다[70]

夢覺聞雨

썰렁한 외로운 잠자리에 반쯤 창 열렸는데	凄凄孤寢半窓虛
어디선가 찬 종소리 한밤에 드문드문 들린다	空外寒鍾午夜疏
꿈은 골짝 구름 돌아간 뒤에 끊어지고	夢斷峽雲歸去後
술은 산비 막 내릴 때 깨네	酒醒山雨到來初
세상에는 부질없이 기러기 자취 남겠지만	人間謾有鴻留迹
땅속에는 응당 기러기에 매단 편지 없으리	地底應無雁繫書
뉘 알랴 지루하게 늙어 죽을 무렵에	誰識支離垂死日
쓸쓸히 등잔불 아래 문 닫고 지내는 사람을	寂寥燈燭閉僑居

70 꿈에서……듣다 : 이 시는 전체 분위기로 볼 때 죽은 부인을 회상한 것으로 보인다. 특히 함련(頷聯)의 내용은 초나라 회왕(懷王)이 고당(高唐)에 노닐다가 꿈속에 신녀를 만나 동침하였다는 고사와 연관되는데, 이민구가 그 고사에 비유하여 부인을 그린 것으로 보인다. 368쪽 각주5 참조.

문징의 시에 맞춰 세 번 거듭 같은 운자로 짓다.[71] 겸하여 보내온 뜻에 화답하다

次文徵三疊 兼和來意

성곽 근처에 그윽이 지내니 이름날 일 없고	近郭幽居不用名
산천에 날씨 개어 점차 맑고 높아지네	山川氣霽漸澄嶸
차가운 날씨에 날랜 송골매는 더 높이 나는데	天寒健鶻還增擊
거친 물에 잠긴 물고기는 매양 스스로 놀라네	水蕩潛鱗每自驚
일월은 자꾸만 지나는데 빈방 휑하고	日月頻經虛室白
시서만 옆에 있으니 작은 창 밝구나	詩書獨傍小窓明
양웅에게 설령 〈하동부〉 있다 해도	揚雄縱有河東賦
어찌 일대를 경도한 문장이라 허락하랴[72]	肯許文章一代傾

71 문징(文徵)의……짓다 : 문징은 심동귀(沈東龜, 1594~1660)로, 본관은 청송(靑松), 자는 문징, 호는 청봉(晴峰)이다.《宋子大全 卷177 晴峯沈公墓碣銘》이민구가 이 시와 같은 운으로 지은 것은 〈구월망일기유동년방회취후구점(九月望日己酉 同年榜會醉後口占)〉과 〈심문징용명자운견시칭위과당중차각수(沈文徵用名字韻見示稱謂過當重次却酬)〉가 있으므로 이 시가 세 번째로 차운한 작품이다.

72 양웅(揚雄)에게……허락하랴 : 전한(前漢)의 문장가 양웅이 비록 〈하동부(河東賦)〉라는 훌륭한 작품을 남겼다고 해도, 한 세대를 경도하게 한 문장가로 인정할 수는 없다는 말인데, 여기서는 문징이 이민구의 문장에 대해 칭송하므로 겸사한 것이다. 두보(杜甫)의 〈증헌납사기거전사인징(贈獻納使起居田舍人澄)〉에 "양웅에게 다시 〈하동부〉 있으니, 오직 탄식하며 하늘에 오르길 고대하네.〔揚雄更有河東賦, 唯待吹噓送上天.〕"라고 하였다. 양웅은 〈감천부(甘泉賦)〉, 〈하동부〉 등을 짓고,《태현경(太玄經)》,《법언(法言)》을 저술하였다.

시월에 우레가 치고 안개가 자욱하였다
十月雷霧

오막살이 산자락에 의지해 지내는데	一室依山壑
얼음과 서리에 마음 괴롭구나	氷霜抵苦懷
하얀 안개 속으로 강물 소리 잠기고	江聲沈白霧
푸른 흙비에 햇무리 지네	日氣暈靑霾
차고 따뜻한 절후 이미 틀어졌으니	已爽寒溫候
어찌 정치가 잘못되었기 때문이랴	寗因政令乖
우레는 또 무슨 생각인가	雷霆又何意
곧장 땅 끝까지 흔들려 하네	直欲撼垠崖

명 자 운에 네 번째 맞춰 지어 문징이 자신의 심회를 펼친 시[73]에 답하다

四疊名字韻 酬文徵自敍

쫓겨난 신세로 어찌 은둔했다는 이름 겸하랴	放逐寧兼隱遁名
빙설 쌓인 강 사이로 높은 봉우리 마주하네	江間氷雪對崢嶸
동산 가까이에서 그대 의지해 살고	丘園咫尺依君住
시구는 언제나 나를 놀라게 하지	詩句尋常得我驚
추연의 율관 봄을 불어온 듯 식은 재 따뜻해지고	鄒律吹春灰欲暖
수후의 구슬 밤을 밝히는 듯 눈 환해지네[74]	隋珠燭夜眼先明
알겠노라 슬픔과 원망 때문에 병들어	應知一病緣哀怨
해바라기처럼 온종일 해 따라 기우는구나	葵藿長從白日傾

73 문징(文徵)이……시 : 문징은 심동귀(沈東龜, 1594~1660)로, 본관은 청송(靑松), 자는 문징, 호는 청봉(晴峰)이다.《宋子大全 卷177 晴峯沈公墓碣銘》심동귀의 시는《청봉집(晴峰集)》권4에 실려 있는 〈재첩전운료이자서(再疊前韻聊以自敍)〉를 가리킨다.

74 추연(鄒衍)의……환해지네 : 심동귀의 시가 훌륭하다는 말이다. 추율(鄒律)은 추연의 율관(律管)이란 의미이다. 진(晉)나라 장담(張湛)이 주석한《열자(列子)》권5 〈탕문(湯問)〉에 연(燕)나라 사람 추연이 추워서 오곡이 자라지 못하는 북방의 땅에 율관을 불어 따뜻하게 하자 곡식이 잘 자라게 되었다는 고사가 전한다. 수주(隋珠)는 수후(隋侯)의 구슬이란 의미로 매우 귀한 구슬을 가리키는데, 여기서는 심동귀의 시가 훌륭하다는 의미로 사용하였다. 한수(漢水) 동쪽에 있는 수나라 제후가 몸이 끊어진 큰 뱀을 보고 약을 발라 주었더니, 후에 뱀이 강에서 큰 구슬을 물고 나와 보답하였다고 한다.《淮南鴻烈解 卷6 覽冥訓》

동짓달 초하루에 병이 심해져 혼미한 중에 홀연 꿈에서 시를 지었다. 다음 날 아침 조금 나아 이를 기록하다
至月朔日 病阍昏昧 忽夢作詩 翌朝小蘇 記之

동산 열어 가시나무 자르고	開園翦荊棘
땅 일궈 난초 심었네	斫地樹蘭蓀
가시나무에 어찌 가지 없고	荊棘豈無枝
난초에 어찌 뿌리 없으랴만	蘭蓀豈無根
가시나무 날마다 뽑아내니	荊棘日已除
난초가 날마다 번성하네	蘭蓀日已蕃
난초와 가시나무는	蘭蓀與荊棘
좋고 나쁨 진실로 나뉘어지네	美惡固當分

와병 중에 문징이 고맙게도 약을 보내 주므로 사례하다

病臥謝文徵藥物勤渠

수족 온전히 돌아가고자 하나 이루지 못하니	手足全歸願未諧
구절이 뜰 섬돌에도 있을 줄 어찌 알았으랴[75]	寧知九折在庭階
기혈 쇠약해진 늙은이 겨우 가쁜 숨 쉬고	衰年氣血熬殘喘
차가운 밤 바람서리에 뼈마디가 시리구나	寒夜風霜感百骸
죽으면 몸과 이름 모두 사라질 터	死去身名從泯滅
살아서 뜻했던 일 깊이 묻어 두노라	生來志業付沈埋
약 보내 주는 깊은 애정 동병상련이러니	偏蒙藥餌憐同病
애써 문장에 기대 괴로운 마음 펼쳐 본다	强倚文章展苦懷

75 수족(手足)……알았으랴 : 신체를 온전히 보존한 채 죽기를 바라지만, 위험은 뜰 섬돌에도 있다는 말이다. 이는 곧 세상을 살면서 뜻하지 않은 화란도 겪는다는 비유이다. 《논어》 〈태백(泰伯)〉에 증자(曾子)가 죽을 때가 되어 제자들에게 자신의 온전히 보존된 손발을 보여 주며 깊은 물을 건너고 얇은 얼음판을 걷듯 몸조심할 것을 당부하였다는 고사가 전한다. 구절(九折)은 촉(蜀)땅에 있는 공래산(邛郲山) 구절판(九折坂)으로, 험난하기로 유명한 곳이다. 한(漢)나라의 왕양(王陽)이 일찍이 익주 자사(益州刺史)가 되어 순행 중에 구절판에 이르러 "부모의 몸을 받들고서 어찌 이렇게 험난한 곳을 자주 다니겠는가.〔奉先人遺體, 奈何數乘此險.〕"라고 탄식한 후에 병을 이유로 돌아섰다는 고사가 전한다. 《漢書 卷76 王尊傳》

거듭 계 자 운을 사용하여 문징이 자기 자신에 대해 서술한 작품[76]에 화답하다

再用階韻 和文徵自敍之作

세상살이 들쭉날쭉 하나도 뜻대로 되지 않으니　生世參差百不諧
높은 하늘을 작은 나무로 오르기 어렵지　雲霄尺木杳難階
일찍이 쌓인 참소로 뼈가 녹았을 뿐　曾緣積毁從銷骨
감히 밝은 시대에 물러나려 했을까[77]　敢向明時擬乞骸
기왓장이 진창에 떨어져 섞이니　瓦礫自隨泥滓溷
솔과 대도 눈서리에 함께 묻혔네[78]　松篁倂被雪霜埋

76 문징(文徵)이……작품 : 문징은 심동귀(沈東龜, 1594~1660)로, 본관은 청송(青松), 자는 문징, 호는 청봉(晴峰)이다. 《宋子大全 卷177 晴峯沈公墓碣銘》 이민구가 차운한 작품은 심동귀의 《청봉집(晴峰集)》 권4 〈봉화동주운(奉和東州韻)〉의 두 번째 시이다.

77 일찍이……했을까 : 심동귀가 억울하게 참소에 걸려 조정에서 물러난 것이지 스스로 관직을 그만둔 것이 아니라는 말이다. 전국 시대 장의(張儀)가 위왕(魏王)에게 "뭇사람의 입은 무쇠도 녹일 수 있고, 참소가 쌓이면 뼈도 녹일 수 있습니다.〔衆口鑠金, 積毁銷骨.〕"라고 말한 고사가 있다. 《史記 卷70 張儀列傳》 걸해(乞骸)는 해골이 고향에 돌아가 묻힐 수 있게 해 달라고 청한다는 뜻인데, 보통 벼슬길에서 완전히 물러나는 것을 가리키는 말로 쓰인다. 심동귀는 1644년(인조22)에 심기원(沈器遠, 1587~1644)의 옥사(獄事)에 연루되어 장흥(長興)으로 유배되었고, 그 뒤로 서용(敍用)되지 못하였다.

78 기왓장이……묻혔네 : 심기원의 옥사로 인해 비방이 일자 심동귀도 연루되어 고초를 겪게 되었다는 말이다. 와력(瓦礫)은 기와 조각으로, 비방을 의미한다. 한유(韓愈)가 병든 올빼미를 두고 읊은 〈병치(病鴟)〉에 "아이들 소리쳐 서로 불러서는 기왓장

새 시에서 솟구치는 기운 잘 알았으니	新詩剩得飛騰勢
슬픈 노래로 장한 회포 꺾지 마오	莫遣悲歌挫壯懷

과 돌을 앞다투어 던지누나.〔群童叫相召, 瓦礫爭先之.〕"라고 하였다. 《韓昌黎集 卷6》 송황(松篁)은 소나무와 대나무로, 여기서는 심동귀의 높은 지조를 비유하여 사용한 말이다.

세 번 거듭 같은 운자를 사용하여 문징이 비통해한 작품[79]에 답하다

三疊 酬文徵悲痛之作

누가 동방삭에게 해학 일삼게 해서 誰教方朔任詼諧
아득한 하늘 길도 혹 오를 수 있다 했나[80] 天路茫茫倘可階
낮에 이미 채선 더했다는 말 들었으니 晝刻已聞添綵線
온화한 양기가 마른 뼈 적심을 보리라[81] 陽和應見浹枯骸

79 문징(文徵)이 비통해한 작품 : 문징은 심동귀(沈東龜, 1594~1660)로, 본관은 청송(靑松), 자는 문징, 호는 청봉(晴峰)이다.《宋子大全 卷177 晴峯沈公墓碣銘》이민구가 차운한 작품은 심동귀의《청봉집(晴峰集)》권4〈다시 앞 운자에 수창하여 비통한 회포를 서술하다〔復酬前韻自叙悲痛之懷〕〉라는 시이다.

80 누가……했나 : 한(漢)나라 때 동방삭(東方朔)은 본디 해학(諧謔)과 골계(滑稽)를 잘하여 그것으로 임금을 풍간(諷諫)하였고, 또한 선녀인 서왕모(西王母)가 심어 놓은 반도(蟠桃)를 훔쳐 먹고 장수(長壽)하였다는 고사가 있다. 여기서는 심동귀의 진실한 마음을 임금에게 전할 수 없는 현실을 말한 것이다.

81 낮에……보리라 : 심동귀가 해배되었으므로 그의 선친 심집(沈諿)도 신원(伸冤)될 것이라는 말이다. 심동귀는 1644년(인조22) 유배되었다가 1650년(효종1)에 해배되었는데, 1655년 6월 5일에는 심집의 관작(官爵)을 추탈(追奪)하고 심동귀의 사판(仕版)을 삭제하라는 명령이 있었다.《梧灘集 卷14 先考通訓大夫行弘文館應教知製教兼經筵侍講官春秋館編修官府君行錄》채선을 더했다〔添綵線〕는 것은 임금을 보좌한다는 말이다. 순(舜) 임금이 우(禹)에게 이르기를 "내가 해와 달과 별과 산과 용과 꿩을 무늬로 만들고, 종묘의 술그릇과 물풀과 불과 흰쌀과 보와 불을 수놓아서 다섯 가지 채색을 다섯 가지 빛깔로 물들여 옷을 만들고자 하거든, 그대는 그것을 밝게 만들라.〔日月星辰山龍華蟲, 作會, 宗彝藻火粉米黼黻, 絺繡, 以五采彰施于五色, 作服, 汝明.〕"라고 한 데서 유래하였다.《書經 益稷》

구슬 잠겨도 보배로운 기운 끝내 가리기 어렵고　珠沈寶氣終難掩
옥을 감싸도 그윽한 빛 어찌 오래도록 묻히랴[82]　玉蘊幽光肯久埋
세상의 인생사 저절로 정해져 있으니　世事百年行自定
얼음과 숯을 가슴에 남아두지 마오[83]　莫將氷炭眞中懷

82 구슬……묻히랴 : 심동귀가 서용(敍用)되지 못하고 있지만 주옥(珠玉)같은 자질을 지닌 그가 언젠가는 세상에 쓰이게 될 것이라는 말이다.

83 얼음과……마오 : 심동귀에게 고뇌하지 말라고 당부한 말이다. 빙탄(氷炭)은 얼음과 숯으로, 《장자(莊子)》 〈인간세(人間世)〉에 "기쁨과 두려움 등의 감정이 가슴속에서 싸우는데, 이는 원래 인간의 오장에 얼음과 숯이 한데 엉겨 있기 때문이다.〔喜懼戰于胸中, 固已結氷炭于五臟矣.〕"라고 하였다.

네 번 거듭 같은 운자를 사용하여 문징[84]에게 보내다

四疊 酬文徵

남도도 운수도 해학으로 저버리고[85]	南圖雲水負齊諧
북극의 별빛 태계를 우러르네[86]	北極星辰仰泰階
이미 풍진세상에서 늙은이 눈 돌렸지만	已向風塵回老眼
도리어 천지 사이에 야윈 몸 부쳤어라	還從天地付羸骸
몸에 병 많으니 삶은 누가 될 뿐	身多疾病生爲累
기를 산하에서 얻었으니 죽어 기꺼이 묻히리	氣得山河死肯埋
황금을 계곡에 던지듯 좋은 시 자주 받으니	佳句數蒙金擲壯
필부는 주옥을 가슴에 품기가 실로 두렵네[87]	匹夫眞懼璧臧懷

84 문징(文徵) : 심동귀(沈東龜, 1594~1660)로, 본관은 청송(靑松), 자는 문징, 호는 청봉(晴峰)이다. 《宋子大全 卷177 晴峯沈公墓碣銘》

85 남도(南圖)도……저버리고 : 공업(功業)을 이루려는 뜻과 자연 속에서 은일자적하는 삶을 살겠다는 뜻도 모두 저버렸다는 말이다. 남도는 《장자(莊子)》 〈소요유(逍遙遊)〉의 북명(北溟)의 큰 고기가 붕(鵬)으로 변해 남명(南冥)을 도모한다는 이야기에서 유래하여 원대한 뜻을 말한다. 운수(雲水)는 물이 흐르고 구름이 떠도는 곳이라는 뜻으로, 즉 세속을 초월한 맑고 깨끗한 곳을 말한다. 제해(齊諧)는 괴담(怪談)을 적은 책에나 나오는 근거 없는 이야기라는 말이다.

86 북극(北極)의……우러르네 : 태평성대를 바란다는 말이다. 태계(泰階)는 삼태성(三台星)의 별로, 상태(上台), 중태(中台), 하태(下台)가 각각 두 개씩 여섯 개인데, 그것들이 제자리에 고르게 있으면 음양이 조화를 이루고 비바람이 순조로워 풍년이 들고 백성들이 편안해져 천하가 태평을 누린다고 한다.

87 황금(黃金)을……두렵네 : 심동귀의 좋은 시를 자주 받게 되니 외람되다는 말이다. 금척빈(金擲壯)은 황금을 빈 계곡에 던진다는 말로, 자신을 겸손하게 표현한 것이

다. 한유(韓愈)의 시에 “가련하다 쓸데없이 정신만 허비하니 황금을 빈 계곡에 던지는 듯하네.〔可憐無益費精神, 有似黃金擲虛牝.〕”라고 하였다. 《韓昌黎集 卷4 贈崔立之評事》

허생의 매화 그림에

許生畫梅

허씨는 그 맑은 기상 아끼는데	許子愛渠淸
고호는 네가 어리석다 꾸짖겠지[88]	賈胡嗔汝獃
저들 뱃속의 구슬 가져다가	將他腹裏珠
멋지게 손 안의 그림 만들었네	幻作手中畫

2

내 배에는 비단 수 품었고[89]	我腸懷錦繡
그대 손은 구슬 만들어 내네	君手産珠璣
비낀 그림자도 그려 내니	描出橫斜影
조화옹의 솜씨 훔쳤구나	偸來造化機

88 허씨(許氏)는……꾸짖겠지 : 허씨는 매화의 맑은 기상을 아끼지만 서역(西域)의 상인인 고호(賈胡)는 그런 허씨를 어리석다고 여길 것이라는 말이다. 고호들은 아름다운 구슬을 얻으면 자기 배를 가르고 숨겨 둔다는 고사가 있다. 《資治通鑑 唐紀》

89 내……품었고 : 자신의 뱃속에 시문(詩文)이 가득 들어 있다는 말이다. 이백(李白)의 종제(從弟)가 "형은 심간과 오장이 온통 금수로 되어 있습니까. 그렇지 않다면 어찌 입을 열 때마다 글을 이루고, 붓을 휘두를 때마다 안개처럼 흩어진단 말입니까. 〔兄心肝五臟皆錦繡耶. 不然何開口成文, 揮翰霧散.〕"라고 말한 고사가 있다. 《李太白文集 卷26 冬日於龍門送從弟京兆參軍令問之淮南覲省序》

다섯 번 거듭 같은 운자를 사용하여 답하다
五疊却報

순 임금 조정에서 일찍이 고른 팔음 들었는데	虞庭曾聽八音諧
한바탕 꿈같은 인생 옥섬돌과 멀구나[90]	一夢人間遠玉階
스스로 거문고와 책에 의지해 눈과 귀 즐거우니	自托琴書娛耳目
어찌 공훈 세우려 노력할까	寧從勳業展筋骸
눈 가득한 강호에 뗏목도 끊어지고	江湖雪漲浮槎斷
구름 깊은 산길은 낙엽에 묻혔네	巖徑雲深落葉埋
우리의 도가 다만 오래도록 적막하니	吾道只應長寂寞
그윽한 삶 한낮에 무회씨의 세상에 이르네[91]	幽居白日到無懷

90 순 임금……멀구나 : 조정에서 임금을 가까이 모셨는데, 이제 궁궐과 멀리 떨어진 신세가 되었다는 말이다. 우정(虞庭)은 순 임금의 조정이라는 뜻인데, 여기서는 조정을 말한다. 팔음(八音)은 금(金), 석(石), 사(絲), 죽(竹), 포(匏), 토(土), 혁(革), 목(木)을 말한다. 순 임금이 기(夔)에게 악관(樂官)을 임명하면서 이르기를 "여덟 가지 악기 소리를 잘 조화시켜서 서로 질서를 잃지 않게 하면 신과 사람이 서로 화평해지리라.〔八音克諧, 無相奪倫, 神人以和.〕"라고 하였다. 《書經 舜典》

91 우리의……이르네 : 세상에 나아가 경륜을 펴지 못하고 초야에서 지낸다는 말이다. 무회(無懷)는 무회씨(無懷氏)를 가리키는데 갈천씨(葛天氏)와 함께 상고 시대 제왕(帝王)으로서 세상을 잘 다스려서 천하가 태평했다고 한다. 진(晉)나라 도잠(陶潛)의 〈오류선생전(五柳先生傳)〉에 "술을 실컷 마시고 시를 지어서 자신의 뜻을 즐기니, 무회씨의 백성인가, 갈천씨의 백성인가.〔酣觴賦詩, 以樂其志, 無懷氏之民歟, 葛天氏之民歟.〕"라고 하였다. 《陶淵明集 卷5》

여섯 번 거듭 같은 운자로 짓다

六疊

거처하는 곳 아래에 어부의 집이 있고 옆에는 도자기를 빚는 가게가 있으므로 시에서 언급하였다.

우둔한 이 사람 세상과 맞지 않아	頑疏不與世情諧
궁벽한 골목 쓸쓸하고 섬돌은 눈에 묻혔네	窮巷蕭蕭雪沒階
어부의 내 발 씻는다는 노랫소리 듣고[92]	漁父歌聞濯我足
도자기 집 흙으로 내 몸을 거뒀으면	陶家土欲斂吾骸
초나라 사람은 초당 주는 것을 가장 중시하고[93]	楚人最重燋糖贈
제나라 풍속은 밥공기 묻는 것을 자랑했네[94]	齊俗相誇飯甕埋

92 어부(漁父)의……듣고 : 전국 시대 초(楚)나라 굴원(屈原)의 〈어부사(漁父辭)〉에 "창랑의 물이 맑으면 나의 갓끈을 씻고, 창랑의 물이 흐리면 나의 발을 씻으리라.〔滄浪之水淸兮, 可以濯我纓, 滄浪之水濁兮, 可以濯我足.〕"라고 하였다.

93 초(楚)나라……중시하고 : 초나라에서 10월 1일이 되면 초조(燋糟)를 먹는 풍속이 있었다. 초당(燋糖)은 초조라고도 한다. 두보의 시에 "초조가 다행히 한 쟁반에 담겼네.〔燋糟幸一柈〕"라고 하였다. 《杜少陵集 卷20 十月一日》

94 제(齊)나라……자랑했네 : 제나라 사람들이 눈이 많이 내리는 것을 풍년의 조짐으로 여겼다는 말이다. 소식(蘇軾)의 《동파전집(東坡全集)》 권8 〈제야대설……(除夜大雪……)〉에 "감히 행역의 수고로움을 원망하랴, 너희가 반옹 노래하게 돕는구나.〔敢怨行役勞, 助爾歌飯甕.〕"라고 하였는데, 그에 대해 왕십붕(王十朋)은 "산동 사람들이 고기를 밥 아래에 묻는 것을 반옹이라고 한다.〔山東人以肉埋飯下, 謂之飯瓮.〕"라고 하였다. 반면 양신(楊愼)은 "산동의 민요에 이르기를 '상송이 무송을 때리면 가난한 백성들이 반옹을 준비한다.' 하였으니 눈이 내리는 것을 풍년의 조짐으로 보았기 때문이다.〔山東民謠云, 霜淞打霧淞, 貧民備飯瓮, 盖以有雪爲豐登之兆.〕"라고 하였다. 《丹

먹고 사는 백 년 인생 다 명이 있으니	飮啄百年皆有命
막걸리 마시고 편히 누워 담담히 생각 잊노라	濁醪高臥澹忘懷

鉛餘錄 卷18 梅谿注東坡詩》

일곱 번 거듭 같은 운자로 짓다

七疊

사람들 얼굴 맞대면 애써 친한 척하지만	人情當面强調諧
세도는 천년토록 날마다 수준 떨어졌네	世道千年日降階
오래도록 조정에서 오골 경시하는 줄 아나니[95]	久信朝廷輕傲骨
두터운 은택이 쓰러진 몸 적신단 말 어찌 들으랴	豈聞膏澤潤僵骸
서리 엉긴 늙은 잣나무 그래도 뿌리 살아 있고	霜封古柏根猶活
눈 덮인 긴 대나무 그 절개 사라지지 않지	雪擁脩篁節不埋
누가 알랴 한 집 등불 그림자 가에	誰識一壚燈影畔
얼음 처마와 달 비친 집의 맑은 회포를	氷簷月宇靄澄懷

95 오래도록……아나니 : 조정에서 바른말 하는 사람을 경시한다고 생각한다는 말이다. 오골(傲骨)은 남에게 굽히지 않는 자존심 강한 성격을 의미한다. 《촉중광기(蜀中廣記)》 권101 〈시화기(詩話記)〉에 "이백은 몸을 숙이지 못하였으니 허리 사이에 오골이 있기 때문이었다.〔李白不能屈身, 以腰間有傲骨.〕"라고 하였다.

또 세 편을 얻었으니 이전 것과 합해 모두 열 편이다
又得三篇 通前爲什

엇비슷한 겉모습을 누가 구분할까	皮相誰分伯仲諧
구름 계단 올라 높은 하늘 볼 수 없네	層霄望絶躡雲階
단혈에서 두 새의 날개 꺾였으니[96]	從摧丹穴雙飛翮
청산에 사는 칠 척의 몸 감히 아까우랴	敢惜青山七尺骸
웅검은 갑에 보관되어 새 수술 껄끄럽고[97]	雄劍匣藏新繡澁
법연의 글 내쳐져 오래 먼지에 묻혔네[98]	法筵書擯久塵埋
영예로운 이름 벌써 한단의 꿈에 부쳤으니[99]	榮名已付邯鄲夢

96 단혈(丹穴)에서……꺾였으니 : 심동귀(沈東龜)와 그의 아버지 심집(沈諿)이 삭탈관직되었다는 말이다. 단혈은 전설상의 산 이름으로, 이곳에 오색영롱한 봉황새가 산다고 한다. 《山海經 南山經》

97 웅검(雄劍)은……껄끄럽고 : 심동귀가 신원되지 못하여 자신의 뜻을 펼치지 못한다는 말이다. 이백(李白)의 〈독록편(獨漉篇)〉에 "벽에 걸린 칼 한 자루 때때로 용의 울음. 코끼리 자르지 못한 채 수술에 이끼만 끼는구나.〔雄劍挂壁, 時時龍鳴. 不斷犀象, 繡澁苔生.〕"라고 하였다. 《李太白文集 卷3》

98 법연(法筵)의……묻혔네 : 심동귀의 서용(敍用)을 요청하는 여러 신하들의 글이 임금의 윤허를 받지 못했다는 말이다. 법연은 예식을 갖추고 임금이 신하를 접견하는 자리로, 조정을 뜻한다.

99 영예로운……부쳤으니 : 인생의 덧없음을 말한 것이다. 한단몽(邯鄲夢)은 황량몽(黃粱夢)과 같은 말이다. 당나라 개원(開元) 연간에 도사(道士) 여옹(呂翁)이 한단(邯鄲)에서 소년 노생(盧生)을 만났는데, 노생이 여옹에게 자기 신세를 한탄하자, 여옹은 노생에게 베개를 주면서 "이것을 베면 부귀영화를 뜻대로 누릴 것이다." 하였다. 그리고 나서 여옹은 기장으로 밥을 짓고 노생은 베개를 베고 잠이 들었는데, 꿈속에

평생 지사의 품은 뜻에 이르지 못하네　不到平生志士懷

문무의 공렬 누가 둘 다 잘할까　武略文功孰兩諧
무간의 섬돌에서 성명이 적막하네[100]　聲明寂寞舞干階
진창길에 늙어가며 자주 머리 긁적이고[101]　泥塗甲子頻搔首
온 나라 전란 속에 사람 해골 얼마나 쌓였던가　天地兵戈幾積骸
예부터 영재와 현인 낚시와 판축을 따랐는데[102]　自古英賢隨釣築

서 일평생의 부귀영화를 실컷 누리고 그 꿈을 깨어 보니 아직 기장밥이 익지 않았었다는 이야기가 있다.《太平廣記 卷82 呂翁》

100 무간(舞干)의……적막하네 : 문덕(文德)이 펼쳐지는 세상에서 명성을 드날리지 못했다는 말이다. 무간은 성군(聖君)의 덕화를 비유하는 말이다.《서경》〈대우모(大禹謨)〉에 "순 임금이 이에 문덕을 크게 펴면서, 방패와 깃털을 들고 두 섬돌 사이에서 춤을 추니, 그로부터 70일 만에 묘족이 귀순해 왔다.〔帝乃誕敷文德, 舞干羽于兩階, 七旬有苗格.〕"라고 하였다.

101 진창길에……긁적이고 : 심동귀와 자신이 오랫동안 서용되지 못한 것을 안타깝게 여긴 말이다. 춘추 시대 진(晉)나라의 축성 공사에 동원된 노인이 나이를 알지 못한 채 "생일인 정월 갑자날 초하루에서 445번째의 갑자날이 지나갔다.〔生之歲正月甲子朔, 四百有四十五甲子矣.〕"라고 하자, 사광(師曠)이 73세가 되었다고 하였다. 이에 조맹(趙孟)이 그 노인을 불러다 사과하기를 "당신을 발탁해서 제대로 쓰지 못하고 오래도록 토목 공사의 인부로 있게 하였으니 이것은 나의 죄이다.〔不能由吾子, 使吾子辱在泥塗久矣, 武之罪也.〕"라고 했다는 고사가 있다.《春秋左氏傳 襄公20年》 한편 두보(杜甫)의 시에도 "나그네는 비록 천명을 편안히 여기지만 용모가 어찌 장부의 모습이랴. 식구들이 궤장을 근심하는데 갑자일에 진창에 있구나.〔有客雖安命, 衰容豈壯夫, 家人憂几杖, 甲子混泥塗.〕"라고 하였다.《杜少陵集 卷1 贈韋左丞濟》

102 예부터……따랐는데 : 예부터 훌륭한 인재들이 어려움 속에서 나온 경우가 많다는 말이다. 조축(釣築)은 위수(渭水)에서 낚시질하다가 발탁되어 주(周)나라 무왕(武王)을 도왔던 여상(呂尙)과 부암(傅巖)에서 판축(版築)하다가 등용되었던 은(殷)나

앞으로 재사와 호걸이 추매에서 일어나리[103]	向時才傑起椎埋
중원 만리에 먼지바람 가득하니	中原萬里風塵滿
푸른 바다 동쪽에서 먼 회포 부치노라	滄海東偏寄遠懷

서쪽 교외에 살아가니 만년의 계획 잘 맞아	卜築西郊晚計諧
언제나 풍광이 앞 섬돌에 가까이 다가오네	長時物色近前階
동산의 참대에는 상비의 눈물 맺혔고	園荒苦竹湘妃淚
강에 뜬 뗏목은 오자서의 뼈인 듯[104]	江擁浮槎子胥骸
만사의 처량한 심사 잠시 달래 보지만	萬事凄涼聊暫遣
천 년의 슬픔과 원망 다 묻지 못하노라	千年哀怨未全埋
차가운 날씨가 다시 유리 세계 열어 주어	寒天更闢琉璃界
한 조각 맑은 얼음처럼 나그네 마음 깨끗하다	一段淸氷淨客懷

라의 부열(傅說)을 가리킨다.

103 앞으로……일어나리 : 전공(戰功)을 세운 사람들이 등용될 것이라는 말이다. 추매(椎埋)는 사람을 쇠뭉치로 때려 죽여 묻는 것으로, 아주 난폭한 행동을 일컫는 말이다. 당시 청(淸)나라의 등장으로 혼란하였기 때문에 이렇게 읊은 것으로 보인다.

104 동산의……듯 : 한 맺힌 마음을 비유적으로 읊은 것이다. 상비(湘妃)는 상수(湘水)에 몸을 던져 죽은 순(舜) 임금의 두 부인인 아황(娥皇)과 여영(女英)을 가리킨다. 그들이 흘린 눈물이 대나무에 얼룩져서 반죽(斑竹)이 되었다고 한다.《初學記 卷28 注》 자서(子胥)는 춘추 시대 초(楚)나라 사람 오원(伍員)의 자이다. 부친 오사(伍奢)와 형 오상(伍尙)이 초나라 평왕(平王)에게 피살되자 오(吳)나라로 도망쳐 군대를 이끌고 초나라를 쳐서 원수를 갚았으나 오왕(吳王) 부차(夫差)가 그의 충간을 듣지 않고 오히려 그에게 촉루검(屬鏤劍)을 내려 자결을 명하고는 그 시체를 말가죽에 담아 강물에 던진 고사가 있다.《史記 卷66 伍子胥列傳》

매화가 그려진 가리개에 쓰다

題墨梅障子

선달 전 매화를 내 사랑하니	我愛臘前梅
고운 꽃 본래 희고 깨끗하지	天葩本皎潔
맑은 창에 흰 병풍 펼쳐 두니	晴窓展素屛
고산의 눈 밟지 않으리[105]	不踏孤山雪

2

그믐 가까워 음기 왕성하고	向晦群陰盛
한겨울이라 모든 풀 시들었는데	方冬百卉萎
어이하여 한 자 남짓 희게 피어	如何盈尺素
갠 달빛이 무성한 가지 비추나	晴月照繁枝

105 맑은……않으리 : 매화 그림이 그려진 병풍을 펼쳐 놓았으므로 매화를 감상하기 위해 눈을 밟지 않아도 된다는 말이다. 고산(孤山)은 송(宋)나라 사람 임포(林逋)가 매화를 많이 심었던 곳이다.

선달 그믐밤

除夕

올해도 시간이 바삐 흘러	今歲光陰爲我忙
잡아도 그치지 않고 아득히 저물어 가네	相留不住杳茫茫
남은 삶 감히 앞날 짧다 아파하랴	餘生敢惜前期短
이미 늙어 지나간 날 긴 줄 아노라	已老方知往日長
책상 위의 보던 책 옛 달력 치우고	案上看書抛舊曆
상머리에 독 열어 새 잔에 따르노라	床頭開甕接新觴
어찌하면 많은 물을 물시계에 더해	那將積水添殘漏
한밤에 이르러도 물방울이 다하지 않게 할까	滴到中宵更未央

동주집

시집 제23권

시 詩

윤편(輪扁)이 말하기를 "손으로 익혀서 마음으로 응하는 것이니 입으로 말할 수가 없습니다. 거기에는 비결이 있습니다. 때문에 나이 일흔 살이 되어서도 늙은 몸으로 수레바퀴를 깎고 있습니다."라고 하였다.[1] 나는 젊어서부터 시서(詩書)를 공부하여 일흔 살 노인이 되었으니 무엇이 이와 다르겠는가. 그러나 수레바퀴는 길을 가기 위한 것이다. 글을 비록 이루었지만 세상에 유행하지 못하니 또 윤편보다도 못하구나.

무술년(1658, 효종9) 설날

戊戌元日

꿈에서 구슬 칠십 개 얻는다면	夢得七十珠
사람들 쓰러질 듯 기뻐하는데	人情喜傾倒
내 나이 칠십 되었으니	我年得七十
어찌 구슬만 보배겠는가	何但珠爲寶
이 세상 살아가며	寄寓大包內
장수를 귀하게 여기지	壽命貴長保
비록 짧은 꿈과 같은 줄 알지만	雖知齊短夢

1 윤편(輪扁)이……하였다 : 춘추 시대 제 환공(齊桓公)과 수레바퀴를 깎는 기술자인 윤편의 대화 중 일부로 《장자(莊子)》 〈천도(天道)〉에 실려 있는 내용이다.

실로 큰 은혜 기뻐하노라　實自感洪造
세월이 오랜 나그네 아껴 주니　陰陽私久客
야윈 몰골 감히 한하지 않노라　不敢恨枯槁
어찌 흐르는 세월 안타까워하여　奈何惜流景
번뇌로 근심스러운 삶 살아가랴　憂生以煩惱
그대 북망산의 무덤을 보라　君看北邙瘞
어찌 모두가 늙어서 죽었으랴　豈必盡衰老
오고 감은 시운에 맡겨 두려니　去來委時運
깊어 알 수 없는 게 우리 도라네　沈冥乃吾道

춘첩
春帖

술동이에 새 술 익고 책상에는 책 있어	甕有新醅案有書
마을 깊숙이 관해도인[2] 살지	村深觀海道人居
조각배에 벌써 강호의 흥취 꿈틀대니	扁舟已動江湖興
푸른 강물이 동풍에 막 녹는구나	碧水東風解凍初

2 관해도인(觀海道人) : 이민구의 자호(自號)이다. 《동주집(東州集)》 〈동주선생전집서(東州先生前集序)〉에 "동주옹은 또한 관해도인으로 자호하였다.〔東州翁亦自號觀海道人〕"라고 하였다.

얼음덩이가 강을 뒤덮으니 예전에 없던 일이다
氷澌蔽江 前所未有

하룻밤 사이에 봄 조수가 상류까지 올라와 一夜春潮蹴上流
서쪽 바라보니 얼음덩이가 물가에 가득하네 氷澌西望卷河洲
사람들 모두 풍이처럼 부유한가 人間儘有馮夷富
옥벽이 산처럼 많은데 거두지 않네그려[3] 玉璧如山爛不收

일찍이 풍악산 승려의 말을 들으니 "만폭동(萬瀑洞)의 얼음 폭포가 산중의 절경인데 안타깝게도 추운 날씨에는 감상하러 오는 유람객이 없습니다."라고 하였다. 지금 내가 집을 나가지 않고도 이처럼 기이한 경관을 보게 되었다. 만폭동에 겹겹이 쌓인 얼음과 비교해 보면 어떠할까.

3 사람들……않네그려 : 강물에 떠 있는 얼음을 황하의 신인 풍이(馮夷)의 귀한 옥에 비유하여, 얼음을 가져가지 않는 사람들이 모두 풍이처럼 부자인가 보라고 읊은 해학적 표현이다. 옥벽(玉璧)은 구슬인데 여기서는 얼음을 가리킨다.

지팡이 짚고서

倚杖

새들은 저녁 무렵 황량한 폐허로 날아들고	鳥雀荒墟夕
소와 염소 물 건너 마을로 돌아가네	牛羊隔水村
대숲 바람이 지팡이 짚은 몸에 스며들고	竹風侵倚杖
숲 그림자가 열린 술동이에 다가온다	林影赴開尊
거룻배에서 비로소 그물 거두는데	野艇初收網
이웃집들 하나둘 문 닫는구나	隣家稍掩門
하늘가에 봉화 바라보니	天邊見烽火
한 점 불빛이 황혼을 깨뜨리네	一點破黃昏

고령 현감으로 가는 조카 당규[4]와 이별하다
別家姪堂揆宰高靈

늙으니 남은 인생 짧아 안타깝고 老惜餘年促
가난하니 이별의 슬픔 큰 줄을 아노라 貧知別意長
육신이 이미 모두 바뀌어 形骸都已換
골육들 보살핌도 드물지 骨肉鮮相將
모두 백성 근심 절실하기 때문이니 摠爲民憂切
어찌 바쁜 나그넷길 사양하랴[5] 寧辭客路忙
집안의 명성과 정무 家聲與吏政
은덕에 보답하기 위해 삼가 철저히 대비하라 答效愼周防

4 이당규(李堂揆) : 1625~1684. 이민구의 형 이성구(李聖求)의 셋째아들로, 본관은 전주(全州), 자는 기중(基仲), 호는 퇴촌(退村), 시호는 문경(文敬)이다. 1658년(효종9) 봄에 고령 현감(高靈縣監)으로 부임하였다. 《景淵堂集 文集 卷6 仲父贈資憲大夫……五衛都摠府副摠管府君行錄》

5 육신이……사양하랴 : 이민구의 가족과 친지들 대부분이 죽고 자신은 늙어서 조카 이당규가 아니면 자신을 돌봐줄 사람이 거의 없는데 조카가 백성 돌보러 고령으로 떠나가니 어쩔 수 없다는 말이다.

영해 도호부사 조빈[6] 만사

趙寧海贇挽詞

유명을 달리하는 이별의 한 또 새봄에 있으니	幽明別恨又新春
어릴 적 교유 이미 지난날의 일일세	童稚交游已隔晨
얕은 물에 잠긴 자라는 그 더러움 슬퍼하여	尺水蚖潛悲濁穢
하늘에 날아올라 청진한 세계로 돌아갔네	曾霄羽化返淸眞
명성 감춘 채 하읍에 머물고	銷聲下邑聊淹跡
재능 숨긴 채 숲에서 몸 깨끗이 하였지	埋照中林爲潔身
돌이켜 생각하니 조정에서 의관 갖춰 입고	回首衣冠趨走地
몇 사람이나 끝내 오랑캐에게 절하지 않았던가	幾人終不拜胡塵

김회이[7]가 일찍이 내게 이르기를 "사람들이 '지금 세상에 오염되지 않은 사람은 오직 공과 조빈이다.'라고 하는데, 화복의 이치는 알 수 없다."라고 하였다.

6 조빈(趙贇) : 1587~? 본관은 한양(漢陽), 자는 계언(季彦), 호는 은성(隱星)이다.

7 김회이(金晦而) : 김광욱(金光煜, 1580~1656)으로, 본관은 안동(安東), 자는 회이, 호는 죽소(竹所)이다. 《退憂堂集 卷10 左參贊金公墓誌銘》

2월에 병이 심해져 고통을 호소하다가 문득 앉아서 잠깐 졸았는데 시의 기구를 얻었다. 이에 세월이 괴롭히는 것은 기혈임을 알았으니 나는 진실로 병든 것이 아니다. 4월에야 조금 나아 비로소 우사에 버들 그늘이 짙음을 보았다

二月 病鬩呼痛 忽坐寐欱水頃 得詩起句 乃知陰陽之所苦者氣血 我固不病 四月少間 始見寓舍柳陰濃合

푸르른 버들 그늘에서 시 짓노라니 賦詩綠柳陰
새봄의 햇빛이 만물을 비추네 新陽熙萬物
질병의 고통도 잊을 수 있으니 疾病亦可忘
신선의 경계가 한창 피어나네 神境方超忽
천부의 성품 늘 간직해 靈性浩常存
좋은 계절 만나 흥 일으키네 發興値嘉節
원컨대 따사로운 봄기운 돌아오면 願反春候暖
가벼운 적삼 입고 맘껏 유랑이나 하였으면 輕衫恣沿越

신계량[8]이 죽었는데 병 때문에 조문하지 못했다. 도성 동쪽의 의원에게 갔다가 마침 문 앞을 지나는 반혼 행렬을 만나서 눈물을 뿌리며 쓰다

申季良亡 病未臨弔 就醫東城 適遇返魂過門 洒涕書之

한 번 병들어 강교에서 쓸쓸히 지내니	一病江郊閑寂寥
고인의 황천길 꿈속에 아득했는데	故人泉路夢中遙
뉘 알았으랴 저녁 무렵 혼거 옆	誰知落日魂車畔
동성의 판마교에서 눈물 떨굴 줄을	淚盡東城販馬橋

8 신계량(申季良) : 신최(申最, 1619~1658)로, 본관은 평산(平山), 자는 계량, 호는 춘소(春沼)이다. 동양위(東陽尉) 신익성(申翊聖)의 넷째아들이다. 《東州集 文集 卷9 咸鏡道都事申君墓碣銘 幷序》

제주 목사 이회[9]를 전송하다

送李濟州檜

아스라한 영주[10]에 바닷물 넘실대고	縹緲瀛洲積水涵
한라산의 봄빛 맑은 이내 말려 있네	漢拏春色捲晴嵐
천지는 중원과 멀리 떨어져 있는데	乾坤逈隔中原上
일월은 북호의 남쪽까지 고루 비추네[11]	日月平分北戶南
배를 따라 이는 바람 양곡까지 이어지고	趁舶風連暘谷動
수레 따라 내리는 비 섬까지 뿌리리[12]	隨車雨洒海邦覃

9 이회(李檜) : 1606~? 본관은 연안(延安), 자는 자방(子方)이다. 《승정원일기》 효종 9년 2월 4일 기사에 이회를 제주 목사(濟州牧使)에 임명한다는 기록이 있다.

10 영주(瀛洲) : 동해에 있다는 삼신산(三神山)의 하나이나, 여기서는 제주도를 가리키는 말로 쓰였다.

11 천지(天地)는……비추네 : 제주도가 육지와 멀리 떨어져 있지만, 해와 달은 남쪽 제주까지 고루 비춘다는 말이다. 북호(北戶)는 중국의 남쪽 변경에 있었던 고대의 나라 이름인데, 남쪽 변방을 이르는 말로 쓰인다. 여기서는 제주도를 가리키는 말로 쓰였다. 《이아(爾雅)》에 의하면 북쪽에 있는 고죽(觚竹)과 남쪽에 있는 북호(北戶), 서쪽에 있는 서왕모(西王母)와 동쪽에 있는 일하(日下)를 사황(四荒)이라고 부르는데, 모두 사방의 미개한 변방에 있는 나라들로 사극(四極)에 다음가는 지역이라고 하였다.

12 배를……뿌리리 : 이회가 순풍을 타고 제주도에 가서 선정(善政)을 베풀 것이라는 말이다. 양곡(暘谷)은 전설 속의 해 뜨는 곳을 말한다. 《서경》 〈요전(堯典)〉에 "희중에게 따로 명하여 동쪽 바닷가에 살게 하니 그곳이 바로 해 뜨는 양곡인데, 해가 떠오를 때 공손히 맞이하여 봄 농사를 고르게 다스리도록 하였다.〔分命羲仲, 宅嵎夷, 曰暘谷, 寅賓出日, 平秩東作.〕"라는 말이 나온다. 여기서는 제주도를 가리키는 말로 쓰였다.

피폐한 백성 신명의 교화 기다리니　　疲氓正待神明化
오은지의 청렴한 명성 예부터 익히 알아서지[13]　　吳隱淸名舊飽諳

수거우(隨車雨)는 지방관으로 선정을 베푼다는 말이다. 한나라 때 정홍(鄭弘)이 회양태수(淮陽太守)로 있으면서 부세(賦稅)와 요역(徭役)을 줄여 주고 정사를 가혹하지 않게 하였는데, 몹시 가뭄이 들었을 때 순시를 나가자 수레가 가는 곳을 따라 비가 내렸다고 한다. 후대에는 지방 관원의 치적을 칭송하는 말로 쓰였다.《後漢書 卷63 鄭弘列傳》

13 피폐한……알아서지 : 피폐한 제주 백성들이 오래전부터 청렴하기로 소문난 제주목사(濟州牧使) 이회의 훌륭한 교화를 기대하고 있다는 말이다. 중국 광주(廣州) 땅에 한 번 마시면 돈만 알게 된다는 탐천(貪泉)이라는 샘이 있었다. 이곳의 자사(刺史)로 부임한 진(晉)나라의 청백리 오은지(吳隱之)가 자신의 마음을 재삼 굳게 다지면서, 아무리 탐천이라 하더라도 사람의 곧은 마음이야 어떻게 변하게 할 수 있겠느냐며 "옛 사람이 말하기를 이 샘물 한 번 마시면 천금 생각한다는데, 시험삼아 백이와 숙제에게 마시게 한다면, 끝내 그 마음 변치 않으리.〔古人云此水, 一歃懷千金. 試使夷齊飮, 終當不易心.〕"라고 했다는 고사가 있다.《晉書 卷90 良吏列傳 吳隱之》

부채에 시를 써서 연경으로 가는 전창군[14]을 이별하다
詩扇別全昌赴燕

국사 다급하여 전대해야 하므로　事急須專對
늙은 몸으로 먼 길 강행하네[15]　年衰强遠行
타국 가느라 자주 이별하는데[16]　異方頻解袂
병이 많아 쉽게 마음 상하네　多病易傷情
이별하는 길에는 훈풍이 산들산들 불지만　別路薰風軟

14 전창군(全昌君) : 유정량(柳廷亮, 1591~1663)으로, 본관은 전주(全州), 자는 자룡(子龍), 호는 소한당(素閒堂), 시호는 효정(孝貞)이다. 1604년(선조37)에 선조의 딸 정휘옹주(貞徽翁主)와 혼인하여 전창위에 봉해졌다. 1612년(광해군4) 할아버지 유영경(柳永慶)의 사건으로 일가가 멸족될 때 전라도 고부에 유배되었다가 1623년 인조반정 이후에 풀려나와 군(君)에 봉해졌다.《東州集 文集 卷10 全昌君柳公墓碣銘幷序》 유정량은 1658년(효종9) 1월 6일 진하 겸 사은사(進賀兼謝恩使)로 낙점되었으나, 같은 해 4월 14일 비변사(備邊司)에서 유정량이 병으로 길에 오르기 어려우므로 배표(拜表)하는 날을 약간 미루도록 청한 것으로 보아, 당시에 유정량의 건강이 아주 좋지 않았던 것으로 보인다.《承政院日記 孝宗 9年》

15 국사(國事)……강행하네 : 나라에 급한 일이 있어 유정량이 늙고 쇠한 몸으로 연경에 사신 간다는 말이다. 전대(專對)는 외국에 사신으로 가서 독단적으로 잘 대응하는 것을 뜻하는 말이다. 공자가 일찍이 "《시경》 300편을 외우더라도 정사를 맡겨 줌에 제대로 하지 못하며, 사방으로 사신 가서 독단적으로 대응하지 못한다면 비록 시를 많이 외운들 어디에 쓰겠는가.〔誦詩三百, 授之以政不達, 使於四方不能專對, 雖多亦奚以爲.〕"라고 하였다.《論語 子路》

16 타국(他國)……이별하는데 : 유정량은 이에 앞서 1646년(인조24)과 1655년(효종6)에는 사은사(謝恩使)로, 1651년에는 진향사(進香使)로 청나라에 다녀온 일이 있다.

돌아올 때는 장마가 개리라 歸期積雨晴
이 늙은이 두 눈으로 하여금 莫令雙老眼
오래도록 밝은 석양 보게 하지 마오 長注夕陽明

이준 만사
李生濬挽詞

짧은 인생 봄빛 속에 묻히니	短景埋春色
가슴 아파라 부모의 마음이여	傷哉父母心
아름다운 가지에 한창 꽃이 피더니	瓊枝方秀發
고운 옥 갑자기 사라졌네[17]	璧彩遽銷沈
혈족이라고는 어린 아이들 뿐이니	血屬兒曹弱
정 많은 우리들 슬픔 깊어라[18]	情鍾我輩深
원숭이 울음소리 듣고 지난날 흘렸던 눈물을	聞猿他日淚
거듭 옷깃에 뿌리네[19]	重爲灑衣襟

17 아름다운……사라졌네 : 어진 인재 이준(李濬)이 막 능력을 발휘하다가 갑자기 죽었다는 말이다. 경지(瓊枝)는 옥수경지(玉樹瓊枝)의 준말로 귀가(貴家)의 현재(賢才)를 가리키는 말이다.

18 정(情)……깊어라 : 이준의 죽음에 슬픔이 깊다는 말이다. 정종(情鍾)은 정이 모인다는 의미이다. 진(晉)나라 왕연(王衍)이 아들을 잃고 비통해하자, 산간(山簡)이 찾아가 "어린애는 품 안의 물건이거늘, 어찌 이 지경에까지 이른단 말인가.〔孩抱中物, 何至於此.〕"라고 하였다. 왕연이 "성인은 정을 잊고, 가장 낮은 사람은 정에 미치지 못한다. 그런즉 정이 모여 있는 곳은 바로 우리 같은 무리들이다.〔聖人忘情, 最下不及於情, 然則情之所鍾, 正在我輩.〕"라고 한 고사가 있다. 《晉書 卷43 王戎列傳 王衍》

19 원숭이……뿌리네 : 이준의 부모님이 슬피 곡하는 소리를 들으며 이민구도 눈물을 흘린다는 말인데, 이민구도 병자호란 당시 두 아들을 잃었기에 단장(斷腸)의 고사를 인용하여 읊은 것이다. 진(晉)나라 환온(桓溫)이 군사를 거느리고 장강(長江)을 거슬러 올라가 삼협(三峽)에 이르렀을 때, 어떤 군사가 원숭이 새끼 한 마리를 잡았다. 그 어미가 슬피 울며 백여 리를 따라오다가 배 위로 뛰어 올라 죽었다. 배를 갈라 보니 창자가 마디마디 끊겨 있었다는 고사가 전한다. 《世說新語 黜免》

최생의 운자에 맞춰 짓다

次崔生韻

못의 연잎 돋으려 하니 작은 돈닢처럼 푸르고	池荷欲展小錢青
사월의 뜨락에 명협 한 잎 떨어지네[20]	四月階庭落一蓂
실로 깊은 시름이 여윈 몸 휘감는데	實有窮愁纏瘦骨
부질없이 대약이 노쇠함 막는다는 소리 듣네[21]	虛聞大藥制頹齡
한묵에 마음 쏟아도 금세 지치는데	傾情翰墨疲牽率
눈에 비치는 훌륭한 문장 깊은 경지에 접했네	照眼波瀾接混冥
그대와 함께 칠십 되었으니	與爾得年俱七十
잠시 숲 속 정자에 앉아 읊고 감상하노라	暫時吟賞坐林亭

20 사월의……떨어지네 : 4월 16일이 되었다는 말이다. 요(堯) 임금 조정의 뜰에 명협(蓂莢)이란 서초(瑞草)가 있었는데, 초하루부터 매일 한 잎씩 나서 자라다가 보름이 지난 16일부터는 매일 한 잎씩 져서 그믐에는 다 떨어지기 때문에 이것으로 날을 계산하여 달력을 삼았다는 고사가 전한다. 《竹書紀年 卷上 帝堯陶唐氏》

21 부질없이……듣네 : 선약(仙藥)이 몸을 건강하게 할 수 없는데도 그런 소리에 귀가 솔깃해진다는 말이다. 대약(大藥)은 도가(道家)에서 복용하는 불로장생의 선약인 금단(金丹)의 별칭인데, 백거이(白居易)의 〈호가행(浩歌行)〉에 "이미 긴 끈으로 태양을 잡아맬 수는 없는데, 대약으로 청춘을 머물게도 할 수 없네.〔旣無長繩繫白日, 又無大藥駐朱顏.〕"라고 하였다. 《白氏長慶集 卷12》

집의 하진[22] 만사

河執義溍挽詞

봄날 멀리 강호에서 부음 들려오니	春來凶問眇江湖
북두성은 하늘 높이 외로이 빛나네	星斗超超積氣孤
평생의 벼슬살이 북쪽으로 가는 길 희미했는데	冠劍百年迷北上
풍운 유월에 원대한 포부 멀어졌지[23]	風雲六月曠南圖
숨으려 했었지만 본래 은거하려는 게 아니었으니	藏身計在初非隱
나라 생각하는 말 깊어 예부터 거짓되지 않았지	體國言深舊不誣
누가 알았으랴 고황이 풍경 온전하게 할 줄을	誰識膏肓全物色

22 하진(河溍) : 1597~1658. 본관은 진주(晉州), 자는 진백(晉伯), 호는 태계(台溪)이다. 병자호란이 일어나자 의병장이 되어 근왕병(勤王兵)을 일으켰으나 부친상을 당하여 돌아왔다. 성균관 전적, 예조 좌랑, 정언, 지평을 역임하였는데, 1645년(인조 23) 모친상을 당한 뒤로는 조정에 나가지 않았다. 《謙齋集 卷8 執義台溪河公行狀》

23 평생의……멀어졌지 : 평생 벼슬살이하며 높이 오르려고 하였지만 임금을 만난 지 얼마 되지 않아 죽었다는 말이다. 관검(冠劍)은 옛날 관원들이 머리에 썼던 모자와 허리에 찼던 검을 말하는 것으로 문관과 무관을 가리키는데, 일반적으로 벼슬아치를 의미한다. 풍운(風雲)은 《주역》 〈건괘(乾卦) 구오(九五)〉에 "구름은 용을 따르고 바람은 범을 따른다.〔雲從龍, 風從虎.〕"라고 한 데서 온 말로 훌륭한 군주와 신하의 만남을 뜻한다. 남도(南圖)는 큰일을 이루고자 하는 원대한 뜻을 말한다. 《장자(莊子)》 〈소요유(逍遙遊)〉에 "북명(北溟)에 큰 고기가 있는데, 이름을 곤(鯤)이라고 한다. 곤의 크기는 몇천 리인지 알 수 없다. 이것이 변하여 새가 되면 붕(鵬)이 된다. 붕의 길이는 몇천 리인지 알 수 없다. 붕새는 태풍이 불어야 비로소 남명(南冥)으로 날아갈 수 있는데, 남명으로 날아갈 적에는 바닷물을 쳐 삼천 리나 튀게 하고 회오리바람을 타고 구만 리를 날아오르며, 여섯 달을 난 다음에야 쉰다."라고 하였다.

하늘이 빙설로 하여금 진흙탕을 씻게 하네[24] 天教氷雪洗泥塗

24 누가……하네 : 하진이 운명한 때에 눈이 내리고 얼음이 얼어 지저분하던 진창길이 사라지고 설경(雪景)이 아름답게 펼쳐졌다는 말이다. 고황(膏肓)은 치료할 수 없는 깊은 병을 말하는데, 여기서는 봄 날씨가 추워져서 눈이 내리고 얼음이 언 것을 병에 비유하였다. 춘추 시대 진 경공(晉景公)이 병이 들어 진(秦)나라의 명의를 불렀다. 의사가 도착하기 전에 경공이 꿈을 꾸니, 두 아이놈이 말하기를 "내일 명의가 우리를 처치할 것인데, 우리가 고(膏)의 밑과 황(肓)의 위로 들어가면 명의라도 어쩌지 못할 것이다."라고 하였다. 이튿날 명의가 진찰한 뒤에 병이 고황에 깊이 숨어 고칠 수 없다고 하였다. 《春秋左氏傳 成公10年》

강원 감사 강백년[25]을 전송하다

送江原監司姜栢年

신선 세계 금학이 동쪽 봉우리에 있어 神仙金鶴在東峯
학사가 연전에 찾은 적 있었지[26] 學士年前散一笻
그윽한 꿈 또 절간 풍경소리에 끌리는데 幽夢又牽蕭寺磬
이별의 혼은 궁성의 종소리에 얽히네[27] 離魂還繞禁城鍾
뭇 산들 새 계절 맞이한다는 말만 들릴 뿐 徒聞列嶽迎新節
평범한 사람 옛 자취 밟게 하지 않네 未許凡流躡舊蹤
오직 벽하담 가의 바위에 唯有碧霞潭上石
써놓은 이름만 자줏빛 이끼에 덮였겠지 題名已入紫苔封

25 강백년(姜栢年) : 1603~1681. 본관은 진주(晉州), 자는 숙구(叔久), 호는 설봉(雪峯), 시호는 문정(文貞)이다. 《雪峯遺稿 卷30 崇祿大夫判中樞府事……世子師雪峯姜公行狀》《승정원일기》 효종 9년 4월 7일 기사에 강원 감사(江原監司) 강백년이 사은(謝恩)했다는 기록이 실려 있다.

26 신선(神仙)……있었지 : 이민구는 1631년(인조9)에 처음으로 금강산 유람 길에 올랐고, 1635년 강원도 관찰사로 나갔을 때 다시 금강산을 찾았었다.

27 그윽한……얽히네 : 꿈에서는 강원도에 가는 꿈을 꾸는데 현실은 한양에 머물러 있다는 말이다. 소사(蕭寺)는 불교를 독실하게 믿던 남조 양(南朝梁)의 무제(武帝)가 절을 지은 다음 자신의 성(姓)인 소(蕭) 자를 쓰게 한 일에서 온 말로, 사찰을 뜻한다.

약초밭

藥畦

오월에 가물어서는 안 되는데	五月不可旱
햇살 뜨거워 땅을 달구네	日烘厚地熱
사방을 바라보니 논밭이 모두 똑같이	田疇四望平
곡식 하나 없이 말라 비틀어졌네	燋卷無一髮
방석 하나 놓기에도 부족한 작은 뜰	小庭劣容席
척박하여 개미굴과 이웃하였네	磽确隣蟻穴
이것저것 좋은 약초 심었으나	雜下上品藥
뭇 종류가 모두 시들시들	群種俱瑣屑
날마다 샘물 긷느라	汲井日連連
정원지기 골병들어도	園丁病筋骨
누런 먼지 속에서도 푸르러서	青蔥黃塵內
눈에 가득 봄기운이 활발했지	滿眼春意活
오늘 아침 긴 괭이 들고	今晨秉長鑱
손수 김을 매었더니	手自任翦茀
명아주와 비름만 밭을 뒤덮어	蓋畝實藜莧
약초 싹이 모두 자라지 못하네	嘉苗盡夭閼
나쁜 잡초 뿌리까지 없애야 하는데	惡者須去根
좋은 약초마저 끝내 황폐해졌네	美者終蕪沒
우거진 잡초 제거하고 나니	既事屛蒙翳
약초밭이 온통 닦아낸 듯 깨끗하다	通畦淨如刮

뜨거운 여름날 배회하나니	徘徊朱夏際
맑은 가을날 참담하겠지	慘澹淸秋節
흰 서리와 이슬 맞아 잎마저 떨어지면	葉隕霜露白
무엇을 캘 것인가	曷以充採掇
하늘은 또한 무엇을 하는가	昊穹亦何爲
선악을 구별해야 하거늘[28]	淑慝異旌別
심은 콩은 쉬 거칠어지고	種豆易荒穢
뽑아 놓은 강아지풀은 저녁이면 벌써 싹이 난다네	除莠夕已茁
농부들 북돋다가 지치나니	農力倦封殖
노련한 농부 눈물만 흘리네	老圃行泣血
아아 숲 속의 숨은 선비여	嗟哉中林士
밭 일구는 일 서러워 말라[29]	勿悲守耕垡
군자가 장차 집에 가만히 있어야 하니	君子且安居
천운이 바야흐로 위태로운 때이네	天運方甈臲

28 선악을 구별해야 하거늘 : 《서경》 〈필명(畢命)〉에 "착한 사람과 악한 사람을 표창하고 구별하여 그 집과 마을을 표시한다.〔旌別淑慝, 表厥宅里.〕"라고 한 말을 원용하였다.

29 밭……말라 : 저본은 경대(耕垡)로 되어 있으나 운(韻)과 의미를 감안할 때 경벌(耕垡)이 옳다. 한유(韓愈)의 시에 "내가 보은한 후에 병을 이유로 사직하고 늙도록 밭 일구리라.〔余期報恩後, 謝病老耕垡.〕"라고 하였다. 《韓昌黎集 卷2 送文暢師北遊》

인평대군[30] 만사

麟坪大君挽詞

보배로운 기운 물 굽이에 떠 있고	寶氣浮河曲
선파의 분류 한강 나루에 흐르네[31]	璿流控漢津
높고 영예로워 그 지위 우러르니	尊榮瞻地位
빼어난 기상 천인을 보는 듯	秀發見天人
성상께서 코끼리 재는 재주 사랑하셔서	睿眷舟秤象
특별히 봉하여 인평대군이라 불렀네[32]	殊封邑號麟

30 인평대군(麟坪大君) : 인조(仁祖)의 셋째아들 이요(李㴭, 1622~1658)로, 자는 용함(用涵), 호는 송계(松溪)이다. 1628년(인조6) 인평대군에 봉해졌다. 《白軒集 卷43 麟坪大君神道碑銘》

31 보배로운……흐르네 : 조선 왕실의 계보가 면면히 이어져 오고 있으며 인평대군이 왕족임을 말한 것이다. 보기(寶氣)는 고귀한 기운이란 뜻이며, 선류(璿流)는 선원(璿源)으로부터 흘러 내려온다는 의미로 모두 인평대군이 왕족임을 나타낸다.

32 성상께서……불렀네 : 인조가 인평대군의 뛰어난 재주를 아끼고, 인평대군에 봉했다는 말이다. 주칭상(舟秤象)은 배를 이용하여 코끼리의 무게를 잰다는 말로 지혜로움을 나타낸다. 《삼국지(三國志)》 권20 〈무문세왕공(武文世王公)〉에 "등애왕 충은 자가 창서인데, 어려서부터 매우 총명하고 우뚝하여 5, 6세에 벌써 지혜가 성인에게 미칠 정도였다. 그때 손권이 일찍이 큰 코끼리를 보내왔는데 태조가 그 무게가 궁금하여 여러 신하에게 묻자, 모두 어찌해야 할지 몰랐다. 충이 말하기를 '코끼리를 큰 배에 싣고 그 물 흔적이 있는 곳까지 표시하였다가 다른 물건을 표시한 데만큼 실어서 비교하면 알 수 있습니다.'라고 하자 태조가 크게 기뻐하며 즉시 시행하였다.〔鄧哀王沖, 字倉舒, 少聰察岐嶷, 生五六歲, 智意所及有若成人之智. 時孫權曾致巨象, 太祖欲知其斤重, 訪之群下, 咸莫能出其理. 沖曰, 置象大船之上, 而刻其水痕所至, 稱物以載之,

현명함은 양헌의 아름다움과 같고[33] 賢齊兩獻美
혈통은 오종의 친속이네[34] 屬比五宗親
집에서 곰과 담비 꿈꾸고 第宅熊羆夢
산릉에서 신령 오르내리셨지[35] 山陵陟降神
형제들 드물었으니 洪支希在列
임금의 사랑 지극하셨지[36] 聖念極常倫

則校可知矣. 太祖大悅, 卽施行焉.〕"라고 하였다.

33 현명함은……같고 : 한(漢)나라의 학식이 높았던 두 왕자를 들어 제자백가에 정통하고 경서에 밝은 인평대군의 현명함을 칭송한 것이다. 양헌(兩獻)은 전한(前漢)의 하간헌왕(河間獻王) 유덕(劉德)과 후한(後漢)의 패헌왕(沛獻王) 유보(劉輔)를 가리킨다. 유덕은 경제(景帝)의 셋째아들로, 학문을 좋아하여 사방으로 좋은 책을 구하였다고 한다.《資治通鑑 卷18 漢紀》유보는 광무제(光武帝)의 둘째아들로, 경서(經書)에 능통하고 역에 밝아《오경론(五經論)》등을 저술했는데, 당시 사람들이 패왕통론(沛王通論)이라 불렀다고 한다.《後漢書 卷72 光武十王列傳》

34 혈통은 오종(五宗)의 친속이네 : 인평대군이 왕실의 자손으로 효종과 친형제라는 말이다. 오종은 부계 친족집단을 구분한 다섯 가지 범주를 가리킨다. 주대(周代)에 확립된 종법(宗法)에 의하여 친족집단을 크게 대종(大宗)과 소종(小宗)으로 나누고, 소종을 다시 넷으로 나누어 모두 다섯 종으로 친족을 규정한 것인데, 대종의 시조(始祖)와 소종의 고조(高祖), 증조(曾祖), 조(祖), 부(父)를 합해서 오종이라 한다.

35 집에서……오르내리셨지 : 인평대군의 어머니가 좋은 태몽을 꾸고, 선대의 신령들이 돌봐 주어 인평대군이 태어났다는 말이다. 고대에 곰 꿈은 아들을 낳는 꿈으로 여겨졌다.《시경》〈사간(斯干)〉에 "대인이 점을 치니, 곰 꿈은 남자를 낳을 상서이고, 뱀 꿈은 여자를 낳을 상서이다.〔大人占之, 維熊維羆, 男子之祥, 維虺維蛇, 女子之祥.〕"라고 하였다.

36 형제들……지극하셨지 : 효종에게 형제들이 드물었으므로 인평대군을 매우 사랑했다는 말이다. 홍지(洪支)는 홍지(洪枝)와 같은 말로 제왕의 형제를 가리킨다.《자치통감(資治通鑑)》권133 〈태종명황제 하(太宗明皇帝下)〉에 "태종이 쉽게 틈이 벌어지는 정으로 인하고 이미 행한 전거에 근거하여 홍지를 잘랐다.〔太宗因易隙之情, 據已行

누가 그 진심어린 우애에 비견될까　孰竝因心友
언제나 한 몸처럼 여기는 인으로 대하셨네　常推一體仁
전지 전하려 궁중의 관리 자주 보내고　促宣宮使數
큰 은혜로 궁중의 음식 자수 내리셨지　豐渥御羞頻
호위병이 붉은 저택으로 옮겨 가　法仗移朱邸
훌륭한 정원에서 임금과 가까이하였네[37]　名園邇紫宸
여염에선 성대한 일이라 들썩이고　閭閻騰盛事
기로들은 맑은 풍모[38]에 눈물 떨구었지　耆老泣淸塵
지난날 어찌 그리 어려웠던가　疇昔何屯難
분주히 내달리느라 실로 진기 상했도다[39]　驅馳實損眞

之典, 翦落洪枝.〕"라고 하였는데, 그 주(註)에서 "홍은 크다는 뜻이고 지는 형제를 의미한다.〔洪大也, 枝兄弟也.〕"라고 하였다. 인조는 인열왕후(仁烈王后) 한씨(韓氏)와의 사이에서 4남을 두었는데, 장남인 소현세자(昭顯世子)는 젊어서 죽었고, 막내 용성대군(龍城大君)은 6살에 죽었고, 둘째 봉림대군이 효종으로 즉위하였다. 따라서 효종에게는 인평대군이 유일하게 남은 동복형제이다. 이복형제로는 귀인(貴人) 조씨(趙氏)가 낳은 효명옹주(孝明翁主)와 숭선군(崇善君)과 낙선군(樂善君)이 있는데, 이들은 1651년(효종2) 귀인 조씨의 저주사건에 연루되어 유배되었다.

37 호위병이……가까이하였네 : 효종이 인평대군의 사저에 간 일을 말한 것이다. 법장(法杖)은 왕궁 호위병을 가리킨다. 주저(朱邸)와 명원(名園)은 인평대군의 집과 정원을 가리킨다.

38 맑은 풍모 : 청진(淸塵)은 고풍청진(高風淸塵)의 준말로, 인품이 고결한 사람을 비유할 때 쓰는 표현이다.

39 지난날……상했도다 : 인평대군이 자주 청나라에 오고가며 어려운 일을 수행하면서 건강을 해쳤다는 말이다. 김육(金堉)이 지은 묘지명에 "경진년(1640, 인조18) 이후로 세 번이나 심양에 갔고, 아홉 번이나 연경에 갔으니, 18년 동안에 3천 리의 길을 오가며 추위와 더위를 겪고 험난한 길을 지났다.〔自庚辰以後, 三赴瀋九赴燕, 十八年之

사막 지나며 날고기 먹고	磧行鮮是食
야영하며 풀로 자리 깔았지	野宿草爲茵
요택에는 진흙이 바다처럼 펼쳐지고	遼澤泥如海
장성에는 눈이 은빛으로 날리네	秦城雪似銀
규장으로 다급한 일에 달려가	珪璋赴緩急
허겁지겁 다니며 온갖 고생 맛봤네[40]	竭蹷抱艱辛
아우 돌아오던 날이	季氏來歸日
창서가 병 얻은 날이었네[41]	蒼舒疾病辰
나라 위태로울 때 크게 의지했는데	邦危知緊賴
명운 막혀 길이 떠나시니 애석하도다	命阨惜長淪
누대의 휘장 밤에 처음 걷히고	樓幄宵初撤

間, 跋涉往返於三千里之路, 經寒署歷險阻.]"라고 하였다.《潛谷遺稿 卷12 麟坪大君墓誌銘》

40 규장(珪璋)으로……맛봤네 : 인평대군이 청(淸)나라에 여러 차례 왕래하며 많이 고생하였다는 말이다. 규장은 임금을 알현할 때 사용하는 옥으로 만든 예기(禮器)이다.《예기》〈빙의(聘義)〉에 규장특달(珪璋特達)이라 하여 규장을 가진 사람은 곧바로 천자를 뵐 수 있다고 하였다. 또한 훌륭한 인품을 비유하는 뜻으로도 사용된다.

41 아우……날이었네 : 인평대군이 귀국하면서 병에 걸렸다는 말이다.《효종실록》 8년 8월 16일 기사에 송시열이 사은사로 청나라에 가는 인평대군의 건강을 염려하며 "인평대군은 깊숙한 궁중에서 성장하였기에 말 타기를 익힌 적이 없고 또 홍역을 치르지 않았기 때문에 우리 선왕께서 늘 이 점을 무척 염려하셨습니다. 그러므로 그를 보호할 책임은 바로 전하에게 있는데 어찌하여 매번 사신의 임무를 맡겨 돌아오면 다시 가게 하여 쉴 겨를이 없게 하신단 말입니까."라고 말한 기록이 있다. 인평대군은 송시열의 염려대로 이듬해 1월에 돌아올 때 걸린 감기가 여름이 되도록 낫지 않다가 결국 5월에 죽었다. 창서(蒼舒)는 고양씨(高陽氏)의 뛰어난 여덟 왕자 중 한 명으로 여기서는 인평대군을 가리킨다.

침상의 옷 낮에 이미 펼쳐졌네	床衣晝已陳
어찌 수레 준비되기를 기다리셨나	那容待整駕
드리운 띠 미처 보지 못했네[42]	不及覩拖紳
궁중의 재산 기울여 부의하고	贈賵傾中府
공적을 사관에게 기록하게 했네	功勳紀史臣
슬픔이 궁궐에 가득하고	哀傷凄禁掖
참담한 심정 제문에 가득 담겼네[43]	慘怛藹絲綸
예를 어찌 선왕보다 지나치게 하랴만	禮豈先王過
슬퍼하는 마음 일반백성과 같았네[44]	情將匹庶均

42 어찌……못했네 : 효종이 인평대군의 임종을 지켜보지 못했다는 말이다. 《효종실록》 9년 5월 13일 기사에 "인평대군 이요(李㴭)의 병세가 위독하므로 상이 거가(車駕)를 재촉하여 떠났는데, 집에 막 도착했으나 대군은 이미 죽었다."라고 하였다. 타신(拖紳)은 몸 위에 큰 띠를 걸친다는 말로 병이 들었을 때 문상 온 임금에 대한 예를 나타낸다. 《논어》 〈향당(鄕黨)〉에 "병이 들어 임금이 와서 살펴보시거든 동으로 머리를 두고 조복을 몸에 덮고 그 위에 큰 띠를 얹으셨다.〔疾, 君視, 東首, 加朝服拖紳.〕"라고 하였다.

43 참담한……담겼네 : 이경석의 글에 "임금께서 친히 임하여 제사를 지내려고 하였는데, 마침 건강이 좋지 않아 애도의 한이 더욱 간절하여 중관을 파견하여 제사를 지냈다. 그 제문은 임금께서 친히 지으셨는데, 어려서부터 돈독했던 애정을 다 풀어내고 헤어지고 만날 때의 슬픔과 기쁨의 사연을 진술하시니 말이 대단히 서글퍼서 한 글자마다 눈물이 떨어졌다. 읽는 사람이 목이 메어 자못 소리를 내지 못하였다.〔上將親臨以祭, 適違豫未行, 益切悼恨, 遣中官祭之. 其文則上所親製, 敍盡幼長時情愛之篤, 歷陳離合悲歡之始終, 辭極悲哀, 一字一涕, 讀者哽塞, 殆不能成聲.〕"라고 하였다. 《白軒集 卷43 麟坪大君神道碑銘》 사륜(絲綸)은 임금의 조칙(詔勅)으로, 여기서는 효종의 조사(弔辭)를 가리킨다. 《예기》 〈치의(緇衣)〉에 "왕의 말씀은 명주실 같아도, 그 나옴에 동아줄 같다.〔王言如絲, 其出如綸.〕"라고 한 데서 유래하였다.

44 예를……같았네 : 선대의 전례보다 지나치게 상례를 치르지는 않았지만 슬퍼하는

유풍은 저 멀리 아득해도　　遺風超邈邈
많은 자식들 모여 늘어서 있네[45]　　錫類擁振振
저리자의 무덤 왕궁과 가깝고[46]　　樗里墳塋近
동평의 무덤에 나무 새로 심어졌네[47]　　東平塚樹新
슬프다 당체나무 꽃잎　　所嗟棠棣萼
다 떨어져 봄 되지 못하누나[48]　　零落不成春

마음만은 법도를 따지지 않고 일반 백성들처럼 컸다는 말이다.

45 많은……있네 : 인평대군에게 자녀들이 많다는 말이다. 석류(錫類)는 길이 복을 받을 사람이라는 뜻으로 효자를 가리킨다. 《시경》〈기취(旣醉)〉에 "효자의 효도는 다함이 없는지라, 길이 복 받으리로다.〔孝子不匱, 永錫爾類.〕"라고 한 데서 유래하였다. 진진(振振)은 자손이 많은 모습을 가리킨다. 《시경》〈종사(螽斯)〉에 "수많은 베짱이들 화목하게 모여들 듯, 그대의 자손 또한 번성하리라.〔螽斯羽, 詵詵兮. 宜爾子孫, 振振兮.〕"라고 하였다. 참고로 인평대군은 6남 4녀를 두었다.

46 저리자(樗里子)의……가깝고 : 인평대군의 장지가 도성과 가까운 곳에 정해졌다는 말이다. 저리자는 전국 시대(戰國時代) 진 혜왕(秦惠王)의 아우로 이름이 질(疾)인데, 위남(渭南) 음향(陰鄕)의 저리(樗里)에서 살았기 때문에 저리자라고 불렸다. 그가 죽자 위하(渭河)의 남쪽, 장대(章臺)의 동쪽에 장사 지냈는데, 저리자는 "100년이 지난 다음, 이 자리에는 내 무덤을 끼고서 천자의 궁전이 들어설 것이다.〔後百歲, 是當有天子之宮夾我墓.〕"라고 말하였다. 과연 한(漢)나라가 흥하고 장락궁(長樂宮)과 미앙궁(未央宮)이 그의 무덤 동쪽과 서쪽에 세워졌다는 고사가 전한다. 《史記 卷71 樗里子列傳》

47 동평(東平)의……심어졌네 : 인평대군의 무덤이 새로 만들어졌다는 말이다. 동평은 후한(後漢) 광무제(光武帝)의 여덟 째 아들인 동평왕(東平王) 유창(劉蒼)으로, 선한 인품으로 존경을 받았다. 《後漢書 卷72 光武十王列傳 東平憲王蒼》 여기서는 인평대군을 가리킨다. 인평대군 묘는 본래 경기도 광주에 있었으나 1693년(숙종19) 8월에 경기도 포천으로 이장되었다.

48 슬프다……못하누나 : 인평대군의 죽음에 대한 형 효종의 슬픔을 읊은 것이다. 당체(棠棣)는 산앵두나무로, 형제애를 상징한다. 《시경》〈상체(常棣)〉에 "산앵두나무

꽃, 꽃받침 환하지 않는가. 무릇 지금의 사람 중에, 형제만 한 사람 없다네. 죽음의 두려움에, 형제간에 무척 걱정하며, 들판과 습지에 시신 쌓이더라도, 형제는 서로를 찾아간다네.〔常棣之華, 鄂不韡韡. 凡今之人, 莫如兄弟. 死喪之威, 兄弟孔懷. 原隰裒矣, 兄弟求矣.〕"라고 하였다.

정선 군수 성진한[49]을 전송하다
送成旌善振翰

단단대령이 작은 단구 감추고 있는데	單單嶺祕小丹丘
군수가 안개와 노을 지나 상류로 가네[50]	鳧舃煙霞控上流
그 지역 도원이라 부르니 이은에 이바지하고	地號桃源供吏隱
산이 풍악과 이어져 신선들 노는 곳과 닿았네[51]	山連楓嶽接仙游
송화주에 기운 따뜻해지고 관사는 조용하며	松花氣暖官齋靜

49 성진한(成振翰) : 1597~? 본관은 창녕(昌寧), 자는 운거(雲擧)이다. 《승정원일기》 효종 9년 5월 26일 기사에 "정선 군수 성진한이 하직하였다."라고 하였다.

50 단단대령(單單大嶺)이……가네 : 성진한이 정선으로 부임한다는 말이다. 단단대령의 위치에 대해서는 이설(異說)이 많은데, 이민구는 그의 《독사수필(讀史隨筆)》에서 "단단대령의 동쪽과 서쪽은 지금의 관동과 관서이다.〔單單大嶺東西, 今關東西也.〕"라고 하였으므로, 정선으로 가는 길목에 있는 고개로 인식했음을 알 수 있다. 단구(丹丘)는 밤이나 낮이나 항상 밝은 땅으로, 선인(仙人)이 산다는 곳인데, 여기서는 정선을 가리킨다. 굴원(屈原)의 〈원유(遠遊)〉에 "우인을 따라 단구에서 노닒이여, 죽지 않는 옛 고장에 머물렀도다.〔仍羽人於丹丘兮, 留不死之舊鄕.〕"라고 하였다. 《楚辭 卷5》 부석(鳧舃)은 지방관을 상징한다. 후한(後漢) 왕교(王喬)가 섭 령(葉令)이 되어서 신선처럼 들오리를 타고 서울에 오가곤 하였는데, 그 오리를 잡고 보니 신발 한 짝만 있더라는 고사가 전한다. 《後漢書 卷112 方術列傳 王喬》

51 그……닿았네 : 정선은 도원(桃源)이라고 불릴 만큼 경치가 좋아 이은(吏隱)하기에 적합하며 풍악산과도 가깝다는 말이다. 《신증동국여지승람(新增東國輿地勝覽)》 〈강원도(江原道) 정선군(旌善郡)〉에 군명(郡名)을 소개하면서 도원이라고 하였으므로, 정선의 옛 이름이 도원임을 알 수 있다. 이은은 낮은 벼슬자리에 숨어 사는 어진 선비를 의미한다.

잣나무 숲 맑고 고을은 그윽하리 柏樹林清郡郭幽
관로의 감당나무 그늘 이미 저물었겠지만 關路棠陰今已晚
늙은 동주 기억할 수 있으리라[52] 可能相憶老東州

52 관로(關路)의……있으리라 : 시간은 많이 흘렀지만 정선에는 이민구의 자취가 남아 있으리라는 말이다. 이민구는 1635년(인조13)에 강원도 관찰사로 부임하였다. 당음(棠陰)은 지방관의 선정(善政)을 비유하는 말이다. 《시경》〈감당(甘棠)〉에 "우거진 감당나무를 자르지도 말고 베지도 마라. 소백께서 초막으로 삼으셨던 곳이니라.〔蔽芾甘棠, 勿翦勿伐, 召伯所茇.〕"라고 하였다.

꿈을 기록하다
紀夢

까마귀 깃들고 까치 잠들어 밤 집은 그윽한데　　烏棲鵲睡夜堂幽
나그네 잠자리에서 시름 없다가 다시 생기네　　客寢無愁更有愁
슬프구나 끊어진 넋 불러도 들을 수 없어　　悃悵斷魂招不得
숲 가득 비바람 치는 밤에 서주를 꿈꾸었네[53]　　滿林風雨夢西州

53 슬프구나……꿈꾸었네 : 친지의 꿈을 꾸었다는 말이다. 동진(東晉)의 사안(謝安)이 신성(新城)을 지키다가 병이 들어 부득이하게 서주문(西州門)을 통해 돌아와 죽자, 사안이 매우 아끼던 생질인 양담(羊曇)은 일부러 서주를 가지 않았다. 그러다가 하루는 술에 취해 자신도 모르는 사이에 서주의 성문에 이르렀는데, 옆에 있던 사람이 이곳이 서주의 성문이라고 알려주자, 양담은 위(魏)나라의 조식(曹植)이 지은 〈공후인(箜篌引)〉의 "화려한 집에 살다가, 쓸쓸히 산언덕에 묻혔네.〔生存華屋處, 零落歸山丘.〕"라는 구절을 읊으며 통곡하였다는 고사가 전한다. 《晉書 卷79 謝安列傳》

승지 강대수[54] 만사

姜承旨大遂挽詞

슬프다 옛 친구 누가 남았나　故友嗟誰在
이 사람 한스럽게 또 죽었어라　斯人恨又亡
하늘 끝에서 일찍이 그리운 마음 아련했는데　天涯曾緬邈
저승으로 문득 아득히 돌아갔네　地底遽冥茫
교제 허락하여 자질과 역량 추앙했는데　許與推材力
따라다니며 오르내림 부끄러웠네[55]　追隨愧頡頏
벼슬길에서 나란히 다녔는데　青雲聯步武
머리 세도록 많은 세월 지났네[56]　白首閱星霜
쫓겨남은 시운 때문이요　放逐從時命
만남은 실로 은총이었네[57]　遭逢實寵光

54 강대수(姜大遂) : 1591～1658. 본관은 진주(晉州), 초명은 대진(大進), 자는 면재(勉哉)·학안(學顔), 호는 춘간(春磵)·한사만은(寒沙晩隱)이다.《記言 別集 卷24 承政院右承旨姜公墓碣銘》

55 교제……부끄러웠네 : 이민구가 강대수와 교유하며 그의 재주와 역량을 사모했는데, 어울려 다니면 그와 비견되어 부끄러웠다는 말이다. 힐항(頡頏)은 오르내리는 모습으로,《시경》〈연연(燕燕)〉에 "제비들 날아다니며 오르락내리락하네.〔燕燕于飛, 頡之頏之.〕"라고 하였다.

56 벼슬길에서……지났네 : 이민구와 강대수가 관직 생활을 하면서 만나기 시작하여 늘그막까지 교유했다는 말이다. 청운(青雲)은 높은 이상(理想)이나 벼슬을 가리키는 말이다.

57 쫓겨남은……은총이었네 : 강대수가 유배된 것은 시운에 따른 것이고, 인조반정

비녀와 갓끈 자개를 이웃하고 簪纓隣紫蓋
도장과 인끈 황당에 빛났네[58] 印紱映黃堂
뜻은 멀리 나갔기에 괴로웠고[59] 志爲遊方苦
정은 반포로 바빴어라[60] 情因返哺忙
남으로 돌아감은 도 굽힘 아니거늘 南歸非道屈
북쪽 바라보며 몰래 가슴 아파하였네[61] 北望黯神傷

이후 인조를 만난 것은 진실로 영광스런 일이었다는 말이다. 강대수는 1614년(광해군 6) 영창대군의 처형을 반대하다가 죽게 된 정온(鄭蘊)을 구하려다가 정인홍(鄭仁弘)의 책동으로 관직이 박탈되고 회양(淮陽)에 유배되었다. 그 후 1623년(인조1) 인조반정으로 풀려나와 영변부 판관(寧邊府判官)에 임명되고 승정원 승지에까지 이르렀다. 《記言 別集 卷24 承政院右承旨姜公墓碣銘》

58 비녀와……빛났네 : 강대수가 조정에서는 임금을 가까이에서 모셨고, 지방관으로 나가서는 업적이 빛났다는 말이다. 잠영(簪纓)은 고관이 쓰는 비녀와 모자의 장식품을 가리키는 말이다. 자개(紫蓋)는 붉은 일산으로 임금을 비유한다. 인불(印紱)은 도장과 인끈으로 지방관이 지니는 물건이며, 황당(黃堂)은 지방 관아를 가리킨다. 강대수는 남원 부사(南原府使), 동래 부사(東萊府使), 진주 목사(晉州牧使), 경주 부윤(慶州府尹), 전주 부윤(全州府尹) 등을 역임하였는데, 지방관으로서 매우 유능하여 그가 다스리던 고을은 그가 떠난 뒤 모두 송덕비를 세웠다고 한다. 《記言 別集 卷24 承政院右承旨姜公墓碣銘》

59 뜻은……괴로웠고 : 먼 지역의 지방관으로 나가게 되어 효도를 다하지 못할까 괴로워했다는 말이다. 유방(遊方)은 《논어》〈이인(里仁)〉의 "부모가 계실 때에는 멀리 나가서 놀지 말고, 나가서 놀더라도 반드시 일정한 처소가 있어야 한다.〔父母在, 不遠遊, 遊必有方.〕"라는 말에서 유래하였다.

60 정(情)은 반포(返哺)로 바빴어라 : 강대수가 부모에게 효성을 다하기 위해 노력했다는 말이다. 반포는 까마귀 새끼가 장성한 뒤에는 먹이를 물어다가 늙은 어미를 먹여 주어 은혜를 갚는다는 고사에서 온 말로, 자식이 장성한 뒤에 부모에게 효도하여 은혜를 갚는 것을 비유한다.

61 남으로……아파하였네 : 강대수가 주로 남쪽 지방을 돌며 지방관으로 일한 것이

종종걸음 걷던 궁궐 떠나 省闥違趨陛

축장하는 전원 가까이서 지냈네[62] 田園近築場

촌초의 마음 바야흐로 날을 아끼는데 草心方愛日

부추의 이슬 이미 말랐어라[63] 薤露已晞陽

나라 운수 시들면 家國交凋喪

어진이들 재앙 받았지 賢良例紿殃

자신의 능력을 인정받지 못해서 그런 것은 아니지만 도성이 있는 북쪽을 바라보며 몰래 가슴 아파했다는 말이다.

62 종종걸음……지냈네 : 강대수가 조정에서의 조심스런 태도에서 벗어나 지방관으로 부임해서는 전원과 가까이하였다는 말이다. 추폐(趨陛)는 임금 앞에서 종종걸음을 걷는 것을 가리킨다. 축장(築場)은 타작마당을 가리킨다. 《시경》〈칠월(七月)〉에 "구월에는 채마밭에 타작마당 만들고, 시월에는 온갖 곡식 거둬들인다.〔九月築場圃, 十月納禾稼.〕"라고 하였다.

63 촌초(寸草)의……말랐어라 : 강대수가 어머니를 모시기 위해 지극정성을 다했으나 자신이 먼저 세상을 떠났다는 말이다. 초심(草心)은 부모의 은혜에 보답코자 하는 자식의 효심을 가리킨다. 당(唐)나라 맹교(孟郊)의 〈유자음(遊子吟)〉에 "어머니의 바느질하는 옷은 유자가 입을 옷이로세. 한 치 풀의 마음을 가지고 삼춘의 햇볕에 보답하기 어려워라.〔慈母手中線, 遊子身上衣. 難將寸草心, 報得三春暉.〕"라고 하였다. 애일(愛日)은 날을 아낀다는 말로, 역시 부모를 봉양하는 정성을 말한다. 한(漢)나라 양웅(揚雄)의 《양자법언(揚子法言)》〈효지편(孝至篇)〉에 "이 세상에서 오래 가질 수 없는 것은 어버이를 모실 수 있는 시간이다. 따라서 효자는 어버이를 봉양할 수 있는 동안 하루하루를 아낀다.〔不可得而久者, 事親之謂也, 孝子愛日.〕"라는 말이 있다. 해로(薤露)는 부추 위에 맺힌 이슬이란 말로, 덧없는 인생을 비유한다. 전횡(田横)이 한 고조(漢高祖)에게 반기를 들다 패망하여 죽자, 그의 무리가 지은 만가 중에 "부추 위에 맺힌 이슬 어이 쉽게 마르나. 이슬은 말라도 내일이면 다시 내리지만, 사람은 죽어 한 번 가면 언제나 돌아오나.〔薤上朝露何易晞, 露晞明朝更復落, 人死一去何時歸.〕"라고 하였다. 《古今注 音樂》

천 리 먼 길 가다 미끄러지니 行蹉千里遠
백 년 인생 큰 뜻도 다했도다 意盡百年長
우주가 밝은 영혼 거두어 가니 宇宙收英爽
티끌 세상에 이 늙은이만 남았구나 塵埃寄老蒼
내세에 이어 만나자던 약속 交期來世續
지난봄 편지 생각나네 書憶上春將
큰 고개가 가을장마로 어두우니[64] 大嶺秋霖晦
황천에서 옛꿈 처량하리 重泉昔夢涼
애사 지어 조문 대신하려는데 哀詞代鷄黍
애 끊어져 글 이루지 못하네 腸斷不成章

64 큰 고개가……어두우니 : 조령(鳥嶺)에 구름이 가득하다는 말인데, 강대수의 장지를 볼 수 없기에 한 말이다. 강대수는 경상남도 의령군(宜寧郡)의 낙동강(洛東江) 서쪽에 장사 지냈는데, 이로 미루어 대령(大嶺)은 조령을 가리키는 것으로 보인다. 《記言 別集 卷24 承政院右承旨姜公墓碣銘》

감회를 적다

紀感

거둥길에 방울 울리며 수레 몰아가니　　馳道鳴鑾駕象輿
선왕의 엄숙한 풍모 궁궐을 에우네　　先王肅穆拱宸居
한나라 조정 녹록했다 말하지 마라　　漢庭碌碌君休說
오히려 사마상여의 간렵서[65] 있었도다　　尙有相如諫獵書

65 사마상여(司馬相如)의 간렵서(諫獵書) : 전한(前漢)의 문인 사마상여(기원전 179~기원전 117)의 〈상림부(上林賦)〉를 가리킨다. 이 글에서 사마상여는 천자(天子)와 제후(諸侯)들이 즐기는 수렵의 호화로움을 논하면서 절약을 풍간(諷諫)하였다.

인평대군 부인 오씨[66] 만사
麟坪大君夫人吳氏挽詞

방원이 용을 타는 해	邦媛乘龍歲
가인이 봉황을 점치는 해[67]	家人占鳳年
천지에 아름다운 두 사람 모이니	乾坤鍾兩美
일월이 함께 걸린 듯하네	日月近雙懸
공경과 화목 집안 깊숙이 깃들고	肅穆門闌邃
좋은 향기 대궐로 이어지네	芬芳禁掖聯
아홉 새끼 단혈의 깃 바라보고	九雛瞻穴羽
뭇 별들도 보무성 우러르네[68]	寶婺仰星躔

66 인평대군 부인 오씨 : 오단(吳端)의 차녀로, 본관은 동복(同福)이다.

67 방원(邦媛)이……해 : 딸을 아름답게 키워 훌륭한 사위를 얻는 것을 말하는데, 여기서는 오씨가 인평대군과 혼인한 것을 말한다. 인평대군과 오씨는 1634년(인조12)에 혼인하였다. 방원은 나라에서 으뜸가는 미인으로 인평대군의 부인 오씨를 가리킨다. 승룡(乘龍)은 훌륭한 사위를 얻는 일을 가리키는 말이다. 두보(杜甫)의 시에 "가문에 희색이 많으니 사위가 용을 탄 듯이 훌륭하구나.〔門闌多喜色, 女婿近乘龍.〕"라고 하였다.《杜少陵集 卷1 李監宅》점봉(占鳳) 역시 좋은 사위를 얻는다는 의미이다. 춘추시대 진 대부(陳大夫) 의씨(懿氏)가 그의 딸을 경중(敬仲)에게 시집보내려고 점을 치니, 그 점괘에 "봉황새가 날아오르며 서로 어울려 운다.〔鳳凰于飛, 和鳴鏘鏘.〕"라고 했다는 고사가 있다.《春秋左氏傳 莊公22年》

68 아홉……우러르네 : 인평대군 부인 오씨가 많은 자녀를 낳아 기르며 뭇 사람들의 존경을 받았다는 말이다. 구추(九雛)는 아홉 병아리라는 말로 많은 자녀를 가리킨다. 《악부시집(樂府詩集)》 권37 〈농서행(隴西行)〉에 "봉황의 울음소리 구슬퍼라, 한 어미 열 새끼 거느리누나.〔鳳凰鳴啾啾, 一母將九雛.〕"라고 하였다. 보무(寶婺)는 여수(女

복록이 진실로 이와 같으니	福履誠如此
아름다운 징조 있었으리라	休徵蓋有焉
차고 빔을 하늘에 물을 수 있을까	盈虛天可問
화복의 이치 말하기 어렵구나[69]	倚伏理難詮
칼이 자웅의 칼집에서 사라지고	劍沒雌雄匣
거문고에 조습의 줄 끊겼네[70]	琴摧燥濕絃
푸른 산이 큰 연못 되고	靑山移大澤
화려한 집이 황천에 떨어지네	華屋落窮泉
한 번 죽어 깊은 소원 이룬다면	一死諧深願
세 번의 삶 오랜 인연 정해지리[71]	三生定宿緣
종일 곱던 무궁화꽃 시들고	槿英彫夕艶
아침에 둥글게 내린 부추 이슬 사라졌네	薤露隕朝圓
대나무에는 상비의 한 서리고	竹帶湘妃恨

宿)인 무녀성(婺女星)으로 왕후나 귀부인을 상징하는데, 여기서는 오씨 부인을 가리킨다.

69 차고……어렵구나 : 인간 세상의 성패와 부침, 화복의 이치를 알기 어렵다는 말이다. 의복(倚伏)은 화와 복이 서로에게 잠복되어 있음을 나타낸다. 《노자(老子)》에 "화는 복이 기대는 곳이고, 복은 화가 엎드려 있는 곳이다.〔禍兮福之所倚, 福兮禍之所伏.〕"라고 하였다.

70 칼이……끊겼네 : 인평대군과 부인 오씨가 운명했다는 말이다. 자웅검(雌雄劍)은 웅검인 간장(干將)과 자검인 막야(莫耶)를 가리키는데, 부부를 비유하는 말로 쓰인다. 조습현(燥濕絃)은 느슨한 현과 팽팽한 현이 조화를 이루듯 부부의 화합을 나타낸다.

71 한 번……정해지리 : 인평대군과 오씨 부인이 한 번 죽어 전생(前生)과 현생(現生)과 내생(來生)에 걸친 오랜 인연을 이루리라는 말이다.

성은 기 부인의 애처로움 따랐으니[72] 城從杞婦憐
응당 주옥의 기운 秖應珠玉氣
새 무덤에 가득하리라 鬱鬱擁新阡

72 대나무에는……따랐으니 : 인평대군이 죽고 얼마 되지 않아 부인 오씨도 죽은 정황을 읊은 것이다. 전설에 의하면 순(舜) 임금이 죽자 두 왕비인 아황(娥皇)과 여영(女英)이 상강(湘江)에서 슬피 울다가 물에 빠져 죽었는데, 이때 흘린 눈물이 대나무에 얼룩져서 소상반죽(瀟湘斑竹)이 되었다는 전설이 있다. 《博物志 卷8》 기부(杞婦)는 춘추 시대 제(齊)나라의 기량(杞梁)이 전쟁터에서 죽어 돌아오자 그 처가 시체를 안고 성 아래에서 슬피 통곡을 하였더니 열흘 만에 성곽이 무너졌다는 고사에서 온 말로, 남편의 죽음을 뜻한다. 《列女傳 卷4 貞順傳 齊杞梁妻》

가을날 현옹[73]을 생각하다

秋日懷弦翁

매번 용인현 생각하는데	每想龍駒縣
어찌 기러기 발에 매인 편지 없나[74]	那無雁足書
떠돌이 인생 오랜 나그네 가련하고	羈棲憐久客
늙고 병든 몸 타관살이 염려하네	衰病念僑居
서리 내리더니 들판 맑게 개고	霜落郊原霽
바람 거세 초목 성글어지네	風高草木疏
십 년이나 떨어져 지냈으니	十年經契闊
이와 머리카락 어떻게 변하였나	齒髮定何如

73 현옹(弦翁) : 김효건(金孝建, 1584~1666)으로, 본관은 안동(安東), 자는 선술(善述), 호는 경현옹(警弦翁)·경옹(警翁)이다.《海隱遺稿 卷18 贈大冢宰金公墓碑銘》

74 매번……없나 : 김효건을 그리워하는데 편지조차 없다는 말이다. 용구현(龍駒縣)은 용인의 옛 이름이다. 김효건은 죽어 용인의 선영에 묻혔는데, 이로 미루어보면 김효건은 말년을 용인에서 보낸 것으로 보인다.《海隱遺稿 卷18 贈大冢宰金公墓碑銘》

집으로 돌아오다

還寓

오두봉[75]이 서쪽에 솟고 태호에 어둠이 내리면	鼇頭西壓太湖陰
먼 들판도 검푸르게 어둠 깊어가네	遙野蒼然暝色沈
외로운 학 숲에 돌아오고 서리 이슬 조용한데	獨鶴歸林霜露靜
고승은 선정에 들고 한 해는 깊어간다	高僧入定歲年深
하늘에 뜨는 물결은 아침저녁 없어도	浮天波浪無朝暮
땅에 자욱한 밥 짓는 연기는 고금에 있도다	撲地人煙有古今
뉘 알았으랴 쓸쓸한 등불 그림자 가에	誰識寂寥燈影畔
찬비 내리는 창 아래 거문고 갑 닫을 줄을	一窓寒雨閉瑤琴

75 오두봉(鼇頭峰) : 잠두봉(蠶頭峰)을 가리키는 것으로 보인다. 서거정(徐居正)의 《사가집보유(四佳集補遺)》 권1 〈한도십영(漢都十詠)〉에 "삼산은 금오의 머리에 보일 듯 말 듯〔三山隱隱金鰲頭〕"이라고 하였는데, 강희맹(姜希孟)의 말을 참조하면 "호수의 북쪽에 끊어진 언덕이 있어 그 형상이 마치 큰 자라 머리처럼 생겼는데, 혹은 잠두라고 부른다.〔湖之陽有斷阜, 狀如鼇頭, 或號之曰蠶頭焉.〕"라고 하였다. 《私淑齋集 卷12 私淑齋集附錄》 태호는 큰 호수로 여기서는 이민구의 거처가 있던 서호(西湖)를 가리킨다.

영상 김육[76] 만사
金領相堉挽詞

도가 넓어지면 능력을 마땅히 펼치고	道廣才當展
시대 화평하면 운수도 반드시 열리지	時和運必開
밭갈이 그만두고 임금 도와	輟耕扶日轂
날개 치고 날아가 운대에 닿았네[77]	撫翼接雲臺
우로의 은택이 대궐과 통하여	雨露疏中禁
별들 가운데 상태에 올랐네[78]	星辰翊上台
임금이 골경을 그리워하게 하여[79]	致君懷骨鯁

76 김육(金堉) : 1580~1658. 본관은 청풍(淸風), 자는 백후(伯厚), 호는 잠곡(潛谷), 시호는 문정(文貞)이다. 《東州集 文集 卷6 議政府領議政謚文貞金公行狀》

77 밭갈이……닿았네 : 김육이 초야의 생활을 그만두고 조정에 나와 훌륭한 신하가 되었다는 말이다. 이민구가 지은 행장에 "공은 당시의 일이 날로 변하는 것을 보고 가족을 모두 이끌고 가평의 궁벽한 곳으로 가서 직접 농사를 지었으며, 이로 인해 호를 잠곡이라 하였다.〔公見時事日變, 盡室就加平窮僻處, 親行耕稼, 因號潛谷.〕"라고 하였다. 《東州集 文集 卷6 議政府領議政謚文貞金公行狀》 이로 보아 철경(輟耕)은 김육이 가평에서의 생활을 그만두고 출사한 일을 의미하는 것으로 보인다. 운대(雲臺)는 후한(後漢) 명제(明帝)가 전세(前世)의 공신(功臣)들을 추념(追念)하여 등우(鄧禹) 등 28명의 초상화를 그려서 걸어 놓았던 대각(臺閣) 이름이다.

78 우로(雨露)의……올랐네 : 김육이 임금의 총애를 받아 영의정이 되었다는 말이다. 상태(上台)는 하늘의 삼태성(三台星) 가운데 하나로 수상(首相)을 의미한다.

79 임금이……하여 : 임금이 강직하게 간(諫)하는 곧은 신하를 생각하게 했다는 말인데, 여기서는 김육이 임금에게 그러한 존재였다는 뜻이다. 골경(骨鯁)은 강직하여 임금의 허물을 간하는 충신을 가리킨다. 직언(直言)을 받아들이기 어려움을 물고기

은택이 어린 아이들에게까지 미쳤네	澤物及嬰孩
나라 구하는 데 그 꾀 처음부터 정했고	活國謨初定
백성 살리는 데 그 이치 또한 갖추었네	蘇氓理亦該
높은 충정으로 간절한 마음 남기니	危衷留懇惻
임금께서 배회하던 마음을 결정하셨네[80]	聖念決徘徊
금석도 정성으로 꿰뚫을 수 있었고[81]	金石誠逾貫
강물을 힘으로 돌이키고자 하였네	江河力欲回
경장하여 조화에 수응하고[82]	更張酬造化
홀로 서서 기울어진 국운 만회했지	獨立挽傾頹
세월 흘러 늙고 병드니	歲月乘衰病
음양이 순환하는 가운데 한 번 오고 가네	陰陽一往來
올린 글 역사책에 남았고	封章餘史籍
남긴 업적 뜰 홰나무에 부쳤네[83]	遺業付庭槐

뼈가 목에 걸린 것에 비유하여 이르는 말이다.

80 높은……결정하셨네 : 지극한 충정으로 진달하자 임금이 이렇게 할까 저렇게 할까 고민하던 마음을 결단했다는 말이다.

81 금석(金石)도……있었고 : 김육이 나랏일에 충성을 다 바쳤다는 말이다. 송나라 정이(程頤)가 찬술한 정호(程顥)의 행장에 "충성은 금석을 뀔 만하였고 효제는 신명에 통할 만하였다.〔忠誠貫於金石, 孝悌通於神明.〕"라고 하였다.《二程文集 卷12 明道先生行狀》

82 경장(更張)하여 조화(造化)에 수응(酬應)하고 : 김육이 제도를 정비하여 임금의 은혜에 보답했다는 말이다. 경장은 다시 고쳐 확장한다는 말로,《한서(漢書)》 권22 〈예악지(禮樂志)〉에 "금슬의 소리가 대단히 조화를 이루지 못하면 반드시 그 줄을 풀어서 고쳐 매야만 연주할 수 있다.〔琴瑟不調甚者, 必解而更張之, 乃可鼓也.〕"라고 하였다. 조화는 임금의 은혜를 뜻한다.

쓸쓸히 맑은 바람에 멀어지니 蕭瑟淸風遠
아득히 저녁 해 바삐 넘어가네 蒼茫暮景催
누가 알랴 늙은이의 두 눈 誰知雙老眼
침문에서 슬픔 끝이 없음을[84] 不盡寢門哀

83 남긴……부쳤네 : 김육이 많은 업적을 남겼지만 인생은 결국 한바탕 꿈과 같다는 말이다. 당(唐)나라 순우분(淳于棼)이 괴목(槐木)의 남쪽 가지 아래에 누워서 잠이 들었는데, 꿈속에 괴안국(槐安國)에 가서 부귀영화를 누리다가 꿈을 깨어 괴목 아래를 보니 큰 개미굴이 있었다는 이른바 남가일몽(南柯一夢)의 고사가 있다.《異聞集 南柯太守傳》

84 침문(寢門)에서……없음을 : 김육의 죽음을 슬퍼하는 마음이 끝이 없다는 말이다. 침문은 곧 거실의 문을 가리키는데, 공자(孔子)가 "아버지의 친족에 대해서는 묘에서 곡을 하고, 어머니나 아내의 친족에 대해서는 침에서 곡을 하고, 스승에 대해서는 묘문 밖에서 곡을 하고, 벗에 대해서는 침문 밖에서 곡을 하고, 면식이 있는 사람에 대해서는 들판에 장막을 치고서 곡을 한다.〔哭父之黨於廟, 母妻之黨於寢, 師於廟門外, 朋友於寢門外, 所識於野張帷.〕"라고 하였다.《禮記 奔喪》

집에 늙은 수탉이 있는데 짝을 잃고 외롭게 지냈다. 맑은 밤에 잠 못 이루는데 세 번 울자 날이 밝았다

家有老雄鷄 失偶孤棲 淸夜無眠 三號卒明

외로운 마음 긴긴 밤에 더욱 처량한데	孤懷遙夜重凄凄
네 벽에 풍상 서리고 작은 휘장 낮게 드리웠네	四壁風霜斗帳低
새벽종 울리도록 잠들지 못하건만	直到曉鍾無夢寐
추위 속 닭 한 마리만 나와 짝했어라	伴人唯有一寒鷄

기해년(1659, 효종10) 설날 안개가 짙게 끼다
己亥元日大霧

새해 설날에 쌓인 음기 빽빽하여 新年元日積陰稠
하늘에 가득한 여섯 요기 저물도록 가시지 않네[85] 六祲漫空晩不收
흰 안개가 성 에워 가로지른 장막 되고 白霧沈城橫作幔
푸른 무지개 바다에 떠서 누대 만들었네 青霓浮海結爲樓
남은 삶 부질없이 시절 아파하는 한 안았는데 餘生謾抱傷時恨
늙어서도 해 마칠 근심 품었어라 已老猶懷卒歲憂
장차 강호에 봄 물결 깨끗할 때를 기다려 且待江湖春水淨
갠 물결에 고기잡이 배 띄우리라 晴波試放釣魚舟

85 하늘에……않네 : 내용상 안개가 저녁까지 가시지 않았다는 말인데, 육침(六祲)은 미상이다. 6이라는 숫자는 오행설(五行說)에서 수기(水氣)를, 《주역》에서 태음(太陰)을 나타내므로, 육침은 어둡고 습기가 가득한 날씨를 의미하는 듯하다.

부채에 써서 금정으로 돌아가는 석규[86]를 전송하다

書扇送碩揆還金井

세상일 따라 만나고 헤어지니	聚散隨人事
따로따로 날아가 각각 다른 숲에 사네	分飛各異林
게으른 나 온몸에 병 있어 가련하고	慵憐病纏骨
늙은 이 몸 이별에 저린 마음 두렵네	老畏別驚心
새벽안개에 먼 길 아득하기만 한데	曉霧迷途遠
봄 진창에 말발굽마저 깊이 빠지는구나	春泥沒馬深
가고 가서 애써 노력하여	行行且努力
문 닫고 읊조리는 내 마음 잊지 말아라	念我閉門吟

86 이석규(李碩揆) : 1627~1666. 이민구의 형 이성구(李聖求)의 넷째아들로, 자는 거공(鉅公)이다. 1658년(효종9) 금정도 찰방(金井道察訪)에 임명되었다. 《樊巖集 卷50 贈吏曹參判行戶曹佐郎李公墓碣銘》

백헌[87]이 부쳐온 시에 차운하다
次白軒見寄韻

봄비가 아침 서리 씻어 내니	方春一雨洗朝霜
훌쩍 흐르는 세월 바삐 가는구나	流序忽忽閱世忙
바람 앞 촛불에 공연히 왕 내사 아파하는데[88]	風燭空傷王內史
전형은 누가 채 중랑을 생각할까[89]	典刑誰念蔡中郎
조용히 지내며 눈은 교재관에 차갑고	端居眼冷翹材館
늙어 가며 마음은 손님 사귀는 곳에 식었네[90]	老去心灰結客場

87 백헌(白軒) : 이경석(李景奭, 1595~1671)으로, 본관은 전주(全州), 자는 상보(尙輔), 호는 백헌, 시호는 문충(文忠)이다. 《西溪集 卷12 領議政白軒李公神道碑銘》

88 바람……아파하는데 : 왕 내사(王內史)는 회계 내사(會稽內史)를 지낸 진(晉)나라의 왕희지(王羲之)를 가리킨다. 평소 불편한 관계에 있던 왕술(王述)이 그의 상관인 양주 자사(揚州刺史)로 부임하자, 왕희지는 이를 수치스럽게 여겨 병을 핑계로 사직하고 떠난 고사가 전한다. 《晉書 卷80 王羲之列傳》 여기서는 이경석을 가리킨다.

89 전형(典刑)은……생각할까 : 채 중랑(蔡中郎)은 후한(後漢) 때 중랑장(中郎將)을 지낸 채옹(蔡邕)을 가리킨다. 공융(孔融)이 채옹과 잘 지냈는데, 채옹이 죽은 뒤에 채옹과 모습이 비슷한 병사가 있자 그를 불러 함께 술을 마시면서 "비록 노성인은 없지만 그 전형은 남아 있구나.〔雖無老成人, 且有典刑.〕"라고 하였다. 《後漢書 卷100 孔融列傳》

90 조용히……식었네 : 다른 사람들과의 교유가 적다는 말이다. 교재관(翹材館)은 한(漢)나라에서 어진 이들을 초청하여 거처하게 했던 곳이다. 《서경잡기(西京雜記)》 권4에 "평진후가 자신이 평민 출신으로 재상이 되었다고 하여 동각을 열어 객관을 짓고서 천하의 선비들을 불러 모았다. 그 첫 번째는 흠현관이니 대현을 대우하고, 다음은 교재관이니 대재를 대우하고, 그 다음은 접사관이니 국사를 대우하였다.〔平津

부끄럽다 태광이 아름다운 시 보내왔는데　　　　却愧台光垂麗藻
요즈음 병든 몸이라 마루에 오르지 못했네[91]　　　　向來淹病阻升堂

侯自以布衣爲宰相, 乃開東閣營客館, 以招天下之士. 其一曰欽賢館以待大賢, 次曰翹材館以待大才, 次曰接士館以待國士.]"라고 하였다.

91 부끄럽다……못했네 : 이경석이 좋은 시를 보내와서 초청하였는데 이민구가 병을 앓고 있어서 초대에 응하지 못했다는 말이다. 태광(台光)의 태(台)는 별 이름인 삼태성(三台星)을 말하는데, 삼공(三公)의 지위에 있는 벼슬아치를 가리킨다. 여기서는 이경석을 가리키는 말로 사용되었다.

거듭 차운해서 용안 현감 심유에게 답하다[92]

再次酬沈龍安

새로 자부에서 현상 먹느라	新從紫府餌玄霜
군방 놓쳤더니 세상에서 바쁘다 하네[93]	失却君房世號忙
이미 칠자와 사귄 유정이라 허락하니[94]	已許劉楨儕七子
참으로 삼랑 시절의 이백과 같도다[95]	眞同李白際三郎

92 거듭……답하다 : 심유(沈攸, 1620~1688)의 본관은 청송(靑松), 자는 중미(仲美), 호는 오탄(梧灘)이다. 심동귀(沈東龜)의 아들이다.《陶谷集 卷11 黃海道觀察使沈公神道碑銘 幷序》 심유의 문집인《오탄집(梧灘集)》 권7 〈삼가 동주 사백의 책상 아래에 올리다〔敬呈東州詞伯案下〕〉에 이민구의 이 시가 함께 수록되어 있다.

93 새로……하네 : 이민구가 몸이 아파 심유를 만나지 못했는데 사람들은 바빠서 그렇다고 한다는 말이다. 심유의 시에 "봄날 현정이 적막하였으니 누가 술을 싣고 화당을 지나갈까.〔春日玄亭從寂寞, 何人載酒過華堂.〕"라고 한 것으로 보아 아마도 심유가 마련한 연회에 이민구가 참석하지 못한 것으로 보인다. 자부(紫府)는 도가(道家)에서 전해지는 전설 속에 나오는 천상(天上)의 선부(仙府)인데, 여기서는 이민구의 집을 의미한다. 현상(玄霜)은 선가(仙家)에서 먹는다는 단약(丹藥)의 이름이다.《한무내전(漢武內傳)》에 이르기를 "서왕모가 말하기를 '선가의 상약으로는 현상과 강설이 있다.' 하였다.〔西王母云, 仙之上藥, 有玄霜絳雪.〕"라고 하였다.《藝文類聚 卷2 天部下》 군방(君房)은 한(漢)나라 후패(侯霸)의 자인데, 심유를 가리키는 말로 사용되었다.

94 이미……허락하니 : 심유의 뛰어난 문장력을 칭찬한 것이다. 유정(劉楨)은 자가 공간(公幹)으로, 건안칠자(建安七子)의 한 사람이다.

95 참으로……같도다 : 역시 심유의 뛰어난 문장력을 칭찬한 말이다. 삼랑(三郎)은 당 현종(唐玄宗)의 어렸을 때 이름이다.《난진자(嬾眞子)》 권1에 "개원(開元) 연간에 어떤 사람이 명황(明皇)에게 글을 올렸는데 삼황오제(三皇五帝)를 말하는 것보다는 삼랑(三郎)에게 와서 고하는 것만 못하다.' 하였다."라고 하였는데, 그 주에 "삼랑은

남명으로 가는 붕새 잠시 청운의 날개 접었지만	冥鵬暫偃青雲翼
기북의 준마 끝내 여러 싸움터 내달리지[96]	冀馬終超百戰場
모두들 한궁의 앞자리 기다린다 말하니	共說漢宮前席待
이미 기둥에 쓴 말 당당하다 들었네[97]	已聞題柱記堂堂

명황을 말한다."라고 하였다. 명황은 당 현종을 가리킨다.

96 남명(南冥)으로……내달리지 : 심유가 잠시 어려운 때를 만났지만 끝내 자신의 능력을 펼칠 기회를 얻게 될 것이라는 말이다. 명붕(冥鵬)은 남명으로 날아가는 붕새라는 말로, 원대한 뜻을 의미한다. 《장자(莊子)》 〈소요유(逍遙遊)〉에 북명의 큰 물고기가 붕(鵬)으로 변해 남명으로 날아간다는 이야기가 나온다. 기마(冀馬)는 중국 기주(冀州)의 준마(駿馬)를 가리킨다. 한유(韓愈)의 〈송온처사부하양군서(送溫處士赴河陽軍序)〉에 "준마를 잘 알아보기로 유명한 백락이 기북 들판을 한 번 지나가자, 말들이 마침내 그곳에서 보이지 않게 되었다.〔伯樂一過冀北之野, 而馬羣遂空.〕"라고 하였다. 여기서는 심유를 붕새와 준마에 비유하여 읊은 것이다.

97 모두들……들었네 : 심유가 조정에서 중용될 날을 사람들이 기다린다고 하는데, 심유도 공렬을 세울 뜻이 있음을 이민구가 알고 있다는 말이다. 제주(題柱)는 기둥에 글을 쓴다는 말로, 한(漢)나라 사마상여(司馬相如)가 촉(蜀)을 떠나 장안(長安)으로 향할 때 성도(成都)의 승선교(昇仙橋) 다리 기둥에 "네 마리 말이 끄는 붉은 수레를 타지 않고서는 이 다리를 건너오지 않겠다.〔大丈夫不乘駟馬車, 不復過此橋.〕"라고 써서 공명(功名)에 대한 포부를 밝혔던 고사가 있다. 《山堂肆考 卷27 橋梁》

용주옹[98]이 백향산의 운자[99]를 써서 나의 좌선을 비웃은 시에 차운하다

次龍洲翁用白香山韻譋我坐禪

풍진세상 전장의 피 냄새 지금도 비린데	風塵戰血至今腥
모든 생각 식어버린 이 몸 가볍구나	萬念灰來七尺輕
유강을 닮고자 해도 진실로 분에 넘치니[100]	欲慕劉綱眞不分
차라리 다정했던 백거이처럼 살리라[101]	寧同白傅謾多情
푸른 하늘 아래 지팡이 짚고 서니 구름 막 걷히고	靑霄倚杖雲初卷
푸른 바다에 배 돌아오니 파도 비로소 잦아드네	滄海廻帆浪始平

98 용주옹(龍洲翁) : 조경(趙絅, 1586~1669)으로, 본관은 한양(漢陽), 자는 일장(日章), 호는 용주·주봉(柱峯), 시호는 문간(文簡)이다. 《記言 卷40 輔國崇祿大夫行判中樞府事趙龍洲諡狀》

99 백향산(白香山)의 운자 : 향산은 당나라 시인 백거이(白居易, 772~846)로, 자는 낙천(樂天), 호는 향산이다. 이 시에 사용된 운자는 《백향산시집(白香山詩集)》 권36 〈재계(齋戒)〉와 같다.

100 유강(劉綱)을……넘치니 : 신선(神仙)이 되고자 하지만 그럴 수 없다는 말이다. 유강은 삼국 시대 오(吳)나라의 상우령(上虞令)을 지낸 인물이다. 아내 번운교(樊雲翹)와 함께 사명산(四明山)에서 살다가 함께 신선이 되었다고 한다. 《續文獻通考》

101 차라리……살리라 : 백거이처럼 시주(詩酒)의 풍류를 즐기면서 살겠다는 말이다. 백부(白傅)는 태자소부(太子小傅)에 임명되었던 당(唐)나라 시인 백거이를 가리킨다. 그는 형부 상서(刑部尙書)로 치사(致仕)한 뒤에 취음선생(醉吟先生)이라 자칭하였고, 향산(香山)의 스님 여만(如滿)과 함께 향화사(香火社)를 결성하고 서로 종유하면서 향산거사(香山居士)라 자칭하였으며, 또 다른 여덟 원로(元老)들과 구로회(九老會)를 결성하여 매양 서로 왕래하면서 풍류를 즐겼다.

궁벽한 시골 가난한 삶도 즐거우니[102] 陋巷一瓢堪自樂
어찌 서축을 따라 무생의 도 배우랴[103] 肯從西竺學無生

봄 호수 물 기운이 저물녘에 비린데 春湖水氣晩來腥
주렴 너머 바람 탄 꽃잎 조각조각 가볍다 簾幕風花片片輕
뜬 기쁨 떨쳐 버려 세속 허물 제거하고 撥棄浮歡遺俗累
이웃집 사람 맞이하여 그윽한 정 펼치노라 招邀隣舍展幽情
깊숙한 집에서 날마다 천기 고요함 깨닫고 深居日覺天機靜
홀로 가며 바야흐로 세상의 길 평탄할 줄 아노라 獨往方知世路平
참선 배워 해탈하려는 것이 아니라 不是學禪還解脫
잠시 가부좌하여 내 삶을 얻으려는 것이네 暫時趺坐得吾生

어찌 솥의 고기를 비린 시내의 물고기와 바꾸랴만 寧將鼎肉換溪腥
번잡한 욕심 쓸어 내니 세상 허물 가볍구나[104] 掃盡紛華世累輕

102 궁벽한……즐거우니 : 가난하지만 고즈넉한 시골 생활도 즐길 만하다는 말이다. 《논어》 〈옹야(雍也)〉에 공자(孔子)가 안회(顔回)를 칭찬하여 말하기를 "한 그릇의 밥과 한 바가지의 물로 누추한 시골에 사는 것을 사람들은 그 근심을 견뎌 내지 못하는데, 안회는 그 즐거움을 바꾸지 아니하니 어질구나 안회여.〔一簞食一瓢飮, 在陋巷, 人不堪其憂, 回也不改其樂, 賢哉回也.〕"라고 하였다.

103 어찌……배우랴 : 불법(佛法)을 배우려는 것이 아니라는 말이다. 무생(無生)은 불가(佛家)의 무생법인(無生法忍)의 준말로, 번뇌가 더 이상 생하지 않는 불생불멸(不生不滅)의 경지를 말한다. 여기서는 불법을 의미하는데, 이민구가 좌선(坐禪)을 하고 있었기에 한 말이다.

104 어찌……가볍구나 : 유가(儒家)의 정신을 버리고 불가(佛家)의 도리를 배우려는 것은 아니지만 참선을 통해 마음을 안정시킬 수는 있다는 말이다. 정육(鼎肉)은

가까운 시장의 고기와 소금에서 세상일 알겠고　近市魚鹽知物態
이웃에서 보내 주는 닭과 기장에서 인정 보노라　隣家鷄黍見人情
소란 속에 고요함 익히니 모든 인연 허망하고　喧時習靜諸緣妄
실제에서 공을 보니 만법이 평등하네[105]　實際觀空萬法平
함께 병들어 위문조차 못한 채[106]　同病無由相呴沫
추운 세모의 골짝에 각각 살아가네　歲寒丘壑各餘生

솥에 끓여 익힌 맛있는 고기로, 여기서는 유가를 의미한다. 계성(溪腥)은 시냇물에 사는 비린 물고기로, 여기서는 불가를 의미한다. 분화(紛華)는 번화하고 화려한 것으로, 세속적인 욕망을 뜻한다.

105 실제(實際)에서……평등하네 : 모든 존재가 본질에서 평등하다는 말이다. 실제는 눈에 보이는 현상세계, 즉 만물이 생멸하는 이 세계를 가리킨다. 관공(觀空)은 실상이 공함을 본다는 말로, 실제관공(實際觀空)은 현실세계에서 진리를 깨닫는다는 말이다. 《반야심경(般若心經)》에 "색은 공과 다르지 않고, 공은 색과 다르지 않으니, 색이 바로 공이요, 공이 바로 색이다.〔色不異空, 空不異色, 色卽是空, 空卽是色.〕"라고 하였다. 이는 현실이 곧 진리임을 말하는 것으로, 현실 속의 모든 존재〔萬法〕가 본질에서 공한 평등임을 말한다.

106 함께……채 : 서로 병을 앓고 있으면서도 문병하지 못하는 안타까운 마음을 말한 것이다. 후말(呴沫)은 《장자(莊子)》 〈대종사(大宗師)〉의 "물이 말라 육지로 변한 연못 위에서 물고기들이 서로 입김을 불어 주고 거품을 내어 적셔 주지만, 이는 강호에서 서로 잊고 사는 것만 못하다.〔泉涸, 魚相與處於陸, 相呴以濕, 相濡以沫, 不如相忘於江湖.〕"라고 한 데서 나온 말로, 함께 어려운 처지에 놓여 있으면서도 상대방을 위해 주는 의리를 말한다.

동규[107]가 3월 26일에 두 사위와 강을 지나 화병회에 가기로 약속하였는데 도중에 한 자 남짓의 큰 눈을 만나자 고시를 지어 나에게 화운을 요구하였다

同揆三月二十六日 約二壻過江赴花餠會 路遇大雪盈尺 作古詩要余和韻

경성 서남쪽을 큰 강이 두르고	京城西南大江環
십 리에 한 번 굽어 맑은 굽이 열렸네	十里一曲開澄灣
그 위에 새로 지은 초가 정자 있는데	上有茅亭結構新
언덕이 한 길 남짓 높아 손에 잡힐 듯	岸高丈尋手可攀
그윽한 사람 문득 천택의 놀이 생각나	幽人忽思川澤游
낡은 수레 타고 홀로 저자 뚫고 나왔건만	荒乘獨穿都市間
이 날 거센 바람이 우주를 흔들고	是日嚴風攪宇宙
새카만 먹구름에 뭇 산들 묻혔어라	沈雲黯慘埋群山
현명이 강성하여 태호를 무찔러[108]	玄冥强梁鏖太昊
잠깐 사이에 치우를 돌아오게 한 듯[109]	造次欲挽蚩尤還

107 이동규(李同揆) : 1623~1677. 본관은 전주(全州), 자는 조연(祖然), 호는 혼천(混泉)이다. 이성구(李聖求)의 둘째아들이다. 《東州集 卷7 伯氏領議政分沙李公神道碑銘》《息山集 續集 卷6 外王考贈嘉善大夫……混泉先生墓誌銘》

108 현명(玄冥)이……무찔러 : 현명은 겨울 귀신의 이름이다. 《예기》 〈월령(月令)〉에 "겨울철의 상제는 전욱이요, 그 귀신은 현명이다.〔其帝顓頊, 其神玄冥.〕"라고 하였다. 태호(太昊)는 봄을 주관하는 천제(天帝)의 이름이다. 《예기》 〈월령〉에 "봄을 주관하는 천제는 태호이고, 그 귀신은 구망이다.〔其帝太皥, 其神句芒.〕"라고 하였는데, 태호(太皥)는 태호(太昊)와 통용된다. 여기서는 봄 날씨가 겨울처럼 차가워졌으므로 이렇게 읊은 것이다.

하늘 기울고 땅 갈라져 살벌한 기미 일어나니	天俄地裂殺機發
괴이하고 기이한 일 어찌 이리 많은가	駢妖逞怪何多般
또 등륙으로 하여금 폭설 내리게 하니	又遣滕六下急雪
붉고 푸른 산 색 가려 ㅗ 무늬 감추네[110]	密掩紫翠韜彩斑
백사장 머리 오솔길 지척으로 가까운데	沙頭細路舊咫尺
얼어 미끄러우니 양장보다도 힘겹구나[111]	氷滑不啻羊腸艱
뭍을 달리자니 나무귀신이 꾸짖을까 걱정이고	陸走當虞木魅嗔
물길 가자니 파도 신에게 막히겠네	水行定被波神慳
매서운 추위로 눈물 콧물 줄줄 흐를 뿐	只緣衝寒涕唾煩
험한 길 가느라 다리 힘든 것도 아닌데	非爲涉險跟脚頑
안장 풀고 노 거둔 채 앉아서 탄식하니	解鞍輟棹坐歎息
역경에 억눌려 젊던 얼굴 쭈글쭈글	坎壈抑塞凋朱顔
이러한 때에 조카와 두 사위	維時令姪及二郎
서로 서글피 바라보니 삼잔 가엾구나[112]	相與悵望憐三孱

109 잠깐……듯 : 날씨가 매우 나빠졌다는 말이다. 치우(蚩尤)는 황제(黃帝) 때의 제후(諸侯) 이름으로, 탁록(涿鹿)의 벌판에서 황제와 대전(大戰)을 벌일 때, 치우가 풍백(風伯)과 우사(雨師)를 동원하여 크게 풍우(風雨)를 일으켰다는 고사가 있다. 《史記 卷1 五帝本紀》

110 또……감추네 : 산에 눈이 쌓였다는 말이다. 등륙(滕六)은 눈 귀신의 이름이다. 자취(紫翠)는 보랏빛과 푸른빛이 한데 섞인 것으로, 산의 풍경을 의미한다.

111 백사장……힘겹구나 : 눈이 쌓여 가까운 백사장에 나가는 것도 매우 어렵다는 말이다. 양장(羊腸)은 양의 창자처럼 구불구불하여 험한 길을 말하는데, 특히 태항산(太行山)의 양장판(羊腸坂)이 아홉 굽이로 구불거리므로 구절양장(九折羊腸)이라 불린다.

112 서로……가엾구나 : 이동규와 사위 두 사람이 가엾다는 말이다. 삼잔(三孱)은

내가 삼잔에게 이르노니 탄식 거두고서	我謂三孱休咄嗟
가서 무릎 끌어안고 사립문 닫아라	且去擁膝扃柴關
음양의 변화를 누가 알랴	陰陽變化誰料得
지나친 근심과 걱정을 모두 털어내야지	繁憂過慮俱宜刪
하늘은 말이 없고 조물주도 늙었으니	皇穹無言眞宰老
어찌 그대들의 애절한 눈물 돌아보랴	焉肯顧汝哀淚潸
두부와 꽃떡에도 흥 많은데	豆泡花餠亦漫興
세상일은 몰아서 사방으로 보내세	驅出世故窮四寰
지금은 지극한 이치 순후하게 유행하여	方今至理流淳熙
재주 있는 사람들 다들 조정에 오르네[113]	元凱濟濟登朝班
화기가 온 세상에 펼쳐지는 때를 기다리니	佇見和氣遍壽域
요기가 간사 떠는 것을 걱정하지 말라	莫愁祲沴相交奸

다수의 열약(劣弱)한 사람을 뜻하는 말로, 여기서는 이동규와 두 사위를 가리킨다. 황정견(黃庭堅)의 시에 "필사는 능히 나라를 빛내거니와 삼잔은 한 구석도 못 채운다오.〔匹士能光國, 三孱不滿隅.〕"라고 하였다. 《山谷詩集 卷6 楊明叔惠詩格律詞意……故予期之以遠者大者》

113 재주……오르네 : 능력 있는 사람들이 조정에 등용되고 있다는 말로, 조카와 사위에게 노력하여 출사할 것을 당부한 말이다. 원개(元凱)는 재능 있는 사람들을 가리킨다. 옛날 고양씨(高陽氏) 아들 여덟이 다 어질고 재능이 있어 백성들이 그들을 일러 팔개(八凱)라고 하고, 고신씨(高辛氏)에게도 그러한 아들 여덟이 있었는데 그들은 팔원(八元)이라 했다고 한다. 《春秋左氏傳 文公18年》

한가롭게 단정히 앉아 있으니 집에 찾아오는 사람도 없는데 섬돌 가에 백작약이 활짝 피었기에 종일토록 완상하며 화우라고 이름 지었다

匡坐翛然 門無剝啄 階上白芍藥盛開 終日對翫 命之曰花友

호젓한 골목길에 쑥대만 우거졌으니	蕭條門巷翳蒿蓬
누가 수레 타고 늙은이 찾아오랴	車轍何人問老翁
오직 섬돌 가에 꽃이 흐드러지게 피어	唯有當階花爛熳
종일 마주하고 봄바람 속에 웃네	終朝相對笑春風

5월 4일에 국상을 당했다.[114] 장마가 시작되더니 강물이 불어나 벼와 보리가 모두 물에 잠겼다

五月初四日國恤 始淫雨江漲 禾麥俱沒

지겨운 장마가 스무날이나 이어져　愁霖彌二旬
온 세상이 운무에 잠겼어라　八荒沈雲霧
가뭄이 홍수로 바뀌니　亢陽化淫潦
재앙이 한 번씩 번갈아 오누나　災沴一回互
짙은 구름이 태양 가리니　群陰翳大明
어쩌면 하늘이 무너진 때문인가[115]　豈以天崩故
끊임없이 재앙 내리니　降癘荐無端
재앙이 과연 일정한 운수 되었구나　愆殃果恒數
처음엔 용백의 늙은이가　初疑龍伯翁
큰 강물 끌어다 붓는가 의심했지[116]　屈挽洪河注
지축이 뒤집어지고　地軸爲反覆
바람과 천둥은 잔뜩 성나서　風雷鬱含怒
너른 들판 집어삼켜 버리고　平呑鉅野沒

114　5월……당했다 : 효종(孝宗, 1619～1659)의 승하를 의미한다. 《효종실록》 10년 5월 4일 기사에 "상께서 대조전에서 승하하셨다.〔上昇遐于大造殿〕"라는 기록이 있다.

115　짙은……때문인가 : 효종의 승하를 해가 구름에 가린 것으로 비유하여 읊은 것이다. 천붕(天崩)은 임금의 죽음을 가리킨다.

116　용백(龍伯)의……의심했지 : 옛날 용백의 나라에 거인이 있어 몇 걸음에 다섯 산이 있는 곳에 도착하여 한 개의 낚싯대로 여섯 마리의 큰 자라를 연이어 낚아 잡아먹었다는 이야기가 《열자(列子)》 〈탕문(湯問)〉에 전한다.

높은 물결 이리저리 내달리네　高浪忽橫鶩
어제 밤섬은　昨日栗島山
중간이 양화나루와 끊어졌고　中隔楊花渡
삼주[117]는 이미 뒤섞였으니　三洲旣混合
서강 숲을 어찌 분간하랴　況辨西江樹
늙은이 오래도록 가난한 처지라　老夫久食貧
농사지어 살아가지　寄命在農圃
보리 심어 이삭이 누렇게 익어　種麥秀已黃
곧 수확할 참이었는데　登場待朝暮
물속에 잠긴 이삭 쓰러져 있으니　水中臥滯穗
어찌 소박한 밥상이나마 차릴 수 있으랴　曷用供薄具
구학 앞에 쓰러져　側身溝壑前
하늘에 하소연도 못하네　皇穹不可訴
외롭고 궁한 신세 늘그막에 이르러[118]　孤窮抵桑榆
갈수록 더욱 어긋나네　展轉愈錯迕
산자락 경작하면 늘 가뭄이 괴롭고　耕山常苦旱
물가에 경작하면 늘 호우가 괴롭네　耕澤常苦雨
한 번 취하여 오늘 밤 지내노니　一醉過今夕
여생을 새벽이슬에 부쳐야겠네　餘生付曉露

117 삼주(三洲) : 미상이다. 내용상 밤섬과 양화나루 근처에 있었던 모래섬으로 보이며, 마포로 추측된다.

118 늘그막에 이르러 : 상유(桑榆)는 해가 질 때 햇빛이 뽕나무와 느릅나무의 꼭대기에 비치므로, 인생의 말년을 뜻한다. 《태평어람(太平御覽)》 권3에 "해가 서산으로 떨어질 때 햇빛이 나무의 꼭대기에 비치는 것을 상유라고 한다."라고 하였다.

막내아들[119]이 올해 봄에 느닷없이 "하늘은 본래 형체가 없으니 연기가 쌓여 생긴 것입니다."라고 말하니 인심의 신령함이 처음부터 이 이치를 갖추고 있음을 알 수 있다. 그의 두 형이 어릴 때에 모두 신통한 말을 하였으니[120] 어쩌면 밝게 깨어 있는 본성이 서로 닮은 것인가

最少今年春 忽言天本無形 乃煙氣所積 可知人心之靈初具是理 其二兄俱於幼時有通解之言 豈悟性相類歟

하늘은 본래 공허한 것인데	上天本空虛
기운이 쌓여 형체를 이루었네	氣積乃成形
푸르고 푸른 것이 원래의 색 아니건만	蒼蒼非正色
억지로 하늘이 푸르다고들 말하네	强號爲帝青
해와 별이 높고 낮게 매달려	日星高下懸

119 막내아들 : 이민구의 막내아들 이말규(李末揆, 1653~?)를 가리킨다.

120 그의……하였으니 : 통해지언(通解之言)은 이말규의 두 형 이만규(李萬揆)와 이억규(李億揆)가 각각 귀신과 하늘에 대해 언급한 사실을 가리킨다. 《동주집(東州集)》 시집(詩集) 권10에 〈만아가 말하기를 "귀신과 물은 서로 유사한 점이 있으니 물은 눈에 보이지만 잡으면 사라지고, 귀신도 볼 수 있지만 잡으면 사라집니다. 그러므로 귀신과 물은 서로 유사하다고 하겠습니다."라고 하였다. 그 말이 우연히 새로운 이치를 이끌어 냈기에 재미삼아 일전어를 짓는다〔萬兒曰 鬼與水相似 水可見而捉之則無有 鬼亦可見而捉之則無有 故曰鬼與水相似 其言偶出新理 戲下一轉語〕〉라는 시가 있고, 시집 권12에 〈억규가 문득 말하기를 "하늘은 위로 텅 비어 아무것도 없는데 만물을 낳습니다." 하니 그 말이 우연히 이치에 맞았다. 이에 하늘이 도를 아끼지 않음을 알았다〔億也忽曰 天者上虛無物而生萬物 其言偶契於理 乃知天不愛道〕〉라는 시가 있다.

오가며 각각 멈추지 않네 來往各無停
혼천설은 지극한 형상을 드러냈고 渾儀鑿至象
선야설은 실로 알기 어렵네[121] 宣夜實眇冥
기울어진 덮개와 닭의 알[122] 倚蓋與鷄卵
두 학설이 모두 크게 차이나지 二說俱徑庭
막내는 지금 여섯 살인데 兒今六歲餘
그 마음이 우연히 신령했네 方寸偶通靈
나는 늙어 쓸쓸히 누워 있으니 吾衰臥寂莫
네가 《태현경》 저술에 참여하기를 기다리노라[123] 須汝預玄經

121 혼천설(渾天說)은……어렵네 : 《진서(晉書)》 권11 〈천문지 상(天文志上)〉에 "옛날에 천체를 말한 것이 삼가(三家)가 있으니, 첫 번째는 개천(蓋天), 두 번째는 선야(宣夜), 세 번째는 혼천(渾天)이다."라고 하였다. 하늘은 별들이 매달려 있는 둥근 뚜껑으로 되어 있고 그 아래에 평평한 땅이 있다고 보는 것이 개천설(蓋天說)이다. 선야설은 우주는 무한한 공간으로, 일월성신은 허공 속에 떠다닌다는 학설이다. 고대 중국인의 사유에서 이런 무한공간론은 쉽게 받아들여지지 않았다.

122 기울어진……알 : 의개(倚蓋)는 기울어진 수레 덮개라는 말로 개천설을 설명하는 용어이고, 계란(鷄卵)은 하늘과 땅이 흰자위가 노른자위를 싸고 있는 모습과 비슷하다고 설명하는 혼천설을 표현하는 말이다.

123 네가……기다리노라 : 이말규가 동오(童烏)처럼 총명하므로 함께 학문을 논하는 때가 오기를 기다린다는 말이다. 현경(玄經)은 한나라 때 양웅(揚雄)이 지은 《태현경(太玄經)》을 가리킨다. 양웅이 《태현경》을 지을 당시 그의 아들 동오가 매우 총명하여 아홉 살의 어린 나이에도 불구하고 함께 내용을 토론하였다고 한다. 《揚子法言 問神》

봄날 홍 침랑이 삼백초와 시를 보내 준 것에 사례하며 차운하다

春日謝洪寢郎惠蕺菜及詩 次韻

들과 산의 나물들 저마다 이름 다른데	野蔌山蔬各異名
봄 밥상에 목숙나물로 선생께 누를 끼쳤구나[124]	春盤苜蓿累先生
누가 알랴 필관의 고운 순이	誰知筆管瓊瑤筍
신농씨가 정선한 초목 중에 가장 으뜸인 줄을[125]	最冠神農草木精
깊은 골짝에서 꺾어 오니 향기가 손에 가득하고	幽澗折來香滿把
숙취 해소되니 이슬이 줄기 적시는 듯하네	宿酲湌去露濡莖
양기 손상시킨다 말하지 마소	休言解損陽和氣
사람이 꼭 오색 때문에 실명하지는 않는다오[126]	未必人從五色盲

124 봄……끼쳤구나 : 이민구가 평소에 먹는 음식이 소박했다는 말이다. 당(唐)나라 설령지(薛令之)가 동궁 시독관(東宮侍讀官)으로 있을 때 먹을 것이 워낙 형편없어 스스로 슬퍼하는 시를 지었는데, 그 시에 "아침 해가 둥실 떠올라, 선생의 밥상을 비추네. 밥상에 무엇이 있는가, 난간에서 자란 목숙나물이네.〔朝日上團團, 照見先生盤. 盤中何所有, 苜蓿長欄干.〕"라고 하였다.《山堂肆考 卷54》 목숙은 채소의 일종으로 가난한 생활을 의미한다.

125 누가……줄을 : 삼백초가 나물 가운데 가장 좋다는 말이다. 필관(筆管)은 삼백초의 다른 이름으로, 땅속줄기와 잎을 말려 이뇨제나 구충제로 쓴다. 명(明)나라 사신 동월(董越)이 지은《조선부(朝鮮賦)》자주(自註)에 "필관은 싹을 먹는데, 맛이 부드럽고 달다. 그 잎은 알 수 없는데, 혹자는 둥굴레의 싹이라고 한다."라고 하였다. 신농(神農)은 중국 고대 삼황(三皇)의 한 사람으로, 그가 백 가지 초목(草木)을 맛본 후에 비로소 의약(醫藥)이 있게 되었다고 한다.《補史記 三皇本紀》

126 양기(陽氣)……않는다오 : 삼백초는 열을 내리고 부종을 다스리는 효능이 있기 때문에 많이 먹으면 양기를 손상시킬 수도 있지만, 사람이 오색을 본다고 해서 반드시 실명하는 것은 아닌 것처럼 삼백초를 먹는다고 해서 반드시 양기가 상하는 것은 아니라는 말이다. 《노자(老子)》 〈검욕(檢欲)〉에 "오색이 사람의 눈을 멀게 하고, 오음이 사람의 귀를 먹게 한다.〔五色令人目盲, 五音令人耳聾.〕"라고 하였다.

대행대왕의 제사 봉행 후에 입으로 불러 짓다[127] 영릉
大行大王奉諱後口占 寧陵

큰 도량은 만물을 포용하고	大度包群品
큰 꾀는 성인의 계책과 맞았네	宏猷協聖圖
다스리는 방법 구함은 삼대에도 비교될 이 적고	求治三代少
간언을 받아들임은 백왕 중에도 더 나은 이 없었네	受諫百王無
꿈에서도 오랜 수명 주지 않았고	夢失遐齡與
하늘은 태평한 운수 지키기에 인색했네	天慳泰運扶
조정에 어려움 많으니	朝端盛巖穴
무슨 수로 태평성대 이루신 공에 보답할까	何路報唐虞
장수의 물가에 병든 채 누워[128]	一臥漳濱病
하늘 무너지는 재앙에 자주 상심하네[129]	頻傷杞國災

127 대행대왕의……짓다 : 《효종실록》 10년 5월 9일 기사에 대신(大臣)과 육경(六卿) 등이 의논하여 묘호(廟號)를 효종(孝宗)으로, 시호(諡號)를 선문 장무 신성 현인(宣文章武神聖賢仁)으로, 전호(殿號)를 경모(敬慕)로, 능호(陵號)를 영릉(寧陵)으로 올렸다는 기록이 실려 있다.

128 장수(漳水)의……누워 : 장빈(漳濱)은 몸져누웠다는 뜻의 시어(詩語)이다. 삼국 시대 위(魏)나라 유정(劉楨)이 조비(曹丕)와 절친하였는데, 그가 조비에게 빨리 찾아와 주기를 간청하면서 보낸 시에 "내가 고질병에 심하게 걸려서, 맑은 장수 가에 몸져누워 있다.〔余嬰沈痼疾, 竄身淸漳濱.〕"라고 하였다. 《文選 卷23 贈五官中郞將》

129 하늘……상심하네 : 임금이 승하하여 자주 상심했다는 말이다. 이민구는 인조(仁祖)와 효종의 승하를 겪었는데, 여기서는 효종이 승하했기에 한 말이다. 옛날 기

산천에 대한 뭇 제사 지낼 수 없게 되었으니　山川群祀乏
천지에 십 년 세월 흘렀네[130]　天地十年來
봉책에 남기신 업적 나열하였으니　鳳冊開遺烈
용지에서 겁회를 보았네[131]　龍池睹劫灰
임금께서 주신 한묵 남았지만　宮恩餘翰墨
차마 가슴속 슬픔을 다 쓸 수 있을까　忍寫寸腸哀

임금께서 주신 필묵이 상자에 있으므로 말하였다.

(杞)나라의 어떤 사람이 하늘이 무너지고 땅이 꺼지면 자기 몸을 붙일 곳이 없게 된다 하여 침식(寢食)을 폐하고 걱정했다는 고사를 원용한 것이다. 《列子 天瑞》 원래 쓸데없는 걱정을 의미하지만, 여기서는 임금이 붕어하는 재앙을 비유하는 말로 쓰였다.

130 산천(山川)에……흘렀네 : 효종이 임금이 된 지 10년 만에 세상을 떠났으니, 산천에 대한 제사를 더 이상 지낼 수 없게 되었다는 말이다.

131 봉책(鳳冊)에……보았네 : 효종의 업적이 책에 열거되니, 이제 효종의 치세가 마무리되었다는 말이다. 용지(龍池)는 당나라 도성인 장안(長安)에 있던 못 이름으로 궁궐을 의미한다. 겁회(劫灰)는 겁화(劫火)의 재앙이라는 뜻의 불교 용어이다. 하나의 세계가 끝날 즈음에 겁화가 일어나서 온 세상을 다 불태운다고 하는데, 한 무제(漢武帝) 때 곤명지(昆明池) 밑바닥에서 나온 검은 재에 대하여, 인도 승려 축법란(竺法蘭)이 "바로 그것이 겁화를 당한 재이다."라고 대답한 고사가 전한다. 《高僧傳 卷1 竺法蘭》

동강 허보[132]를 곡하다

哭東岡許君 寚

늘그막에 의지하며 이웃에 살았으니 老托連墻住
일찍이 함께 독서하며 교유했지 曾偕挾筴遊
젊어서는 서로 따뜻하게 대했고 少年相煖熱
평생을 함께 친밀했지 畢世共綢繆
방축되어 놀란 몸 放逐驚身在
정절 지키며 그윽한 곳에 거처 정했지 居貞占境幽
어느덧 백발이 되었건만 依依傾白首
다정하게 푸른 눈동자로 대했네[133] 款款對靑眸
외로움과 괴로움 내가 더 심해 한탄하고 孤苦嗟吾甚
여유로움과 한가함 그대가 더 나았지 寬閑覺子優
열 아들 둔 사람 또 없으리니[134] 十男知莫竝

132 허보(許寚) : 1585~1659. 본관은 양천(陽川), 자는 유선(惟善), 호는 동강(東岡)이다. 《東州集 文集 卷10 處士東岡許公墓碣銘 幷序》

133 다정하게……대했네 : 허보가 이민구를 반가운 얼굴로 대했다는 말이다. 청모(靑眸)는 푸른 눈동자로, 반가운 눈길을 뜻한다. 진(晉)나라 완적(阮籍)이 미운 사람을 만나면 백안(白眼)으로 보고, 반가운 사람을 만나면 청안(靑眼)으로 보았다는 데서 유래하였다. 《晉書 卷49 阮籍列傳》

134 열……없으리니 : 허보처럼 열 아들을 둔 사람이 없다는 말이다. 허보는 부인 전의 이씨(全義李氏)와의 사이에서 8남 3녀, 측실(側室)에게서 3남 3녀를 두었다. 《東州集 文集 卷10 處士東岡許公墓碣銘 幷序》

백복이 어찌 부러우랴	百福羨何由
그대는 늘 건강하게 살았지만	體氣長無倦
나는 쇠하고 병들어 늘 부끄러웠지	衰癃每自羞
덧없는 인생이야 누구니 다 끝나겠지만	浮生須併盡
고질병 들어 마침내 함께 걱정하였지	痼疾竟同憂
뒤에 죽는 사람 무엇을 부러워하랴	後死留奚戀
먼저 돌아가 편안히 쉬는구나	先歸佚是休
분명 잠깐의 이별일 텐데	分明暫時別
오히려 눈물이 하염없이 흐르오	猶遣淚橫流

오랫동안 비가 내려 석 달 동안 그치지 않았다. 새벽에 서늘하여 솜옷을 입었다

久雨三月不止 晨涼挾纊

초가을 날씨 일찍 서늘해져	首秋早涼生
홑 겹옷은 이미 썰렁하네	單裌已含淸
게다가 철 지난 비까지 만났으니	況値經時雨
어찌 하루라도 맑은 날을 보랴	那看一日晴
나그네 시름으로 잠자리에 쓰러졌는데	客愁頹枕席
벌레 소리만 집안에 가득하다	蟲語閉軒楹
다시 몇 년이나 더 살까	更得幾寒暑
세상에 대한 마음 모조리 버리노라	泯然遺世情

오늘

是日

이 해가 또 서산으로 들어가니	是日又將入
올해는 얼마나 남았나	今年餘幾何
저녁 강물은 빨리도 흘러가고	暮江流轉疾
가을 나뭇잎 한층 많이 떨어지네	秋樹落逾多
늙은 몸이라 엄습하는 서릿바람 두렵고	老畏風霜逼
가난한 살림이라 들르는 손에게 부끄럽다	貧慙賓客過
열흘 지나도록 문 열지 않았더니	經旬不啓戶
거미줄이 점차 보금자리 이루어 가네	蟲網漸成窠

9월 15일 연달아 눈이 내려 들판이 온통 눈으로 뒤덮였다
九月十五日連下雪 四野成積

구월에 땅이 갈라질 듯 삭풍 불다가	九月北風吹地裂
바람 그치자 눈 내려 다리 끊겼네	風霽雪作河梁絶
울창한 수목들 죽은 채 서 있고	森森萬木死不僵
강물 흐려져 얼려 하네	江漢水濁氷欲結
산골짜기 나뭇가지마다 용호가 숨어 있고	山壑杈枒龍虎藏
갓 떠오른 해 흐릿하여 하늘에 빛이 없네[135]	初日翳翳天無光
외로이 사는 시골 노인 추위에 고생하며	野老孤居抱苦寒
누더기 거친 베옷 한 벌로 삼 년 지냈네	短褐一敝經三霜
엄자산 서쪽 끝에 네 필의 말 쉬니	崦嵫西畔息駟馬
잠시 붙어사는 인간 세상 역참과 같구나[136]	暫寄人間猶傳舍
석문에 오랫동안 수레 소리 적막한데[137]	席門車轍久寂莫

135 산골짜기……없네 : 나뭇가지에 눈이 많이 쌓여 용과 호랑이 모양을 연출하고, 햇빛을 볼 수 없을 정도로 눈이 많이 내리고 있음을 형용한 것이다.

136 엄자산(崦嵫山)……같구나 : 사람이 사는 세상을 잠시 머물다 가는 여관에 비유하여 읊은 것이다. 엄자산은 태양이 들어가 쉰다는 전설상의 산 이름이다.

137 석문(席門)에……적막한데 : 곤궁한 집에 찾아오는 사람이 없다는 말이다. 석문은 거적을 매달아 놓은 문으로, 청빈한 집이나 은자(隱者)의 거처를 뜻한다. 한(漢)나라 진평(陳平)이 어릴 적에 가난해서 빈민가에 살았는데 "해진 거적으로 문을 쳤는데도, 문밖에 장자의 수레바퀴 자국이 많이 나 있었다.〔以弊席爲門, 然門外多有長者車轍.〕"라는 석문궁항(席門窮巷)의 고사가 있다.《史記 卷56 陳丞相世家》

두 아이가 따라다니며 놓아주지 않네[138] 二豎相隨不相捨
섬돌 앞 고운 국화 여전히 가지 가득 피었는데 階前嘉菊舊盈枝
진흙에 떨어진 꽃잎 어지럽게 흩어졌네 泥汚冷蕊爭紛披
여름철 밭에 모래 무너져 기장 밭 황폐해졌으니 夏畦頹沙桼地荒
머리 위 갈건을 누구 위해 썼나[139] 頭上葛冠知爲誰
두견새 공연히 온갖 풀 시드는 것 슬퍼하고[140] 鶗鴂空傷百草零
괄갈은 부질없이 새벽별 재촉하네[141] 鴰鶡枉自催明星
아아 따뜻한 봄 아득하여 춥고 배고프니 嗚呼陽春茫茫饑凍逼
이 노래의 슬픔과 원망을 어찌 달래랴 此曲哀怨何由平

138 두……않네 : 병이 몸에서 떠나지 않는다는 말이다. 이수(二豎)는 병마(病魔)의 별칭이다. 춘추 시대 진(晉)나라 경공(景公)의 꿈에 병마가 두 아이의 모습으로 나타나 고황(膏肓) 사이에 숨는 바람에 끝내 병을 고칠 수 없었다는 고사에서 유래하였다. 《春秋左氏傳 成公10年》

139 여름철……썼나 : 여름 장마에 기장 농사를 망쳤으므로 술을 담지 않아서 찾아올 사람도 없을 텐데 갈건을 쓸 필요가 있겠느냐는 말이다.

140 두견새……슬퍼하고 : 제결(鶗鴂)은 두견새로, 춘분에 앞서 미리 울면 꽃이 시든다고 한다. 《초사(楚辭)》 〈이소(離騷)〉에 "제결이 먼저 울까 걱정일세, 온갖 풀이 향기롭지 못하게 될 테니까.〔恐鶗鴂之先鳴兮, 使夫百草爲之不芳.〕"라고 하였다.

141 괄갈(鴰鶡)은……재촉하네 : 시간이 빨리 흐른다는 말이다. 괄갈은 새벽을 재촉하는 새이다. 이수광(李睟光)의 《지봉유설(芝峯類說)》 권1 〈시령부(時令部) 절서(節序)〉에 "두보의 시에 괄갈이 밝은 별을 재촉한다고 했는데, 살피건대 괄갈은 백로와 비슷하면서 작은 것으로 하늘이 밝기를 재촉하는 새이다.〔杜詩鴰鶡催明星, 按鴰鶡似伯勞而小, 催天明之鳥也.〕"라고 하였다.

시월 초하루 무자일에 지하일식[142]이 있었는데 바람 불고 비와 눈이 내리고 천둥과 번개가 치고 안개가 짙게 끼었다
十月朔戊子 地下日食 風雨雪雷電大霧

세상사가 비록 수없이 변해도	世故雖千變
천심은 다시 돌아온다네	天心倘再回
바람이 비를 동반할 수는 있지만	猶宜風挾雨
눈 내리며 천둥소리 날 리 없는 법인데	未可雪兼雷
여러 요사스러운 기운이 거듭 발생하여	衆祲森仍發
뭇 음기가 무성하여 걷히지 않네	群陰莽不開
시대의 어려움과 생계 때문에	時艱與生理
온갖 걱정으로 배회하노라	萬慮一徘徊

142 지하일식(地下日食) : 일출 전이나 일몰 뒤에 일어나, 계산할 수는 있으나 현상을 관측할 수는 없는 일식을 말한다.

푸른 등불

青燈

푸른 등불 훤히 밝히고 책 펼쳤는데 　　青燈白夜散牙籤
잠 깨우는 도성의 종소리 멀리서 들려오네[143] 　　禁里遙鍾警黑甛
시월의 모진 바람 나뭇잎에 불어오고 　　十月高風吹木葉
오경의 차가운 비 띳집 처마에 뿌리네 　　五更寒雨洒茅簷
시서의 옛 학업 중석을 저버렸고 　　詩書舊業抛重席
점집의 그윽한 정 주렴을 닫았네[144] 　　卜肆幽情閉一簾

143 푸른……들려오네 : 밤을 지새우며 책을 본다는 말이다. 아첨(牙籤)은 찾기 편하도록 책에 매달아 놓은, 뼈 등속으로 만든 첨지나 찌지 같은 것이다. 흑첨(黑甛)은 곤히 잠자는 것을 말한다. 소식(蘇軾)의 시에 "술 석 잔 마신 뒤에 베개 위에 잠이 곤히 들었네.〔三杯軟飽後, 一枕黑甛餘〕."라고 하였는데, 그 주에 "절강 사람들이 술 마시는 것을 연포라 한다.〔浙人謂飲酒爲軟飽〕"라고 하였고, "세속에서 잠을 흑첨이라고 한다.〔俗謂睡爲黑甛〕"라고 하였다. 《東坡全集 卷22 發廣州》

144 시서(詩書)의……닫았네 : 시서를 공부하였으나 포부를 펼치지 못한 불우한 처지를 읊은 것이다. 중석(重席)은 자리를 포개는 것으로, 포갠 자리의 수로 신분의 고하를 표시하였다. 후한(後漢)의 대빙(戴憑)이 경학(經學)에 밝았다. 한번은 정조조하(正朝朝賀) 차 백관이 모인 자리에서 임금이 명하여 경(經)을 잘 설명할 수 있는 사람들끼리 서로 경의(經義)를 묻게 하고, 뜻이 잘 통하지 못하면 그 사람의 자리를 빼앗아서 뜻이 잘 통하게 설명한 사람에게 주게 하였다. 그러자 대빙이 경의에 제일 능통하여 50여 자리를 거듭 빼앗아 앉게 되었다는 고사가 있다. 《後漢書 卷109 儒林列傳 戴憑》 복사(卜肆)는 점집이라는 말인데, 여기서는 일반적으로 집이라는 의미로 쓰였다. 한(漢)나라 엄준(嚴遵)은 재덕을 감추어 벼슬하지 않고 성도(成都)에서 점을 쳐 주며 살았다. 일사(逸士)의 전형으로 자주 인용된다. 《漢書 卷72 王貢兩龔鮑傳》

늙고 병든 몸이라	潦倒衰頹兼疾病
술병에 가득한 맛좋은 술도 마시지 못하노라	滿壺芳醁不宜拈

섣달 이십사일 경자년(1660, 현종1) 입춘에 술을 마시며 입으로 불러 짓다

臘月二十四日 庚子歲立春 把酒口占

아득한 천지 빠른 세월 속에	天地茫茫日月催
현인 호걸 끊임없이 오고 갔지	賢豪袞袞古今來
천추에 풍당의 늙음 모두 애석해하지만	千秋共惜馮唐老
일대에 누가 가의의 재주 안타까워하랴[145]	一代誰憐賈誼才
꿈은 청산에 들어가 늘 당당한데	夢入青山常偃蹇
하늘에 드리운 별들은 자꾸만 돌아가네	星垂碧落屢環回
새봄이 궁음의 뒤에 닿았으니[146]	新春又接窮陰後
어찌 괜한 시름 때문에 술잔 놓으랴	肯爲閑愁放酒杯

145 천추(千秋)에……안타까워하랴 : 불우한 자신을 위로하는 말이다. 한 문제(漢文帝) 때 풍당(馮唐)은 늙은 나이로 중낭서장(中郎署長)을 거쳐 겨우 거기도위(車騎都尉)에 이르고 말았다. 무제(武帝) 때에 다시 현량(賢良)으로 천거되었으나, 이미 90여 세나 되어 벼슬을 할 수 없게 되었다는 고사가 있다. 《史記 卷102 馮唐列傳》 가의(賈誼)는 문재(文才)로 이름을 날려 약관(弱冠)의 나이에 박사가 되고, 1년 만에 태중대부(太中大夫)가 되어 율령, 관제, 예악 등의 제도를 개정하고, 시정의 폐단을 개혁하기 위한 많은 의견을 상주(上奏)하였다. 주발(周勃), 관영(灌嬰) 등의 시기로 장사왕 태부(長沙王太傅)로 좌천되었다가, 양왕 태부(梁王太傅)로 복귀하였으나 불우한 신세에 울분을 느끼다 죽었다. 《史記 卷84 賈生列傳》

146 새봄이……닿았으니 : 음기(陰氣)가 가득한 섣달에 입춘이 들었다는 말이다. 궁음(窮陰)이란 음기가 꽉 찼다는 뜻으로 한 해가 저무는 겨울을 가리키는 말이다. 이 시를 지은 12월 24일이 마침 입춘일이었으므로 이렇게 말하였다.

선달 그믐밤

除夕

세월은 쉬지 않고 달려가니 流景逝不住
일사천리로 흐르는 긴 강과 같구나 一瀉如長河
인생살이 천지의 조화를 타고 人生乘大化
장년이 어느덧 흘러갔어라 壯齒忽蹉跎
돌아보니 지난날 아까운데 回頭惜往日
앞날은 얼마나 남았을까 來者知幾多
육체와 정신 이미 이와 같은데 形神已若此
자꾸만 늙어 가니 장차 어이할까 轉老將奈何
청춘에 비범한 기상 지니고 青歲負奇氣
분방하게 살았으니 그 누가 어찌할 수 있었으랴 橫放誰能那
시간을 다투어 흥겹게 놀며 歡娛競光陰
손님과 벗 서로 왕래하였지 賓友相經過
시름 떨치고 세상 벗어나 排愁出宇宙
놀며 즐기느라 세월[147] 다 보냈네 逸豫窮羲娥
어느덧 늙고 야윈 몸 바라보니 俯仰見衰羸
만사는 한결같이 사라져 버렸네 萬事一消磨
자리에 있던 손님들 손꼽아 헤아려 보니 屈指座上客

147 세월 : 희아(羲娥)는 해를 몬다는 신인 희화(羲和)와 달에 산다고 하는 항아(姮娥)를 합칭한 말로, 전하여 세월을 뜻한다.

죽어서 모두 산언덕에 있는데[148]	零落俱山阿
나는 아직 죽지 않고 남아서	尙餘未朽骨
생사 갈림을 홀로 슬퍼하네	存沒獨悲嗟
당시에는 축을 치며 술 마셨는데	當年擊筑飮
오늘은 질장구 두드리며 노래하네	今日叩缶歌
젊은이들아 즐겁게 살아	少年且爲樂
양쪽 귀밑머리 세게 하지 말라	勿受雙鬢皤

148 자리에……있는데 : 이민구와 함께 교유하던 사람들을 헤아려 보니 죽어서 세상에 없다는 탄식이다. 좌상객(座上客)은 자리에 있던 손님이라는 뜻으로, 여기서는 이민구와 교유하던 사람들을 말한다. 후한(後漢)의 공융(孔融)이 "자리 위에 손님이 항상 가득하고 술잔 가운데 술이 비지 않았으면 한다.〔坐上客常滿, 尊中酒不空.〕"라고 한탄하였다고 한다.《後漢書 卷100 孔融列傳》

경자년(1660, 현종1) 설날에 〈제석〉의 운자에 맞춰 짓다
庚子元日 次除夕韻

새해 들어 새 햇살 떠오르니	獻歲兆新陽
봄빛이 언 강물에 열리네	春色開氷河
만물은 모두 생기발랄한데	萬物俱發榮
내 마음 더욱 실의에 빠졌어라	吾意益蹉跎
천지가 덕택을 베풀어	乾坤流德澤
빌려 준 것이 진실로 많지	假借實已多
이제 일흔두 살 되었으니	得年七十二
앞으로 살면 얼마나 살까	朝暮更幾何
늙고 병든 채 지리하게 살아가니	衰疾且支持
장수와 요절의 이치란 어떤 것인가	夭壽理則那
인생살이 한 번 왔다 가는 것인데	生死一往來
물거품과 번개처럼 빨리 지나니 놀랍구나	忽驚泡電過
그대 보았나 등이 굽은 할머니	君看曲背嫗
갈래 머리 땋던 지난 소녀 시절	昨日丫頭娥
연지곤지 찍고 남에게 애교 부렸는데	鉛朱媚他人
먼지 낀 거울은 갈 수 없으니	塵鏡未可磨
일어나 젊을 때처럼 예쁘게 춤을 춘들	起舞作春妍
누가 기꺼이 〈양아〉를 감상할까	誰肯賞陽阿
붉은 비단옷 그윽한 방에 개어 두고	紅羅襞幽房
쯧쯧 부질없이 탄식하는 것을[149]	咄咄空咨嗟

제쳐두고 다시 말하지 말라 棄置勿復道
쇠약한 늙은이 애써 소리 높여 노래하네 羸老强高歌
술그릇은 나를 저버리지 않아 鴟夷不我負
서로 마주하니 양쪽 배가 불룩 나왔네 相對兩腹皤

149 그대……것을 : 인생이 허무하게 빨리 지나감을 등이 굽은 할머니의 예를 들어 읊은 것이다. 〈양아(陽阿)〉는 악부 잡곡가사(雜曲歌辭)의 곡 이름이다.

강서 현령 강욱[150]을 전송하다
送姜江西頊

자네 형제들 모두 재주 있으니	君家兄弟竝才全
부모 연로하신 때에 지방관 되었네[151]	奉檄仍當喜懼年
자잘한 이욕은 동묵 밖에 던지게나	撥去米鹽銅墨外
길 가는 판여 앞에 광휘 드리웠네[152]	光輝道路板輿前

150 강욱(姜頊) : 1615~? 본관은 진주(晉州), 자는 신백(愼伯)이다. 《승정원일기》 현종 즉위년 12월 26일 기사에 "강욱을 강서 현령으로 삼았다."라고 하였다. 강서(江西)는 평안남도(平安南道) 강서현을 말한다.

151 자네……되었네 : 강욱의 형제들이 모두 재주가 뛰어나고, 부모님이 연로하신 때에 강욱이 지방관으로 나가 부모를 봉양하게 되었다는 말이다. 강욱의 큰형 강급(姜圾), 둘째형 강전(姜琠), 이복형제인 강무(姜珷)는 모두 과거에 급제하였다. 봉격(奉檄)은 봉격색희(奉檄色喜)의 준말로, 늙으신 부모 봉양을 위해 지방관 임명장을 받고 기뻐한다는 말이다. 후한(後漢)의 모의(毛義)가 가난하여 노모를 봉양하기 어려웠다. 효행으로 수령에 제수한다는 격문이 오자 격문을 받들고 들어가 기뻐했는데, 뒤에 노모가 돌아가시자 벼슬을 그만두었다는 고사가 전한다.《後漢書 卷69 劉趙淳于江劉周趙列傳序》 희구년(喜懼年)은 늙으신 부모의 연세이다. 《논어》 〈이인(里仁)〉에 "부모의 연세는 반드시 알아야 하니, 한편으로는 기쁘고 또 한편으로는 두렵기 때문이다.〔父母之年, 不可不知也. 一則以喜, 一則以懼.〕"라고 하였다.

152 자잘한……드리웠네 : 사소한 이익에는 신경 쓰지 말고 부모 봉양에 힘쓰라는 말이다. 동묵(銅墨)은 동인묵수(銅印墨綬)의 준말로, 동으로 만든 인장과 검정색의 인끈인데, 지방관을 가리키는 말이다. 미염(米鹽)은 쌀과 소금으로 잔달고 번거로운 일을 비유한다. 판여(板輿)는 노인을 위한 가마로, 주로 지방관이 늙은 부모를 효성으로 모시는 것을 비유한다. 진(晉)나라 반악(潘岳)의 〈한거부(閑居賦)〉에 "태부인을 판여에 모시고, 가벼운 수레에 오르시게 한 뒤, 멀리 궁성을 유람하고, 가까이 집안

생선 삶으려 잠시 낭관 멈췄으니 烹鮮暫輟郎官貴
무학산에서 이제 신선 같은 원님 보겠네[153] 舞鶴今看令宰仙
관리되어 나가는 길에 무슨 말을 하랴 作吏一行安足說
늙은이 이별하려니 먹먹할 뿐이라오 老人離別只氿然

정원을 소요하게 해드린다.〔太夫人乃御板輿, 升輕軒, 遠覽王畿, 近周家園.〕"라고 하였다. 《晉書 卷55 潘岳列傳》

153 생선……보겠네 : 강욱이 낭관으로 있다가 현령으로 나간다는 말이다. 팽선(烹鮮)은 생선을 삶는다는 말로, 무위(無爲)의 정치를 비유하는 말이다. 노자(老子)의 《도덕경(道德經)》에 "큰 나라를 다스리는 일은 마치 작은 생선을 삶듯 하여야 한다.〔治大國, 若烹小鮮.〕"라고 한 데서 유래하였다. 무학산(舞鶴山)은 강서현에 있는 산 이름이다.

늙어 몸은 쪼그라들고 숨은 짧아지는데 오직 시력만은 나빠지지 않아서 밤에 가느다란 털도 볼 수 있다

老後形消氣短 唯目視不衰 能夜見纖毫

늘그막에 병들고 숨결은 실처럼 가는데	衰年病起氣如絲
엄자산 넘어가는 해 더디지 않구나[154]	日下崦嵫更不遲
그래도 하늘이 좋은 시력 주어	天意只饒雙眼力
등잔불 아래서도 가는 털 분간하네	却從燈下辨毫釐

154 엄자산(崦嵫山)……않구나 : 세월이 빨리 흐른다는 말이다. 엄자산은 옛날에 해가 들어가는 곳이라 생각했던 산 이름으로, 노년(老年)을 비유한다.

참판 신익전[155] 만사

申參判翊全挽詞

아 나의 선친께서　　　　粤我先大夫
현헌 선생과 벗하셨지[156]　　　　結友惟玄軒
사문에서 나란히 빛나시고[157]　　　　斯文竝緯曜
형제처럼 우애 좋으셨네[158]　　　　迭唱篪與塤
높으신 명성 죽백에 빛나고[159]　　　　高名照竹帛

155 신익전(申翊全) : 1605~1660. 본관은 평산(平山), 자는 여만(汝萬), 호는 동강(東江)이다.《東江遺集 卷18 有明朝鮮國贈大匡輔國崇祿大夫……申公神道碑銘 幷序》상촌(象村) 신흠(申欽)의 둘째 아들이다.

156 아……벗하셨지 : 이민구의 아버지 이수광(李睟光, 1563~1628)과 신익전의 아버지 신흠(申欽, 1566~1628)이 친한 사이였다는 말이다. 현헌(玄軒)은 신흠으로, 본관은 평산(平山), 자는 경숙(敬叔), 호는 현헌·상촌(象村)·방옹(放翁)·현옹(玄翁), 시호는 문정(文貞)이다.

157 사문(斯文)에서 나란히 빛나시고 : 이수광과 신흠이 당대에 명성을 드날렸다는 말이다. 위요(緯曜)는 오위(五緯)와 양요(兩曜)의 합칭으로, 오위는 금성(金星)·목성(木星)·수성(水星)·화성(火星)·토성(土星)의 오성(五星)을, 양요(兩曜)는 해와 달을 가리킨다.

158 형제처럼 우애 좋으셨네 : 이수광과 신흠이 형제처럼 우애가 돈독했다는 말이다. 호(篪)와 훈(塤)은 형제의 돈독한 우애를 비유한다.《시경》〈하인사(何人斯)〉에 "백씨가 훈을 불고, 중씨가 저를 부네.〔伯氏吹壎, 仲氏吹篪.〕"라고 하였다.

159 높으신……빛나고 : 이수광과 신흠의 명성이 역사에 길이 빛나리라는 말이다. 죽백(竹帛)은 죽간(竹簡)과 포백(布帛)으로 책을 가리키는데, 여기서는 역사책을 말한다.

빛나는 문장 천지에 드리웠네	炳硠垂乾坤
양가에 각각 두 아들 두어	兩家各二子
대를 이은 우호관계 마치 형제 같았네[160]	繼好猶弟昆
파란이 한 번 아득히 있었지만	波瀾一眇邈
풍의는 사라지지 않았지	不墜風誼存
무진년과 갑신년의 일	辰年暨申歲
매번 함께 슬퍼하였지[161]	每共慼憂煩
어버이 여읜 우리들 함께 만나	孤露且提挈
마주하고 눈물 닦았지	相對拭淚痕
내 늙도록 동서로 떠돌며	吾衰旅西東
십 년 동안 도성 떠났다가	十載別脩門
돌아오니 기쁘게도 그대 장성하였으니	及歸喜子壯
마땅히 내 혼을 불러 주리라 여겼지[162]	謂當招我魂
곤륜산에서 좋은 옥 캐내니	崑丘採良玉
지극한 보배가 맑고 깨끗한 기운 지녔네[163]	至寶中粹溫

160 양가(兩家)에……같았네 : 이수광과 신흠의 우정이 그들의 아들에게까지 이어졌다는 말이다. 이수광은 슬하에 이성구(李聖求, 1584~1644)와 이민구를, 신흠은 신익성(申翊聖, 1588~1644)과 신익전을 두었다.

161 무진년과……슬퍼하였지 : 이민구와 신익전이 부친상과 형님의 상을 당하였으므로 그 후로 함께 근심하고 슬퍼했다는 말이다. 진년(辰年)은 무진년(1628, 인조6)으로 신흠과 이수광이 사망한 해이고, 신세(申歲)는 갑신년(1644)으로 이성구와 신익성이 사망한 해이다.

162 내 늙도록……여겼지 : 이민구가 10년 동안의 유배 생활을 마치고 늙어 돌아오니, 신익전이 장성하였으므로 이민구의 장례를 맡아줄 수 있을 것으로 여겼다는 말이다.

163 곤륜산에서……지녔네 : 신익전의 뛰어난 자질을 칭송한 것이다. 곤륜산의 옥은

벼슬은 높아져 붉은 하늘에 가깝고	官聯邇赤霄
여섯 깃 활짝 피고 높이 솟아올랐네[164]	六翮藹騰騫
무성한 송백 우러러보며	仰看松柏茂
빠른 세월 한탄하노라	自嗟日月奔
저물녘 골목에 수레 세우고	停驂陋巷夕
정성스레 지나간 이야기 나누었지	宴款平生言
은미한 정으로 사랑 받았는데	微情奉末眷
다만 안색 어두워 의아했네	但訝顏色昏
비보가 열흘 조금 지나 전해지니	悲嘷隔旬外
세상 일 문득 뒤집어진 듯	世事忽覆翻
생각해 보니 처음 만났을 때	憶昔初見時
뛰어다니며 낮은 담 올라탔었는데	遊走騎短垣
어느새 늙어 세상 떠나고	轉眄老得卒
구차히 살아 홀로 눈물 삼키네	苟活獨聲呑
장수와 요절의 이치 진실로 일정하지 않으니	夭壽固未齊
찢어지는 아픔을 누구와 이야기하랴	痛割復誰論
이승과 저승으로 이미 길 달라져	幽明旣異路

훌륭한 자질을 비유하는 말이다. 진 무제(晉武帝) 때 극선(郤詵)이 현량 대책(賢良對策)에서 천하제일로 뽑혔는데, 소감을 묻는 무제에게 자신의 대책은 "계림의 계수나무 한 가지, 곤륜산의 한 조각 구슬과도 같습니다.〔猶桂林之一枝, 崑山之片玉.〕"라고 대답하였다는 고사가 전한다. 《晉書 卷52 郤詵列傳》

164 벼슬은……솟아올랐네 : 신익전이 훌륭한 자질로 벼슬이 높아졌다는 말이다. 육핵(六翮)은 튼튼한 날개를 가리킨다. 공중에 높이 나는 새는 여섯 개의 강한 깃털을 지니고 있다 한다.

조도전 지내고 상여가 언덕으로 나가는데　祖載出丘樊
멀리 동음의 장지 애달퍼라　遙憐洞陰葬
광릉 벌판이 문득 가로막누나[165]　却阻廣陵原
울창한 상국의 무덤길엔　鬱鬱相國阡
봄비에 잡풀만 우거지네　草蔓春雨繁
슬프구나 날 저무는 길에서　惻愴暮途間
지기의 은혜 영원히 저버렸구나　永負知己恩

165 이승과……가로막누나 : 상여가 나가는데 장지까지 따라가지 못하는 마음을 읊은 것이다. 조재(祖載)는 장지(葬地)로 출발하기 전에 영구(靈柩)를 수레 위에 싣고 제사 지내는 것을 말한다. 박세채(朴世采)의 글에 의하면 신익전은 처음 영평(永平)에 묻혔다고 하는데, 영평과 동음(洞陰)은 모두 경기도 포천시의 옛 지명이다. 《東江遺集 卷18 有明朝鮮國贈大匡輔國崇祿大夫……申公神道碑銘 幷序》 현재 신익전의 묘는 충북 충주시 양성면 중전리에 있다.

자소주

紫燒酒

옥 이슬처럼 맑게 쏟아지고　　王露淸逾瀉
붉은 노을빛 매끄럽게 흐르네　　丹霞滑欲流
청컨대 그대 한 말 기울이게　　請君傾一斗
이 술이 근심 잊게 한다네　　此物解忘憂

연양부원군[166] 만사 이시백

延陽府院君挽詞 李時白

훈업이 기린각의 으뜸이라 하지 않으랴	不言勳業冠麒麟
서한의 풍류 옛사람보다 뛰어나네[167]	西漢風流掩古人
말년에 뵙고 자태와 안색 살펴보니	末路逢迎看態色
평소의 기운 순수함이 존경스러웠네	平居氣味仰眞淳
청운과 진창이라 따라잡을 생각 막혔지만[168]	雲泥縱阻攀援想
곤궁과 현달 때문에 친한 관계 잊으랴[169]	窮達寧忘契遇親
장수와 복록 영예와 명성 유감없지만	壽祿榮名定無憾
늘그막에 생사 갈리니 눈물이 수건 적시누나	暮年存沒自沾巾

166 연양부원군(延陽府院君) : 이시백(李時白, 1581~1660)으로, 본관은 연안(延安), 자는 돈시(敦詩), 호는 조암(釣巖), 시호는 충익(忠翼)이다. 1653년(효종4) 연양부원군에 봉해졌다. 연평부원군(延平府院君) 이귀(李貴)의 아들이다. 《宋子大全 卷160 延陽府院君李公神道碑銘 幷序》

167 훈업(勳業)이……뛰어나네 : 이시백의 공적이 한(漢)나라의 기린각(麒麟閣)에 모셔져 있는 공신들보다도 더 뛰어나며 풍류도 뛰어나다는 말이다. 기린각은 한나라 선제(宣帝) 때 곽광(霍光), 병길(丙吉), 소무(蘇武) 등 공신 11명의 상(像)을 걸어 둔 곳이다. 《漢書 卷54 蘇建傳 蘇武》

168 청운(靑雲)과……막혔지만 : 이시백과 이민구가 천양지차(天壤之差)로 벌어졌다는 말이다. 운니(雲泥)는 청운과 진창으로 차이가 심한 것을 의미한다. 두보(杜甫)의 〈송위서기부안서(送韋書記赴安西)〉에 "그대 홀연 귀하게 되니, 청운과 진창이 마주 보듯 현격하도다.〔夫子忽通貴, 雲泥相望懸.〕"라고 하였다.

169 곤궁(困窮)과……잊으랴 : 이시백이 유배 중인 이민구를 도와주려 한 정을 잊을 수 없다는 말이다.

사간 심동귀[170] 만사

沈司諫東龜挽詞

청송에서 신령한 집안 시작되어 青松啓靈派
후세로 가며 점점 나뉘어졌네 末流稍分析
내외종간으로 한 조상에게서 나왔고 中表控一源
삼종형제이니 먼 친척 아니라네 三從非遠戚
공에게서 밝은 의리 품었으니 於公抱明義
사이좋던 지난날 떠오르네 契好記疇昔
문단에서 내달리며 驅馳翰墨場
표일한 호기로 서로 격려했지 逸氣互推激
집에서 맑은 호수 굽어보았으니 卜居俯澄湖
같은 등성이 동쪽과 서쪽에서 살았네 東西共山脊
함께 택반에서 읊조리다 俱爲澤畔吟
나란히 장사의 유배 벗어났지[171] 偶脫長沙謫
늘그막에 다시 만나 晩途復盍簪

170 심동귀(沈東龜) : 1594~1660. 본관은 청송(青松), 자는 문징(文徵), 호는 청봉(晴峰)이다. 서장관으로 심양(瀋陽)에 다녀와서 1644년(인조22) 사간에 올랐다. 《宋子大全 卷177 晴峯沈公墓碣銘 幷序》

171 함께……벗어났지 : 심동귀와 이민구가 모두 유배 생활을 했다는 말이다. 심동귀는 1644년(인조22) 장흥(長興)에 유배되어 1650년(효종1)에 풀려나고, 이민구는 1637년 영변에 유배되어 아산으로 이배되었다가 1647년에 해배되었다. 택반(澤畔)은 초(楚)나라의 굴원(屈原)이 쫓겨난 곳이고 장사(長沙)는 한(漢)나라의 가의(賈誼)가 좌천된 곳으로, 심동귀와 이민구의 유배지를 의미한다.

서로 외로운 신세 위로하였네[172]	相與慰離索
늙은 이 몸 출입하기 어려웠는데	衰羸倦出入
그대가 찾아 주어 좋은 자리 마련했지	屈君展良覿
썰렁한 집엔 어채나 푸성귀도 없어	寒舍闕鮭蔬
하루 저녁도 즐기지 못했으니	無以娛日夕
풍성한 술자리에	獨愧盛盤筵
때로 쓸쓸히 지내는 나 불러 주어 홀로 부끄러웠네	時邀陶寂寞
맑은 문장은 내 경외하는 바라	淸文吾所畏
글자 하나하나 피리소리 울리는 듯	隻字響鳴笛
벙어리 종 자주 쳐봐야 피곤할 뿐	瘖鍾疲屢考
겁 많은 병사가 강적을 피하는 꼴이었지[173]	怯卒避勍敵
시비는 술과 시에 부치고	是非付觴詠
일에 맞춰 자적할 줄 알았네	卽事取酣適
같은 근심 같은 병으로	同憂復同病
사 년이나 자리에 누웠지	四年頹枕席
괴이하다 허약한 나는	自怪蒲柳質

172 늘그막에……위로하였네 : 유배 생활 뒤에 두 사람이 만나 서로의 외로운 처지를 위로하며 지냈다는 말이다. 합잠(盍簪)은 만난다는 의미로, 《주역》 〈예괘(豫卦)〉에 "구사는 그로 말미암아 기뻐하는지라 크게 얻음이 있으리니, 의심하지 않으면 동지들이 모이리라.〔九四, 由豫, 大有得, 勿疑, 朋盍簪.〕"라고 하였는데, 그 주에 "합(盍)은 합(合)의 뜻이요, 잠(簪)은 빠르다는 뜻이다."라고 하였다. 이삭(離索)은 이군삭거(離群索居)의 준말이다.

173 벙어리……꼴이었지 : 심동귀와 이민구의 문장을 비교하며 이민구가 자신을 낮춘 표현이다. 음종(瘖鍾)과 겁졸(怯卒)은 모두 이민구 자신을 비유한 말이다.

아직도 버티고 있는데	尙能支晷刻
어찌 향나무 잣나무의 자질로	何言栝柏姿
홀연 떠나 무덤에 묻혔는가[174]	忽去掩窀穸
밤과 낮의 기약 잘 알지만	極知夜朝期
이승과 저승 갈리는 날 오니 끝내 한스럽네[175]	終恨幽明迫
돌아간 나그네 다시 오지 않나니	歸客不重來
이 길에 나도 다다랐네	斯路我行蹠
검양은 실로 눈앞에 있는데	黔陽實在眼
날은 덥고 강이 가로막는구나	天熱川梁隔
닭 한 마리로 무덤에 가지 못하니	隻鷄曠臨穴
아아 눈물만 하염없이 흘리노라[176]	嗟嗟淚交滴

174 괴이하다……묻혔는가 : 이민구는 허약한 체질로도 여전히 살아 있는데, 심동귀는 향나무와 잣나무처럼 단단한 체질을 갖고 있으면서도 먼저 죽었다는 말이다. 포류(蒲柳)는 창포와 갯버들로 일찍 노쇠하는 허약한 체질을 비유하는 말이다. 진(晉)나라 고열지(顧悅之)가 간문제(簡文帝)와 동갑인데도 일찍이 머리가 하얗게 세었다. 황제가 이유를 묻자 "포류와 같은 체질이라서 가을이 가까워지기만 해도 벌써 낙엽이 지고 맙니다.〔蒲柳之姿, 望秋而落.〕"라고 대답하였다는 고사가 전한다.《世說新語 言語》

175 밤과……한스럽네 : 언젠가 모두 죽게 되지만 심동귀와 영결하게 되니 영원히 한이 된다는 말이다.

176 검양(黔陽)은……흘리노라 : 날은 덥고 물길에 막혀 심동귀의 장지에 직접 가서 조문하지 못한다는 말이다. 검양은 경기도 광릉의 지역 이름으로 이곳에 청송 심씨 선영이 있고 여기에 심동귀를 장사 지냈다.《宋子大全 卷177 晴峯沈公墓碣銘 幷序》 척계(隻鷄)는 닭 한 마리라는 말인데, 후한(後漢)의 서치(徐穉)가 먼 곳으로 문상 갈 때 솜을 술에 적셔 햇볕에 말리고 그것으로 구운 닭을 싼 다음 무덤에 가서 솜을 물에 적셔 술을 만들고 닭을 앞에 놓아 제수를 올린 뒤 떠났다는 고사가 있다.《後漢書 卷83 徐穉列傳》

유희경[177]은 한미한 사람이다. 경성에 살며 침류당[178]을 짓고 시냇가에 복숭아나무를 심고 시은이라 자호하였다. 성품은 담백하고 욕심이 없었으며 문장을 좋아하여 여러 사람들이 많이 어울렸다. 선친께서도 일찍이 시를 주신 적이 있었으니 "눈 덮인 집에 금서는 차갑고, 매화 핀 창 아래 담소 나누니 향기롭네."라고 한 것이 그것이다. 이제 그가 죽은 지 이미 30년인데, 홀연 꿈에서 보니 차분한 그 모습이 마치 신선 같았다. 바위골의 아름다움을 장황히 말하고는 나에게 시를 지어 달라고 청하였다. 잠에서 깨어 기록하니 그 시는 다음과 같다

劉希慶賤隷也 居京城 作枕流堂 緣溪種桃 自號市隱 性恬淡寡欲 喜文辭 諸公多顧遇 先君所嘗贈詩有曰 雪屋琴書冷 梅窓笑語香者是 已死今三十年 忽夢見從容如似爲仙人者 盛論巖洞之美 請余賦詩 覺而記之 其詩曰

177 유희경(劉希慶) : 1545~1636. 본관은 강화(江華), 자는 응길(應吉), 호는 촌은(村隱)이다. 《柳下集 卷10 劉村隱墓誌銘》

178 침류당(枕流堂) : 유희경이 계곡의 너른 바위에 돌을 더 쌓아 평평하게 만들고 그 위에 지은 집으로 추측되나 자세하지는 않다. 이수광이 유희경의 집에 놀러 갔다가 지은 〈침류대기(枕流臺記)〉에 "계곡 상류에 우리 집이 있습니다. 누대가 있는데 누우면 발끝에 복숭아꽃이 만발해 있습니다.〔川上流, 吾居也. 有臺枕其趾, 而桃花盛開.〕"라고 하였다는 유희경이 말이 기록되어 있다. 《村隱集 卷3 枕流臺記》 또 《유하집(柳下集)》 권10 〈유촌은묘지명(劉村隱墓誌銘)〉에 "성품이 산수를 좋아하고 집은 정업원 아래에 있어 그 시냇가에 돌을 쌓고 대를 만들어 이름 짓기를 침류라고 하였다.〔性愛山水, 家在淨業院下, 卽其溪上壘石爲臺, 名之曰枕流.〕"라고 하였다.

구선이 떠나고 바다에 먼지 생기니[179] 臞仙一去海生塵
번개처럼 이슬처럼 아득히 많은 세월 지났네[180] 電露茫茫閱世頻
가꾸던 붉은 벼랑에 바람과 햇빛도 좋은데 管領丹崖好風日
복사꽃 흐드러진 봄 풍경 감상할 이 없구나[181] 無人共賞碧桃春

179 구선(臞仙)이……생기니 : 유희경이 죽고 난 뒤에 많은 세월이 흘렀다는 말이다. 구선은 몸은 야위고 정신은 맑은 노인을 형용하는 말로, 여기서는 유희경을 가리킨다. 해생진(海生塵)은 바다에서 먼지가 피어난다는 말로, 긴 시간을 의미한다. 선녀 마고(麻姑)가 신선 왕방평(王方平)을 만나서 "저번에 우리가 만난 이래로 동해가 세 번이나 뽕밭으로 변한 것을 이미 보았는데, 저번에 봉래에 가 보니까 물이 또 과거에 보았을 때에 비해서 약 반절로 줄어들었으니, 어쩌면 다시 땅으로 변하려 하는 것인지도 모르겠다.〔接待以來, 已見東海三爲桑田, 向到蓬萊, 水又淺於往昔會時略半也, 豈將復還爲陵陸乎.〕"라고 말하자, 왕방평이 웃으면서 "성인들이 모두 바다 속에서 다시 먼지가 날릴 것이라고 말하였다.〔聖人皆言海中行復揚塵也〕"라고 말했다는 고사가 전한다. 《神仙傳 卷3 王遠》

180 번개처럼……지났네 : 유희경이 죽은 뒤로 많은 세월이 금세 지났다는 말이다. 전로(電露)는 세월이 빠르고 인생이 무상함을 형용하는 말이다. 《금강경(金剛經)》 〈응화비진분(應化非眞分)〉에 세상의 모든 사물과 사건을 들어 "이슬 같고 번갯불 같다.〔如露亦如電〕"라고 하였다.

181 가꾸던……없구나 : 유희경이 가꾸어 놓은 침류대의 봄 풍경은 좋은데 유희경이 죽어서 함께 감상할 사람이 없다는 말이다. 단애(丹崖)는 붉은 벼랑으로, 여기서는 침류대를 가리킨다. 《유하집(柳下集)》 권10 〈유촌은묘지명(劉村隱墓誌銘)〉에 "시냇가에 돌을 쌓아 대를 만들고 이름을 침류라 하였다. 옆에 복숭아나무와 버드나무 수십 그루를 심으니 매번 봄철에는 붉은색과 푸른색이 시내에 곱게 비쳤다.〔卽其溪上壘石爲臺, 名之曰枕流, 傍植桃柳數十株, 每春時紅綠照爛川谷.〕"라고 하였다.

가을 밤
秋夜

찬 이슬 맑게 내려 더위 가시니 涼露凄淸暑氣殘
사계절 돌고 돌아 본래 끝이 없지 四時回薄本無端
벌레소리 벽을 감싸 삼경 고요하고 蟲音繞壁三更靜
반딧불 장막에 아른거려 칠월 차갑구나 螢火緣帷七月寒
솥 안의 단사 완성하지 못했는데 鼎裏丹砂功未就
병 속에 밝은 해는 매어 둘 수 없네[182] 壺中白日繫應難
높은 하늘에 한 점 밝은 별빛 있어 雲霄一點明星在
홀로 처마 기둥 곁에서 밤마다 보노라 獨傍簷楹夜夜看

182 솥……없네 : 불로장생할 수 있는 단약을 만들지 못했는데 세월은 자꾸만 흐른다는 말이다.

죽을 먹다

噉粥

외진 곳에 사립문 고요한데　地僻園扉靜
거친 갈바람에 초목마저 시드누나　風高草木衰
근심은 술 깬 뒤에 생겨나고　愁從醒後至
질병은 늘그막에 기약한 듯 찾아오네　病與老爲期
밤 골짝으로 교룡이 숨고　夜壑蛟龍蟄
가을 백사장에 기러기와 오리 굶주리네　秋沙雁鶩飢
썰렁한 부엌에 죽이라도 있으니　寒廚具饘粥
감히 박복한 생애 한하랴　敢恨薄生涯

회인 현감 이홍조[183] 만사

李懷仁挽詞

영상 서애(西厓) 유성룡(柳成龍)[184]의 외손이다.

목은의 풍모 뛰어나	牧老風猷遠
어진 자손이 서업을 오래도록 계승했네[185]	賢孫緖業遙
다섯 말의 박봉 버리고 돌아와	歸來五斗薄
자유롭게 백 년의 넉넉한 삶 즐겼네[186]	散誕百年饒
만년에 외진 운림 사랑했는데	晩愛雲林僻
새로이 이슬 젖은 풀 시드니 슬프구나[187]	新傷露草凋

183 이홍조(李弘祚) : 1595~1660. 본관은 한산(韓山), 자는 여곽(汝廓), 호는 수은(睡隱)이다. 어머니 풍산 유씨(豐山柳氏)는 유성룡(柳成龍, 1542~1607)의 딸이다. 1643년(인조21)에 회인 현감으로 부임하였다.《密菴集 卷20 通訓大夫行懷仁縣監睡隱李公行狀》

184 유성룡(柳成龍) : 1542~1607. 본관은 풍산(豐山), 자는 이견(而見), 호는 서애(西厓), 시호는 문충(文忠)이다.《蒼石集 卷17 西厓柳先生行狀》

185 목은(牧隱)의……계승했네 : 목은은 이색(李穡, 1328~1396)의 호이다. 그의 훌륭한 인품이 후대의 자손들에게까지 이어져 가업이 계승되었다는 말이다.

186 다섯……즐겼네 : 이홍조가 회인 현감을 그만둔 뒤로 관직에 나가지 않고 초야에서 한가로운 여생을 보냈다는 말이다. 이재(李栽)가 쓴 이홍조의 행장에 의하면 그는 회인 현감을 그만둔 뒤로 초야로 물러나 다시는 관직에 나갈 마음을 갖지 않았다고 한다.《密菴集 卷20 通訓大夫行懷仁縣監睡隱李公行狀》 오두(五斗)는 다섯 말의 쌀이라는 말로, 보잘것없는 봉록을 의미한다. 진(晉)나라 도잠(陶潛)이 오두미(五斗米) 때문에 허리를 굽힐 수 없다고 하여 팽택 현령을 그만두고 〈귀거래사(歸去來辭)〉를 짓고서 귀향한 고사가 있다.《晉書 卷94 陶潛列傳》

하서에 옛 마을 남았건만 河西餘故里
택상은 날로 쓸쓸해지네[188] 宅相日蕭蕭

187 만년(晩年)에……슬프구나 : 이홍조가 1660년(현종1) 진성(眞城)의 방전촌(方田村)으로 이사한 뒤에 운명한 사실을 읊은 것이다.《密菴集 卷20 通訓大夫行懷仁縣監睡隱李公行狀》 운림(雲林)은 구름이 끼어 있는 숲이라는 말로, 처사(處士)가 은둔하고 있는 곳을 의미하는데, 여기서는 이홍조가 이사한 방전촌을 가리킨다.

188 하서(河西)에……쓸쓸해지네 : 유성룡의 외손들 가운데 운명하는 이들이 늘고 있음을 말한 것이다. 하서는 유성룡이 살던 지역을 의미하는 것으로 보이는데 어디인지 미상이다. 택상(宅相)은 외손(外孫)을 뜻한다. 진(晉)나라 위서(魏舒)가 어려서 외가인 영씨(寧氏) 집에서 자랐는데, 그 집터의 미래를 점친 자가 장차 귀한 외손이 나오게 될 것이라고 예언한 말대로 위서가 나중에 사도(司徒)의 지위에까지 올랐다는 고사에서 비롯되었다.《晉書 卷41 魏舒列傳》

경자년(1660, 현종1) 10월 24일 선친의 묘소에 신도비를 세우므로 감회를 적다

先墓神道碑 以庚子十月二十四日竪立 紀感

아아 우리 선친	嗚呼我先公
훌륭한 명성 성대한 지위에 합당했네	烈聞當盛位
맑은 문장 세상에 빛나	清文照穹宙
큰 이름 영원히 드리웠네	大名垂罔墜
혼란한 시절에도 도에 허물 없었고[189]	明夷道不疚
삼가고 조심하여 평안한 땅 있었네	側足有安地
만년에 조정에 나와 더욱 신중하였으니	晩起益從容
느린 걸음도 서두르지 않았네	徐步非造次
지금도 청운의 선비들이	至今青雲人
우러러보며 눈물 흘리네	仰望一涕泗
아름다운 모습 붉은 하늘에 있고	羽儀間赤霄
향기로운 자취 길이 그윽해지는데	芳徽永幽閟
집안의 명성 처량해져	凄涼家代聲
산문의 일 적막하였네[190]	寂寞山門事

189 혼란한……없었고 : 이수광(李睟光, 1563~1628)이 혼란한 세상에서도 바른 도리를 지켰다는 말이다. 명이(明夷)는 《주역》의 괘(卦) 이름으로, 소인이 득세하고 군자가 상해를 입는 때를 의미한다.

190 아름다운……적막하였네 : 이수광이 고인이 되었지만 집안의 형편으로 인해 신도비를 세우지 못했었다는 말이다.

아들이 선친의 일 무너뜨린 채　　有子圮先業
이리저리 떠돌며 불행한 신세 되어　　流離走顚躓
중랑의 훌륭한 문장　　中郎不朽文
오랜 세월 공연히 상자에 있었네[191]　　歲久空在笥
빗돌을 마련하기 어려워　　貞珉力難致
비문이 묘도에 드러나지 못했네　　顯刻晦泉隧
아 슬프다 가는 길에　　嗟傷載行路
초목에게도 남은 부끄러움 있었네　　草木負餘愧
다행이 목숨 보존하여　　瞑目幸少緩
손수 계획을 끝내 이루었네　　藉手計終遂
완염이 실상 드문 보배이니　　琬琰實希寶
옛 기물인 종정과 같네[192]　　鍾鼎猶古器
드높은 벽려의 그늘에　　岌嶪薜荔陰
풍뢰가 기운차게 얽혔네[193]　　風雷纒贔屭
책은 명산에 보관하고　　書以藏名山
돌에 새겨 후손들 가르치네　　石以詔後嗣
평생에 남은 한 씻었으니　　沒齒洗遺恨

191 중랑(中郎)의……있었네 : 이수광의 신도비문이 빗돌에 새겨지지 못한 채 상자에 남아 있었다는 말이다. 중랑은 비문을 잘 지었던 한나라의 채옹(蔡邕)을 가리킨다.

192 완염(琬琰)이……같네 : 신도비가 이수광의 공적을 담고 있다는 말이다. 완염은 옛날 주(周)나라 묘당(廟堂)의 서쪽 행랑에 비치했던 보옥(寶玉)인데, 훌륭한 문장이나 비석을 나타내는 말로, 여기서는 신도비를 가리킨다. 종정(鍾鼎)은 종과 솥으로, 나라에 공로가 있는 사람들의 공적을 기록하였다.

193 풍뢰가 기운차게 얽혔네 : 문필(文筆)의 아름다운 기상을 말한 것이다.

죽을 날 온다 해도 내 달게 여기리라 吾甘死期至

선친의 문집이 가야산 해인사에 보관되어 있다.

신축년(1661, 현종2) 설날

辛丑元日

얻어도 기뻐 않고 잃어도 근심 없이	得莫爲歡失莫愁
강물처럼 흘러가는 저 세월 따라가노라	從他日月逝如流
궁궐에 또 삼원[194]의 달력 올리니	靈臺又薦三元曆
바닷가 집에 새로 한 해 더해지네	海屋新添一歲籌

194 삼원(三元) : 삼원은 연(年), 월(月), 일(日)의 시작인 1월 1일을 말한다.

참판 신천익[195] 만사

愼參判 天翊 挽詞

평생 마음에 두었던 벗들	平生在心友
늘그막에 저마다 돌아가고	晩暮各淪替
오직 현달한 두 사람만 남아	唯餘兩賢達
친하게 지내며 끝까지 함께하자 기약했지	締好期沒世
비록 오래 떨어져 마음 아파도	雖傷契濶深
금석 같은 우정 변할까 걱정하지 않았네	不虞金石敝
지난달 한 사람이 돌아가	前月弱一介
늙은이 눈물 채 멎지도 않았는데	老淚嗟未霽
지금 남쪽 소식 받으니	今承南國信
현철한 선비가 또 용의 허물 벗었다네	哲士又龍蛻
쌀쌀한 기운이 아침 이슬과 함께	爽氣與朝露
그윽한 황천에 홀연 잠겼구나	幽泉忽潛翳
수명은 천지조화에 달렸으니	壽命拘大化
먼 길 가는 수레 길이 멍에 벗었네	遠駕當永稅
이름은 별자리에 높이 걸렸고	名懸星象表
뜻은 풍운의 즈음에 빼어났네[196]	志逸風雲際

195 신천익(愼天翊) : 1592~1661. 본관은 거창(居昌), 자는 백거(伯擧), 호는 소은(素隱)이다. 이조 참판을 역임하였다. 《豐墅集 卷13 素隱愼公墓碣銘》

196 뜻은……빼어났네 : 신천익이 조정에서 경륜을 펼치려는 의지가 있었다는 말이

고아한 자취 좁은 길 벗어나니　高跡脫狹路
인간 세상은 먼지와 같네　人寰等塵壒
사람들 굶주려 죽으려 하는데　民物飢欲盡
삶과 죽음이 그 이치 미묘해 알기 어렵네　生死理亦細
슬픈 것은 장차 썩을 몸이　所悲將朽骨
아직도 황토에 묻히는 신세 면해　尙免黃土瘞
가물가물 병든 두 눈으로　昏眵雙病眼
벗들의 죽음 많이 보는 거라오　慣閱朋知逝
몽사의 두둑에 서성이며[197]　徘徊濛汜畔
가물거리는 새벽별 홀로 짝했네　獨伴晨星嘒
정신의 노닒은 이미 하늘 향했는데　神遊已寥廓
내 행로는 괴롭게도 머물러 있네　我行苦留滯
흉금 열어 모든 허망한 생각 없애야지　曠懷掃諸妄
바른 마음 거듭 가려질까 걱정이네　常情患重蔽
시 쓰며 두 가지를 어찌하지 못하니　作詩迷二柄
만사 쓰기와 떨어지는 눈물이라오　落筆兼隕涕

다. 풍운(風雲)은 《주역》 〈건괘(乾卦) 구오(九五)〉의 "구름은 용을 따르고 바람은 범을 따른다.〔雲從龍, 風從虎.〕"라는 말에서 유래하여, 명군(明君)과 양신(良臣)이 서로 만나는 것을 의미한다.

197 몽사(濛汜)의 두둑에 서성이며 : 노년의 인생을 살아가고 있다는 말이다. 몽사는 해가 넘어가는 곳인데 여기서는 노년을 의미한다.

판서 정세규[198]를 곡하다

哭鄭判書 世規

젊어서 교유한 친구들 많았으니	少小富交遊
우뚝하게 모두 빼어난 인재였네	卓犖皆豪英
술과 시 있는 곳에 모여	招邀酒賦場
밤이나 낮이나 함께 즐겼지	爲樂日夜幷
늘그막에 눈서리 많이 내려	晩塗霜雪繁
지초와 난초 아침 꽃 시들었네	芝蘭頳朝榮
우정 도탑던 벗들 쉬이 쓰러져	金石易銷毁
하나하나 구천에 묻혔지	一一埋九京
다행히 동리옹이	幸有東里翁
나와 함께 목숨 보존했으니	與我各全生
누가 생각이나 했을까 저력처럼 천한 사람이	孰謂樗櫟賤
홀로 송백의 곧음을 짝하게 될 줄을[199]	獨伴松柏貞
새벽별이 지는 달 짝했으니	晨星配殘月
어찌 밝은 빛을 오래 드날리랴	豈久揚光晶
그대가 이제 무덤으로 돌아가니	君今返眞宅

198 정세규(鄭世規) : 1583~1661. 본관은 동래(東萊), 자는 군칙(君則), 호는 동리(東里)이다. 이조 판서를 역임하였다. 《歸鹿集 卷17 吏曹判書鄭公諡狀》

199 누가……줄을 : 이민구와 정세규만 살아남게 될 줄 몰랐다는 말이다. 저력(樗櫟)은 크기만 할 뿐 아무 쓸모가 없어서 어떤 목수도 돌아보지 않는 산목(散木)으로 이민구를 비유하고, 송백(松柏)은 지조와 절의를 상징하는 나무로 정세규를 비유한다.

상위가 그 정기 거두었네[200] 象緯收元精
고상한 이름 역사에 빛나[201] 高名爛緗素
높은 산보다 더욱 우뚝하리 喬嶽上崢嶸
초연히 천지조화에 맡기니 超然委大化
오고 가는 인생 놀랄 것이 없네 來去不足驚
이 사람 본래 우둔하여 此物本頑疏
여전히 먼지 구덩이에 떨어진 채 依舊墮塵坑
천지 사이에 방황하며 回遑天壤內
죽지 못하고 아직도 슬퍼하니 未死尙含情
지친 사람 천 리 길을 가다가 疲人適千里
길을 잃고 외로운 길에서 서글퍼하는 듯 失路悵孤征
사방 둘러보며 어울릴 이 찾아보지만 四顧覓徒侶
누가 기꺼이 맞아줄까 誰肯事將迎
앞으로의 만남 황천을 기약하지만 前期指重泉
저승에서의 만남 진실로 분명히 알기 어렵네 冥會諒難明
소리 삼키며 다시 말하지 못하는데 呑聲勿復道
눈물만 이리저리 흐르오 淚下已縱橫

200 상위(象緯)가……거두었네 : 정세규가 죽었다는 말이다. 상위는 일월(日月)과 오성(五星)으로 천문을 가리키는데, 여기서는 정세규를 비유한다. 원정(元精)은 각 존재마다 하늘로부터 품부받은 고유의 정기(精氣)를 말한다.

201 고상한……빛나 : 정세규의 이름이 역사에 길이 남을 것이라는 말이다. 상소(緗素)는 고대에 종이 대신 사용하던 천황색(淺黃色)의 비단을 가리키는데, 훗날에는 서적의 의미로 쓰였다.

남산에 올라 바라보다

登南山眺望

봄날 나다니기 힘든데	春日經行倦
억지로 몸 일으켰네	形骸强自持
남여 타고 먼 산길 올라	藍輿登嶽遠
지팡이 짚고 더디게 숲 나왔네	藜杖出林遲
성은 너른 동쪽 들 압도하고	城壓東郊闊
궁궐은 낮은 종묘를 의지했네	宮依太室卑
석양은 무정하여	夕陽無意緖
벌써 엄자산[202]으로 기울려 하네	已欲下崦嵫

202 엄자산(崦嵫山) : 옛날에 해가 들어가는 곳으로 생각했던 산의 이름으로, 만년(晩年) 또는 노년(老年)의 비유로 쓰인다.

신축년(1661, 현종2) 8월 10일 새벽에 꿈에서 짓다

辛丑八月初十日曉夢作

하늘에서 선학이 가볍게 내려와	瑤空仙鶴降飄然
잠시 인간 세상에 팔십 년 머물다가	少駐人間八十年
한 점 밝은 빛이 사라지지 않아	一點精光猶不昧
다시 푸른 기운 따라 별자리로 오르네	還隨縹氣上星躔

중양절

重陽

그윽한 집 빈 휘장에 모든 인연 비었으니 幽棲虛幌萬緣空
진정 용문의 반쯤 죽은 오동과 같구나[203] 正似龍門半死桐
병 많은 나그네 마음 만년을 아파하고 多病客懷傷晼晚
빈한한 신세 외롭고 곤궁함을 슬퍼하노라 一寒身事感孤窮
삼경의 비에 샘물에서 물소리 울리고 飛泉咽咽三更雨
구월의 바람에 낙엽 쓸쓸히 뒹구네 零葉蕭蕭九月風
문 닫은 채 좋은 시절 지나는 줄 모르니 閉戶不知佳節過
국화 떨기 아래 취해 쓰러진 이 없구나 無人醉臥菊花叢

203 그윽한……같구나 : 아무도 찾아오는 사람이 없는 집에 홀로 살아가는 자신의 모습이 반쯤 죽은 용문(龍門)의 오동과 같다는 말이다. 용문은 산 이름이다. 《문선(文選)》 권34 <칠발(七發)>에 "용문의 오동나무가 그 길이가 백 척이나 되지만 가지가 없다.……위로는 천 길의 산봉우리가 솟아 있고 아래로는 백 발의 계곡에 임하였으며,……그 뿌리가 반은 죽고 반은 살아 있다.〔龍門之桐, 高百尺而無枝.……上有千仞之峯, 下臨百丈之谿,……其根半死半生.〕"라고 하였다.

임인년(1662, 현종3) 설날
王寅元日

까마귀와 토끼가 쉬지 않고 날고 뛰어[204]　　烏兎飛騰不暫停
머리에 가득한 백발 날마다 흩날리네　　滿頭霜雪日飄零
사람들아 너무 늙었다 웃지 마라　　傍人莫笑衰羸甚
육십 년 전에는 열네 살이었다오　　六十年前二七齡

늘그막 한가한 삶 만족스러우니　　老境安閑最適情
도리어 처벌받아 내 삶 얻었네　　還從網罟得吾生
담 모퉁이에서 볕쬐기 봄날에 좋으니　　墻隅曝背宜春日
오래도록 사람들과 태평 세상 즐기리라　　長共編氓樂太平

204 까마귀와……뛰어 : 세월이 간다는 말이다. 오토(烏兎)는 까마귀와 토끼인데, 신화에 해 속에는 세 발 달린 까마귀가 있고 달 속에는 옥토끼가 있다고 여겼다. 그러므로 해와 달을 가리켜 오토라고 한다.

생일날의 밤 이야기

初度日夜話

호시 쏘던 생일 돌아오니[205]	弧矢臨初度
돈 들여 잔치 마련했네	金錢買一筵
푸른 등불은 이 밤에도 밝은데	靑燈還此夜
백발로 또 금년 맞이했네	白髮又今年
조금 남은 술을 쪼르륵 따라 마시는데	小酒涓涓酌
시각 알리는 차가운 소리 가늘게 전해 오네	寒更細細傳
맑은 담소 나누며 잠들지 않은 채	淸談坐不寐
곧장 상원의 정월 보름 되었네[206]	直到上元天

205 호시(弧矢)……돌아오니 : 생일날이 되었다는 말이다. 호시는 뽕나무로 만든 활과 봉초(蓬草)로 만든 화살의 합칭이다. 옛날에 남자아이가 태어나면 앞으로 웅비(雄飛)하여 원대한 포부를 펼치라는 뜻으로, 뽕나무로 활을 만들고 봉초로 화살을 만들어 천지 사방에 쏘던 풍속이 있었다. 《禮記 內則》

206 곧장……되었네 : 이민구가 1월 14일생이므로, 밤새 이야기를 나누며 정월 보름을 맞이했다고 읊은 것이다.

동양위가 회수 가에서 쓴 시[207]를 추후에 차운하여 느낌을 적다

追次東陽淮上韻紀感

가시울타리 옆에 말 매어 두고	征驂曾繫棘籬傍
대나무 아래 연못가에서 함께 금주 즐겼었지[208]	琴酒同臨竹下塘
꿈이 운림에 얽히니 혼이 아련히 떠오르고	夢繞雲林魂藹藹
정신으로 저승객과 사귀니 눈물 줄줄 흐르네	神交泉壤淚浪浪
정 영위는 학으로 변해 화표주 비었는데[209]	令威鶴化空華表

207 동양위(東陽尉)가……시 : 동양위는 신익성(申翊聖, 1588~1644)으로, 본관은 평산(平山), 자는 군석(君奭), 호는 낙전당(樂全堂)·동회거사(東淮居士)이다. 선조(宣祖)의 딸 정숙옹주(貞淑翁主)와 혼인하여 동양위에 봉해졌다. 회수(淮水)는 신익성이 북한강과 남한강이 만나는 경기도 남양주시 와부읍 일대에 직접 조성한 선영 부근의 땅을 가리킨다. 이민구가 차운한 신익성의 시는 《낙전당집(樂全堂集)》 권3의 〈두와(斗窩)〉이다.

208 가시울타리……즐겼었지 : 1635년(인조13)에 이민구가 강원도 관찰사에 임명되어 임지로 가는 도중에 신익성을 방문했던 일을 회상하여 읊은 것이다. 당시에 지은 시는 《동주집(東州集)》 전집(前集) 권7의 〈행차가 창연정에 도착하자 동회옹이 광주 목사를 데리고 와서 전별하므로 그 운에 맞춰 짓다〔行到蒼然亭淮翁携廣牧來別仍次其韻〕〉이다.

209 정 영위(丁令威)는……비었는데 : 고인(故人)이 된 신익성을 학으로 변해 떠나간 정 영위에 비유하여 읊은 것이다. 한(漢)나라 때 요동(遼東) 사람 정 영위가 일찍이 영허산(靈虛山)에 들어가 선술(仙術)을 배우고 뒤에 학으로 변하여 자기 고향에 돌아가서 성문(城門)의 화표주(華表柱)에 앉았다. 한 소년이 활로 쏘려 하자, 공중에 날아올라 배회하면서 말하기를 "새여 새여 정 영위라, 집 떠난 지 천 년 만에 이제야 돌아왔

최호가 시 짓던 한양이 아득하네[210] 崔顥詩題杳漢陽
〈촉주인일〉에 화답하려 하지만 欲和蜀州人日作
슬픈 노래 자주 끊어져 글 이루지 못하네[211] 哀謳斷續不成章

네. 성곽은 예전 같은데 사람은 간 곳 없어라. 어찌하여 신선 안 배우고 무덤만 즐비한고.〔有鳥有鳥丁令威, 去家千年今始歸. 城郭如故人民非, 何不學仙冢纍纍.〕"라고 했다는 고사가 있다. 《搜神後記 卷1》

210 최호(崔顥)가……아득하네 : 최호는 당(唐)나라 때의 시인으로, 그가 지은 〈등황학루(登黃鶴樓)〉에 "황학은 떠나 다시 오지 않고, 흰 구름은 천 년 동안 부질없이 유유히 흘러가네. 맑은 날 냇물엔 한양 숲 역력히 비치고, 봄풀은 앵무주 물가에 우거졌네.〔黃鶴一去不復返, 白雲千載空悠悠. 晴川歷歷漢陽樹, 春草萋萋鸚鵡洲.〕"라고 하였다. 여기서는 이민구 자신을 최호의 고사에 빗대어 읊었는데 〈등황학루〉의 한양이 우리나라의 한양과 이름이 같고, 이민구가 있는 곳도 한강 가이므로 인용하였다.

211 촉주인일(蜀州人日)에……못하네 : 이민구가 죽은 신익성을 그리워하여 그의 시에 화답하려고 하지만 슬픈 마음을 가누지 못한다는 말이다. 당나라 두보(杜甫)가 고인이 된 고적(高適)이 예전에 부쳐 온 시를 읽으며 〈추수고고촉주인일견기(追酬故高蜀州人日見寄)〉를 지은 일이 있다. 그 서(序)에 "시문을 뒤적이며 잊고 있던 것을 찾다가 고(故) 상시(常侍) 고적이 예전에 성도(成都)에 촉주 자사(蜀州刺史)로 있으면서 인일(人日)에 내 생각이 나서 부쳐준 시를 발견하고 눈물이 흘러 행간을 적셨다."라고 하였다.

절구
絶句

산꼭대기에 생학은 언제나 오려는가[212] 山頭笙鶴幾年歸
강가에 갈매기만 종일토록 나는구나 江上沙鷗盡日飛
가랑비에 도롱이 입은 사람은 보이지 않고 細雨綠簑人不見
봄물에 삿대 하나 낚시터에 잠겼네 一篙春水浸漁磯

212 산꼭대기에……오려는가 : 자신이 타고 갈 학이 언제나 오겠느냐는 말이다. 생학(笙鶴)은 신선이 타고 다니는 학을 말한다. 주 영왕(周靈王)의 태자(太子)인 왕자교(王子喬)가 일찍이 환량(桓良)이라는 사람에게 이르기를 "우리 집에 고하라. 7월 7일에 구지산 꼭대기에서 나를 기다려라.〔告我家. 七月七日, 待我於緱氏山巓.〕"라고 하였다. 과연 그날 왕자교가 백학을 타고 구지산 꼭대기에 머물러 있으므로 사람들이 모두 그를 바라보고도 곁에 다가가지 못했는데, 그가 마침내 손을 들어 사람들에게 하직 인사를 하고 승천했다고 한다.《列仙傳 卷上 王子喬》

참판 정양필[213] 만사

鄭參判 良弼 挽詞

황주로 부임하라는 공문 새로 내려와	黃岡奔命簡書新
임금의 치욕을 마주보며 자주 눈물 흘렸지[214]	主辱相看沬血頻
어느덧 백 년 인생 모두 백발 되었으니	俯仰百齡俱白髮
하루 만에 유명 갈려 맑은 풍모 멀어졌구나[215]	幽明一日間淸塵
희미한 짧은 꿈 어찌 새벽을 알겠는가	冥冥短夢那知曉
아득한 황천은 이미 어제 일이로구나	杳杳重泉已隔晨
늙은이 슬픔 머금고 눈물 흘리니	老子銜哀餘涕淚
쓸쓸한 인생 몇 년이나 살 수 있을까	蕭條能作幾年人

213 정양필(鄭良弼) : 1593~1661. 본관은 동래(東萊), 자는 몽뢰(夢賚), 호는 추천(秋川)이다. 《승정원일기》 효종 3년 6월 13일 기사에 정양필을 형조 참판에 임명한 내용이 실려 있다.

214 황주(黃州)로……흘렸지 : 이민구와 정양필이 이괄(李适)의 난이 일어났을 당시 인조(仁祖)가 고난을 겪는 모습을 바라보며 함께 일했던 사실을 읊은 것이다. 정양필이 황주 판관(黃州判官)으로 있으면서 하룻밤 사이에 군량 6백여 석을 군전(軍前)에 나른 일이 《인조실록》 2년 2월 29일 기사에 실려 있다. 이민구는 도원수 장만(張晩)의 종사관이 되어 수행하였고, 그 당시 지은 시가 《동주집(東州集)》 전집(前集) 권2에 실려 있다. 간서(簡書)는 조정에서 벼슬아치를 발령할 때 내리는 공문이다. 《시경》 〈출거(出車)〉에 "어찌 돌아가기를 생각하지 않겠는가마는 이 간서가 두렵다네.〔豈不懷歸, 畏此簡書.〕"라고 하였다.

215 하루……멀어졌구나 : 정양필이 죽어 만날 수 없다는 말이다. 청진(淸塵)은 고풍청진(高風淸塵)의 준말로, 인품이 고결한 사람을 비유할 때 쓰는 표현이다.

살아서 아쉬울 게 없으니 죽은들 무슨 괴로움이 있을까

生無所惜 死有何苦

사람은 수명을 중히 여기나니	人生重壽命
빠른 세월 몹시 한스러워하지	苦恨日月疾
바삐 흘러가는 세월 서글피 바라보며	悵望流序忙
잃을까 걱정하여 어쩔 줄 몰라 하네	汲汲恐其失
언제 죽을지 모르는 목숨 연명하다 보면	苟延朝暮期
어느덧 한 해가 다 지나가지	忽覺歲行畢
장수하든 요절하든 저마다 죽게 되니	長短各乘化
만고에 모두가 같은 길 갔네	萬古共一轍
어찌 썩고 냄새 나는 몸으로	那將腐臭軀
스스로 기름과 불을 다 태우는 데 보태겠는가[216]	自益膏火竭
나는 이제 나이 많이 들었으니	我今涉遐齡
죽음에 대한 큰 두려움 이미 사라졌네	大怖意已豁
살아서는 흙과 나무를 따라 무리 짓고	生隨土木伍
죽어서는 물거품과 번개처럼 사라지리	死同泡電滅
기운 쇠해 날카로움과 정밀함 줄어드는데	氣衰銳精墮
세상 어지러워 위태로운 기미 일어나네	世亂危機發

216 어찌……보태겠는가 : 육체적으로 해를 당하는 것을 비유한 말이다. 《장자(莊子)》 〈인간세(人間世)〉에 "산의 나무는 유용하기 때문에 스스로를 해치고, 기름은 불을 밝힐 수 있어서 자신을 태운다.〔山木自寇也, 膏火自煎也.〕"라고 하였다.

티끌 세상에 골몰해 살아가다가	沒沒塵坱內
인생이 다해 벗어나게 되지	路盡方解脫
백 년 뒤를 돌아본다면	顧視百年後
장수와 요절 또한 같은 일이겠지[217]	彭殤亦同術

217 장수(長壽)와……일이겠지 : 팽(彭)은 요(堯) 임금 때부터 은(殷)나라 말기까지 800년을 살았다는 팽조(彭祖)를 가리키고, 상(殤)은 19세 이전에 죽은 사람을 가리킨다. 《장자(莊子)》〈제물론(齊物論)〉에 "천하에는 상자(殤子)만 한 장수가 없고, 팽조만 한 단명이 없다."라고 하였으니, 큰 관점에서 보면 팽조의 장수나 상자의 단명이 차이가 없다는 말이다.

상의원 정 정선홍[218]을 곡하다

哭鄭正善興

진양 정씨는 충효의 집안이라	晉陽忠孝家
선대에 쌓은 덕이 발하여 그대 태어났네	積發乃有君
재주는 시대 구제할 능력 갖추었고	才爲濟代具
기상은 수많은 사람을 압도하는데	氣壓萬人群
시운이 어긋나서	時命故參差
낮은 관직으로 끝내 명성 없었네	下僚迄無聞
큰 운수 중도에 꺾이니	大運屬中摧
눈서리에 난초 향기 시들었지	霜雪悴蘭芬
빼어난 자질과 장한 뜻 지녔던 그대	英姿及壯志
관에 담겨 마른 흙에 묻히네	窾木瘗枯墳
간신히 묘갈명을 만드느라	纔營墓門石
온종일 정력 다 기울였으니	竭力敝晨曛
우뚝한 네 세대의 묘역에	峨峨四世域
전서가 봄 구름에 비치네[219]	金薤映春雲

218 정선홍(鄭善興) : 1615~1662. 본관은 진주(晉州), 자는 경원(慶遠)이다.《東州集 文集 卷10 尙衣院正鄭君墓碣銘 幷序》 1652년에 상의원 정(尙衣院正)에 임명되었다.《承政院日記 孝宗 3年 3月 17日》

219 간신히……비치네 : 정선홍이 4대 조상의 묘역을 가꾸고 묘갈(墓碣)을 세우는데 고생하였다는 말이다.《동주집(東州集)》 문집(文集) 권10 〈상의원정정군묘갈명병서(尙衣院正鄭君墓碣銘 幷序)〉에 "군이 사대의 묘갈을 만드느라 밤낮으로 돌을 마련

일 마치고 목숨 잃었으니　事了身已沒
귀신도 그 정성에 감동하리　神鬼感精勤
외로움과 곤궁함 내가 가장 심하니　孤窮莫余甚
덩그러니 속세에 버려졌네　塊然委塵氛
늘그막에 어울려 지낼 그대 만나　末路得提挈
다정히 지냈으니 의리 더욱 돈독했지　款曲義彌敦
마음은 쌀 한 톨도 나누려 했고　意欲析一粒
때때로 어울려 함께 취했으며　時從共醉醺
즐거운 말로 무료함 달래　歡言破寂寥
나의 서글픔 덜어주었지　減我悲緖紛
그대는 건강하여 얼굴이 옥과 같았고　子健面如玉
나는 쇠하여 뼈만 앙상했으니　吾衰骨露筋
마땅히 내 수족 거두어 주어　謂當斂手足
파리와 모기 걱정하지 않으리라 여겼는데[220]　不虞蠅與蚊
한 달 넘게 보이지 않더니　隔月間容範
놀랍게도 유명 달리했네　忽驚死生分
요절하고 장수하는 이치 어긋났으니　夭壽理舛錯

하였다. 이미 비석을 다 세우자 군이 병에 걸려 임인년 3월에 마침내 일어나지 못하였다.〔君營四世墓碣, 日夜治石. 旣斷工卒竪而君已病, 以壬寅三月竟不起.〕"라고 하였다. 금해(金薤)는 염교의 잎을 거꾸로 한 것과 같은 글씨라는 뜻으로, 전서(篆書)의 미칭(美稱)이다. 참고로 한유(韓愈)의 시에 "평생 지은 수많은 문장이여, 금해의 필체로 주옥처럼 드리웠네.〔平生千萬篇, 金薤垂琳琅.〕"라고 하였다.《韓昌黎集 卷5 調張籍》

220 그대는……여겼는데 : 정선홍은 건강하고 이민구는 병을 잘 앓았으므로 이민구가 먼저 세상을 떠나면 정선홍이 장례를 주관해 줄 것이라고 여겼다는 말이다.

선한 이에게 복 준다는 말 실로 실없는 글일세[221]	福善實空文
슬피 부르짖고 날마다 눈물 떨구며	哀號日垂淚
흰 머리로 강변을 바라보네	白髮望江濆
남은 이 목숨 얼마나 될까	餘喘詎幾何
슬픔에 젖어 오래도록 가슴 저리네	惻惻長鬱棼

221 선한……글일세 : 하늘은 착한 사람에게 복을 준다고 하였으므로 정선홍 같은 인물은 마땅히 장수를 누려야 하는데, 그렇지 못했으니 그 글이 거짓이라는 말이다. 《서경》〈탕고(湯誥)〉에 "하늘의 도는 선인에게 복을 내리고 악인에게 화를 내린다.〔天道, 福善禍淫.〕"라고 하였다.

궂은 비

苦雨

하늘이 많은 비를 쌓았다가	上天積淫雨
주룩주룩 여름 내내 퍼붓네	滂沲貫朱序
그 큰 기세 넓은 하천 터뜨리니	大勢決洪河
온통 진흙탕이 되었네	息壤底處所
요란한 우레 소리 천지를 뒤흔들고	疾雷撼二儀
번개는 수많은 횃불처럼 번쩍이네	飛電列萬炬
풍진세상 십자 거리에	紅塵十字街
비단 버선 신고 놀러 나온 여인들 많은데	羅襪盛遊女
밀려드는 세 길의 흙탕물에	澒洞三丈泥
갑자기 이렇게 진흙 쌓였네	塡淤遽如許
성 서쪽 몇 이랑 밭에	城西數頃田
벼와 기장 심어 식량 마련하는데	糧粒倚禾黍
거센 물결이 비탈진 언덕 휩쓸고	驚濤卷欹岸
큰 물살이 모래톱을 없애버렸네	雲水空洲渚
깊은 근심 가을에 만났으니	沈憂接素秋
생계 대책 많이 어긋났네	活計多齟齬
사람들은 당면한 처지 싫어하나니	人情厭所遇
가뭄과 장마는 추위와 더위나 마찬가지[222]	旱潦猶寒暑

222 사람들은……마찬가지 : 가뭄이 들면 비가 오기를 바라고, 장마가 들면 개기를

탕왕 시대에는 요 임금 때를 그리워했고[223] 湯年慕堯歲
물가에 사는 사람은 언덕에 살기를 원하지 澤居願陸處
괴로움과 즐거움을 또한 어찌하랴 苦樂亦何嘗
짐짓 술에 취하노라 姑宜醉尊俎

비오고 갬이 때에 맞지 않고 雨暘愆時若
음양이 상도에 어긋나 陰陽錯常序
흑려가 적발 물리치니[224] 黑蜧鏖赤魃
달려가 하소연할 군망 없네[225] 群望走無所

바라는 것이 추우면 따뜻하기를 바라고, 더우면 시원하기를 바라는 것처럼 자신이 당하고 있는 처지를 싫어하는 것이 일반적이라는 말이다.

223 탕왕(湯王)……그리워했고 : 탕년(湯年)은 은(殷)나라 탕 임금이 다스리던 시대인데, 당시에 가뭄이 심했으므로 홍수가 범람했던 요 임금 때를 그리워했다는 말이다. 《장자(莊子)》 〈추수(秋水)〉에 "우가 치수할 때에는 10년 동안 아홉 번이나 홍수가 졌건마는 바닷물은 그 때문에 더 불어나지 않았고, 탕의 시대에는 8년 동안 일곱 번이나 가뭄이 들었건마는 바닷물은 그 때문에 더 줄어들지 않았다.〔禹之時, 十年九潦, 而水不爲加益, 湯之時, 八年七旱, 而崖不爲加損.〕"라는 말이 나온다.

224 흑려(黑蜧)가 적발(赤魃) 물리치니 : 장마가 많다는 말이다. 흑려는 구름과 비를 일으키는 전설 속의 신령스러운 뱀이다. 《회남자(淮南子)》 〈제속훈(齊俗訓)〉에 "비가 오게 하는 것은 흑려가 제일이다.〔致雨不若黑蜧〕"라는 말이 나오는데, 허신(許愼)의 주(注)에 "흑려는 신령스러운 뱀이다. 연못 속에 잠겨서 구름과 비를 잘 일으킨다.〔黑蜧神蛇也, 潛於神淵, 能興雲雨.〕"라고 하였다. 적발은 가뭄 귀신이다.

225 달려가……없네 : 비를 그치게 해달라고 빌 곳이 없다는 말이다. 군망(群望)은 기도할 명산대천 등을 말한다. 《춘추좌씨전》 소공(昭公) 13년 기사에 "초 공왕(楚共王)이 후계를 이을 태자(太子)는 없고 후궁 소생으로 사랑하는 아들 다섯을 두었다. 그중 후계를 이을 적당한 자를 가릴 수 없으므로 군망(群望)에 제사하였다."라고 하였는데, 두예(杜預)의 주(注)에 "군망은 성신과 산천이다."라고 하였다.

아침 햇빛이 짙은 구름에 가려지고　晨暉韜密雲
저녁 봉화가 늘어선 횃불에 잠기네　夕烽沈列炬
아침마다 아향이 수레를 끌고　朝朝阿香車
저녁마다 고당의 여자 찾아오네[226]　暮暮高唐女
산천이 한 번 뒤집히니　山川一反覆
육지는 아득히 어디쯤인가　平陸杳何許
개휴의 보리 몽땅 쓸어가니[227]　全輸介休麥

226 아침마다……찾아오네 : 매일 천둥이 치고 비가 내린다는 말이다. 아향(阿香)은 용모가 단정한 진(晉)나라의 십대 소녀인데 천둥 수레를 끌고 나갔다는 전설이 전해온다. 《法苑珠林 思愼篇》 고당녀(高唐女)는 무산(巫山)의 여신을 말한다. 전국 시대 초 회왕(楚懷王)이 고당(高唐)에서 놀다가 낮잠이 들어 꿈속에서 무산의 여신과 동침하였는데, 그 여신이 떠나면서 하는 말이 "첩은 무산 남쪽 높은 봉우리에 사는데 아침에는 구름이 되고 저녁에는 비가 되어 매일 아침저녁 양대(陽臺) 아래에 있습니다."라고 하였다고 한다. 《文選 卷19 高唐賦》

227 개휴(介休)의……쓸어가니 : 보리가 물살에 다 쓸려갔다는 말이다. 《천중기(天中記)》 권2에 "이용이 북도 개휴현에 있을 때 백성들이 해첩을 보내왔다. 밤에 진나라 사우 아래에 이르렀는데, 밤중에 어떤 사람이 문을 두드리며 말하기를 '개휴왕이 잠시 벽력거를 빌려 모일에 개휴에 이르러 보리를 거둬 갈 것이다.'라고 하였다. 한참 뒤에 몇 사람이 함께 수레 휘장과 같은 한 가지 물건을 가지고 있는 것을 보았다. 위에는 둘레에 깃발을 꽂았는데 깃발이 모두 28개였고, 깃발마다 번개처럼 번쩍였다. 일어나 백성들에게 주면서 이웃 마을에 널리 알리게 하였는데 마을 사람들이 모두 믿지 않았다. 그날 개산 위에는 구름기가 하늘을 덮고 있었고, 장대같은 비가 내리면서 세찬 바람이 불고 천둥이 울리고 벼락이 치더니, 천여 이랑의 보리를 손상시켰다. 여러 마을에서 그 사람을 요망하다고 하여 고소하였다.〔李鄘在北都介休縣, 百姓送解牒, 夜止晉祠宇下. 夜半有人叩門云, 介休王暫借霹靂車, 某日至介休收麥. 良久見數人共持一物如幢扛, 上環綴旗幡, 其幡凡二十八葉, 每葉有光如電, 起以授之百姓, 遍報鄰村, 村人悉不信. 其日介山上有雲氣蔽天, 注雨如綆風吼雷震, 凡損麥千餘頃, 數村以民爲妖, 訟之.〕라고 하였다.

누가 하분의 기장 가꿀까[228] 孰理河汾黍
파도가 미려의 골짝에 넘실대고 波滔尾閭壑
물결이 견우의 물가에 드넓으니[229] 水闊牽牛渚
천문과 시축 天關與地軸
열고 닫음이 아마도 어긋난 듯하네[230] 闔闢恐齟齬
물난리에 스무날을 앉아 있었더니 昏墊坐兩旬

228 누가……가꿀까 : 가꾸던 기장이 모두 휩쓸려 가서 술을 빚을 수 없다는 말이다. 《준생팔전(遵生八牋)》 권19 〈왕적(王績)〉에 "왕통은 수나라 말기의 대유이다. 하수와 분수 사이에서 무리를 모아 가르쳤으며, 옛것을 본떠서 육경을 지었고, 또한 《중설》을 지었다. 노비 여럿이 기장을 심어 봄가을로 술을 빚었으며 오리와 기러기를 기르고, 약초를 심어 스스로 공급하였다.〔通隋末大儒也. 聚徒河汾間, 倣古作六經, 又爲中說. 有奴婢數人種黍, 春秋釀酒養鳧鴈, 蒔藥草自供.〕"라고 하였다. 하분(河汾)은 수(隋)나라 말엽에 왕통(王通, 584~617)이 제자들을 가르쳤던 곳이다. 왕통의 자는 중엄(仲淹), 사시(私諡)는 문중자(文中子)이다. 《資治通鑑 卷179 隋紀》

229 파도가……드넓으니 : 비가 많이 내려 온 세상이 물로 뒤덮였다는 말이다. 미려(尾閭)는 바다 한복판에 있어서 물이 한없이 새는 곳으로 이 때문에 바닷물이 넘치지 않는다고 한다. 《莊子 秋水》 견우저(牽牛渚)는 견우의 물가라는 뜻이다. 어떤 사람이 바닷가에 살면서 해마다 가을 음력 8월이 되면 어김없이 뗏목이 떠오는 것을 보고 그 뗏목에 양식을 가득 싣고 수십 일 동안 갔더니, 멀리 궁실에는 베 짜는 아낙들이 많고 물가에는 소를 끌고 와 물을 먹이는 사내가 있었다. 그가 돌아와서 점술로 유명한 엄준(嚴遵)에게 물어보았더니 "모년 모월 모일에 객성(客星)이 견우성(牽牛星)을 범하였다."라고 하였다. 소를 끌고 왔던 사내가 견우였던 것이다. 《博物志 卷10》

230 천문과……듯하네 : 음양이 소장성쇠(消長盛衰)의 조화를 이루지 못한다는 말이다. 합벽(闔闢)은 《주역》 〈계사전 상(繫辭傳上)〉에 "문을 닫음을 곤이라 이르고, 문을 여는 것을 건이라 이르며, 한 번 닫고 한 번 여는 것을 변이라 이르고, 왕래하여 다하지 않음을 통이라 이른다.〔闔戶謂之坤, 闢戶謂之乾, 一闔一闢謂之變, 往來不窮謂之通.〕"라고 한 데서 나온 말이다.

세월 흘러 더위 가실 때 되었네　　歲月近徂暑

정성스런 기도 마음만 간절할 뿐　　精禱意徒切

조화가 일어나는 곳 따로 있네[231]　　橐籥定有處

보잘것없는 성의로 큰 보상을 바라니　　薄誠覬厚報

화려한 제기에 올린 희생 부끄럽네　　犦牲愧彫俎

231 정성스런……있네 : 정성스럽게 기도해 보지만 결국 때가 되어야 비가 그칠 것이라는 말이다. 탁약(橐籥)은 대장간의 풀무로, 불 피울 때 바람을 일으키는 도구이다. 원래 노자(老子)의 《도덕경(道德經)》에 나오는 말로, 탁(橐)은 풀무의 바깥쪽 몸체이고, 약(籥)은 안쪽에 있는 관(管)으로, 움직이면서 바람을 일으키는 작용을 한다. 《도덕경》 제5장에 "천지의 기운은 탁약과 같아서 비어도 굽히지 않고 움직일수록 더욱 나온다.〔天地之間, 其猶橐籥, 虛而不屈, 動而愈出.〕"라고 하였다. 여기서는 천지의 조화를 가리키는 말로 쓰였다.

초가을
新秋

도성 거리에 시원한 바람 불어 열기 가시니 涼飔九陌靜炎埃
천지에 가을 들어 상쾌한 기운 돌아왔네 天地新秋爽氣回
쇠도 녹이는 삼복더위 끝나 제법 기쁘지만 稍喜流金三伏盡
두툼한 옷 입을 추위 닥쳐올 것 걱정하네 還愁御裌一寒催
청산에 땅강아지와 개미 있으니 끝내 누가 남았나 青山螻蟻終誰在
맑은 물에 교룡은 마침내 오지 않네[232] 白水蛟龍竟不來
쉬지 않고 흐르는 백 년의 부질없는 인생사 袞袞百年浮世事
쓸쓸히 북창의 술잔에 부친다 蕭條付與北窓杯

232 청산(青山)에……않네 : 사람들이 결국은 죽는다는 말이다. 《장자(莊子)》 〈열어구(列禦寇)〉에 "위에 있으면 까마귀와 솔개의 밥이 되고 땅속에 있으면 땅강아지와 개미의 밥이 되는 것인데, 그것을 저쪽에서 빼앗아 이쪽에 주려고 하니, 어찌 그리 편벽한가.〔在上爲烏鳶食, 在下爲螻蟻食, 奪彼與此, 何其偏也.〕"라고 하였고, 두보(杜甫)의 〈증촉승여구사형(贈蜀僧閭丘師兄)〉에 "봉황이 숨자 붉은 하늘도 어둑하고, 용이 떠나자 흰 물도 흐릿하다.〔鳳藏丹霄暮, 龍去白水渾.〕"라고 하였다.

예천 군수로 부임하는 교리 홍주삼[233]을 전송하다

送洪校理柱三赴醴泉

서늘한 밤 그윽한 생각 도주를 떠올리니	涼宵幽思憶刀州
꿈이 가을 푸른 숲의 선대에 떨어지네[234]	夢落仙臺碧樹秋
돌아가는 제비 잠시 그리운 들보 떠나고	歸燕暫辭樑棟戀
나는 기러기 먹이 찾으려는 것 아니라네[235]	飛鴻不爲稻粱謀

233 홍주삼(洪柱三) : 1621~1682. 본관은 풍산(豐山), 자는 정경(鼎卿), 호는 월탄(月灘)이다. 《승정원일기》 현종 3년 4월 16일 기사에 홍주삼을 교리(校理)에 임명한다는 기록과 같은 해 6월 21일 기사에 홍주삼을 예천 군수(醴泉郡守)에 임명한다는 기록이 보인다.

234 서늘한……떨어지네 : 홍주삼이 몽선대(夢仙臺)가 있는 예천으로 부임한다는 말이다. 도주(刀州)는 익주(益州)의 별칭인데, 여기서는 홍주삼이 예천 군수로 가는 것을 상징한다. 진(晉)나라 왕준(王濬)이 꿈속에서 칼 세 자루를 침실의 들보에다 걸어 놓았는데, 잠시 뒤에 칼 한 자루가 더 늘어났다. 왕준이 꿈속에서 깨어나 매우 좋지 않게 생각하자, 주부(主簿) 이의(李毅)가 재배(再拜)하고 축하하기를 "삼도(三刀)는 고을 주(州) 자인데, 칼 한 자루가 더 늘어났으니, 주군께서 익주(益州)로 부임하시겠습니다."라고 하였다. 그 뒤 역적 장홍(張弘)이 익주 자사(益州刺史) 황보안(皇甫晏)을 죽이자 과연 왕준을 익주 자사로 임명하였다고 한다. 이로 인해 후세에 삼도를 자사의 별칭으로 사용하였다. 《晉書 卷42 王濬列傳》 선대(仙臺)는 미상인데, 이은상(李殷相)이 홍주삼을 전별한 시에 "임금 그리는 마음 더욱 간절하여, 몽선대 위에서 도성을 바라보겠지.〔想得戀君心更切, 夢仙臺上望神京.〕"라고 한 것으로 보아 예천에 몽선대가 있었던 듯하다. 《東里集 卷4 贈別醴泉洪使君》

235 돌아가는……아니라네 : 홍주삼이 벼슬살이하러 서울에 왔다가 부모 봉양을 위해 고향과 가까운 예천에 군수로 부임하는 것을 제비와 기러기에 비유하여 읊은 것이다. 《현종실록》 3년 6월 7일 기사에 교리 홍주삼이 노모를 봉양할 목적으로 상소하여

남쪽에서 지내는 동안 동인 닳고[236]	南來歲月消銅印
북쪽 바라보면 풍운에 옥루 막혔으리[237]	北望風雲阻玉樓
관로가 구담과 도담의 험한 길 통과하리니	官路定穿潭島石
눈물을 단구에 뿌리겠지[238]	憑將涕淚洒丹丘

수령직을 청하니, 상이 허락하였다는 기록이 있다. 또한 "이번 행차는 승명이 싫어서가 아니라 까마귀처럼 유독 반포의 정성이 깊기 때문이다.〔玆行不是厭承明, 烏鳥偏深反哺誠.〕"라는 말을 통해서 그가 부모 봉양을 위해 지방관으로 나갔으며, "비단옷 입고 낮에 고향 근처 지나리.〔錦衣晝過家鄉近〕"라는 말에서 그의 고향이 예천 근처임을 짐작할 수 있는데 이 시의 미련(尾聯)을 참조하면 그의 고향이 단양(丹陽)이었음을 알 수 있다.《東里集 卷4 贈別醴泉洪使君》

236 남쪽에서……닳고 : 예천에서 군수로 지낼 것이라는 말이다. 동인(銅印)은 지방관이 차는 것으로 동인묵수(銅印墨綬)의 준말이다.

237 북쪽……막혔으리 : 예천에서 임금을 그리워할 것이라는 말이다. 옥루(玉樓)는 천제(天帝) 혹은 신선이 상주(常住)하는 곳을 말한다.《海內十洲記 崑崙》여기서는 임금이 있는 대궐을 가리키는 말로 쓰였다.

238 관로(官路)가……뿌리겠지 : 홍주삼이 예천으로 부임하는 길에 고향인 단양에 들러 선산에 성묘할 것이라는 말이다. 담도(潭島)는 단양(丹陽)에 있는 구담(龜潭)과 도담(島潭)을 가리키고, 단구(丹丘)는 단양을 말한다.

청풍 부사 목겸선[239]을 전송하다

送睦淸風兼善

옛날 내가 오대산을 다 돌아보고	昔我窮五臺
우통수에서 갓끈 씻었지[240]	濯纓于筒流
서쪽으로 하루에 천 리를 흘러	西流日千里
한벽루[241]를 휘감고 흐르는데	曲抱寒碧樓
누대 높아 하늘에 닿고	樓高切霄漢
경치 빼어나 멀리서도 모여드네	勝槩集遠眸
주민 적은 데다 빈민들 섞였고	氓凋雜下戶
외진 곳이지만 경치 훌륭하니	境僻控上游
틀림없이 백성 위로할 인재 선택하고	必擇撫摩才
신선과 짝할 만한 사람에게 맡기지	兼屬神仙儔

239 목겸선(睦兼善) : 1609~? 본관은 사천(泗川), 자는 달부(達夫), 호는 용재(容齋)이다. 《승정원일기》 현종 3년 7월 6일 기사에 목겸선을 청풍 부사(淸風府使)에 임명한 기록이 보인다.

240 옛날……씻었지 : 이민구가 오대산을 유람한 적이 있다는 말이다. 《동주집(東州集)》 시집(詩集) 권9에 〈을해년 가을에 풍악산을 유람하고 오대산에 이르러……〔乙亥秋游楓嶽至五臺……〕〉라는 시가 있으므로 오대산 유람 사실을 알 수 있다. 우통수(于筒水)는 강원도 평창군 진부면 오대산의 장령봉 밑에서 나는 샘물로, 태백시 금대봉의 검룡소(儉龍沼)와 함께 한강의 발원지로 알려진 곳이다.

241 한벽루(寒碧樓) : 충청북도 제천군(提川郡) 청풍면(淸風面)에 있는 누대이다. 고려 때 세워졌으며, 조선 태종(太宗) 때 군수 정수홍(鄭守弘)이 중건하였다. 《新增東國輿地勝覽 卷14 忠淸道 淸風郡》

목 부사는 포부가 원대한 인재로	睦侯靑雲器
세덕도 넉넉하지	世德實優優
부절 차고 고을살이 나가며	佩符出州閭
머리 돌려 조정을 어려 번 바라보네	省闥屢回頭
꿈에서나 드문드문 궁성의 종소리 들릴 테고	疏鍾禁城夢
밤에는 가을 강물 흐르는 소리 들릴 테지	夜落江聲秋
온 가족이 도의 기운 지니고	全家挾道氣
아득히 조각배 타고 떠나가네	眇然駕輕舟
붉은 단풍에 서리 이슬 하얗게 내리고	楓丹霜露白
변방 기러기 모래톱에 내려앉겠지	塞雁下沙洲
장작 지피면 산방이 따뜻할 테고	山房榾柮暖
새벽 바리때에 콩죽이 걸쭉하겠지	曉鉢豆粥稠
게으른 성격 이은에 잘 맞으니	吏隱適懶性
구구하게 무엇을 구하랴[242]	營營焉所求
아련히 죽림에서 있었던 일 생각하니	緬懷竹林地
지금에 이르도록 묵은 자취 근심스럽네[243]	至今陳跡愁
세 번 탄식하고 눈물 흘리니	三歎一涕泗
생사의 이치 아득하여 알 수 없구나	存沒莽悠悠

242 게으른……구하랴 : 이은(吏隱)이 목겸선에게 적합하니 달리 구할 것이 없다는 말이다. 이은은 낮은 관직에서 은거한다는 뜻으로, 실권이 없는 하급 관직에서 녹봉이나 받으며 살아가는 것을 가리킨다. 청풍이 외진 곳이라 공무가 적기 때문에 이렇게 말한 것이다.

243 아련히……근심스럽네 : 이민구가 목겸선의 선대 인물과 죽림(竹林)에서 어떤 일을 겪었던 것으로 보이는데, 고증할 수 없다.

나는 늙어 석양에 비유할 수 있으니 吾老視殘日
훗날의 만남을 진실로 도모하기 어렵네 後會諒難謀
슬프다 이별의 즈음에 惻愴別離際
온갖 감회로 가슴 저리네 百感中若抽

시원한 바람 속에 강가로 나가다

新涼出江

대숲 울리는 비에 늦더위 가시고	竹雨銷殘暑
숲 바람이 시원하게 불어오네	林風洒一涼
빈 창가에서 궤안에 기대기 꺼려져	窓虛妨隱几
높은 누대에서 평상 옮기려 하네	樓逈欲移床
천지 사이에 몸 둘 곳 없어도	天地容身迮
강호에 이끌리는 흥 길구나	江湖引興長
일렁이는 맑은 물결에 조각배 띄워	晴波駕輕舸
달빛 아래 어량으로 내려간다[244]	乘月下漁梁

244 일렁이는……내려간다 : 조각배를 타고 하류로 내려간다는 말이다. 어량(漁梁)은 보통 조수 간만의 차가 큰 갯가나 오목하게 들어간 만(灣) 같은 곳에 물만 드나들 수 있도록 나무 장대를 촘촘하게 세워 물고기가 밀물을 타고 들어왔다가 썰물 때 빠져 나가지 못하게 만드는 어살〔漁箭〕을 말한다.

조카가 칡꽃을 따서 내게 주며 차를 만들어 마시면 숙취 해소에 좋다 하였다

家姪收葛花遺我 作茶治酒渴良已云

칡넝쿨 여기저기 꽃 피는데	葛蔓開花遍
동군과 뇌공이 좋은 처방 저술했네[245]	桐雷著法良
어여쁘다 네가 번거롭게 칡꽃 채취하여	憐君煩採擷
내 술병 고치려 하네	療我病杯觴
한창 취한 뒤에 실효 있고	責效扶頭後
술 마시는 사람에게 효과 있으나	收功飮子行
마침내 술마저 못 마시게 될까봐	終愁虧麴櫱
겸하여 칡차 끓이는 것을 그만두려 하네	兼欲廢茶湯

245 동군(桐君)과……저술했네 : 동군과 뇌공(雷公)이 칡꽃의 효능을 밝혀 놓았다는 말이다. 동군은 황제(黃帝) 때 사람인데 일찍이 약을 캐며 도(道)를 구하여 동려현(桐廬縣)의 동산에서 살았다. 초목과 금석(金石)의 성미(性味)를 잘 알아 삼품(三品)의 약물(藥物)을 정하여 《약성(藥性)》 4권과 《채약록(採藥錄)》을 저술하였다. 뇌공은 상고 시대 황제의 신하인데 의술에 정통하였다. 황제와 토론한 말들이 《소문(素問)》과 《영추(靈樞)》에 실려 있다.

황해 감사로 가는 강백년[246]을 전송하다

送姜監司栢年按海西

떠들썩하게 감사의 행차 조정을 나서는데　喧喧旌節出金閨
가을장마가 저잣거리를 깨끗이 씻어 주네　城市秋霖洗九街
멀리 가는 사람 전송하는 송별연에 가지 못했으니　獨阻離筵攀遠袂
늙고 병들어 비쩍 마른 몸 가련해라　空憐衰疾感枯骸
쌍매 학사가 남긴 글 오래되었으니　雙梅學士遺文古
고죽의 맑은 풍도 지난 자취 아름답네[247]　孤竹淸風往蹟佳
더운 먼지가 역로 뒤덮었다고들 하지만　任說炎塵沈驛路
빙설처럼 그 흉금 깨끗하리　由來氷雪淨襟懷

쌍매당 이첨(李詹)이 기록하여 해주(海州)가 고죽국(孤竹國)이라고 하였다.

246 강백년(姜栢年) : 1603~1681. 본관은 진주(晉州), 자는 숙구(叔久), 호는 설봉(雪峯)·한계(閑溪)·청월헌(聽月軒), 시호는 문정(文貞)이다. 《恬軒集 卷31 判中樞府事贈議政府領議政謚文貞姜公神道碑銘》 강백년은 1662년(현종3) 황해 감사(黃海監司)에 임명되었다. 《承政院日記 顯宗 3年 6月 21日》

247 쌍매 학사(雙梅學士)가……아름답네 : 쌍매는 이첨(李詹, 1345~1405)으로, 본관은 신평(新平), 자는 중숙(中叔), 호는 쌍매당(雙梅堂), 시호는 문안(文安)이다. 고죽(孤竹)은 고죽군(孤竹君)의 두 아들인 백이(伯夷)와 숙제(叔齊)를 말한다.

정자 신의화[248] 만사

申正字儀華挽詞

귀한 가문에 공로 세울 호걸 태어나니	朱門鍾鼎發豪英
한 번 과거 급제 어찌 영광이랴	一第成名豈足榮
기주관의 나는 듯한 필세 어찌 자취 있으랴	記註筆飛寧有迹
아름답게 시를 이루었지만 명성이 없었네	丹靑詩就但無聲
맑은 모습은 일찍이 소나무의 풍도를 지녔더니	淸標早挹松風度
황천에 부추의 이슬처럼 기울었음 슬퍼하네[249]	黃壤仍悲薤露傾
십구 년 동안 삼대의 장사를 지내니[250]	十九年間三世葬
주르르 눈물 흘리는 내 모습 봐줄 사람 없네	無人看我淚縱橫

248 신의화(申儀華) : 1637~1662. 본관은 평산(平山), 자는 서명(瑞明), 호는 사아(四雅)·사치(四痴)이다. 동양위(東陽尉) 신익성(申翊聖)의 손자이고, 신최(申最)의 아들이다. 《息庵遺稿 卷23 內弟權知承文院副正字申君墓誌銘》

249 황천(黃泉)에……슬퍼하네 : 신의화가 죽었다는 말이다. 해로(薤露)는 부추 위에 맺힌 이슬처럼 덧없이 지는 인생을 뜻한다. 한 고조(漢高祖)에게 반기를 들다 패망한 전횡(田橫)의 죽음을 두고 그 무리가 지은 만가에 그 내용이 보인다. 459쪽 각주63 참조.

250 십구 년……지내니 : 신익성은 1644년(인조22), 신최는 1658년(효종9), 신의화는 1662년(현종3)에 죽었으므로 이렇게 말하였다.

이구[251]에게 주다

贈李生絿

병든 몸으로 빈 골짜기에 살며 抱疾處空谷
눈과 귀를 기꺼이 거듭 막았네[252] 塞兌甘重蔽
빼어난 북쪽 마을 사람이 英英北里生
기꺼이 어두운 기운 쓸어 주었네[253] 惠然掃氛翳
선대의 사업 물었더니 借問緖業餘
동종이 한 세상에서 살았구나[254] 同宗竝一世
청아한 말로 쇠하고 나약한 나를 격동시키니 淸言激衰懦
지금 내가 주저앉았던 몸 일으키네 今我起跛曳
산수 유람 실컷 들어 보니 飽聞山澤遊
역력히 내가 지났던 곳들이네 歷歷余造詣
궁핍한 골목 안에 偪側陋巷內

251 이구(李絿) : 본관은 전주(全州), 자는 대유(大柔)이다. 미수(眉叟) 허목(許穆, 1595~1682)의 손녀사위이다.《眉叟年譜 卷2 附錄 神道碑銘》

252 눈과……막았네 : 세상사에 관심을 끊고 살았다는 말이다. 색태(塞兌)는 욕심이 나오는 이목구비(耳目口鼻)를 막는 것이다.《도덕경(道德經)》 제52장에 "입을 막고 문을 닫으면 종신토록 수고롭지 않게 된다.〔塞其兌, 閉其門, 終身不勤.〕"라고 하였다.

253 빼어난……주었네 : 이구가 와서 이민구의 우울한 마음을 풀어 주었다는 말이다.

254 선대(先代)의……살았구나 : 이구와 이민구가 같은 전주 이씨이므로 이렇게 말하였다.

구질구질하게 오래도록 박혀 살았네	塵冗昔幽滯
아침에 홀로 가려는 뜻	朝來獨往意
날아가는 구름과 함께하려 하네	欲共飛雲逝
재주 뛰어난 사람은 반드시 정밀히 알아야 하고	高才必精解
군자는 진실로 예능이 많아야지	君子信多藝
매화 그리면 차가운 향 풍기고	墨梅發寒香
거문고 타면 하늘가를 바라보네	彈琴望天際
그대에게 권하노니 두루 잘하려 마라	勸君愼旁通
도를 아는 데에는 너무 자잘한 것이라네	在道嗟已細

계묘년(1663, 현종4) 설날

癸卯元日

달력[255]은 설날을 반포하고 鳳曆頒正日
닭 울음소리 새봄을 알리네 鷄號獻歲春
덧없는 세상사에 부침 겪으며 升沈浮世事
일흔 다섯 되었구나 七十五年人
복용하는 약은 늘었다 주는데 藥餌增還減
술은 전혀 가까이 못하네 壺觴屛莫親
온종일 몽롱하니 昏昏朝暮內
그저 꿈속 헤매는 듯하다 只是夢中身

255 달력 : 봉력(鳳曆)은 달력을 가리킨다. 봉황(鳳凰)이 천시(天時)를 잘 안다고 해서 이렇게 불렀다.

단성 현감으로 부임하는 석규[256]를 전송하다
送碩揆赴丹城

단성은 오래된 산중 고을	丹城古巖邑
고을 작아 겨우 말만 하지	邑小僅如斗
백성은 승냥이 호랑이와 섞여 살고	民居雜豺虎
열 집 작은 마을이 숲에 덮여 있지	十室翳林藪
원님 되어 멀고 궁벽한 고을 다스리러 가니	作宰經僻遠
검은 인끈 막 팔에 찼어라[257]	墨綬纔及肘
어찌 영상의 아들이	那聞上相兒
굽혀 만 사람 뒤에 있으랴만	屈節萬夫後
높은 언덕도 오히려 골짝 되는 법[258]	高岸尙爲谷
세상사 별일 다 많지	世事無不有
나는 늙고 병이 더욱 깊어지니	吾老病轉嬰

256 이석규(李碩揆) : 1627~1666. 본관은 전주(全州), 자는 거공(鉅公)이다. 이민구의 형 이성구(李聖求)의 넷째아들이다. 《승정원일기》 현종 4년 1월 15일 기사에 "이석규를 단성 현감으로 삼았다."라고 하였다. 단성(丹城)은 현재의 경상남도 산청군 단성면으로, 단계현(丹溪縣)과 강성현(江城縣)을 합쳐 이루어졌다.

257 원님……찼어라 : 이석규가 단성 현감으로 부임한다는 말이다. 묵수(墨綬)는 검은 색 인끈에 동(銅)으로 된 인신(印信)을 묶어 찼던 데서 유래한 말로 수령의 직책이나 신분을 가리킨다.

258 높은……법 : 세상은 변한다는 말이다. 《시경》 〈시월지교(十月之交)〉에 "높은 언덕이 골짝 되고, 깊은 골짝이 언덕 되네.〔高岸爲谷, 深谷爲陵.〕"라고 하였다.

아득히 서산 넘어가는 해나 마찬가지 茫如日沈西
부축 받느라 사람 번거롭게 하고 扶携必煩人
일어나려 해도 넘어지고 마는구나 欲起還偃仆
문 나서는 너를 전송하려니 送汝出門去
가슴 먹먹하여 흰 머리 돌리노라 鬱結回白首
한스럽기는 살림살이 가난하여 所恨活計空
이별 자리에 술마저 없구나 臨別缺杯酒
봄 날씨 차가워 얼음 얼고 눈 내리니 春寒氷雪嚴
먼 길에 밤낮으로 조심하게 言邁愼昏晝
하늘의 이치 아득하여 알기 어려우니 皇天莽難測
너를 다시 보게 해 주려는가 令我重見否

강진 현감 조성[259]을 전송하다

送趙康津晟

선비가 뜻을 얻지 못하면	士有不得志
풍진 속으로 자취 감추지	屈跡風塵後
벼슬길이 본래 굴곡 있을 뿐	官途故參差
하늘의 뜻이 어찌 후박 있으랴	天意寧薄厚
좋은 보배가 길 모퉁이에 버려졌는데	良珍擲路隅
훌륭한 장인이 힐긋 보고 취하지 않으니	哲匠睨莫取
쌓인 섶 아래 깊이 묻혔다가	沈埋積薪底
뒤늦게 나와 탐진 현감 되었네[260]	晩出耽津守
탐진은 푸른 바다 베고 있으니	耽津枕碧海

259 조성(趙晟) : 1625~1680. 본관은 평양(平壤), 자는 숙옥(叔玉)이다. 어려서 족숙(族叔)인 참의(參議) 조경진(趙景禛)의 집에서 양육되었다. 《동주집(東州集)》 문집(文集) 권9 〈형조참의조공묘갈명 병서(刑曹參議趙公墓碣銘 幷序)〉에 "공이 처음에 강보에 쌓여 있던 족손 조성을 데려와 이 부인의 형제 아들 덕주와 함께 마치 자기 자식처럼 길렀다.〔公初取族孫晟襁褓, 與李夫人昆弟子德周, 俱鞠養猶己出.〕"라고 하였다. 1663년(현종4) 강진 현감에 임명되었다. 《承政院日記 顯宗 4年 4月 11日》

260 쌓인……되었네 : 조성이 오랫동안 초야에 있다가 뒤늦게 고을 수령이 되었다는 말이다. 적신저(積薪底)는 쌓인 섶 밑에 있다는 말로, 유능한 인재가 승진하지 못하는 것을 비유한다. 한(漢)나라 급암(汲黯)이 "폐하께서 신하들을 기용하는 것은 마치 섶을 쌓아 두는 것과 같아서 뒤에 오는 사람이 위에 앉습니다.〔陛下用群臣, 如積薪耳, 後來者居上.〕"라고 하였다. 《漢書 卷50 汲黯傳》 탐진(耽津)은 전라남도 강진군의 옛 이름이다.

성 하나가 고작 말 정도의 크기지　　一城大如斗
작은 고을에서 외로운 이들 어루만져야 하니　　十室撫煢羸
동장을 막 팔에 찼네[261]　　銅章纔過肘
장려가 맑은 낮에도 엄습하고　　瘴癘掩晴晝
파도 소리 동헌 창을 흔드니　　濤聲撼軒牖
누가 알았으랴 청묘의 그릇에　　孰謂淸廟器
이때 티끌 묻힐 줄을[262]　　於時獲滋垢
그렇지만 순리에 맡겨　　雖然任委順
영고성쇠를 받은 대로 편안히 여겨야지　　榮悴安所受
편안한 자리든 힘겨운 처지든　　衽席與泥塗
달관의 마음 진실로 있지　　達觀亦固有
재주에 공무의 여가 많을 테고　　齋廚富官暇
공문서는 하루 종일 드물리라[263]　　案牘靜卯酉
독서에 남은 힘 기울이면　　讀書肆餘力
성현이 곧 스승이며 벗이지　　聖賢乃師友
거친 고을이 성업의 바탕 되니　　荒郡資盛業

261 작은……찼네 : 작은 고을의 외롭고 힘든 사람들을 위무하는 일이 이제 지방관으로 나가는 조성의 임무라는 말이다. 동장(銅章)은 고을 수령이 차는 관인(官印)으로 지방관을 상징한다.

262 누가……줄을 : 조성이 작은 고을 수령으로 나가는 것에 대해 안타까움을 표현한 말이다. 청묘기(淸廟器)는 훌륭한 인재를 비유하는 말이다.

263 재주(齋廚)에……드물리라 : 강진 현감의 일이 매우 한가로울 것이라는 말이다. 묘유(卯酉)는 관청에 출근하여 직무에 종사하는 것을 말한다. 관리들이 묘시(卯時)에 출근하여 유시(酉時)에 퇴근한 데서 유래한 말이다.

어찌 한유와 유종원을 보지 않으랴[264]	曷不覩韓柳
이런 말로 고명한 그대에게 권하지만	以玆侑高明
이별하는 마음 끝내 괴롭구나	別意終魯莽
나는 늙어 언제 죽을지 모르니	我衰只朝暮
살아 만나서 어찌 마주하랴	生逢豈相偶
땅은 찌고 물길 머니	地蒸湖微遠
무더위에 길 조심하게나	執熱愼行部
부질없이 가는 길 바라볼 뿐[265]	徒勞望祖道
병 깊어 한 잔 술도 못 나누네	多病屛杯酒
슬프구나 손 놓고 떠나가니	悽悽解携去
먹먹하네 오래 머리 돌리누나	鬱鬱長回首

264 거친……않으랴 : 지방관으로 부임하여 훌륭한 업적을 쌓은 한유(韓愈)와 유종원(柳宗元)을 본받으라는 말이다. 한유는 조주 자사(潮州刺史)로 좌천된 바 있고, 유종원은 영주 자사(永州刺史)가 된 바 있다.

265 부질없이……뿐 : 조도제(祖道祭)는 먼 길을 떠날 때에 행로신(行路神)에게 무사하기를 기원하며 지내는 제사이다. 조도제나 보고 있다는 말은 이민구가 늙어 먼 길 가는 조성을 배웅만 할 뿐 달리 할 수 있는 일이 없다는 의미이다.

우주
宇宙

우주는 몸 밖에 있고	宇宙形骸外
명예와 인생은 취한 꿈의 사이로구나	身名醉夢間
때때로 흰 눈 돌려	有時回白眼
말없이 푸른 산 마주하네	無語對靑山
흐르는 물은 어느 해에 돌아오며	流水何年返
떠가는 구름 어느 날에 돌아올까	浮雲幾日還
상유[266]에 지는 해 남아 있어	桑楡餘落景
잠시 이 삶의 한가로움 아노라	暫覺此生閑

266 상유(桑楡) : 석양이 뽕나무와 느릅나무 위에 걸린다는 데서 유래하여 해가 지는 곳을 의미하는데, 노년을 비유하는 말이다.

전창군[267] 만사
全昌君挽詞

하늘의 뜻은 가문의 환란을 되돌리고	天意回家難
임금의 정은 족속을 귀하게 여기셨네[268]	宸情重屬尊
넉넉히 온갖 복이 다 모이고	紆餘鍾百福
공 세워 특별한 은혜 받았어라	樹立荷殊恩
바다로는 은하 물가에 접하고	海接銀河渚
강으로는 금수의 근원과 통했었지	江通錦水源
지란에 보배로운 기운 많으니	芝蘭多寶氣
가문에 여러 자손 모였구나[269]	門戶擁諸孫

267 전창군(全昌君) : 유정량(柳廷亮, 1591~1663)으로, 본관은 전주(全州), 자는 자룡(子龍), 호는 소한당(素閒堂), 시호는 효정(孝貞)이다. 1604년(선조37) 14세 때 선조의 딸 정휘옹주(貞徽翁主)와 혼인하여 전창위(全昌尉)에 봉해지고 인조 즉위 후에 선세(先世)의 훈공을 세습하여 전창군에 봉해졌다. 《東州集 文集 卷10 全昌君柳公墓碣銘 幷序》

268 하늘의……여기셨네 : 유정량이 가문의 환란에서 벗어나 다시 존귀한 신분이 되었다는 말이다. 유정량의 조부(祖父) 유영경(柳永慶)은 소북(小北)의 영수로서 선조의 적장자인 영창대군(永昌大君)을 세자로 옹립하려 하였다. 그러다가 선조가 죽고 광해군이 즉위하면서 정인홍(鄭仁弘)과 이이첨(李爾瞻) 등 대북파(大北派)의 탄핵을 받아 경흥(慶興)에 유배되었다가 사사(賜死)되었다. 유정량도 고부(古阜)에 유배되었다가 기장(機張)으로 이배되고 가문은 거의 멸족의 화를 입었다. 인조반정 이후에 유정량은 풀려나 예전의 지위를 회복하고 성록대부(成祿大夫) 전창군에 올랐다. 《東州集 文集 卷10 全昌君柳公墓碣銘 幷序》

269 지란(芝蘭)에……모였구나 : 유정량에게 매우 훌륭한 자질을 지닌 자손들이 많

2

화목한 우애 가문에 드리우고　睦友垂群從
풍류는 사방 이웃에 비치누나　風流映四隣
누군들 넉넉히 쌓아둔 것이 없으리　誰無饒積實
매번 어진 베풂 적을까 근심하였네　每患尠推仁
도량 넓어 백성은 후덕해지고　道廣歸民厚
나이 들수록 새로워지는 세상 보았네　年高閱世新
얼마나 많은 집이 불 지필 일 생각했던가　幾家思擧火
은혜 입은 사람은 더욱 감회 있으리[270]　偏感食恩人

3

혼인 맺은 지 오래라 말하지 마라　不道昏姻舊

다는 말이다. 지란은 지초(芝草)와 난초(蘭草)의 병칭으로 높은 덕성을 비유하는 말이다. 여기서는 유정량의 자손들이 훌륭한 자질을 지녔음을 비유하는 말이다. 이민구의 글에 "내외 적서의 증손 현손이 백여 명이다. 공은 특별히 귀한 가문에서 태어나 후손이 번창하였다.〔內外嫡庶曾玄百有餘人. 公獨出高門, 嗣息蕃熾.〕"라고 하였다. 《東州集 文集 卷10 全昌君柳公墓碣銘 幷序》

270 얼마나……있으리 : 유정량의 은혜를 받아 고맙게 여기는 사람들이 매우 많다는 말이다. 이민구의 글에 "의곡을 만들어 가난하게 사는 내외의 족척에게 달마다 일정한 양을 내어주니 모두 이를 기다려서야 불을 지폈다. 배씨에게 출가한 누이가 자식은 많고 몹시 가난하여 고생하므로 전지와 가산을 주었으니 낟알 하나라도 나누어 먹이려는 마음에서 나온 것이었다. 그리고 아비 없는 종질녀를 데려다 몸소 출가시키니 그 집안에서의 뜻과 행동은 사람들이 따를 수 없다고 여겼다.〔立義穀, 內外族戚之居窮者, 月有恒廩, 俱待以擧火. 以裴氏妹多子食貧, 賦田居産, 志欲析粒共爨. 迎致從姪孤女, 躬親嫁送, 其處家操履, 人以爲不可及.〕"라고 하였다. 《東州集 文集 卷10 全昌君柳公墓碣銘 幷序》

취미 같은 줄 잘 아노라[271]	深知臭味齊
문에는 문고리 벗겨 두었고	門排金屈戌
술은 술잔 마주쳤네[272]	酒接玉東西
빼어난 인물 누가 남았나	豪俊人誰在
진흙길에서 더욱 갈 길 몰라 하노라	泥塗跡轉迷
남은 삶 새벽이슬처럼 가련하니	餘生憐曉露
몇 번이나 새벽 닭 우는 소리 들으랴	更聽幾晨鷄

271 혼인……아노라 : 유정량과 이민구가 사돈 간이기 때문에 잘 지낸 것이 아니라 풍류와 홍취가 서로 비슷했다는 말이다. 유정량의 맏딸과 이민구의 둘째 아들 이중규(李重揆)가 결혼하였다.

272 문에는……마주쳤네 : 유정량과 이민구가 격의 없이 왕래하며 술을 즐겼다는 말이다. 금굴술(金屈戌)은 쇠로 만든 문고리이다. 《산당사고(山堂肆考)》 권234 〈보유(補遺) 궁실(宮室)〉에 "지금 인가의 창호에 문고리를 설치하는데, 혹은 쇠로 만들고 혹은 동으로 만들어 환유라고 부르니 옛 금포의 의미가 남아 있는 것이다. 북방에서는 굴술이라고 한다.〔今人家牕戶設鉸具, 或鐵或銅, 名曰環紐, 卽古金鋪之遺意. 北方謂之屈戌.〕"라고 하였다. 옥동서(玉東西)는 술잔 이름이다. 한 고조(漢高祖)가 태상황을 위해 옥잔으로 축수하였는데, 술잔이 가로로 길쭉하여 후대 사람들이 옥동서라고 하였다. 《考古圖 卷8》 황정견(黃庭堅)의 〈차운길로십소시(次韻吉老十小詩)〉에 "가인은 남북으로 헤어졌고, 미주는 옥동서에 따르도다.〔佳人斗南北, 美酒玉東西.〕"라고 하였다. 《山谷集 外集 卷7》

직강 이익로[273]가 신묘년(1651, 효종2)에 해남으로 유배 갔을 때 내가 시를 부쳐 주었는데[274] 이제 그가 운명하였으므로 이전의 운자를 써서 만시를 짓는다

李直講翼老 辛卯歲謫海南 余以詩寄贈 今其亡 用前韻作挽詩

같은 시기 같은 동네에 이웃해 살았으니	居隣同井又同時
늙고 병든 내가 분명 먼저 갈 줄 알았지	衰病先歸判自知
길고 짧은 백 년 인생 조화옹 의심하고	脩短百年疑造化
부침 겪은 한 평생 고르지 못함 의아하다	升沈一世訝參差
진세에 부친 자취 끝내 오래 머물 수 없으니	塵埃托跡終難久
천지가 인재를 낳는 것이 본래 더디지 않다네	天地生材本不遲
아득한 황천길 나도 이미 늙었으니	泉路茫茫吾已老
저승에서 다시 만나기를 부질없이 기약하네	重逢空指九原期

273 이익로(李翼老) : 1608~1663. 본관은 전주(全州), 자는 덕수(德叟)이다. 《효종실록》 2년 7월 15일 기사에 "저번에 개령 현감(開寧縣監) 이익로가 은밀히 적과 내통하여 제 마음대로 풀어 주고 일부러 옥사(獄事)를 느슨하게 하였으니, 지금도 생각하면 통탄과 놀라움을 금하지 못하겠다. 비록 다시 무거운 형벌을 줄 수는 없지만, 해부(該府)로 하여금 먼 변방으로 정배(定配)하고 사면령이 내려도 무기한으로 용서하지 않게 하여 후일의 폐단을 막으라."라고 하는 효종의 교시가 실려 있다. 이 해에 이익로는 해남으로 정배되었다가 1655년(효종6)에 방귀전리(放歸田里)로 감형되어 고향으로 돌아갔다. 《承政院日記 孝宗 6年 7月 18日》 그 후에 복권되어 1662년(현종3)에 성균관 직강(成均館直講)이 되었다. 《承政院日記 顯宗 3年 6月 21日》

274 해남(海南)으로……부쳐주었는데 : 《동주집(東州集)》 시집(詩集) 권16의 〈좌랑 이익로에게 부쳐주다〔寄李佐郎翼老〕〉를 가리킨다.

현옹의 운에 맞춰 지어 팔십 세에 자급이 높아진 것을 축하하다[275]

次弦翁韻 賀八十增秩

생각해 보니 동석에서 〈사현부〉 들었는데[276] 憶曾同席聽思玄

젊은 시절 경현옹은 〈사현부〉를 천 번 읽었다.

시나브로 흐르는 세월 물에 떠내려가는 배 같네 荏苒流年下水船

눈에 가득하던 벗들 다 세상 떠나 滿眼朋知俱已矣

머리 돌려 세상 바라보니 문득 아득한데 回頭世事却茫然

오직 한 노인 영광전처럼 남아 唯餘一老靈光殿

새로 높은 하늘 자부의 신선 되었네[277] 新列層霄紫府仙

275 현옹(弦翁)의……축하하다 : 현옹은 김효건(金孝建, 1584~1666)으로, 본관은 안동(安東), 자는 선술(善述), 호는 경현(警弦)·경옹(警翁)이다. 80세가 되어 가선대부로 가자되었다. 《承政院日記 顯宗 4年 2月 23日》

276 생각해……들었는데 : 이민구와 김효건이 젊어서 같은 자리에 있을 때 김효건이 〈사현부(思玄賦)〉 읽는 소리를 들었다는 말이다. 〈사현부〉는 한(漢)나라의 장형(張衡)이 지은 부이다.

277 오직……되었네 : 벗 김효건의 자급이 올라갔다는 말이다. 영광전(靈光殿)은 한 경제(漢景帝)의 아들 공왕(恭王)이 산동성(山東省) 곡부(曲阜)에 세운 궁전으로, 홀로 남은 원로(元老)나 석학(碩學)을 비유한다. 후한(後漢) 왕연수(王延壽)의 〈노영광전부(魯靈光殿賦)〉 서문에 "서경의 미앙과 건장 등 궁전이 모두 파괴되었는데도, 영광전만은 우뚝 홀로 서 있었다.〔西京未央建章之殿皆見隳壞, 而靈光巋然獨存.〕"라고 한 데에서 유래하였다. 자부(紫府)는 도교에서 신선이 산다고 전해지는 천상(天上)의 선부(仙府)이다.

모두들 달존에게 임금의 은혜 넉넉하다 말하며　　共說達尊紆聖渥
그대가 오래오래 장수하길 바라네[278]　　海籌遐算爲君延

278 모두들……바라네 : 모두 김효건의 장수를 축원한다는 말이다. 달존(達尊)은 존귀한 것을 가리킨다. 맹자(孟子)가 "천하에 달존이 셋이 있으니 관작이 하나요, 연치가 하나요, 덕이 하나이다. 조정에서는 관작만 한 게 없고 향당에서는 연치만 한 게 없고 세상을 돕고 백성을 기르는 데는 덕만 한 게 없다.〔天下有達尊三, 爵一, 齒一, 德一. 朝廷莫如爵, 鄕黨莫如齒, 輔世長民莫如德.〕"라고 하였다.《孟子 公孫丑下》 해주하산(海籌遐算)은 바닷가에서 산가지를 더 오래 센다는 뜻으로 장수를 의미한다. 소식(蘇軾)의《동파지림(東坡志林)》 권7에 노인 세 사람이 만나서 나이를 묻자, 한 사람이 "바닷물이 말라서 뽕나무밭이 되면 내가 산가지 하나를 내려놓았는데, 그동안 내가 헤아린 산가지가 집 열 칸을 가득 채웠다.〔海水變桑田時, 吾輒下一籌, 邇來吾籌已滿十間屋.〕"라고 대답했다는 이야기가 있다.

경현[279]의 〈동작나루를 건너다〉에 차운하다
次警弦渡銅津韻

글과 칼 어긋나 둘 다 이루지 못했지만	書劍蹉跎兩不成
날아올라 명성 구하려 하지도 않았네[280]	飛騰非爲買名聲
시침은 언제나처럼 물시계를 울리고	更籤慣遣銅壺咽
악부엔 부질없이 질그릇 소리 전한다[281]	樂府空傳瓦釜鳴
늘그막 세월 석양에 다가서고	老境年光斜景逼
이별 길에 가을빛 물들고 저녁 구름 평평하다	別程秋色暮雲平
앞 들에 비 그치고 찬 연못 깨끗하니	前郊潦盡寒潭潔
그대 푸른 물결에 갓끈 씻으시겠지[282]	君向滄浪試濯纓

279 경현(警弦) : 김효건(金孝建, 1584~1666)으로, 본관은 안동(安東), 자는 선술(善述), 호는 경현·경옹(警翁)이다. 《海隱遺稿 卷18 贈大冢宰金公墓碑銘》

280 글과……않았네 : 문장과 무술을 익혀 일가를 이루지 못하였지만, 또한 명성을 얻기 위함도 아니라는 말이다. 맹호연(孟浩然)의 〈자락지월(自洛之越)〉에 "삼십 년을 허둥지둥, 글과 칼 다 못 이뤘네.〔遑遑三十年, 書劍兩無成.〕"라고 하였다.

281 시침은……전한다 : 세월은 변함없이 흐르고 악부에는 가치 없는 시들이 전해진다는 말이다. 와부(瓦釜)는 질그릇으로, 형편없는 문장을 비유하는 말이다. 굴원(屈原)의 〈복거(卜居)〉에 "웅장한 소리를 내는 황종은 버림받고, 질그릇 두드리는 소리만이 요란하게 울려 퍼진다.〔黃鍾毁棄, 瓦釜雷鳴.〕"라고 한 데서 유래하였다. 굴원의 이 시에서는 소인배들만이 떠드는 세태를 비판했던 것인데, 전하여 저급한 문장을 가리키는 말로 쓰였다.

282 그대……씻으시겠지 : 김효건의 고결한 인품을 비유한 말이다. 초(楚)나라 굴원(屈原)이 지은 〈어부사(漁父辭)〉에 "창랑의 물이 맑으면 나의 갓끈을 씻으리라.〔滄浪之水淸兮, 可以濯吾纓.〕"라고 하였다.

당산옹과 약속했는데 오지 않아서

約棠山翁不至

당산 소식 기다린 지 오래라	棠山消息候多時
빈 골짝 발소리를 종일 의심하네[283]	空谷跫音盡日疑
해오라기 나는 저녁까지 난간에 기댄 지 오래고	飛鷺夕陽憑檻久
돌아가는 배 포구 끝에서야 천천히 발 내린다	歸舟極浦下簾遲
술동이 열고 피어나는 흥취를 누가 알까	開尊謾興將誰會
안석에 기댄 한가한 정을 스스로 아노라	隱几閑情但自知
동쪽 산에 외로운 달 오르기를 앉아 기다리노니	坐待東峯孤月上
날 저물어 그대와의 약속 이미 어긋났네	黃昏已誤美人期

283 당산(棠山)……의심하네 : 당산옹을 기다리느라 발자국 소리가 날 때마다 혹시 왔는가 의심했다는 말이다. 공곡공음(空谷跫音)은 외로운 거처에 찾아오는 반가운 손님을 가리킨다. 《장자(莊子)》 〈서무귀(徐无鬼)〉에 "텅 빈 골짜기에 숨어 사는 사람은 명아주와 콩잎이 족제비의 길마저 막고 있는 터라, 빈 골짜기에서 홀로 걷다가 쉬다가 하노라면, 다른 사람이 걸어오는 발자국 소리만 들어도 기뻐하는 것인데, 하물며 형제와 친척들의 기침 소리가 옆에서 들려온다면 어떻겠는가.〔夫逃虛空者, 藜藋柱乎鼪鼬之逕, 踉位其空, 聞人足音跫然而喜矣. 而況乎昆弟親戚之謦欬其側者乎.〕"라고 하였다.

을축년(1625, 인조3)에 승정원에 있을 때 비경 조익,[284] 시백 서경우,[285] 여고 이식[286]과 함께 낮은 병풍을 만들어 계의 일을 덧붙였는데 지금 삼십구 년이 지나 오직 나만 홀로 살아남았다. 옛일을 생각하며 드디어 그 위에 시를 쓴다

乙丑歲 在銀臺 與趙翼飛卿徐景雨施伯李植汝固作短屛以寓禊事 今三十九年 唯我獨存 感舊撫事 遂書詩其上

승정원에 근무한 지 오래	跡忝銀臺久
마음으로 이웃한 옥수들 의지했네[287]	情依玉樹隣
그 모습 부질없이 꿈에 들어오니	形容空入夢
병풍은 아직도 새롭구나	屛障尙如新
동서의 벽에 자취 끊어진 뒤로	蕪絶東西壁

284 조익(趙翼) : 1579~1655. 본관은 풍양(豐壤), 자는 비경(飛卿), 호는 포저(浦渚), 시호는 문효(文孝)이다. 《宋子大全 卷162 浦渚趙公神道碑銘 幷序》

285 서경우(徐景雨) : 1573~1645. 본관은 달성(達城), 자는 시백(施伯), 호는 만사(晩沙)이다.

286 이식(李植) : 1584~1647. 본관은 덕수(德水), 자는 여고(汝固), 호는 택당(澤堂)이다. 《宋子大全 卷203 澤堂李公諡狀》

287 마음으로……의지했네 : 승정원에 근무했던 훌륭한 동료들과 가깝게 지냈다는 말이다. 옥수(玉樹)는 재주가 뛰어난 사람을 가리킨다. 삼국 시대 위(魏)나라 명제(明帝) 때 하후현(夏侯玄)과 황후의 동생 모증(毛曾)이 함께 자리에 있는 것을 보고는 사람들이 "억새풀이 옥나무 옆에 기대어 있는 것과 같다.〔蒹葭倚玉樹〕"라고 평했다는 고사가 있다. 《世說新語 容止》

생사 갈리며 사십 년 흘렀어라[288] 存亡四十春
바람 앞 등불처럼 짧은 해 남았는데 風燈饒短景
늙어 빠진 사람 홀로 누구인가 衰朽獨何人

288 동서(東西)의……흘렀어라 : 승정원에서 근무한 뒤로 40여 년의 세월 동안 함께 근무했던 이들이 운명을 달리했다는 말이다. 동서벽(東西壁)은 일반적으로 의정부(議政府)의 동쪽 벽과 서쪽 벽을 의미하는데, 여기서는 승정원을 가리킨다. 벼슬아치가 출근하여 모여 앉을 때 좌석의 동쪽에 앉는 벼슬을 동벽, 서쪽에 앉는 벼슬을 서벽이라고 하였다.

종성 부사 심로[289]에게 부치다

寄沈鍾城

시름하며 북쪽 바라보니 아득한 구름 어두운데	愁城北望杳雲溟
강가의 오랑캐 산 변방에 닿아 푸르리	江上胡山接塞青
서울 사는 사람 짧은 해 재촉하는데	日下形容催短景
하늘 끝 도로는 장정이 몇 개인가[290]	天邊道路幾長亭
그대의 무절《삼략》에 정통한 줄 아노니	知君武節恢三略
유관 쓴 나 육경에 어긋나 부끄럽소	愧我儒冠誤六經
시통으로 심부름꾼 번거롭게 하지 마오	莫把詩筒煩驛使
가을 깊어 줄지은 기러기 모래톱에 당도하리	秋深連雁到沙汀

289 심로(沈磨) : 1590~1664. 본관은 풍산(豐山), 자는 원직(元直), 호는 죽사(竹沙)·죽계(竹溪)이다.《승정원일기》효종 3년 6월 20일 기사에 심로를 종성 부사에 임명한 기록이 있다.

290 서울……개인가 : 한양에 남은 이민구 자신은 늘그막 인생을 살아가고 있는데, 심로가 가는 종성까지의 거리는 얼마나 되겠느냐는 말이다. 장정(長亭)은 행인들의 휴게소로, 5리(里)마다 단정(短亭)을 설치하고 10리마다 장정을 두었다.

강가에 나가다

出江

흙탕물 흐르는 작은 길 뚫고 가서	泥水穿微徑
구름 파도 일렁이는 먼 물가 굽어보노라	雲濤俯遠汀
백사장 밝아 가을 언덕 희고	沙明秋岸白
솔 짙어 저물녘 산 푸르구나	松暗暮山青
편안하게 달팽이는 껍질에 의지하고	偃息蝸依殼
한가로이 학은 깃을 치네	逍遙鶴刷翎
남은 삶 마시고 먹으며	殘年隨飲啄
해 마치도록 들에 묻혀 지내리라	卒歲閉郊坰

추운 밤
寒夜

나그네 잠자리 그윽한 꿈에서 돌아오니	客枕回幽夢
추운 밤 몇 시를 알리나	寒更報幾籤
거친 바람이 때때로 휘장 걷어올리고	高風時卷幔
지는 달이 반쯤 발을 엿보네	落月半窺簾
가을 다하여 술잔은 비었건만	秋盡杯觴缺
노쇠하여 약은 더 먹게 되네	衰多藥餌添
남은 삶 생계 막막하니	殘年味生理
가난에 병까지 겹쳤구나	貧病正相兼

2

달빛이 찬 잠자리에 들어오고	月幌通寒寢
풍랑 소리 밤 사립문을 흔드누나	風江撼夜扉
도 사라지니 적막함이 좋고	道消甘寂寞
꿈 흩어지니 기억 어렴풋하네	夢散却依俙
지난 일은 돌이키기 어렵고	往事追難及
지나간 세월은 돌아오지 않지	頹年逝不歸
다만 새벽 올 때까지	秖思鍾漏盡
편안히 누워 위기 벗어나기만 생각하네	高臥脫危機

10월 29일 눈이 내리다

十月小晦雪

풍경 쓸쓸한 저물녘	風色蕭蕭暮
앞 들녘 바라보아도 분명하지 않네	前郊望不分
푸른 흙먼지가 들녘 해 삼키더니	青霾沈野日
흰 눈이 강 구름에서 떨어지네	白雪墮江雲
병 오래 앓아 몸의 누가 될까 꺼려지고	病久嫌身累
게으름 지나쳐 분주한 세상일 겁나네	慵多怯世紛
찬 하늘에서 지나가는 기러기 울음 들리니	寒空聞過雁
또한 무리 떨어진 것을 원망하는구나	亦自怨離群

가을날 윤중소[291]와 약속이 있어 찾아갔으나 끝내 만나지 못했다

秋日尹仲素有約出訪 竟不果諧

들 밖으로 강물은 빠르게 흐르는데	野外河流疾
지는 해가 가는 물결과 다투네	徂輝競逝波
나는 지금 남은 날 적은데	吾今餘日少
그대는 또 열 살 더 많지[292]	君又十年多
헤어진 뒤로 그리운 마음 간절하여	別望懸飢渴
외로운 마음 노래하기도 어려워라	孤懷阻嘯歌
맑은 가을에 묵은 약속 어긋나니	淸秋辜宿約
세모에 어찌하려는가	歲暮欲如何

291 윤중소(尹仲素) : 윤이지(尹履之, 1579~1668)로, 본관은 해평(海平), 자는 중소, 호는 추봉(秋峯)이다. 《丈巖集 卷19 判敦寧府事海恩君尹公諡狀》

292 나는……많지 : 이민구는 1589년(선조22)에 태어났고, 윤이지는 1579년에 태어났으므로 두 사람은 10년의 나이차가 있다.

조카 태규[293]가 임단[294]으로 농사지으러 가므로 이별하는 자리에서 감회를 쓰다

家姪台揆就耕于臨湍 別次書懷

우리 집안 평소의 생업 없어	吾家素業空
농사 대신 관직에 의지했는데	代耕資祿秩
자손들 날로 쇠퇴하여	子孫日旁落
콩죽과 물로 생계 유지하네	菽水救契活
하물며 너는 영상의 아들로	況汝上相兒
가난한 살림에 대책 더욱 없네	食貧計尤闊
의지한 것이 데릴사위[295]와 같아	倚者類秦贅
하루 종일 굶주리네	朝晡抱饑渴
임단의 작은 집	臨湍一畝宮
척박한 전답 깎아낸 듯 깨끗한데	薄田淨如刮
지금 어쩔 수 없이 가니	今爲狼狽行
온 식구가 거친 땅에 살겠구나	盡室就荒垡
어찌 만남과 헤어짐만 근심하랴	豈惟聚散憂

293 이태규(李台揆) : 1631~1686. 이민구의 형 이성구(李聖求)의 막내아들로, 자는 공제(公濟)이다. 《記言 別集 卷23 李相國墓誌銘》

294 임단(臨湍) : 경기도 장단군(長湍郡)을 가리킨다.

295 데릴사위 : 진췌(秦贅)는 데릴사위를 뜻하는 말로, 가난한 집의 아들이 장성하면 장가들어 처가에 데릴사위로 갔던 전국 시대 진(秦)나라의 풍속에서 유래한 말이다. 《漢書 卷48 賈誼傳》

주위 사람에게 말하기도 부끄럽네	愧向傍人說
들바람이 옷자락에 불어오니	野風吹衣裳
추운 날씨라 그 기세 매섭구나	天寒氣慘慄
나는 늙고 올해도 장차 끝날 터	我老歲將畢
먼 이별 상심할 필요 없지만	不必傷遠別
몸은 외롭고 골육도 없어	身孤骨肉單
말하려니 벌써 목이 멘다	欲語已中咽

안부를 물어준 오여완[296]에게 감사하며 보내온 뜻을 기술하다

謝吳汝完問訊 仍述來意

연주의 노인[297]에게 감사하노니	爲謝延州老
사람 통해 안부 물었지	因人問死生
마땅히 영결이 될 줄 잘 아노니	熟知當永訣
감히 앞 길 정하지 못하네	不敢卜前程
지는 해 상유에 다하는데	落景桑楡盡
거센 파도 밤낮으로 기우네[298]	驚波日夜傾
저승에서 만날 일 말하지 마소	休論冥會事
이 이별 분명하지 않다네	此別未分明

296 오여완(吳汝完) : 오준(吳竣, 1587~1666)으로, 본관은 동복(同福), 자는 여완, 호는 죽남(竹南)이다. 《藥山漫稿 卷18 高祖輔國崇祿大夫……世子左賓客府君墓誌銘》

297 연주(延州)의 노인 : 오준을 가리킨다. 연주는 어디인지 미상이지만 오준이 연안 부사(延安府使)를 역임한 바 있기 때문에 이렇게 지칭한 것으로 보인다.

298 지는……기우네 : 노년(老年)이 되었는데 만나기 어렵다는 말이다. 상유(桑楡)는 해가 지는 곳을 가리키는데, 만년(晩年)을 비유한다. 거센 파도는 세상이 험난함을 의미한다.

거듭 차운하다

再次

성시에서 그대와 헤어져	城市違清晒
강호에서 이 인생 보내노라	江湖送此生
대궐에서 씩씩한 걸음 바라보았고	雲霄瞻步武
문장에서 뛰어난 솜씨 우러렀는데	詞翰仰工程
늘그막에 즐거운 일 줄고	暮境歡娛減
당년의 의기 기울었네	當年意氣傾
오직 차가운 달빛만 남아	唯餘寒夜月
비단 창을 밝게 비추누나	分照綺窓明

오여완[299]이 몇 편의 시를 차운하여 부쳐 주고 또 조일장[300]이 화운한 시도 보여 주었다

吳汝完次寄累篇 又示趙日章所和

전아한 명망 여러 사람보다 뛰어나	雅望群公表
빛나는 이름 한평생 따라다녔네	榮名策一生
관직이 높은 반열에 속하니	官聯歸上列
앞 길 평안하리	容易卽前程
글솜씨 조정에서 우뚝하고	翰墨通朝聳
아름다운 명성 한 시대의 제일이네	聲華擧代傾
헤어진 채 남은 세월 보내니	睽離送殘臘
반가운 눈빛 누굴 향해 뜰까[301]	靑眼向誰明

위는 오여완에 대해서 읊은 것이다.

299 오여완(吳汝完) : 오준(吳竣, 1587～1666)으로, 본관은 동복(同福), 자는 여완, 호는 죽남(竹南)이다.《藥山漫稿 卷18 高祖輔國崇祿大夫……世子左賓客府君墓誌銘》

300 조일장(趙日章) : 조경(趙絅, 1586～1669)으로, 본관은 한양(漢陽), 자는 일장, 호는 용주(龍洲), 시호는 문간(文簡)이다.《記言 卷40 輔國崇祿大夫行判中樞府事趙龍洲諡狀》

301 반가운……뜰까 : 오준을 만나지 못하는 안타까운 마음을 읊은 것이다. 청안(靑眼)은 반가운 눈빛을 말한다. 진(晉)나라 완적(阮籍)이 미운 사람을 만나면 백안(白眼)으로 보고, 반가운 사람을 만나면 청안으로 보았다는 데서 유래하였다.《晉書 卷49 阮籍列傳》

초야로 물러남이 어찌 본성 어기는 것이랴 遯野寧違性
산골에 거주하며 양생하네 棲巖得養生
학 울음이 한밤에 어긋나 鶴鳴乖半夜
천리마가 먼 길 가다 주저앉았네[302] 驥足蹶長程
매번 강가에서 헤어지던 때 추억하며 每憶江曾決
항상 일산 한 번 기울일 것을 생각하노니[303] 常思蓋一傾
언제일까 당 아래에서 이야기하며 幾時堂下語
손잡고 분명하게 볼 그날이 携手接然明

위는 일장(日章)에 대해 읊은 것인데, 당시에 소장을 올렸다가 시론(時論)의 배척을 받았다.

도 배워도 깊은 이치 알지 못하고 學道迷三昧
문장 익혔으나 반평생 그르쳤네[304] 攻文誤半生

302 학……주저앉았네 : 조경이 소장을 올렸다가 시론(時論)에 의해 배척된 사실을 읊은 것이다. 학명(鶴鳴)은 학의 울음소리로, 재덕(才德)이 뛰어난 군자의 명성이 저절로 드러나 임금에게까지 들림을 비유하는 말이다. 《시경》 〈학명(鶴鳴)〉에 "학이 구고에서 울면 소리가 하늘에까지 들린다.〔鶴鳴于九皐, 聲聞于天.〕"라고 하였다.

303 매번……생각하노니 : 조경과 헤어지던 때를 추억하며 다시 만날 날을 기다린다는 말이다. 일산을 한 번 기울인다〔蓋一傾〕는 것은 길에서 잠깐 만남을 뜻한다. 《사기(史記)》 권83 〈추양열전(鄒陽列傳)〉에 "속어에 '흰머리가 되도록 오래 사귀었어도 처음 만난 사이처럼 생소하기만 하고, 수레를 처음 맞댄 사이이면서도 오랜 옛 친구를 대하는 것 같다.'라고 하였는데 어째서 그렇겠는가? 상대방을 아느냐 모르느냐의 차이이다.〔諺曰, 有白頭如新, 傾蓋如故, 何則. 知與不知也.〕"라는 말이 있다.

304 도(道)……그르쳤네 : 이민구 스스로 도를 깨우치지도 못했고, 문장도 높은 경지에 오르지 못했다고 겸사한 것이다. 삼매(三昧)는 불가(佛家)의 용어로, 잡념을 물리쳐 마음이 흐트러지거나 어지럽지 않아 어느 한 곳에 집중한다는 뜻이다. 북송(北

원숭이 창자 월협에서 끊어지니[305] 猿腸摧月峽
학의 깃 오정에 떨어졌네[306] 鶴羽落烏程
서적을 끝내 누구에게 남겨 줄까 書籍終誰與
술병만 스스로 기울이노라 壺觴但自傾
문 앞에 큰 강물 흐르는데 門前大江水
서쪽 해가 사람을 밝게 비춘다 西日照人明

위는 스스로에 대해 읊은 것이다.

宋)의 범조우(范祖禹)가 철종 때 한림 시강학사(翰林侍講學士)로 경연에 참석하여 철종에게 직간하였는데, 소식(蘇軾)은 그를 두고 "강사(講師)의 삼매(三昧)를 얻었다."라고 높이 평하였다. 《自警編 卷6 事君類上》

305 원숭이……끊어지니 : 죽은 자식들에 대한 슬픔이 지극하다는 말이다. 진(晉)나라 환온(桓溫)이 삼협(三峽)을 지날 때 그 부하 중의 한 사람이 원숭이 새끼를 잡아가지고 배에 싣고 가니, 그 어미가 계속 배를 뒤따라오다가 배 안으로 뛰어 들어와서는 곧바로 죽었다. 그 배를 갈라 보니 창자가 마디마디 끊어져 있었다는 고사가 있다. 《世說新語 黜免》 월협(月峽)은 황우령(黃牛嶺), 서릉협(西陵峽)과 함께 삼협의 하나로 불리는 명월협(明月峽)을 가리키는 것으로 보인다.

306 학의……떨어졌네 : 술로 세월을 보낸다는 말이다. 오정(烏程)은 오정주(烏程酒)라는 맛 좋은 술을 가리킨다. 중국의 강락현(康樂縣) 오정향(烏程鄉)에 맑은 물이 나는데 이 물을 가지고 빚은 술을 오정주라 한다. 《荊州記》

봉상시 정 이제형[307] 만사

李正齊衡挽

숙야가 죽은 뒤로	叔夜云亡後
들녘의 외로운 학 늘 가여웠지[308]	常憐野鶴孤
청반으로 높은 반열에 오르고	淸班傾峻級
명망은 조정에 자자했네[309]	雅望接亨衢
홀로 빼어나 집안 높아지고	獨出門闌邃
아들 많아 복을 두루 누렸네	多男福履俱

307 이제형(李齊衡) : 1605~1663. 본관은 전주(全州), 자는 원옥(元玉), 호는 취수헌(醉睡軒)이다. 이민구의 벗 이생인(李生寅, 1586~1616)의 아들이다. 《승정원일기》 효종 6년 11월 6일 기사에 이제형을 제용감 정(濟用監正)에, 현종 3년 11월 2일 기사에 봉상시 정(奉常寺正)에 임명한 내용이 보인다.

308 숙야(叔夜)가……가여웠지 : 숙야는 진(晉)나라 때 죽림칠현(竹林七賢)의 한 사람인 혜강(嵇康, 223~262)의 자이다. 문제(文帝) 때 참소를 입어 반란에 동조했다는 누명을 쓰고 억울하게 처형당했다. 뒤에 혜강의 아들 혜소(嵇紹, 253~304)가 산도(山濤, 205~283)의 천거로 비서승(秘書丞)에 올라 낙양에 들어가자 어떤 사람이 왕융(王戎, 234~305)에게 "어제 많은 사람들 속에서 혜소를 처음 보았는데, 출중하여 마치 들녘의 학이 닭들과 함께 있는 듯하였다.〔昨於稠人中, 始見嵇紹, 昂昂然如野鶴之在鷄群.〕"라고 말하였다.《晉書 卷89 嵇紹列傳》 여기서는 이생인을 혜강에, 이제형을 혜소에 비유하여 읊은 것으로 이생인이 젊은 나이에 죽어 이제형이 어린 시절을 외롭게 지낸 일을 나타내었다.

309 명망은 조정에 자자했네 : 이제형의 명망이 널리 알려졌다는 말이다. 형구(亨衢)는 《주역》 〈대축괘(大畜卦)〉의 "하늘의 길은 형통하다.〔天之衢亨〕"라는 구절에서 유래하여 흔히 임금이 계신 곳을 가리킨다.

연이어 세대의 훌륭함 드러내니　聯翩標世美
과거 급제해 나란히 시대의 인재 되었네　科甲竝時須
말운에 내가 늙은 게 슬프거니　末運嗟吾老
여생을 그대 도움에 의지했이라　餘生仗子扶
은미한 말 멀어진 지 얼마 안 되었는데　微言纔契闊
부음 듣고 깜짝 놀랐다네　凶問絶驚呼
밝은 해가 깊은 골짝에 빠져　白日淪幽壑
푸른 산과 만년에 막혀 버렸네　青山隔暮途
무더운 날씨에 상여 떠난다 하니[310]　炎天聞祖載
눈물 닦으며 앉아서 오래 탄식한다오　雪涕坐長吁

310 상여 떠난다 하니 : 조재(祖載)는 장지(葬地)로 출발하기 전에 영구(靈柩)를 수레 위에 싣고 제전(祭奠)을 올리는 것을 말한다.

참의 이목을 천장할 때 지은 만사

李參議霂遷葬挽

밤낮으로 아득히 강물 동으로 흐르는데	日夜茫茫東逝川
고인의 무덤가 나무에 가을매미 몇 번이나 울었나	故人墳樹幾秋蟬
강해에서 흉금 터놓던 저녁을 길이 생각하니	長懷湖海披襟夕
이웃에서 덕을 강론하던 시절 볼 수 없네	不見比隣講德年
명당 다시 정해 영원한 터전 열고는[311]	重卜牛岡開永地
용검이 새 무덤에 모인다고 멀리서 들었네[312]	遙聞龍劍會新阡
자제의 자질과 사업을 사람들 다투어 칭송하니	賢郎器業時爭誦
남은 경사가 지금도 저승에 비추리	餘慶于今照九泉

311 명당……열고는 : 이목(李霂)의 묏자리를 새로 좋은 곳으로 옮긴다는 말이다. 우강(牛岡)은 소가 잠자는 산기슭으로, 명당을 뜻한다. 진(晉)나라 도간(陶侃)이 아직 벼슬에 오르지 못했을 때 상을 당하여 장례를 지내려 하는데 집안에 있던 소가 홀연 사라져 어디에 있는지 알 수 없었다. 한 노인이 말하기를 "앞산에 소 한 마리가 움푹한 곳에서 자고 있는 것을 보았는데 그 곳에 장사 지내면 신하로서 가장 높은 지위에 오를 수 있을 것이다."라고 하고, 또 한 산을 가리키며 "이곳은 그 다음이니, 응당 대대로 이천 석(石)의 벼슬이 나올 것이다."라고 하였다. 《晉書 卷58 周訪列傳》

312 용검(龍劍)이……들었네 : 이목 부부의 합장 소식을 들었다는 말이다. 진(晉)나라 뇌환(雷煥)이 용천(龍泉)과 태아(太阿) 두 명검을 얻어 하나는 자기가 차고 하나는 장화(張華)에게 주었는데, 그 뒤에 장화가 복주(伏誅)되면서 그 칼도 없어졌다. 그런데 뇌환의 칼을 아들이 차고 다니다가 복건성(福建省) 연평진(延平津)에 이르렀을 때, 차고 있던 칼이 갑자기 물속으로 떨어졌다. 찾아보니 없어졌던 장화의 칼과 합하여 두 마리의 용으로 변한 뒤 사라졌다는 고사가 전한다. 이 고사에서 유래하여 부부의 합장을 의미하게 되었다. 《晉書 卷36 張華列傳》

지은이 **이민구(李敏求)**

1589(선조22)~1670(현종11). 지봉(芝峯) 이수광(李睟光)의 아들로, 본관은 전주(全州), 자는 자시(子時), 호는 동주(東州) 또는 관해도인(觀海道人)이다. 1612년 증광 문과에 장원하였다. 인조반정 이후 사가독서(賜暇讀書)하고, 이괄(李适)의 난에 도원수 장만(張晩)의 종사관이 되어 공을 세웠다. 내직(內職)으로 부제학, 대사성, 도승지 등을 역임하였고, 외직(外職)으로 경상도 관찰사, 강원도 관찰사, 임전 군수를 지냈다. 1636년 병자호란 당시 부검찰사의 직책으로 강화도에 있었는데, 강화도 함락의 책임을 지고 평안북도 영변에 유배되어 7년, 충청남도 아산으로 이배되어 3년 동안 지냈다. 1647년 4월에 해배되었으나 서용(敍用)되지 못하고 생을 마감하였다. 고문(古文)에 뛰어나다는 평가를 받았으며, 저서로 《동주집》, 《간언귀감(諫言龜鑑)》, 《독사수필(讀史隨筆)》, 《당률광선(唐律廣選)》이 있다.

옮긴이

강원모(姜元模)

1957년 충남 예산에서 태어났다. 공주사범대학, 한국교원대학교, 충남대학교에서 교육학을 전공하였다. 현재 충남대학교 한자문화연구소 선임연구원으로 재직 중이다. 공역으로 《기려수필》, 역해서로 《얘야 논어를 읽었느냐》가 있다.

김문갑(金文甲)

1960년 충남 논산에서 태어났다. 한남대학교 대학원에서 동양철학 박사학위를 받고, 아당 이성우 선생에게 수학하였다. 현재 충남대학교 한자문화연구소에 선임연구원으로 재직 중이다. 번역서로 《전례문답》, 《고산유고》 예송관련부분이 있다.

오승준(吳承峻)

1979년 충북 청주에서 태어났다. 충남대학교에서 학사와 석사 과정을 마쳤으며, 박사과정을 수료하였다. 학산 조종업, 아당 이성우 선생에게서 한문을 배웠다. 《서고독사차기》, 《현산집》 번역에 참여하고 있다. 현재 한자문화연구소에서 연구원으로 재직 중이다.

정만호(鄭晩浩)

1971년 충남 부여에서 태어났다. 충남대학교와 단국대학교에서 한문학을 전공하였으며, 현재 충남대학교 한자문화연구소 선임연구원으로 재직 중이다. 번역서로는 《취암선생시집》과 공역으로 《기려수필》, 《승암시화》, 《오재집》, 《옥오재집》, 《좌계부담》, 《해동사부》 등이 있다.

권역별거점연구소협동번역사업 연구진

연구책임자 박우훈(충남대학교 한문학과 교수)
공동연구원 김선기(충남대학교 국어국문학과 명예교수)
이향배(충남대학교 한문학과 교수)
자문위원 이성우(한국고전번역원 자문위원)
선임연구원 강원모
김문갑
정만호
연구원 오승준

동주집 5
이민구 지음 | 강원모 · 김문갑 · 오승준 · 정만호 옮김
2016년 12월 28일 초판 1쇄 발행
편집 · 발행 문진 | 등록 2002. 5. 6. 제2006-000011호
주소 (34168) 대전광역시 유성구 대학로 31 한진리조트오피스텔 2004호
전화 042-933-6510 | 팩스 042-367-5510
인쇄 현대그래픽스 | 제본 은정제책사

값 30,000원
ISBN 979-11-87638-00-1 94810
978-89-92229-81-4 (세트)